面向21世纪课程教材
Textbook Series for 21st Century

U0739435

广播电视新闻学

（第三版）

李 岩 黄匡宇 著

（以姓氏笔画排序）

高等教育出版社·北京

内容提要

本书是教育部"高等教育面向 21 世纪教学内容和课程体系改革计划"的研究成果,是面向 21 世纪课程教材。

本书一改过去广播、电视分著的情况,在理论和实务上将二者有机融合。理论方面广泛涉猎了新闻学、传播学研究的新成果,并贯穿了文化批评理论的基本精神,保持了新的研究视野;实务方面结合作者参与媒体活动获得的各种经验和媒体的发展现状,提出了有现实指导性和一定前瞻性的见解。

第三版在第二版的基础上,紧跟信息时代的步伐,反映当今广播电视新闻业的发展现状和趋势,从结构和内容上都做了较大调整,充实了最新的资料和案例,进一步加强了广播电视新闻实务内容。

本书可作为高等学校新闻与传播学、广播电视新闻学专业的教材,也可供新闻工作者使用。

图书在版编目(CIP)数据

广播电视新闻学 / 李岩,黄匡宇著. --3 版. --北京:高等教育出版社,2018.8(2022.12 重印)
ISBN 978-7-04-049627-7

Ⅰ.①广⋯ Ⅱ.①李⋯②黄⋯ Ⅲ.①广播电视-新闻学-高等学校-教材 Ⅳ.①G220

中国版本图书馆 CIP 数据核字(2018)第 084416 号

策划编辑	赵愫简	责任编辑	赵愫简	封面设计	杨立新	版式设计 王艳红
插图绘制	邓 超	责任校对	胡美萍	责任印制	存 怡	

出版发行	高等教育出版社	网 址	http://www.hep.edu.cn
社 址	北京市西城区德外大街 4 号		http://www.hep.com.cn
邮政编码	100120	网上订购	http://www.hepmall.com.cn
印 刷	大厂益利印刷有限公司		http://www.hepmall.com
开 本	787mm×960mm 1/16		http://www.hepmall.cn
印 张	27.25	版 次	2002 年 2 月第 1 版
字 数	520 千字		2018 年 8 月第 3 版
购书热线	010-58581118	印 次	2022 年 12 月第 6 次印刷
咨询电话	400-810-0598	定 价	53.90 元

本书如有缺页、倒页、脱页等质量问题,请到所购图书销售部门联系调换

目　　录

上　编

广播电视概述

第一章　广播电视传播的基本原理和发展史

本书从广播电视传播的物质基础开篇,希冀读者能够把握广播电视技术这一物质基础的发展状况(事物的本质和运动规律),进而了解、驾驭广播电视节目传播这一意识形态的精髓。广播电视技术的发明与进步,其本身就是关于广播电视的新闻。

第一节　广播电视传播的基本原理

广播有广义与狭义之分,广义的广播将声音广播和电视广播统称为"广播",为使"电视广播"区别于"声音广播",通常称"电视广播"为"电视"。如图1-1所示:

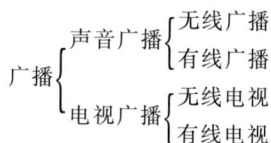

$$
广播
\begin{cases}
声音广播
\begin{cases}
无线广播 \\
有线广播
\end{cases} \\
电视广播
\begin{cases}
无线电视 \\
有线电视
\end{cases}
\end{cases}
$$

图 1-1　广播的分类

狭义的广播专指声音广播,人们通常所说的广播仅就此而言。

一、无线电波的定义、分类及其用途

无线电波是在空气和真空中传播的射频频段的电磁波。

无线电波的频率越低,损耗越小,覆盖距离越远,故多用于广播电视事业。

无线电波的频率(f)、波长(λ)和光速(C)之间具有如下关系:

$$
波长 = \frac{光速}{频率}
$$

无线电波传播的速度与光等速,即每秒约30万公里,无线电波各波段有不同用途,如表1-1所示。

表 1-1　无线电波的波长、频率范围和用途

频　段		波长范围	频率范围	用途
长　波		10~1 km	30~300 kHz	超远程无线电通信与导航
中　波		1~0.1 km	0.3~3 MHz	导航、广播、固定业务、移动业务
短　波		100~10 m	3~30 MHz	导航、广播、固定业务、移动业务
微波	米波	10~1 m	30~300 MHz	民航、电视、调频广播、雷达、电离层散射通信、固定业务、移动业务
	分米波	1~0.1 m	300~3000 MHz	导航、电视、雷达、对流层散射通信、固定业务、移动业务、空间通信
	厘米波	10~1 cm	3000~30000 MHz	电视、导航、雷达、固定业务、移动业务、无线电天文、空间通信
	毫米波	10~1 mm	30000~300000 MHz	导航、雷达等

　　无线电广播用得最广泛的是中波、中短波和短波三个频段。无线电视广播的图像、伴音（声音）传播大都使用微波段的频率。

　　在广播传播中，调幅波段的声音总是没有调频波段的声音好听，那是因为调频波段的声音音域更宽广，高低音丰满、逼真，声音清晰浑厚。

二、无线电波传播的三种方式

　　无线电波由发射机通过天线发射出来，由收音机、电视机接收天线接收，主要有地波传播、天波传播、空间波传播（直接传播）三种方式（如图 1-2 所示）。

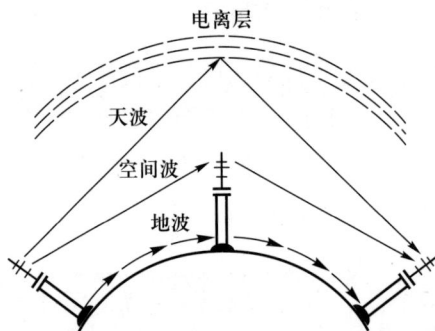

图 1-2　无线电波的传播方式

1. 地波传播

沿着地球表面传播的无线电波叫地面波或地波。这种电波较容易被地面障碍物,如山岭、建筑物等吸收,所以,要想使电波传播得更远些,必须采用波长较长的无线电波,因为电波的波长越长越不易被地面吸收,并容易绕过障碍物。无线电广播用的中波、中短波主要是沿地面传播的。

2. 天波传播

从地面辐射至天空的无线电波叫天波。地球的电离层包围着整个地球,对无线电波特别是广播用的中波和短波,它能像镜子对可见光一样进行反射。也就是说,由电台发射到空中的无线电波,电离层能将其反射折回到地面。这样,无线电波就能被远离发射台的收音机接收。短波主要是靠天波传播的。

3. 空间波传播(直接传播)

从发射点经空间直线传播到接收点的无线电波叫空间波。这种电波容易受到途中的高山、建筑物的阻挡而影响传播和接收,传播的距离也只有 50~100 公里(如图 1-3 所示)。电视广播、调频广播一般采用直接传播,因为往高空去的超短波容易穿过电离层而不折回地面。以空间波传播方式传播的超短波具有近似光的直线传播性质,因此天线越高,传播距离越远,在视线距离内,电波传播的损失较小,信号较强。近年来运用卫星加有线电缆传递已成为广播电视节目传递的主要方式。

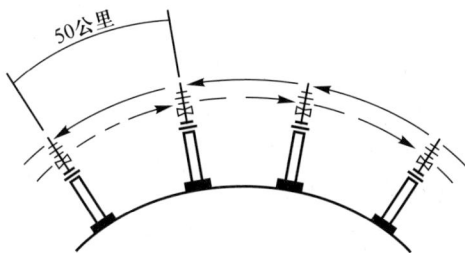

图 1-3 空间波传送距离示意图

电台、电视台所在地的地面站将电视、广播信号发向离地 35 786 公里的同步通信卫星,卫星上的相关设备对收到的信号进行加工处理,再通过定向天线向地面发射,各接收点的地面站又将收到的信号进行加工处理、发射,供本地区用户收听、收看。理论计算和实际使用的情况都表明,在离地约 36 000 公里的同步轨道上只要有三颗分别相距 120°、与地球同步运动的通信卫星,就可以实现世界各地都能接收到某个电台、电视台的节目(如图 1-4 所示)。

我国从 1985 年开始利用通信卫星向全国传送中央电视台的节目。我国直播卫星公共服务自 2011 年启动实施以来,在中央有关部门和地方各级政府的大

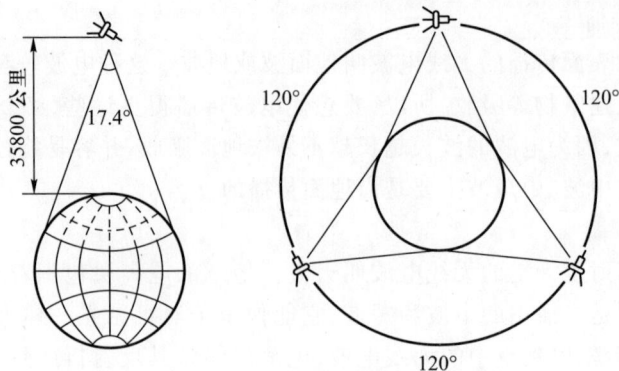

图 1-4　通信卫星覆盖范围示意图

力支持配合下,直播卫星户户通工程顺利推进,有效解决了农民群众收听收看高质量广播电视节目的问题,极大提高了城乡广播电视公共服务均等化水平。截至 2016 年 10 月 10 日,我国直播卫星用户总数突破 1 亿户。其中,"村村通"用户超过 1632 万户,"户户通"用户超过 8376 万户。直播卫星已经成为我国农村地区群众接收广播电视的主要方式。

第二节　世界广播技术的发明与应用

　　古往今来,任何改变人类生活的发明创造都经历了不断改进、不断完善的过程,电的发明,孕育了以电为动力的媒体,它们的出现次序是电报、电话、广播、电影、电视、计算机、因特网等,它们可通称为"电媒体",这也是区分以纸质为传播形式的书、报、刊等纸媒体的重要特征。

　　电报本身并不是大众传媒,但它为大众传播提供了快速有效的通信手段,可以说电报为广播的发展提供了前期的物质基础。电报的发明是人类电信传播迈出的第一步。

一、世界广播传播技术发展简史(表 1-2)

表 1-2　世界广播传播技术发展简史(1793—2017)

时间	广播传播技术演进	简评
1793 年	法国查佩兄弟在巴黎和里尔之间架设了一条长达 230 公里的线路,接力传送电信号。	人类历史上第一次使用了"电报"一词。

续表

时间	广播传播技术演进	简评
1837 年	英国人库克和惠斯通首先设计制造出了人类历史上第一个有线电报。	时隔近半个世纪，电报从试验走向广泛关注。
1844 年 5 月 24 日	美国人莫尔斯在美国国会大厅，用发报机按键将电波传送到了几十公里外的巴尔的摩，助手准确无误地译出电文。	这一天被公认为有线电报的发明日。从此，莫尔斯电报广泛应用。
1854 年至 1855 年	美国意大利移民梅乌奇于 1854 年造出一台可通话的机器，1855 年完善后将该机器命名为电话机。	可以传递声音的机器，此为广播的前身。
1880 年	俄国人 U.奥霍罗维奇成功研制出用导线把剧院里的音乐节目传输出去的播音设备。	一对一传播，有线传输的雏形。
1888 年	1888 年，德国物理学家海因里奇·鲁道夫·赫兹用实验论证了电磁波的存在。	用无线电波传递声音的梦想在孕育中。
1895 年	意大利发明家马可尼和俄国物理学家波波夫分别成功制出世界上最早的无线电接收机。	根据赫兹的实验报告，潜心研制而成。
1897 年底	马可尼又在与英国相距 34 英里的索里兹伯里和巴斯两个城市之间成功地进行了无线电波信号的发射与接收的实验。	无线电广播进入实用阶段。
1906 年圣诞节前夕	美国匹兹堡大学物理学教授金纳德·奥布里·费森登（加拿大人）在马萨诸塞州的无线电广播实验室首次成功进行了无线电广播。	无线电广播的诞生日，实现了两地信息的快速沟通。无线电广播渐次进入千家万户。
19 世纪之初	格林里夫·皮卡德制作了世界上第一台矿石收音机，这是不须任何电能的收听工具。	这无疑是推动广播普及的重要收听工具。
1906 年	美国人德·福雷斯特（Lee de Forest）发明真空电子管，算是真空管收音机的始祖。	电子管收音机的基础。
1917 年	温特和撒鲁斯设计了电容式麦克风，它利用电容大小的变化，将声音信号转化为电信号。	麦克风是将话语转换为电信号的重要中介。
1920 年	在美国匹兹堡诞生世界上第一座定时广播的无线广播电台。	出现世界上首次新闻广播。

时间	广播传播技术演进	简评
1921 年	法国邮电部建立了本国第一座广播电台，通过巴黎高达 312 米的埃菲尔铁塔发射定时播出的节目。1922 年法国建立国家电台，1924 年法国出现私营电台。	正式电台的营运，标志着无线电传播技术开创"电子媒介"传播的新篇章。继纸媒体之后电媒体诞生。
1922 年	英国建立英国广播公司（BBC）。到 1926 年，英国已有 29 座发射台，覆盖 80% 的人口居住区；1929 年建成首座地方台。	传播工具决定传播形态，传播技术的发明使得传播工具纷纷登场。
1923 年	德国建立了无线电广播电台。	
1924 年	意大利建立了无线电广播电台。	广播传播技术从 1793 年起到网络技术大面积应用的今天，没有发生根本性的变化。
1925 年	日本开始办无线电广播。1926 年，日本放送协会（NHK）成立。	
2017 年	2017 年 1 月 10 日凌晨，中央人民广播电台新闻网站、新媒体资讯平台央广网（www.cnr.cn）和手机央广网（m.cnr.cn）全面改版并以崭新面貌正式亮相。	这是中国广播技术的崭新步履，其技术应用领先于英美同行。

　　广播传播的初创期一直延续到 1928 年年底，在此期间，中国、印度、加拿大、澳大利亚等国家的无线电广播也相继问世（图 1-5—图 1-10）。

图 1-5　早期的电台实验室

图 1-6　矿石收音机

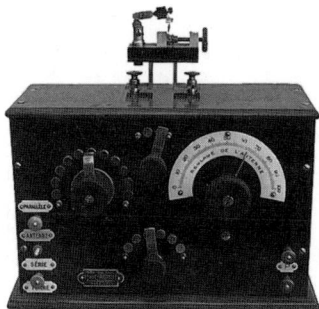

图 1-7　早期的电子管收音机

图 1-8　1938 年的电子管收音机（美国）

图 1-9　世界上第一台超小型晶体管收音机

图 1-10　1953 年中国研制出第一台
全国产化红星牌电子管收音机

　　有线广播出现于 19 世纪后期，匈牙利最早建立大型有线广播系统。1893年，西奥多·普斯卡在布达佩斯将 700 多条电话线连接在一起，进行新闻广播，组成所谓的"电话报纸"。从 20 世纪 20 年代开始，德国利用电话网开始建立有线广播网。

二、世界广播传播技术趋向完善

　　世界广播传播技术出现于 1793 年，到 1920 年技术趋向稳定，其后的技术演进可视为完善阶段，1928 年至 1954 年，这个时期也是无线电发明完善的年代。

　　1931 年哈利·奥尔森和弗兰克·马萨发明了铝带式麦克风，声音特点是温和（低频出色）、衔接平滑、瞬态较慢、高频较少，简而言之是"舒服、不刺激"。

　　1954 年 11 月美国研制的世界上第一台超小型晶体管收音机以高昂的售价投入市场。广播传播进入便携时代。

　　世界广播传播技术的应用大致可分为四个阶段：20 世纪 30 年代—60 年代，60 年代—70 年代，70 年代—90 年代，2000 年至今。

第一阶段是调幅广播的鼎盛时期(30年代—60年代)。调幅广播是以调幅方式进行音频信号的传输。调幅广播的特点是覆盖范围广,传输距离远且稳定,接收机简单、廉价,听众广泛。

第二阶段是调幅广播、调频广播、立体声广播并举的时期(60年代—70年代)。调频广播的特点是音质好,不易受干扰,失真小,广播收听效果佳。而通过立体声技术实现的立体声广播,通过多声道信号在同一频道内传送,使听众辨别感受到声音的相对位置而产生立体效果,它最直接和明显的效果就是声音具有极强的逼真性。1941年第一个调频广播电台在美国开播;到20世纪70年代,调频广播在很多国家受到推崇。

第三阶段是数字广播技术的推广时期(70年代—90年代)。

20世纪90年代数字音频广播(DAB)逐渐进入人们的视野,所谓DAB即利用卫星或地面发射站,通过发射数字信号进行广播。在此过程中所有模拟信号均转化为比特进行传输。英国广播公司于1995年9月27日率先进行了DAB广播。DAB的优势如下:(1)抗外来干扰能力强;(2)不受电波传输信号强弱的影响;(3)快速移动时接收不受影响;(4)发射音质达到CD水准;(5)发射功率低;(6)可同时传送六个CD音质的立体声节目,或同时传送数字服务信息;(7)具有显示屏可读取各项图文;(8)发射频带被充分使用。[1]

第四阶段是广播与新技术的集合阶段(2000年至今)。

进入新千年,互联网思维践行深入,媒体传播技术日新月异。2017年1月10日凌晨,中央人民广播电台旗下中央重点新闻网站、新媒体资讯平台央广网(www.cnr.cn)和手机央广网(m.cnr.cn)全面改版并以崭新面貌正式亮相,标志着广播与网络的深度融合已经迈出了坚实一步。

新版页面除了大胆启用全屏设计和自动适配外,更重要的是,这是中央人民广播电台深度推进媒体融合,打造适应移动端新趋势的资讯平台和产品的一种有益尝试。

第三节　世界电视传播技术演进简史

每一个历史时期电视传播技术的进步和发展都在不断提高人们"怎么说""怎么看"的能力,从1930年开始,在近90年的时间内,电视传播技术快速发展,将各种传播功能集于一身,当今全新的电视传播媒介是在近百年的技术发展基础上,吸收了磁带录音技术、光电转换技术、晶体管技术、彩色显像技术、人造

---

[1]　杜军:《浅谈数字音频广播DAB》,《山东商业职业技术学院学报》2009年第1期。

卫星技术、立体声技术、激光数字技术、有线传播技术等的精髓,成为一种新型传播媒体。

一、世界电视传播艰难发展的技术步伐

当我们研究电视传播发展轨迹时,从回顾其技术嬗变切入,不失为了解电视新闻发展历程及其工具性、规定性的一个捷径。表1-3展现了电视传播技术产生、发展的图景。

表1-3　世界电视传播技术演进简史(1884—2017)

时间	电视传播技术演进	简评
1884年	俄裔德国科学家保罗·尼普科运用硒的光电效应发明了电视扫描盘,即电视机荧光屏的雏形。	有别于电影固定放映模式的电视传播思路得以确立,相应的技术研发从此起步。
1908年	英国的肯培尔·斯文顿和俄国的罗申克提出电子扫描原理。	电子记录技术原理发轫。
1923年	美籍苏联人兹瓦里金发明静电积贮式摄像管。	是近代电子电视摄像技术的先驱。
1925年	英国的约翰·洛奇·贝尔德,根据"尼普科圆盘"进行了新的研究工作,发明机械扫描式电视摄像机和接收机。	电视信号传播与接收工具进入实质性研制阶段。
1928年	"第五届德国广播博览会"(柏林)上展出"尼普科圆盘"机械式电视机,机械电视传播的距离非常有限,图像也相当粗糙,无法再现精细的画面。	机械电视甫一亮相便走向终结,电子思路博弈胜出,电子电视得势应运而生。
1929年	美国科学家伊夫斯在纽约和华盛顿之间播送50行的彩色电视图像,发明了彩色电视机。	这是电子技术与同时代电影的强势发展的博弈。
1930年	视频监视对讲系统在美国工业生产线投入使用,1934年推出的默片《摩登时代》中通过视频管理员工的情节便是生动的佐证。	视频监视图像在21世纪成为电视新闻的重要一手资料。
1933年	兹沃里金又研制成功可供电视摄像用的摄像管和显像管,完成了电视摄像与显像完全电子化的过程。	电子电视传播系统基本成型。

时间	电视传播技术演进	简评
1936 年	11 月 2 日世界上第一座电视台在英国广播公司开播,现场直播在伦敦郊外亚历山大宫的一场歌舞节目,继而开办每天两小时的电视广播。同年第 11 届柏林奥运会上,柏林电视台第一次使用电视对奥运会比赛作现场实况转播,通过闭路系统传送到柏林市内经过特殊配置的剧院。	当时的摄像机体积硕大无比,它的一个 1.6 米焦距的镜头就重 45 公斤,长 2.2 米,被人们戏称为"电视大炮"。
1937 年	"二战"中电视技术的研发被迫中止。	面对战争,电视传播滞生于襁褓中。
1953 年	12 月,美国宾得劳斯比研究所采用多磁迹的方法,率先推出了彩色多磁迹录像带及其播放系统,但播出的画面比较模糊,未能马上投入使用。	录像机、录像带的研发是电视传播的重要物质平台。
1956 年至 1958 年	1956 年 4 月美国的安培公司率先研制出了世界上第一台实用的磁带录像机。1958 年初,该系统安装在美国最大的电视演播室并投入使用。安培公司因此闻名于世。	电视图像、声音的记录告别光化学胶片,电视节目只能来源于电影式现场直播的被动局面从此结束。
1969 年	日本的 JVC 公司发明了使用 25 毫米宽度录像带的新型录像机。	电视采访机动、快捷,有赖于电视摄制设备小型化的实现。
1971 年至 1973 年	荷兰菲利普公司推出使用带宽 12 毫米录像带的小型录像机,日本索尼公司紧随其后生产出带宽 12 毫米、名为 BETA 的录像带。与此同时,日本 JVC 公司也推出了另一种 VHS(Video Home System 的缩写,意为家用录像系统)规格的家用录像机。	技术的渐进推动影像生产设备日新月异地更替,使用观念如何跟进工具的变化至关重要。
1976 年	1976 年,JVC 公司推出了第一台家用型摄像机,其使用的是 JVC 独立开发的 VHS 格式。VHS 盒式录影带里的磁带宽 12.65 毫米。	摄像机的操作简化,大幅降低价格,家用摄像机概念被人们接受。
1979 年	以索尼为首的 BETA 集团联合研制,率先推出集摄、录、放为一体的新型录像机,即电视记者所称的 ENG(Electronic News Gathering)。	专业便携摄录设备问世,电视采访方法发生质的变化。

续表

时间	电视传播技术演进	简评
1982 年	由 JVC 研发的 VHS-C 摄像机和 S-VHS-C 摄像机应运而生，VHS-C 型录像带可以通过配送的转换盒在家用 VHS 录像机上播放。	家用摄像机市场也正是由此开始起步。
1983 年至 1989 年	继 VHS-C 和 S-VHS-C 型录像带出现后，索尼、夏普、佳能公司又推出了 8 毫米系列摄像机，即通常所说的 V8。家用摄像机的性能提升到了新水平。	家用摄像机小型化的脚步加快，为 DV 的问世做好了技术与使用观念的铺垫。
1995 年	1995 年 7 月 24 日，索尼公司公布了第一部数码摄像机 DCR-VX1000，于当年 9 月 10 日上市销售。	DCR-VX1000 采用 3CCD 传感器结构，成为便携式数码摄像机的先锋。
1996 年	JVC 公司 1996 年底推出迷你型摄像机 GR-DV1。	机器小型化的先行者。
2003 年	9 月 3 日，佳能、夏普、索尼及 JVC 四家公司联合宣布了 HDV 标准。其概念是要开发一种家用便携式摄像机，它可以方便录制高质量、高清晰度的影像。	高画质、低价格 DV 的问世，使影像记录市井化。
2012 年	4K 高清电视机问世。它具备 3840×2160（4K×2K）的物理分辨率。	但 4K 高清片源是其制约。
2013 年	日立和 NHK 联合研制 8K 超高清小型摄像机的最新原型机问世。	高清设备带来人类视觉的极限挑战。
2015 年	Adobe 公司推出 Premiere 视频编辑软件 CC2015 版，是一款兼容性和画面质量俱佳的产品。	电视节目日益繁茂，编辑软件则是节目制作优化的关口。
2016 年	海信发布激光影院电视新品。目前激光电视产品已经扩展为 70、85、100 和 120 吋，2016 年成为"激光影院电视"发展元年，激光显示技术代表中国品牌在彩电显示技术方面取得领先优势。	2005 年索尼公司就推出激光电视，2007 美国国际消费电子展上展出样机，韩国也有过样机，只是不见走向市场的量产。

时间	电视传播技术演进	简评
2017 年	因特网、云计算、大数据组合应用技术趋向成熟,为电视节目融合传播打下坚实基础。	2017 年传媒数据指标体系的完善,为实现电视传播效果最大化准备了条件。

从表中我们不难看到先辈们对影视图像的生成与应用孜孜不倦的追求。电视技术的规定性始终标示着电视新闻如何传播的可能性。电子技术是电视新闻成长不可或缺的物质平台,电视正在不断地提高复写世界的能力。

二、世界电视传播技术的完善

进入新世纪,全球电子技术飞跃发展,电视传播技术得以完善,具体表现为以下方面:

1. 有线技术

以无线电波为载体,是电视初创时的传播方式。超高频的电视电波具有光线直接传播与反射传播的特点,要求发射与接收方之间不得有障碍物,即使当时的发射天线塔再高,在城市的高楼大厦之间,也无法实现直线传送。障碍物的遮蔽与反射,导致电视信号不是因阻挡而衰弱,便是反射重影,严重影响节目质量。

为解决无线电视的短板,有线电视(电缆电视 CATV)应运而生,并于 20 世纪 90 年代全面取代无线电视。有线电视具有节目容量大、多频道、多节目、多选择、多形式等优点,无线电视难以望其项背。

2. 卫星传播

自从 1957 年苏联发射了第一颗人造地球卫星开始,人类便步入了卫星时代。1965 年“国际通信卫星 1 号”的启用,标志着人类正式进入卫星通信时代。

由于卫星传送互联互通技术的制约,全球联网的理想直播境况一直未能实现,真正实用的电视卫星直播技术直至 21 世纪初叶方显端倪。

2008 年 8 月 8 日召开的北京第 29 届夏季奥运会,卫星电视承担了向全球万千家庭直播赛事实况的重担。

中国自 2007 年第一颗北斗导航卫星发射成功后,这些年来的高密度卫星发射,使中国卫星导航系统为广泛的民用和全球服务做好了准备。2016 年 6 月 12 日,第 23 颗北斗导航卫星顺利升空,进入预定轨道,该系统于 2018 年形成面向“一带一路”沿线国家的服务能力,2020 年形成全球服务能力。客观现实表明,国内卫星电视事业的发展,既为全国广大观众扩大了选择收看电视节目的空间,也使电视频道之间的竞争日趋激烈。

3. 高清晰度技术

国际无线电咨询委员会对高清电视的定义是："当观看距离约为屏幕高度的 3 倍时,该系统能使显像的实际效果等于或接近于由视力正常的观众观看原始景物或表演时所取得的印象。"电视的清晰程度是由电视机画面所采用的行数的技术标准决定的。2000 年前,525 行和 625 行是全球电视机画面采用的技术标准。之后电视画面清晰程度的不断提高,实际上是对这一技术的改革。

真正的高清电视并不仅仅是指高清电视机,而必须是高清摄像机、高清机顶盒、高清频道、高清电视机的组合体,四者缺一不可。

最新的 4K 技术的清晰度能达到现有的高清分辨率的 4 倍,可谓纤毫毕现,能带给观众更加逼真的观看体验。

留下的问题是,中外各电视、网络机构播出的电视节目何时能实现高清数据的常规播出。表 1-4 为电视机显示屏常用清晰度一览表。

表 1-4　电视机显示屏常用清晰度一览表

显示屏类别	显示屏水平方向的像素	显示屏垂直方向的像素	备　注
标准清晰度	720p	480p	简称标清电视机
2K 清晰度	1920p	1060p	简称全高清电视机
4K 清晰度	3840p	2160p	简称超高清电视机
8K 清晰度	7680p	4230p	简称超高清电视机

4. 数字技术

数字技术的传播原理实质是:将传播信号以间断的数码方式传递出去,受传者接收到信号后,再将这些数码复制出来(模拟技术采用描摹的方法),从而产生了信息。和传统的模拟传递方式不同的是,复制可以做到和原版一样准确、精致、没有误差,因而也就不会产生图像清晰度受损等信号衰减现象。

在数字基础上开展的数字付费电视,是电视业务的新方向。

5. 互联网技术

当代人类社会进入信息革命时代,以互联网为代表的信息技术日新月异,引领了社会生产新变革,创造了人类生活新空间,拓展了治理新领域,极大提高了人类认识世界、改造世界的能力。

当代互联网技术为新兴的网络电视提供了强大的技术平台。广义的网络电视全称为 Interactive Personality TV,它是利用 PC 平台、TV(机顶盒)平台和手机平台(移动网络)三种终端显示平台,通过机顶盒或计算机接入宽带网络,实现数字电视、时移电视、互动电视等服务。① 用户有多种方式可以享受 IPTV 业务：一种是 PC 机+宽带，一种是手机电视，另一种是 IPTV 机顶盒+电视机。

网络电视带来了一种全新的电视观看方式，它提供近乎海量的节目内容供观众自由按需选择观看。

6. 三维技术

三维电视又称立体电视（Stereoscopies Television）或 3D 电视。它的技术原理是利用一定的拍摄技术和人的眼睛等产生立体效应。它带给观众以更强的现实感和参与感，把观众完全带入虚拟世界当中。中国电视机市场上逾五成的产品具备 3D 显示功能，它们面临的问题是片源匮乏，无论是 3D 电影还是 3D 电视剧，其拍摄、制作、经费都与传统的 2D 片种有天壤之异。3D 电视何时实现裸眼观看也是有待解决的技术难题。因此 3D 电视节目真正落户家庭还有漫长的路要走。

思考与练习

1. 简述广播技术的发展推动广播节目（含新闻节目）发展的历史。
2. 简述电视技术的发展推动电视节目（含新闻节目）发展的历史。
3. 分别概述卫星传播、高清晰度技术、数字及人工智能技术、互联网技术、三维技术的应用给广播电视新闻节目传播带来的变化。
4. 如何理解"广播电视技术的发明与进步，其本身就是广播电视的新闻"这一判断的内涵？

---

① 蒋华权等:《IPTV、数字电视、网络电视区别谈》,《卫星电视与宽带多媒体》2009 年第 9 期。

第二章　广播电视与社会发展

广播电视的发展有两个基本条件，一是作为电子媒介，其发明和使用依赖于技术的进步。二是其"产品"的传播方式和功能与社会需求密切相关。技术进步是广播电视发展的物质条件，社会需求是广播电视发展的直接动力。

从有线电报、有线广播到无线电话、广播、电视，从模拟信号传送到数字信号传送，从传统媒体到网络媒体，从单向传播到双向传播，再到双向互动传播，都依赖于新技术提供的传播平台。

这些新技术不仅为人们的传播活动提供了便利，同时也不断激起人们对新技术的渴望。

社会需求与技术之间的关系越来越密切，对技术的满足和技术创造的需求相伴而来，以潜移默化的方式改变着人们的生活方式和对待事物的态度，甚至包括判断问题、了解真相的依据。尤其是这种新技术被普通的家庭接受后，通过家庭互联网实现广播电视传播的梦想成为可能。

第一节　信息与通信技术

信息与通信技术不仅方便了人们的日常生活交流，也改变着人们的生活习惯，同时还制造出社会生活的新内容。对于这些变化，不论是反对的声音还是拥护的声音，都显示出它们的力量和重要性。

一、信息与通信技术的发展

随着电信基础设施的迅速发展，系统集成把大量的信息以数字化的方式压缩和传送，逐渐替代传统的纸质信息传送的主导地位，刷新了人们关于时间和空间的认识；光缆的发展以及廉价的电缆技术极大地扩充了信道的数量，提高了效率；通信卫星的广泛使用推动了全球通信事业的发展；在电信技术发达的国家，住宅、办公室与外部世界的联系渠道多种多样，如电话、传真、数字电视、有线电视、电子邮件和互联网等；固定的和流动的媒体，为人们的信息传送提供了极大的便利。以 4G 手机①为例,4G 手机集语音通信和多媒体通信为一体,成为包括图像、音乐、支付、网页浏览、电话会议以及其他一些信息服务等增值服务的新一代移动通信系统。人们这样描述 4G 生活:你的眼镜、手表、化妆盒、旅游鞋……任何一件你能看到的物品都有可能成为 4G 终端。具备了带宽和技术后,这个集成多种功能的终端使我们不仅可以随时随地通信,还可以双向下载传递资料、图画、影像,可以和从未谋面的陌生人网上连线对打游戏。4G 追求的目标体现出技术的本质:最简洁的操作,包罗尽可能多的功能,对操作者能力要求越来越低。

技术形态改变了人们生活的诸多方面,它像一个压缩软件一样,将信息、时间和空间压缩在一个文件包里,可以随时解压。正如麦克卢汉所言,机械技术使人的身体得到延伸,电子革命将人们的思维与社会神经系统相连,延伸了人们的感觉,开拓了新的生产知识的过程和市场。电子革命去信息中心化,整合并且促进了社会的网状互动。"我们任何一种延伸(或曰一种新的技术),都要在我们的事务中引出一种新的尺度。比如说,由于自动化这一媒介的诞生,人的组合的新型模式往往要淘汰一些就业机会,这是事实,是其消极后果。从其积极因素来说,自动化为人们创造了新的角色;换言之,它使人深深卷入自己的工作和人际组合之中——以前的机械技术却把这样的角色摧毁殆尽。"②

广播电视从技术方面讲是一种电子传播媒介,它通过数字技术将各种信息转化成数码信号,然后用无线电波、导线或网络传送声音和图像。广播电视的出现不是单一的或互不相干的独自的系列活动,而是有赖于许多科学技术的发明,如电力、电信、收录机、显示屏、数字技术等,有赖于社会发展中相关事件对它的使用需求和推广,如两次世界大战,海湾战争、"9·11"恐怖事件、印尼海啸、汶川地震、迈克尔·杰克逊葬礼等。我们依靠数字技术提供的海量信息描绘对今天世界的认识。

二、应用自然力的魔术

人们早已经知道电力的存在,但是直到 19 世纪,对它的探讨只停留在想象的阶段,只是把它当成自然界的一种令人神往的现象,主要研究它所造成的隔离与集中的效应。1588 年,鲍尔达在一本名为《应用自然力的魔术》的书中,描写了"共振的发报机"这个魔术般的通信工具,他设想利用磁力来进行通信活动。

---

① 4G 手机:指应用第四代移动通信技术的手机,即第四代(4rd Generation)手机。资料来源于网络。

② [加]马歇尔·麦克卢汉:《理解媒介——论人延伸》,何道宽译,商务印书馆 2000 年版,第 33 页。

除了鲍尔达本人，许多思想家对这个设计甚为惊喜。可是，当时这只是"自然力的魔术"而已，实现这个设计，有待于电力的应用和有线、无线电的开发。

用于通信的无线电报通常是用"莫尔斯电码"来转换并发送消息的，电报的发出者和接收者都是接受过专门职业训练的人，电报的内容要经过他们的解码后才能够被人读懂。为了能直接传送话语给接收者，人们又萌生了将无线电技术与电话的原理结合的广播实验设想。

18 世纪末 19 世纪初，人们开始了对电力应用的探讨，其中最重要的是把电力与已经知道的自然界的光(磁)导电联系起来观察。从 1800 年到 1831 年，伏特(Volta)的电池、法拉第(Faraday)的电磁感应相继出现，这些关键性的基础研究很快迎来了发电机的产生。这段过程作为科学史的一节被记载，与此同时，工业生产也进入新的发展阶段。

1885 年至 1911 年间，无线电广播取得了几个重要的科技成果，但此时还只是被当作更进一步的电报形式，第一次世界大战才使人们认识到广播已成为一种和电报截然不同的社会传播系统。

三、信息技术与广播电视

说到广播电视的诞生，总是与信息技术相关。一系列技术事件串联起广播电视最初的发展轨迹：莫尔斯电码、贝尔电话、爱迪生留声机、马可尼无线电收发报机、尼普柯夫圆盘、贝尔德"扫描"出的木偶图像……广播电视技术发展的大事记向我们提供了这样的思路，即广播电视技术的发展有三个相互联系的方面：一是不断提高多种信息的传播质量——加快速度、保证准确性、扩大范围、简化传输方法等；二是不断优化人们获得各种信息的手段和方法——携带方便、操作简单、信号逼真清晰、内容丰富、类别细致；三是作为娱乐工具，人们期待足不出户就可以听音乐、看电影、看体育比赛、参加游戏活动等。如果把技术的发展放置于社会发展的视野中一并观察的话，我们看到技术的每一次进步与社会需要形成互动的关系，技术不断地满足社会的需要，同时也为产生新的社会需要创造出许多新的想象平台。社会接纳并且推广新技术的速度越来越快，在此过程中，社会的发展又不断赋予新技术社会化—文化的特征。广播电视作为技术成果涉及无线电技术与其他相关技术，这些技术之间的互动，对政治、经济、军事、文化、商业等产生直接或间接的影响。尤其是进入现代社会，广播电视技术发展迅速，使得广播电视的普及和日常化是以往任何一种技术都难以实现的。广播电视不仅是一项社会文化事业，同时也成为一项带有经济色彩的产业，这种两重性产生的互动与矛盾深刻影响了广播电视的发展。

第二节　广播电视与社会发展

从技术方面来看,广播电视的问世是技术发展的必然结果。技术的进步不仅满足了人们的物质需要,还培植了人们对技术更新的要求和操作新技术的欲望。一旦这种欲望被激起,新技术发明带来的经济动力和市场需求对人的刺激会像欲望号街车一样,没有刹车系统了。在这样的时刻,复杂又彼此相关的生产技术和通信领域,从蒸汽动力到电力,从人力传送到电子传送,一直到电报、电话、摄影、电影、广播和电视,它们互相激荡辉映,构成大社会转型期的一部分。①更重要的是,社会组织与规模迅速地、扩张式地发展时,许多技术是在特定的意向和需求中被选择的:工业发展、市场消费、物资流通、城市扩建、新的职业问世,甚至战争,都提出如何有效传播的问题。

19 世纪初,发生了席卷英国的以机械革命为主的工业化浪潮。工厂需要各种原料,货品需要运往远处市场销售。快速的市场情报,成为工业化社会生命攸关的信息。这种社会大量生产与大量分配的现实,迫切需要一种快速、便捷、有效的远程通信工具,"快递"代替"通信鸽"的时代在工业化浪潮中呼之欲出。我们看到,电力的优越性与工业发展的新需求密切结合:发电位置的转换,使电流转换的控制可以快速而富有弹性。电代替蒸汽机等产生动力的技术,使得工业化的动力事业发展到顶点。新的需要与新的发明之间是一种相辅相成的关系,新的需要促进新技术的开发,新技术的应用不断刺激社会产生新的需求。

与工业化浪潮齐头并进的是电信事业的发展。16 世纪至 17 世纪,航海与海战时代,旗语系统已经逐渐标准化。早在 1753 年就有人提出将电力作为传递信息的工具,到 19 世纪初期许多地方已经做到。在工业体系的发展和都市的成长时期,人们认识到信息传递系统有改进的必要。1837 年以后,相关技术条件接踵而来,可以应用的电信系统形成,随着国际贸易和运输的扩张,这个系统得以快速发展。1850 年至 1860 年,横越大西洋的海底电缆铺设完成。1870 年电信系统投入运作,电话系统也在人们的期待下,以一种新的姿态出现。

生活在信息化时代的我们,更容易理解技术发展与社会发展之间的关系。

一、传播技术与社会发展相辅相成

所有的技术包括整个传播系统(技术的主要元件)在未被发明或改进之前,

---

① 参阅[英]雷蒙·威廉姆斯:《电视:科技与文化形式》,冯建三译,台湾远流出版社 1992 年版,第27—29 页。

就已经被人们预见。这些预见也有技术上的考虑和依据。正是有了长期的资本积累，有了种种技术基础的改进，才有工业生产的决定性转变和新社会形式的显现，由此又产生新的需求，提供新的发展的可能。各种传播体系的构筑正是这一切条件完满之后所结的果实。①

社会与现代传播科技的发展，有着相互依赖和支持的关系，有时表现为直接的因果关系。在第一种情况下，传播技术（大规模）改进的主要动力来自于商务和军事活动所产生的通信与科技的各种问题，其中直接因素是军事与商务活动的范围与规模不断扩张，间接因素是商业和军事扩张推动运输科技的发展。在此期间，通信为主要技术体系，广播只扮演次要功能。

在这种变化过程中，其他的社会需要（政治、经济、文化需要）也对通信技术提出了要求，传播技术从只能用来传送特殊信息给特殊人群，发展到传送多种信息给一般公众。报业的发展既是社会、经济和政治体系扩张的需要，又是对这个体系内部竞争、危机的一种回应。② 早期报纸的一半篇幅是刊登政治与社会的一般新闻，另一半篇幅则是分类广告，反映了当时社会政治的急剧变迁和商业交易的迅速扩展。如果只是传承主流意识形态，在报纸出现之前已经有制度和机构行使责任，但是，要天天更新内容，广泛涉猎、散布新闻，交代背景，预测发展，传统的机构——学校、教堂不能胜任，报纸便应运而生。报纸不失为一种具有竞争性和富于应变能力的新传播形式。报纸发展到今天，不仅是独立的传播体系，更重要的是报社也成为新的社会机构和商业运作机构。

如果说报纸迎合了人们获取政治与经济信息的需要，摄影为社区、家庭与个人生活留下稍纵即逝的图像，电影满足了好奇心并且提供娱乐，电报与电话主要满足商务情报的需求和传递个人信息，那么广播对上述传播形式的用途都有所兼顾。雷蒙·威廉姆斯（Raymond Williams）对于广播的用途做出如下描述："从现在的眼光来看，广播是一种新而强有力的社会整合与控制的形式。广播的许多重要途径与社会、商业，有时甚至是政治上的操纵息息相关。"③电视发展基本依循了收音机的模式。电视发展初期，没有自己制作的节目（这一点与初期的报纸一样，只是记录社会上发生的各种事件，没有采访、策划、后期编辑制作流程），主要转播原本发生的事件。从最初的电视节目来看，电视是继广播传播技

---

① 参见［英］雷蒙·威廉姆斯：《电视：科技与文化形式》，冯建三译，台湾远流出版社1992年版，第30页。

② 参见［英］雷蒙·威廉姆斯：《电视：科技与文化形式》，冯建三译，台湾远流出版社1992年版，第35—38页。

③ ［英］雷蒙·威廉姆斯：《电视：科技与文化形式》，冯建三译，台湾远流出版社1992年版，第36页。

术之后的又一次新技术革命,技术条件先于内容出现。如果说初期的广播是报纸的有声版,那么,电视就是电影的模仿版和事件的图像版。当然,文字、声音变成图像的技术要求要复杂得多。

电视问世并且走进普通家庭以后①,观众对于电视节目内容的要求越来越高,电视自己也要为独立生存而获取信息资源和制作权。早期广播电视制度的发展是在"公共服务"与"商营"二者对立或者竞争的背景下进行的。一旦广播电视节目拥有了一大批不确定的受众以后,它就处在了一个复杂的社会格局之中。其中有来自公共利益(社会公益、公平与公共道德、社会责任等)的标准要求,来自市场竞争原则的制约,来自政府(国家利益整合与安全)和利益集团的控制。由于广播电视在许多场合下是一个技术的概念,被视为科技条件下的产物,所以对于广播电视的社会意义的解释比报纸略微复杂。我们从广播电视意识的产生和广播电视制度的建立,可以看出广播电视是一种新的强有力的社会整合与控制的形式。

以英国为例,历届政府和各类广播委员会所做的努力之一,是将广播作为"大众事业",同时,认定广播的权力应该属于国家而不是"毫无限制的商业垄断"。② 这当然不是指政府对广播公司的直接控制,而是指政府通过发放执照的形式间接控制广播,广播公司获得执照必须遵循广播条款,以自己的服务内容对国家负责。为大众服务的广播的标准是:"倾力将各领域内的最优秀的知识、行为和成就传送到千家万户。保持高尚的道德风尚——避免庸俗和危害——是至高无上的。""广播在大众、社团和国家生活的共同语言中起着凝聚人民的社会黏合剂的作用"。③ 英国广播公司对广播作为大众服务体系的认识和实践,为该公司在世界上赢得了荣誉。

但是,由于新技术不断涌现,频道越来越多,节目种类多元化,听(观)众的要求形成市场,英国广播的商业化问题也逐步凸显出来,一直以来作为英国广播的骄傲的大众服务高标准也受到挑战。

---

① 1958 年,中国第一台黑白电视机——"北京牌"14 英寸黑白电视机在天津 712 厂诞生,拉开中国电视业自主发展的序幕。1970 年 12 月 26 日,我国第一台彩色电视机诞生,标志着中国彩电生产自主研发。70 年代初,我国正式开始生产 9 英寸黑白机,电视机开始走入寻常百姓家。当时由于受经济条件和生产能力的限制,在相当一段时间内,老百姓凭票供应才能买到电视机。

② [英]古德温、[英]惠内尔:《电视的真相》,魏礼庆、王丽丽译,中央编译出版社 2001 年版,第 188—189 页。

③ [英]古德温、[英]惠内尔:《电视的真相》,魏礼庆、王丽丽译,中央编译出版社 2001 年版,第 189、190 页。

二、传播技术与市场需求

以广播为例,19 世纪 20 年代是广播发展的关键时期。第一次世界大战期间,由于军事需要,美国关闭了所有的民间无线电台,并将全部无线电器材和电波频率用于军事。这在时间上看似延缓了广播事业的发展,但实际上却使有声电信技术得到了长足发展。战后,这些技术顺理成章地转为民用,并寻找到了新的出路。如收音机工业就成为当时主要的工业产品之一。从社会的发展变迁来看,收音机本身也是都市工业生活的产物。第二次世界大战期间,所有参战国都把广播作为进行心理战宣传的最有力的武器,各种广播节目形式被创造出来。电视除了继续发挥广播的作用之外,还以丰富多彩的图像吸引着更多的受众,成为家庭生活的一个重要元素。因此,媒介市场至少包含着两种需求:对技术(设备)的需求和对传播内容的需求。

对于收音器材的重视和开发在政府和收音机制造商那里意义不同。政府看重的是收音技术,在第一次世界大战和第二次世界大战中,收音技术主要用于军事方面,如战地通信、动员国民、心理战宣传等;之后也广泛用于意识形态宣传。收音机制造商则更重视出售收音器材。最早的广播电台也是收音机制造商开办的,这是营销广播器材的一种有效方式。对于广播电视的商业性,雷蒙·威廉姆斯认为必须分成几个层面来看,"为了特定市场而制作节目以求利润,提供频道好让广告播出(例如电视购物节目,作者注)。另外商业电视又是一种文化与政治上的形式,直接受制而且依赖于资本主义社会的种种常规。如此的商业广播不仅是要推销消费品,也是要传达内含期间的'生活形态'……对外而言,它也是国际间的运作……"①

作为工业产品之一的收音机、电视机是我们今天所谓的"消费品"。信息时代,信息的消费成为工作、生活、娱乐的一项主要内容,它与工业产品的大量制造和商业活动的繁荣密切相关。在商业化社会,消费也日趋奢侈化,人们拼命工作以获得越来越多的消费品,在享受消费的同时追求新的消费观念,例如,电视机从黑白到彩色,尺寸由 9 英寸到 30 英寸,屏幕从 CRT 到平板,从等离子电视到液晶电视等。每一次技术的提升,都蕴涵着消费水平的提高和消费观念的改变,同时也在迎合市场的需求。

---

① ［英］雷蒙·威廉姆斯:《电视:科技与文化形式》,冯建三译,台湾远流出版社 1992 年版,第 58 页。

三、广播电视传播与文化

人们愿意购买收音机、电视机,并通过这两种媒介获知新闻等各种信息。当信息成为一种知识、一种身份象征时,人们获得信息的欲望越来越强烈。在印刷媒介传播时期,由于社会关系的限制与活动范围的界定,使得这种需求只能部分得到满足,而收音机、电视机使人们不受地域和职业的限制,能够相对公平地享受信息。

通过广播电视媒介广泛传播的声音和图像符号对于我们的生活越来越重要。尤其是电视,它逐渐改变着人们了解外部世界的习惯和表述意义的方式。美国视觉艺术批评家米歇尔的"图像理论"指出,已经出现了一种图像的而不是文本的世界观和建构意义的方法,"似乎再清楚不过的事,视像和控制技术时代,电子再生产时代,它以前所未有的力量开发了视觉类像和幻象的新形势",①这实际上是对以书写文本建构世界意义的观念提出了挑战。米歇尔认为,"观看(看、凝视、扫视、观察实践、监督以及视觉快感)可能是与观众阅读形式(破译、解码、阐释)同样深刻的问题",而视觉经验或"视觉读写"从文化的每一个层面向我们压来,从精华的哲学理论到大众媒介生产。②

仅从技术上分析,广播电视作为一种传播工具适用于传播流通的意义是先于其传播内容产生的,但是,广播电视成为一项事业迅速发展却是出于其传播内容与社会的密切关系,广播电视的意义是在社会的认可中被广泛传扬的。

广播电视的表现形式与文化和社会活动密切相关。以新闻为例,我们常说的新闻是指被大众传播媒介报道的各类事件(信息)。一个事件成为被报道的新闻,便与社会产生如下联系:

1. 新闻是被选择出来报道的事件

大千世界,每时每刻都在发生着各种事件,广播电视只能选择一些事件报道。选择事件有约定俗成的标准,例如人们常说的有新闻价值的事件。新闻事件选择标准主要有如下方面:(1)重要性。是指事件在社会中造成的影响的大小、人们关注的程度等。(2)新鲜性。是针对新闻的时效而言。(3)普遍性。是指事件涉及人们的日常生活,涉及民生问题等。(4)地域性。新闻事件影响面大小与地域有关。地方媒体更多地关注本地发生的事件,是因为这些事件对本地的民众而言有接近性,容易产生认同感。(5)趣味性。有许多充满生活情趣的事和奇闻异事也是人们感兴趣的。以上五个标准的形成与社会文化之间有

① [美]W.J.T.米歇尔:《图像理论》,陈永国、胡文征译,北京大学出版社2006年版,第6页。
② [美]W.J.T.米歇尔:《图像理论》,陈永国、胡文征译,北京大学出版社2006年版,第7页。

复杂的关系。对于听众或观众来说,在潜移默化中发展出自己的接受重点,分门别类地选择信息,已成为人们媒介接触的一种习惯。

2. 新闻报道有前后顺序

报纸有版面的限制,版面的前后次序和每一版消息的安排根据特定原则决定。例如,头版头条基本上是报道这一天最重要的事件。哪些事件最重要,不同的媒体有不同的判断。例如,中国大陆媒体过去遵循的原则是国内新闻在先,国外新闻在后;时政新闻在先,社会新闻在后;硬新闻①在先,软新闻②在后等等。以广播为例,新闻频道延续过去人民广播电台③的内容选择理念,比较关注时政新闻;在时政报道中,重点是高层政治报道,聚焦于政治人物的活动。

3. 重视说服效果

相对于报纸而言,广播电视新闻传播的效果与传播者本人(新闻播报员、新闻主播、新闻主持)的关系十分密切。当电台或者电视台出现听众熟悉的声音或观众熟悉的播报者,对于听(观)众来说是有吸引力的,这种吸引力是媒体需要的。商业电台、电视台深谙其中之道,十分重视对新闻主播进行明星塑造,极尽新闻主播个人之魅力,以便获得收听(视)率。这样,个人播报表现出来的权威性、好印象会影响听(观)众对新闻信息的评析和价值判断。

4. 视觉的作用与视觉印象

对于电视现场报道而言,现场景象与音响播放,都能增加新闻传播的真实感。观众在收看电视新闻的时候,大多会对新闻事件信以为真,除非他了解事件的内幕。"电视镜头扫描而过,游目所及,使人更少能够思索,而印象已成"。④例如,2008年3月14日,在西藏拉萨发生了打砸抢烧严重暴力犯罪事件。有一些西方媒体张冠李戴、移花接木,对事实进行了不负责任的报道。美国有线电视新闻网的网站刊登了这样一幅照片:一个人站在车前,好像军车就要碾到这个平民了。其实,这张照片右边的一半被剪掉了,被剪掉的画面上,一群人正在向军车投掷石块。经过这样一番处理,施暴者反倒成了受害者。对于不了解真相或者对今日中国知之甚少的西方观众来说,这些图像留下的视觉印象,将会加深他

---

① 硬新闻是源于西方新闻学的一个名词,指题材较为严肃且重要的政治、经济、科技新闻,也指关系到国计民生以及人们切身利益的新闻。注重事实本身,讲究时效。

② 软新闻指人情味较浓的社会新闻(社会花边新闻、娱乐新闻、体育新闻、服务性新闻等),形式通俗,注重趣味性。它没有明确的时间界定,多属于延缓性新闻,无时间的紧迫性。

③ 改革开放之前各地只允许建立一家电台或电视台,以地方名称冠名,如浙江人民广播电台等。现在各地电台、电视台频道增加,中国之声、浙江之声电台等保持原来播放硬新闻的传统,其余有专业台和大众化电台、电视台。

④ 〔英〕雷蒙·威廉姆斯:《电视:科技与文化形式》,冯建三译,台湾远流出版社1992年版,第66—67页。

们原有的对中国的偏见。

5. 访谈、辩论与议程设置①

广播电视通过访谈和辩论使人们对原来漠不关心的事情产生兴趣,将人们关注的热点变成议题,深入讨论。例如,中央电视台的《新闻 1+1》《面对面》《新闻调查》等栏目对于人们日常话题的影响和是非判断能够起到引导作用。广播电视访谈节目或者评论类节目,不仅邀请多位专家就一个问题发表各自的看法(这些看法并不完全一致),同时,还利用手机短信、网络言论等鼓励听众或观众发表看法、参与辩论(也有设奖品激发参与兴趣的)。由此,从表面看,广播电视搭建了公众公平发表言论的平台,在启发人们的社会责任,使人们达成共识,提高人们的民主意识、参与意识方面有很大的潜力。

但是,在具体事件的讨论中,公众与广播电视依然保持着很大的距离。在讨论和回应过程中,人们必须依靠广播电视这个中介,因此讨论什么事情,如何决策以及有何种回应,都是要经过策划的。在演播室中,讨论的问题不仅事先安排好了,而且对于争论和回应事先也有通气,以达成默契。广播电视在这个过程中代表民意向专家、官员提出问题,同时向民众传播来自专家和官方的意见。如果专家和官员的意见与民意基本一致,这样的专家和官员就会得到民众认可,反之,针对专家和官员的质疑就产生了。需要指出的是,媒体在这个过程中对民意的表达还是有选择的,而许多事件的当事人为了引起更多人的关注,形成舆论氛围,也有意识地争取在镜头前现身。整个过程中媒介的中介作用不是简单地牵线搭桥,而是将各种意见选择后集中起来表达,引导话题的方向,形成大众舆论,从而达到预期效果。

广播电视尤其是电视对观念、价值、判断标准、日常道德、外在世界的形象构成产生的影响,不只依赖于广播电视传播什么内容,更依赖于它选择了什么,以什么方式传播和将什么议题推举到公共议程中。

---

① 媒介议程设置理论研究公众对社会公共事务中重要问题的认识和判断与传播媒介的报道活动之间的关系。该理论认为:1. 媒介作为"大事"报道的问题,也会被公众认为是大事。因为媒介是民意的代表,同时拥有搜集民意的手段。2. 媒介对某个事件或者问题强调得越多,公众对这个问题的重视程度越高;"议程设置"从字面理解,是指从议题设计(选择)、展开讨论到得出结论的整个过程。媒介议程设置指媒介通过赋予各种议题不同程度的"显著性",以影响公众关注的焦点和对社会环境的认知,影响人们对周围世界的大事及其重要性的判断。

第三节　广播电视与新媒体①融合

今天讲到广播电视传播媒介时,新媒体(也称多媒体)作为一种传播手段受到传媒业的普遍关注和重视,传统媒体的发展需要以多媒体技术为背景设计未来的蓝图。新媒体传播的成功实践使网络媒体的兴起并进入寻常百姓家,网络成为人们掌握最新信息、了解外部世界、获得共识的主要传播工具。

《新媒体百科全书》对多媒体做了这样的解释:"多媒体是指多种媒体形式的融合,包括文本、音乐、讲话、视频、注解图表和静态照片等来传播统一的讯息,至少在理想状态下,应当是可交互的。"②

与传统媒体报纸、广播、电视比较,新媒体的传播特点十分明显。报纸只传播文本信息;广播只传播声音信息;电视可以同时传播图像和声音信息,却不适合传播文本信息。新媒体不仅具备传统媒体的全部特点,并且是可交互的。交互的主动权主要掌握在使用者手中而不是传播者手中,这对于传统传播模式是一次革命性的改变。多媒体不仅制造了多样的传播形态,也唤起使用者参与其中的热情,盛行于网络的博客、QQ 群、BBS 就是例证。

一、多媒体时代的信息传输方式

由于互联网的出现,传媒领域由广播、电视与报纸"垄断"信息采集和发布的时代已经结束,互联网作为一种媒介,不仅兼容了广播、电视、报纸作为传播通道所具有的各种功能,而且信息超链接传输和鼠标点击随意获取信息这两个方面是传统媒介无法实现的。互联网使传输的信息量几乎可以达到无限延续,每一条信息又可以纵横链接,这对广播电视形成极大的冲击。尤其是网络新闻的出现,已经重组了新闻传播媒介。

中国互联网络信息中心(CNNIC)发布《第 24 次中国互联网络发展状况统计报告》(以下简称《报告》)提供数据称,中国网民规模达到 7.72 亿,手机上网用户达到 7.53 亿,占网民总数的 97.5%(截至 2017 年 12 月)。《报告》显示,我国网民规模已稳居世界第一位。随着我国互联网基础建设的日趋完善,用户网龄的逐渐增长,网络技术的创新发展,网络应用已经从生活娱乐逐步向社会经济

---

① 新媒体是针对使用新媒体技术而言的,新媒体以数字技术为支撑,运作形态是多种媒体的融合,并且形成新的传播特点。因此,人们在使用此概念时,也用多媒体这个词。

② 〔美〕斯蒂夫·琼斯主编:《新媒体百科全书》,熊澄宇、范红译,清华大学出版社 2007 年版,第 331 页。

领域渗透,网民对网络信任和安全的要求也日渐提高。①

新媒体从最初的因特网、数字电视、无线互联网,到智能手机、MP3、PDA,跨越了传统媒体,集通信技术、互联网、视觉艺术等相关领域于一身,这种传播现象告诉我们,新媒体传输方式已经打破传统媒体单一的传输方式,形成传媒的新整合。

表2-1反映了今天我们可以利用的媒体传输方式的种类:②

表2-1　媒体传输方式总览

传输方式	媒介平台
模拟式地面传送	广播和电视
模拟式点对点有线传播	电话
模拟式数字数据有线传播	互联网络
数字式地面传送	广播桥
数字式地面窄播	GSM
数字式卫星播送③	数字式卫星广播和电视——GPS
数字式基本频带点对点传播(综合业务数据网)	组合网
数字式宽带点对点传播(光纤电缆)	数字式双向电视、广播、报纸与杂志(网络版)、4G手机、网络平台等

二、新闻传播泛化

新闻传播泛化是指传播者——信息发布者的非专业化、信息获取与发布的权威性弱化和信息载体超长链接。

1. 非职业的传播者——信息发布者

网络作为一个开放的平台,其容量似乎没有限制。各种门户网站开设出五花八门的信息平台,正式的和非正式的信息发布点每天发出的信息难以计数。从理论上讲,中国数亿网民都可以成为信息发布者。这个新的信息发布群体的信息发布能力是传统大众传播媒介难以达到的。尤其是原创信息,尽管有些粗糙,甚至虚实真假混杂,但是无规则生产形成的海量信息,既满足了人们的多元化需要,也激励更多的人参与其中。生产信息已经成为目的和乐趣。所以说,网

---

① 资料源于网易科技报道。
② 参阅安东尼奥·皮塞尔基亚:《多媒体世界中的广播》,杨樾枰译,载欧广联会刊《传播》。
③ 播送是指播送者把相同的信号传送给所有的用户,用户只能从一个频率调换到另一个频率。

络不仅是一种信息传播的工具,它还培育了无数非专业的新闻采集和发布人员,传统媒介传播的职业性受到挑战,新闻传播的泛化形成了非职业传播。新闻一向追求时效性,第一时间、第一现场、第一个播报成为新闻时效的标准。在新媒体时代,网民遍布四处,当新闻事件发生,由于他们与现场具有邻近性,拥有操作网络媒体和掌握各种信息传输手段的能力,加上他们在博客或者各种论坛中被激发出言论热情,自然地被选择成为信息的发布者。

2. 信息获取与发布渠道多样化

我们的社会需要大众传播的理由之一是,我们有时无法通过个人的努力获取所需信息,信息的来源依靠大众传播媒介。在那里有训练有素的职业人员,有摄取信息的职业设备,尤其是摄像对于专业技能的要求,还有专业机构的职责赋予的信息采纳权和发布权。仅从以上四个方面看,借助新媒体实施新闻采访、写作、编辑、评论的工作流程不是件难事。一个事件发生,当事者或者目击者都有可能抢夺第一时间向外界发布消息。他们也可以利用网络的搜索引擎,把事情的来龙去脉和背景意义自己串联起来,然后与更多人分享。例如"伦敦爆炸案"的报道始末,实现了网络媒体与传统媒体的融合,专业人员与非专业人员默契合作。伦敦市民威廉·达顿拍摄了手机照片,在朋友的博客上以"图片直播"的方式"报道"了灾难现场。这些照片很快进入各大电视网的新闻头条。在这次"报道"中,手机、博客、互联网以及播客密切配合,将第一时间、第一现场权力牢牢抓在手中,显示出了新媒体巨大的威力。

3. 信息载体超长链接

在互联网上,一条信息可以连接若干与此相关的信息,事件的超文本构成将一个事件的蛛丝马迹一网打尽,不用在乎其篇幅、版面、时间、页码等。

三、互动传播冲破传—受界限

以网络互动为代表的新媒体,不但改变了人们的生活方式,还改变了人们的文化交往方式,形成了特有的新媒体语境。这种得益于现有通信技术数字化集成和高度互动性,以互联网为基础,以电子计算机为界面的新媒体传播体系正在对传统的大众传播媒介的传播方式进行颠覆,主要表现为:

1. 信息传播同时间互动

与传统媒体的互动相比,新媒体的互动模式能够做到异地同时。比如,报纸与读者的互动是一种异时互动,即便是手机短信报料,要见于报端,快则一天,慢则需要一周甚至更长。广播的互动,通常是限于在规定的节目时段内发送手机短信或是拨打热线电话,当节目完毕,互动也就不复存在。至于电视媒体,同样是因为时间的原因,现场互动受制于节目进行时,场外的短信参与或是热线电话要穿插在节目中。新媒体在时间限制上实现了一个巨大的突破:除了在线对话有一定的时间限制外,BBS、播客、博客、IM 工具则没有任何时间限制,任何人在任何时间都可以上网互动。

2. 无把关人的内容互动

在传统大众传播范畴内,记者、编辑、主持人担负着"守门人"的角色和职责,在互动过程中,话题、内容以及图片必须精心挑选组织,媒体"守门人"的素质、水平和喜好,决定着互动的内容。从这个角度来说,作为受众的一方基本上不能参与其中,这是有限制的内容互动。

新媒体传播属于电子"交互式"个性化的传播,既综合了人际传播与大众传播的特点与优势,又不是两者简单叠加。在技术上它追求的是无限制互动,各大门户网站和各政府网站不断地弱化着"守门人"的角色。在 BBS、博客、播客空间中,为传受者双方创造和分享多层次、多式样的信息互动平台,是网站相互竞争的目标。

3. 传者—受众的关系变成网络用户—用户的关系

在传统大众传播时代,受众与媒介的关系是你传播,我接受,即使有反馈和交流,也基本是滞后的,主要是因为受众没有信息发布机会。在新媒体环境下,网络传播可以让用户拥有更大的空间去接收或者发布信息,任意链接相关的内容,组成自己的"版面",用户有更强的独立性和自主性。这意味着人们的思维模式将越来越摆脱简单化和线性化的束缚,而具有非线性化和立体化的特征。网络发布信息的便捷和自由,也大大调动了人们的参与热情。网络上除了言论信息渠道之外,还拥有非常强大的娱乐功能以及提升自身技能和参与实质工作的机会。新媒体互动功能的加强改变了受众的社会活动方式,也改变了受众在传播中的地位,从而淡化了传统媒体中传播者的地位。

总而言之,网络互动的发展有助于形成广泛、多层次的传播空间。在以组织化、系统化机构运作的传统媒体传播秩序下,出现新的信息传播渠道、时间区隔、空间区隔的可能性很小。新媒体的互动性及由此而展开的网络互动传播,使传统的信息传播从形式到内容都发生了质的变化,改变了人们的阅读方式甚至是思维方式。

面对数字时代传播领域的这些变化,作为传统媒体的广播电视无疑要重新调整自己的技术和发展战略。目前,建立网络版广播电视或从网上搜索信息为广播电视所用,已经成为普遍现象。但是,广播电视仅凭此尚不能与网上自生媒体相抗衡,还须在技术更新、加强与受众的互动以及发挥自身品牌优势等方面下功夫。数字技术成就了互联网,也给广播电视本身的发展提供了新

城市广播电台
与网络媒体联
合报道"奥运
圣火传递"

的契机。

思考与练习

1. 信息技术在哪些方面促进了广播电视技术的发展?
2. 广播电视事业与社会发展的互动关系是什么?
3. 新媒体的定义是什么?
4. 新媒体与传统媒体比较,主要有哪些特点?

第三章　世界广播电视事业因
传播技术而渐次发展

从发现电磁波的存在到发出第一声嘀嗒的电报声,从电报到电话再到声音广播,百余年间,广播的发展反映了人类不断认识自然、利用自然的伟大力量,也体现出电子科学的物质基础为大众传播发展所带来的革命性变化。

进入 20 世纪 70 年代以来,全球科学技术突飞猛进,电视传播技术较之广播传播技术,无论是进步节点还是产品丰富性,电视都大幅胜出。

第一节　世界广播传播技术语境下的早期节目形态

一、世界广播传播的早期节目形态

早期的广播节目尽管简单粗糙,但毕竟是众人远距离"听盒子说话",对当时的人来说可谓是新鲜事(表 3-1)。

表 3-1　世界广播传播技术的早期应用

时间	应用状况	简评
1910 年	美国人福斯特从纽约的大都会歌剧院转播恩里科·卡鲁索的歌剧演出。随后他播送了报纸要闻,这是最早的广播简讯。	尽管是报纸要闻,但冠以"空中之声"就足以引起人们的广泛兴趣。
1916 年	1916 年美国大选期间,科学家弗雷斯特在纽约建立了一个呼号为 2ZK 的广播电台,播送了《纽约美国人报》提供的关于伍德鲁·威尔逊成功连任第 29 任总统的消息。	这是世界上最早的广播形式的新闻。
1920 年 8 月 31 日	1920 年 8 月 31 日,美国底特律的一家试验性电台播送州长竞选新闻,被称为首次广播新闻。	从时间上判断"首次广播新闻"还是该认定为 1916 年。

续表

时间	应用状况	简评
1920 年 11 月 2 日	由美国匹兹堡西屋电器公司开办的商业广播电台开始播音,呼号为 KDKA。其建造者为弗兰克·康拉德。这家电台首次创办了定时广播节目,主要播送新闻节目 。	世界公认的第一座正式电台,也是世界广播传播史上的首次新闻节目。
1921 年	法国邮电部建立了本国第一座电台,通过埃菲尔铁塔进行定时广播。1922 年,法国建立国家电台。1924 年,法国出现私营广播电台。	312 米高的埃菲尔铁塔上架设发射天线,当时具有最大的信号覆盖面积。
1923 年	英国建立了英国广播公司(BBC)。到 1926 年,全国已有 29 座发射台,覆盖 80% 的人口居住区,1929 年建成首座地方台。	世界首家国家级广播公司,覆盖面广,初显广播魅力。
1923 年	德国建立无线电广播电台。	德国拥有一流的制作技术。
1923 年 1 月	美国人奥斯邦创办的中国无线电公司所属广播电台在上海开始播音,这是中国境内的第一座广播电台。三个月后停播。	虽然连续广播时间不长,但是我国最早的新闻广播。
1924 年 5 月 15 日	上海美商开洛公司和《申报》馆合作开设的开洛广播电台开始播音,每天播音达 4 小时,内容涉及市价行情、汇兑价格、新闻、音乐、戏曲、名人演讲等。《申报》的 15、16 版还专门开设了名为"本馆无线电话部报告"的节目预告。1929 年 10 月底该电台停止播音。	这座广播电台是早期在上海开办的广播电台中规模最大、时间最长、影响最广的一座,也开创了中国广播电台与报纸联合经营的先河。
1924 年 8 月	北洋政府交通部公布《装用广播无线电接收机暂行规则》。	这是中国历史上的第一个广播法令。
1925 年	日本在 1925 年开始办无线电广播。3 月 22 日,第一家私营电台东京广播电台开始试验性广播。1926 年,以该台为基础,合并了大阪和名古屋两家电台,成立了日本放送协会(NHK)。	开办时间虽晚,但 NHK 的成立,保证了电台的持续运行。

二、世界广播传播技术应用评介

随着节目制作水平的不断提高,20世纪30年代广播电台节目内容发展到成熟阶段,表现出今天的雏形。

1. 娱乐类和新闻类节目唱主角

这期间,除了广受欢迎的综合性文艺节目,广播剧也应运而生,并成为广播电台的重头戏。从最开始形式单调、情节简单发展到注重情节、多人合作,广播剧实现了不小的飞跃。今天闻名遐迩的"肥皂剧"一词,最早就是在这个时期诞生。世界上第一部长篇广播连续剧是美国在20世纪30年代制作的《彩色的梦》,由于其广告赞助商是肥皂商,此后长篇剧集都被称为肥皂剧。世界上播出时间最长的广播剧是1933年在美国开始播出的《海伦·特伦特的罗曼史》,该剧于1960年停播。广播剧已成为听众日常生活的一部分,深受听众欢迎。

一开始新闻节目在广播中并不占主要地位,仅仅是不定期播放一些简讯和评论。但是由于广播避免了读书认字带来的门槛限制,同时相比报纸具有较强的及时性和便捷性,因此人们很快就更倾向于通过广播获取新闻信息。而报社认为广播播报新闻会对报纸产生巨大的冲击,于是采取种种措施限制广播事业的发展。如1933年美国报社与通讯社联合发起成立的"报刊—广播署"就规定电台每天只能播报两则报刊发表过的新闻。然而这项垄断性政策并未持续多久就被打破。

2. 专业性电台崭露头角

广播传播事业蒸蒸日上,同时还涌现出一批优秀的播音员,如以"二战"期间播出的《这里是伦敦》而一炮打响的爱德华·R.默罗(Edward R. Murrow)。同时广播种类日渐丰富和多样化,广播电台出现专业化趋势,新闻电台、交通电台、经济电台、教育电台、音乐电台等分别占据不同的领域。其中音乐电台以其卓越的服务性深受广大听众喜爱,音乐节目打破了地域限制,各种风格的音乐供大众欣赏。

3. 美国电台强化政治传播

20世纪30年代,美国广播主要是为政治服务。当年的美国总统罗斯福运用广播发表治国理念的谈话,被誉为亲民的"炉边谈话",历来被认为是广播巨大威力的生动体现。作为一位坐在轮椅上的国家领导人,罗斯福通过广播这一大众传播工具将自己的施政方针传达给大众,真正发掘出了广播的喉舌魅力。1933年罗斯福发表的四次广播讲话(3月12日,5月7日,7月24日,10月22日)鼓励国民树立信心,度过经济大萧条的困境,成为美国政治史上的重要事件和广播史上的里程碑。《纽约时报》报道说:"从来没有哪一位总统能在这么短时间内叫人觉得这样满怀信心。"罗斯福不是第一位通过广播发表政见的美国总统,但他无疑是最善于利用广播的总统。无线电广播这一传播工具一问世就为美国总统所青睐,足见政治与宣传的相依关系,足以证明广播传播的喉舌工具特性。

4. 各国的对外广播迅速发展

对外宣传此前虽有报纸、书刊等纸质读物的途径,但限于语言与文化,其辐射范围与影响力还是十分有限。广播不受语言与疆域的羁绊,促使各国的对外广播迅速发展。1927 年,荷兰成为世界上最早开办对外广播的国家。1939 年共有 27 个国家办起了对外广播。1945 年"二战"结束时,已有 55 个国家开办对外广播。"二战"结束后,一批社会主义国家和第三世界国家也办起了对外广播。许多国家在加强对外广播方面共同的趋向是:大力增强多语种广播,其中以美国、苏联、中国、日本、法国最为突出;竞相开办昼夜不停的环球广播,如"美国之音"、英国广播公司、澳大利亚电台、莫斯科电台等都已建立英语环球广播;不少国家在大搞广播设备现代化,有些国家还在国外建立转播台。

中国国际广播电台(China Radio International,简称 CRI)创办于 1941 年 12 月 3 日(起源于延安新华广播电台于 1941 年 12 月 3 日开办的日语广播,延安新华广播电台即今中央人民广播电台),是中国向全世界广播的国家广播电台。至 2015 年使用 65 种语言全天候向世界传播,是全球使用语种最多的国际传播机构。其宗旨是"向世界介绍中国,向中国介绍世界,向世界报道世界,增进中国人民与世界人民之间的了解和友谊"。

三、世界广播电视节目经营管理的五大制度模型

广播电视节目的经营管理体制与所在国的政治、经济、文化有着千丝万缕的联系,各国对电视节目管理的法律和行政管理的制度不尽相同,相同之处是都必须为所在国的核心利益服务,始终是国家的喊话喉舌(表3-2)。

表 3-2　世界广播、电视节目经营管理的五大制度模型

模型与国家 （地区）	管理模式关键内容	简评
国有国营型 中国、朝鲜、蒙古、古巴等	国家拥有并直接经营,领导成员由政府任命;业务方针由政府规定,业务活动受政府监督;经费大部分靠国家拨款,同时也接受团体和个人的赞助。	广播电视和执政阶级的耳目喉舌出现。

模型与国家 （地区）	管理模式关键内容	简评
国有公营型 　英国 BBC、日本 NHK、苏格兰、威尔士、北爱尔兰、法国等	发达资本主义国家以及发展中国家的许多公共台一般实行这种体制。资产为国家所有，但电台、电视台保持相对独立性，作为"特殊法人"存在，实行企业化管理和运作，经费来自受众缴纳的视听费和国家拨款，有的辅以广告收入。大都严防"自我商业化"以及媚俗的倾向。	管理相对宽松。
社会公营型 　美国大部分电台、电视台；德国各州地方台	一是联合型，由社会各界联合经办；二是团体型，由公众团体经办。它们一般都是独立的法人单位，以服务社会为宗旨，在法制范围内独立进行业务活动和经营管理。经费有的靠视听费，有的靠各界资助和政府补助，有的还辅以广告收入。国家依法在宏观上进行调控管理。	调控是关键。美国国会有专门的调控机构。
私有私营型 　美国 NBC、CBS、ABC、FBC；日本 TBS、NTV、ANB、Fuji TV	这种私有私营的商业台，国家只是依照法律调控管理。新闻节目往往追求耸人听闻、轰动效应，容易造成内容失实、侵犯隐私等现象。在业务上往往受广告商、赞助商的牵制。为了不得罪重要的广告商，有时甚至会曲意迎合，停播某些节目或节目内容。	此体制是自由主义报业理论在广播电视界的翻版。
公私合营型 　法国的新频道电视台、俄罗斯公共电视公司	国家兴建并经营广播电视设备，私方租赁这些设备制作并播送节目。不论合资或合办，国家通常处于主导地位，其基本特点是既实行商业经营，又保持国家在机构内部的调控制约。	国家有效制约是关键。

第二节　英国、美国的电视传播事业

　　言及电视节目的传播，电视技术发明与应用多起源于英国和美国，故本节主要介绍英国、美国的电视传播事业。

一、英国电视传播事业简介

　　世界第一座电视台是在英国出现的，对于电视的发明及此后的技术进步，英国人作出了自己的贡献。1936 年，英国建立了世界上第一个公众电视台。今天,主营英国广播电视事业的英国广播公司在世界上享有很高的声誉。

英国的电视业向来十分重视电视新闻节目,英国最主要的两大电视机构 BBC 和 ITV 一直是制作电视新闻节目的主力军。

1. 英国广播公司(BBC)

英国并没有类似中国中央电视台这样的国家电视台,BBC 是最大的半官方性质的电视广播制作播出机构,是一家国营公司,但又是相对独立的"特殊法人"。它的理事会为最高决策、管理机构,决定英国广播公司的一切重大问题,直接向议会负责。[①]

BBC 在新闻传播界享有很高的声誉,电视传播实力雄厚,节目受众覆盖了全国人口的 99.9%。BBC 十分注重电视新闻报道的严谨性。新闻节目在注意即时迅速的同时也要求准确,除非是本公司记者的报道,否则一条国际新闻有三个通讯社同时报道方可采用。新闻节目的形式强调突出电视的特点,尽量进行实况转播,否则就采用现场录音报道和记者本人报道。重视报道的质量,强调给观众身临其境之感,而不是强调外表的美观。

BBC 重视新闻节目,但没有专门的新闻评论。他们将自己的观点、看法巧妙地渗透在新闻报道之中。这也是 BBC 的新闻节目的一个特点。

2. 英国独立电视台(ITV)

英国独立电视台是英国知名的无线电视台,成立于 1955 年,是英国最早的商业电视台,也是英国最大的综合电视台之一,提供在线流媒体、ITV 档案、新闻、体育、娱乐、游戏、肥皂剧、生活方式、戏剧和互动电视指南等节目。它覆盖英国全境,是 BBC 最大的竞争对手。其特色就是大量自制的地区性的原创节目。

ITV 的节目是 24 小时全天播出,由全国 14 个电视区的 16 家获得执照的制作公司提供。ITV 与我国的中央电视台、湖南卫视、香港亚洲电视也经常有合作。ITV 比较有影响力的新闻节目首推《ITV 午间新闻》,是包含英国国内新闻和国际新闻的综合新闻节目,亦是 ITV 的品牌栏目。

ITV 与 BBC 最大的不同是 ITV 靠广告收入生存,它不像 BBC 那样以公共服务角色为重,其首要任务是"为股东创造利润";BBC 则是非营利的(受众缴纳的执照费是重要经费来源),不播广告。因此,ITV 的电视节目以娱乐为主,2005年,ITV 的专业新闻频道停播。

3. 英国电视新闻新特点[②]

英国的新闻报道恪守严肃、精细作风,在政治问题的节目上很下功夫,态度

---

① 　资料源于网络。

② 　参考钟新:《英国电视新闻现状与分析》,《中国记者》2001 年第 11 期。

"客观""中立",时事新闻很少评论,亦无说教口吻。

BBC 和 ITV 的电视新闻内容的变化趋势是政治新闻、国际新闻、经济新闻的数量逐渐减少,而与个人生活更加相关的健康、教育、消费、儿童问题等新闻有所增加,新闻内容更趋于大众化。

为了抓住观众的注意力,包括 BBC 在内的英国电视机构都努力让自己的新闻有好看的画面,并把画面效果较好的新闻放在最重要的位置。当然,最理想的状态是最好看的新闻同时又是最重要的新闻。如 BBC 对 2001 年 10 月的一条巴以冲突的新闻的处理,画面和同期声真实再现了冲突现场,显然记者是近距离拍摄的。看这条新闻有看电影大片的感觉,用做电影大片的手法做新闻自然能获得良好的收视效果。

二、美国电视传播事业简介

美国是世界电视大国之一,其拥有的电视机和电视台在世界上一直占有很大的比例。

1928 年,美国出现了第一家实验性电视台;1941 年,又出现了历史上最早的商业电视台;1962 年开始卫星转播。美国电视事业以商业电视为主体,电视新闻发展的历史穿插着各大媒体竞争和演变的历史,它们各具特色,不断完善,以各自的形式承担着传播新闻、服务大众的任务。[①]

1. 全国广播公司(NBC)

全国广播公司是美国最早成立的全国性广播电视公司,成立于 1926 年 11 月 15 日。该公司于 1940 年即建立了美国第一个电视网,集合了全国范围内 200 多家电视台。

1939 年,NBC 记者首次在电视上对总统竞选作了实况转播,由此掀起了"电视热"。

1953 年,NBC 开办《骆驼新闻大篷车》节目,这个节目每次有 6 至 8 条新消息,表现形式、拍摄技巧都模仿电影纪录片,轻松活泼,当时被公认为电视新闻中的杰作,是第一个"真正"的电视新闻节目。

在电视节目播出时间并不连续稳定的年代,1954 年 NBC 最早正式按时播出电视节目,并在三大电视网(全国广播公司、哥伦比亚广播公司、美国广播公司)中最早开播早间新闻节目《今天》。

NBC 建立以来,一直注意对新闻时效的追求。1953 年 6 月对英国女王伊丽莎白二世的加冕典礼的报道中,NBC 在时效上击败了哥伦比亚广播公司

---

① 参考王纬主编:《镜头里的第四势力(美国电视新闻节目)》,北京广播学院出版社第 2000 年版。

(CBS)。

NBC还十分注重国际新闻的报道,1959年的赫鲁晓夫访美和1972年尼克松访华,NBC都派出了大批记者进行追踪报道。

90年代的NBC开始了海外市场的开拓,筹办了拉美、欧洲新闻频道,同时也开始以24小时不间断的节目同对手展开竞争。

NBC新闻重视对新闻背景的分析、对新闻事件的评论,这也是后来NBC新闻节目在CBS强有力的攻势下得以生存的主要原因。

2. 哥伦比亚广播公司(CBS)

CBS成立于1927年,总部设于纽约,与摩根财团关系密切,设有5座自营电视台。和NBC一样,它也拥有一个有200多家电视台参与的电视联播网,并为参与该网的各电视台提供节目。

1948年,CBS开办了世界上第一个定期的简要式新闻节目——《CBS电视新闻》,在美国东部晚上7∶30播出,之后又推出了大型杂志性电视节目《60分钟》,这两个节目为CBS赢得了相当高的收视率。从1955年开始,CBS夺得全国电视收视率第一的位置,然后把这个荣誉毫无争议地保持了长达21年之久。CBS凭借在新闻领域的杰出表现成为美国最具权威性的电视新闻机构。

CBS的新闻节目一直以独到的剖析、果断揭露社会弊端而引起社会的广泛关注,而新闻节目的风格和特性是由最具影响力的、经常同观众见面的记者(或主持人)的个性来决定的。但个性不可毫无限制。主持人丹·拉瑟在2004年9月的《60分钟》节目中,因独家报道了有关布什总统逃避兵役的"不真实"记录而受责并公开道歉,最终在2005年3月9日——担任新闻主持人生涯24周年纪念日——这天离开主持岗位。由此可见,主持人对电视新闻选题和制作拥有的自由也要受制于事实与政治。

另一位著名主持人克朗凯特经历了哥伦比亚广播公司历史上许多重大事件的报道,直到1981年退休。他在总统选举、越南战争、种族冲突、暗杀事件、水门事件及阿波罗号登月等一系列有重大历史影响的新闻事件中扮演着通告消息、揭示事实和解释事实的角色。20世纪70年代中期,他被称为美国最受人钦佩的人物之一,克朗凯特在CBS新闻中的巨大作用,促使新闻播报者的名称从"播音员"(announcer)转变为"主播"(anchor)。

另外,CBS对中国的新闻报道较客观,也一直注重同中国同行的节目交流。

3. 美国广播公司(ABC)

美国广播公司总部设于纽约,由NBC分裂而来,在三大电视网中,它成立最晚,也最富有竞争精神。它拥有自营电视台5座,在全国范围内约有255家电视台参加了它的联播网。20世纪70年代,在全国约900家电视台中,ABC的电视网拥有全美国电视观众的 1/4。

ABC 的新闻节目采取细分观众、精确定位的方法树立了独特的风格。其新闻节目以年轻的都市成年观众群为主要对象,时尚感强、画面富于视觉冲击力、强化事件中的矛盾冲突、记者提问尖锐,形成一种新派新闻风格。

4. 美国有线电视新闻网(CNN)

美国有线电视新闻网由泰德·特纳①于 1980 年创办,目前为时代华纳所有。CNN 被认为是第一个 24 小时播出的新闻频道。公司总部位于亚特兰大,在全美 8600 万个家庭和 89 万个旅馆房间可以收到 CNN。在全球有 212 个国家和地区的大约 10 亿人可以收看到 CNN 新闻。CNN 亚太总部位于中国香港。

三、美国总统大选的媒体辩论文化②

四年一度的美国总统大选电视辩论,作为一种文化现象在全球电视传播界已有一定影响。在此所称的"美国总统大选媒体辩论"涵盖报刊、广播、电视、网络。

美国总统大选公开辩论,在选民正式投票前一个月左右进行,通常有三次总统候选人面对面的媒体公开辩论,此外还包括一次副总统候选人辩论。由于广播、电视传播的实时性特征,承担这一"媒体公开辩论"传播重担的非广播、电视莫属。首次公开辩论是在 1860 年的第 16 届总统大选,提前至 1858 年就开始了,当时的报道媒介主要是报纸和杂志,报道形式主要是文字与漫画。

电视辩论从 1960 年到 1976 年被停止了整整 16 年,是因为社会大小党派对美国"电讯法案"认识产生分歧,为"总统电视辩论是否侵占了公共资源"足足争吵了 16 年,直到 1976 年美国两个大党——民主党和共和党取得共识后,才得以恢复。

从 2000 年开始,参加电视辩论的门槛被抬高,只有在辩论前的民调中得到 15% 以上支持率的第三党或独立候选人才能参加辩论。自此之后,电视辩论的主角便锁定在民主党与共和党两党候选人身上。虽然总统候选人电视辩论的形式并未在法律中予以明确规定,但是根据美国宪法第一修正案的精神,以及广大美国选民知情权、监督权和参与权的需要,电视辩论在"总统大选辩论委员会"的监督下严格按照相应程序进行,并以"君子协定"的方式被固定下来(图 3-1)。

---

① 泰德·特纳曾经拥有过特纳广播公司(TBS)。
② 本段文本及史料据人民网、新华网及王伟:《美国总统大选电视辩论的媒介仪式探究》等多篇网上资料编写。

1858 年林肯（左，共和党人）和道格拉斯（民主党人）辩论，图为当年的报刊漫画场景。最终林肯胜出为美国第 16 任总统（1860 年）。这是美国最早的总统大选辩论。

距 1858 年 158 年之后的 2016 年，美国共和党候选人唐纳德·特朗普（左）和民主党候选人希拉里·克林顿进行了三场电视辩论，最终特朗普胜出为美国第 45 任总统。

图 3-1　美国总统选举辩论图例

　　作为美国政治传播中一个重要的部分，美国总统电视辩论以一次"媒介事件"展现在广大选民及全球观众面前。

　　关于"媒介事件"，美国传播学家丹尼尔·戴扬和伊莱休·卡茨在《媒介事件》①一书中提出，"媒介事件是关于那些令国人乃至世人屏息驻足的电视直播的历史事件，主要是国家级的事件。这些事件包括划时代的政治和体育竞赛、表现超凡魅力的政治使命，以及大人物们所经历的过渡仪式。我们分别称之为竞赛、征服和加冕"。

　　而美国总统电视辩论正是集"媒介事件"的"竞赛""征服"和"加冕"三大特点于一身，充分展示出了它对空间、时间以及跨越国度、种族的"征服"。获得连任的奥巴马借助电视辩论来展示自己在内政外交方面的观点和政策，其表现不仅赢得了美国民众的广泛支持，而且将美式民主选举制度有效地展现在世界观众的面前，在全球化语境下构筑美国民主价值的认同空间，以达到输出美国价值观的目的。因此，美国总统电视辩论不仅是美国大选中的重要组成部分和政治传播形式，而且成为大选中大众媒体和观众极为关注的"媒介事件"。

　　时至当今，美国总统选举前的电视辩论已经成为四年一度的媒体狂欢秀场，2016 年国际媒体这样报道：

　　【中新网 9 月 27 日电】据外媒报道，当地时间 9 月 26 日晚，2016 年美国大选总统候选人第一场电视辩论正式开始，民主党总统候选人希拉里与共和党总

---

　　①　丹尼尔·戴扬、伊莱休·卡茨：《媒介事件》，麻争旗译，北京广播学院出版社 2000 年版。

统候选人特朗普"正面交锋"。两人在辩论一开始就展开唇枪舌剑,互不相让,紧紧抓住对方软肋进行攻击。希拉里质问特朗普的纳税记录,特朗普则要求陷入电邮门风波的希拉里公开邮件。

候选人除了借助报纸、广播、电视、网络平台展示实力外,还十分重视在这些媒体上刊播广告。广告成了美国总统选举的竞选利器。

广告的第一选择当属电视。尽管美国有法规限定"宣传参选人为非法行为",但如今两党候选人在利用电视广告进行有效宣传(弘扬自我、狙击对手),且规避法规制约方面,已经炉火纯青。

进入新千年,网络加入转播,使得"电视媒体公开辩论"文化得以普及。2008年总统大选的网络竞争异常激烈,以 Facebook 为代表的新媒体强势介入。主持人第一次将网络上的问题抛向两位候选人。最终奥巴马获任第44任总统(后连任第45任总统)。

2016年3月19日新华社以《特朗普发布视频广告嘲讽希拉里 普京"躺枪"》为题报道美国的一则电视广告:

美国共和党总统竞选人唐纳德·特朗普的竞选团队发布一条视频广告,嘲讽头号民主党竞选对手希拉里·克林顿。

特朗普在广告中用俄罗斯总统弗拉基米尔·普京为"代言人"。

这条广告16日发布在社交媒体上。开头是普京练习柔道的画面,他轻松地摔倒一名陪练。接着,画面切换成极端组织"伊斯兰国"一名成员发出威胁。然后,广告打出字幕:当我们面对最强悍的对手时,共和党人有绝佳办法。

接下来,画面变为希拉里在演讲,模仿狗叫。下一个画面为普京咧嘴发笑的特写,然后又是一段文字:我们没必要成为笑料。

希拉里的画面摘自她一个月前的一次竞选演说。她当时正引用一段旧日政治广告,用以讽刺共和党竞选对手(特朗普)。广告的主人公说自己训练了一条狗,每当政客说谎时,狗就会叫。

"我们需要这条狗,"希拉里说,"让它跟着(特朗普)到处跑。每当他们说出诸如'大萧条爆发原因是(政府)管得太宽'这类话时,它就'汪、汪、汪、汪'。"

希拉里的竞选班子没有立即对这条广告作出回应,她的支持者则向特朗普发出反击。纽约市长比尔·德布拉西奥的妻子奇尔莱恩·麦克雷在推特上写道:"特朗普需要一副口套。"

美国总统选举辩论"互相攻击"的文化内核,在上述广告内容中得到形象复制与延伸。

从传播学意义上讲,"政治宣传"一直是西方传播学理论讳莫如深的话题,因为西方学者素来不认可传播学所肩负的"宣传"功能。但是,从1858年林肯和道格拉斯,到 2016 年唐纳德·特朗普和希拉里·克林顿的总统候选人辩论,生动展示了 100 多年来美国大众媒体所肩负的社会责任和政治宣传任务。

思考与练习

1. 简述广播从最初问世到投入使用的历史。

2. 简述电视技术的发展历史。

3. 简述广播电视节目的经营管理体制与所在国的政治、经济、文化之间的联系。

4. BBC 新闻节目如何突出电视媒介的特点?

5. 谈谈你对美国总统选举电视辩论的认识。

第四章　中国广播电视传播事业概说

第一节　民国时期的广播传播事业

从 1923 年 1 月美国人奥斯邦在上海创办的中国无线电公司所属广播电台，到 1927 年，先后有哈尔滨无线电台、天津电台、北京电台、上海新新公司广播电台投入播音，之后各地广播电台纷纷建立，开创了我国广播传播事业。

一、民国时期的广播传播事业

1924 年 8 月，北洋政府交通部公布《装用广播无线电接收机暂行规则》，这是中国历史上的第一个广播法令。

1928 年 8 月，国民党政府开办的"中央广播电台"，在国民党中央党部大礼堂开始播音，呼号为 XKM，后改呼号为 XGZ，它播报的内容有国内要闻、国际要闻、军事消息、名人演讲、施政报告、通令报告、纪念典礼、宣传报告等。

到 1936 年 1 月，国民党创办的公营电台达到了 76 座。国民党当局规定：全国各地的广播电台必须转播中央台晚间 1 小时的新闻节目。这是中国广播史上新闻联播节目的开端。

1936 年 12 月发生"西安事变"，张学良、杨虎城接管了西安电台后，利用广播发表演说，提出抗日救亡的政治主张；美国记者史沫特莱和英国记者贝特兰还在共产党的安排下每天用英语进行新闻广播，报道事变的真相和进展，成为广播史上的佳话。

1938 年 10 月，在国共合作的形势下，国共双方代表多次在对外广播和中央电台上进行抗日宣传，呼吁全世界反法西斯力量联合起来，保卫世界和平。为了加强国际宣传，国民党政府利用英国提供的设备建立起国际广播电台，于 1939 年 2 月开始播音，呼号 XGOY，英文名称为 VOICE OF CHINA，简称 VOC，意为"中国之声"，这是国民党政府正式开办的对国外广播。国际广播电台办有对欧、美、苏、中国东北、日、东南亚等地的 6 种广播节目，每天播音 12 小时，进行新闻报道和时政宣传，以促进反法西斯联盟的建立。

在日伪统治区的唯一一座反法西斯广播电台是设在上海的"苏联呼声"广

播电台。这座广播电台于 1941 年 8 月建立,抗日战争时期一直坚持播音,成为上海人民了解欧洲战场反法西斯战争消息的主要来源。1945 年 8 月初,苏联对日本宣战,"苏联呼声"电台遭到日军查封。日本投降后,"苏联呼声"电台恢复播音。

抗战胜利后,国民党政府排斥八路军等人民武装部队而自行接收当地的敌伪广播电台,妄图独占抗战胜利果实。

1946 年 6 月,国民党当局挑起了全面内战。国民党官办的广播电台大肆鼓吹内战、独裁,造谣惑众,欺骗人民。

1949 年 4 月人民解放军占领南京,国民党"中央广播电台"迁往台湾。

二、延安及解放区的广播传播事业

1940 年 12 月 30 日,中国共产党主办的延安新华广播电台开始播音(后定此日为中国人民广播创建纪念日)。该台是新华社的一个组成部分,广播稿件均由新华社提供。1941 年初,发生了震惊世界的"皖南事变",国民党政府实行消息封锁,《新华日报》的报道在国统区遭到查禁,但延安电台及时播出了毛泽东为"皖南事变"发表的命令和讲话,及时揭露了国民党顽固派假抗日真反共的罪恶行径。

抗战胜利后,其他解放区相继建立广播电台,形成了一个以延安台为中心的解放区广播宣传网。这些电台除了自己办的节目外,都转播延安电台的节目,为壮大自己的力量、粉碎国民党的进攻制造有力舆论。

在解放战争时期,毛泽东在淮海战役中撰写的《人民解放军总部向黄维兵团的广播讲话》《刘伯承、陈毅两将军向黄维兵团的广播讲话》《敦促杜聿明等投降书》等通过广播宣讲,收到了很好的宣传效果。

新中国成立前夕,全国各地已有人民广播电台近 40 座。

第二节　新中国内地的广播电视事业

新中国的成立,将我国的广播传播事业送入了一个新的历史时期。

一、对内广播传播事业

中国的广播电视是由各级党委与政府机构管理的。中华人民共和国成立后,中央和各省、自治区、直辖市及省以下的各级政府先后建立和健全了广播电视领导机构。

1950 年 4 月,中央人民政府新闻总署规定广播宣传的三项任务:发布新闻和传达政令、社会教育、文化娱乐。同年 4 月 20 日,中央人民政府新闻总署发布了《关于建立广播收音网的决定》。收音网的建立,为农村有线广播的发展打下了基础。

1950 年开始了多民族语言的新闻广播;1954 年开始了对台湾的新闻广播;到 1957 年,我国已建成的广播电台有 61 座,全国县一级有线广播站已经发展到了 1698 个,广播喇叭 90 多万只。

从新中国成立到"文化大革命"以前,广播新闻的形式主要有实况转播、广播大会、录音报道、广播讲话和现场报道几种。

在全国影响最大的是开国大典的实况转播。1949 年 10 月 1 日下午 3 时,北京新华广播电台在天安门城楼转播开国大典的实况,向全国、全世界庄严宣告新中国诞生。新中国成立初期,在收听工具不足的条件下,广播大会是对人民群众进行大规模动员的有效方法。

1961 年 4 月 9 日,第 26 届世乒赛男子团体比赛中日决赛,中国队以 5∶3 获胜,为中国争得第一个团体冠军。中央人民广播电台全程直播,中华大地万人空巷,都围坐在收音机旁收听实况转播,极大振奋了国人的精神,创造了听众过亿的收听率。

从 1963 年 9 月到 1964 年 7 月,《人民日报》《红旗》杂志联名发表了 9 篇编辑部文章,同苏共展开大论战。中央人民广播电台分别多次播送,第一次扩大了国民的国际视野。

1968 年 7 月 31 日,中国广播公司开播调频节目。

"文化大革命"期间,因宣传的需要,有线广播得到较大发展。

1976 年广播事业全面恢复后,一个遍布全国、从中央到地方、无线与有线相结合的广播传播网基本形成。

改革开放以来,我国广播事业又进入了一个新的发展阶段。中央人民广播电台作为我国的广播中心,广播宣传更加注重时效,以新闻改革为突破口,节目内容丰富,形式生动活泼。除了恢复广播评论,突出广播"新""短"等新闻特色外,还开创了主持人节目传播形式。广播开始成为人们获取新闻信息,接收教育、文化娱乐和其他信息服务的重要工具。

1978 年底,广东电台在国内率先推行新闻正点播出。

1979 年底,广东电台率先建立了全国第一家调频立体声广播电台。

1986 年 12 月 15 日,广东电台创办了我国内地改革开放以来第一家经济广播电台——珠江经济广播电台,开创了以大板块、热线电话、主持人直播为主要特征的新的播出模式——"珠江模式",在国内外产生了极其广泛深刻的影响。

1991 年 8 月 19 日零点起,广东佛山人民广播电台在大陆率先实现 24 小时播音,发挥出广播全天候播音的优势和作用。

20 世纪 90 年代初,北京、上海、浙江开始了频率专业化改革,北京台的交通广播和音乐广播、上海台的 990 新闻频率和金色调频、浙江台的交通之声和健康之声等带来了广播从形式到内容的蝉变。

二、对外广播传播事业

新中国成立以后,对外广播进入了新的发展阶段。1950 年 4 月,中央广播事业局(呼号为"北京广播电台")建立了专门的国际广播编辑部,作为中国政府对外宣传的喉舌,直接反映中国国内的政治脉搏:50 年代初,中苏蜜月时期宣传中苏友好,支持苏联在社会主义阵营中的领导地位;而中苏交恶后,又把苏联与美国并列为中国最大的敌人。大跃进及"文化大革命"时期的社会思潮,也影响到北京电台的报道内容和报道风格。

1953 年开始至 60 年代中后期,北京电台已使用 36 种语言,每周对国外广播 1150 小时,与莫斯科电台每周的 1500 小时相差仅为 350 小时,成为当时世界上最有影响的国际电台之一。

进入 90 年代,中国国际广播电台成为世界上影响较大的国际广播电台之一。推出一批各具特点的名牌栏目:中国时事、中国课题、国际纵横等。到 2017 年底,中国国际广播电台共用 65 种语言全天候向世界广播,是全球使用语种最多的国际传播机构。

三、当代广播传播事业的新发展

在大众媒介越来越丰富的今天,广播也焕发出了新生机,其特点有:

1. 直播形式多、新闻时效性强、容量大、参与度高

广播电台每天都在固定时间安排十几次甚至二十几次的新闻节目,遇到有重要新闻随时插播,这就使得广播能够及时传递信息。新时期广播的一个深刻变化是开始采用直播方式,增强了听众的参与意识。新闻广播中增加了"口头报道""实况录音"等信息传递形式,以真实性、快速性赢得了听众和市场。

2. 广播频道专业化形成,广播传播大放异彩

因城乡百姓生活水平的普遍提高,交通广播、音乐广播颇受欢迎。2016 年全国广播电台关注度排名中,前十名里交通与音乐专业广播占 50%。全国多家电台除了交通广播和音乐广播,诸如少儿、老人、读书等同样大受欢迎,广告收入过亿已是常态。广播的频道专业化特点,实现了社会效益和经济效益双丰收。

3. 依托传播技术升级,广播传播魅力有增无减

2012 年国家广电总局部署"十二五"时期"村村通"工程,重点解决 20 户以

下已通电自然村覆盖,完善高山无线发射台站基础设施,积极推进直播卫星广播电视公共服务,要求基本实现广播电视"户户通",全国广播电视人口综合覆盖率达到99%。《中华人民共和国2016年国民经济和社会发展统计公报》称,2016年年末全国广播节目综合人口覆盖率为98.4%,电视节目综合人口覆盖率为98.9%。现代化广播网信号无处不在,广播传播魅力有增无减。①

四、当代电视传播事业的开创与发展

1. 中国电视台的创建与挫折

中国电视传播事业始于1958年5月1日,中国第一座电视台北京电视台(中央电视台前身)开始试播,向北京地区播送黑白电视节目,揭开了我国电视事业的历史性篇章。在这一天的电视节目中,19:05分播出了工农业生产者代表的座谈实况,19:15分播出了新闻纪录影片《到农村去》(中央新闻纪录电影制片厂摄制)。

作为新兴传播媒介,电视的出现引起了我国政府的高度重视。到1960年,全国已拥有20座电视台和16座实验电视台。但由于国民经济在1959年到1961年发生严重困难,电视事业的发展也受到了挫折。36座电视台(含16座实验台)除保留北京、上海、广州、沈阳、天津5座以外,其余一律停办。

1966年上半年,国民经济明显好转,调整时期停办的电视台逐渐得到恢复。"文化大革命"开始后,许多电视台又被迫停办,广播电视宣传工作遭到打击。

2. 复苏发展期的电视新闻事业

1976年7月1日起,北京电视台和全国各省级电视台联合试办新闻联播。1978年5月北京电视台更名为中央电视台。新闻联播的诞生标志着以首都为中心的全国电视新闻传播网的形成。据统计,到1979年,全国各电视台节目播出时间为平均每天4小时,其中新闻节目只有20分钟左右(不含重播时间)。

80年代改革开放的推进使得电视新闻传播已经成为社会生活中一个不可缺少的部分,主要表现在:

(1) 全国电视网建立,"要闻总汇"印象形成

先进的传播手段是提高新闻传播效力的基础。到了1988年,我国已建成电视台417个,拥有发射台和转播台19876座。1988年,中央台《新闻联播》逐步朝着"多层次、全方位、大容量、高时效"的目标前进,从每次播出10条至20多条新闻发展到每次播出36条左右,部分地实现了中央电视台在80年代中期提出的将中央台办成"要闻的总汇、舆论的中心"的奋斗目标。

---

① "十二五"时期"村村通"工程数据来自国家广电总局网站。

　　1993 年,中央电视台新闻改革措施出台,新闻的质量和时效突飞猛进。1992—1995 年,中央电视台国际频道、体育频道、文艺频道、电影频道、少儿/军事/科技/农业综合频道先后开办。七个频道新闻类节目播出时间占全年播出总量的 21%,初步形成了比较完整的新闻节目系统。地方电视台的新闻播出量也明显增加。上海电视台、广东电视台每天播出新闻都在 6 次以上,新闻播出频率、条数的增加使电视新闻显示出信息密集、传播快速的优势,在受众心中树立起了"要闻总汇"的形象。

　　(2)栏目多样化、信息视野国际化

　　1980 年 7 月 12 日《观察与思考》栏目在中央电视台诞生,这是第一个新闻评论型栏目,它的诞生改变了中国电视台没有自己的言论、缺乏灵魂和旗帜的局面,首开中国记者出镜的先例。

　　1981 年 7 月 1 日《新闻联播》改版,将原来截然分为几块的国内新闻片、国际新闻口播稿、国际新闻录像、国内口播新闻稿等按内容混合编排,缩短单条长度,增加播出条数,加之节目版头、背景、提要方式的变化及取消新闻片的配乐,从此完全抛弃了电影纪录片的模式。

　　1984 年元旦推出午间新闻,1985 年 3 月晚间新闻问世。为了满足栏目增设对新闻量的需求,1984 年 4 月中国正式加入亚洲太平洋广播联盟的新闻交换,同年 6 月中央电视台通过厦门电视台收录台湾的华视新闻并择要选用,另外,还派出了驻港澳记者,增加对港澳地区的新闻报道。

　　1986 年中央电视台又开始接收欧广联、CNN 和东欧国际广播电视组织的新闻图像资料。

　　在中央电视台进行一系列新闻改革的同时,地方电视台也开始对新闻栏目进行调整。1981 年元旦,广东电视台在新闻节目中增加了港澳动态、国际纵横、口播新闻、电视评论等内容。

　　上海电视台在 1987 年推出了《新闻透视》栏目,它及时捕捉和剖析观众关注的重大新闻、热点话题与社会问题,直接反映观众的意见和呼声。多年来该栏目一直保持着较高收视率。

　　80 年代的电视新闻除了加强栏目的多样性、内容的深度性外,还增强了新闻的时效性。这种对时效的追求大大地改变了人们对电视新闻的收视态度,到了 80 年代末,各级电视台中"今日"新闻的比重在不断上升,80%的受众最先从电视中获得最新的消息。

　　3. 电视技术完善繁荣时期的电视节目

　　(1)新闻栏目内容丰富、形式多样

　　到 1996 年 7 月,中央电视台开播的 8 个频道中,7 个频道的各类新闻、评论栏目数达 32 个。重新调整的晚间新闻、世界报道、体育新闻为观众提供了《新闻联播》之后的第二个黄金新闻时段;《新闻 30 分》以宽阔的新闻视角集要闻、社会新闻、体育文化报道和财经信息于一体,给观众充分丰富的信息享受。《中国新闻报道》(1996 年 5 月开播)和《英语新闻》为国际社会全面、及时了解中国提供了方便;《焦点访谈》《新闻调查》《东方时空》等版块栏目为观众提供了深度思考的空间;1995 年 4 月开播的《时事纵横》由时事要闻、时事专访、时事了望、时事日历四个小版块组成,以双主播、双语言(口语和手语)的方式播出,一周播出一次,为残疾人士提供服务,同时也是观众了解国内外大事的窗口。

许多地方电视台也出现了各种类型的新闻栏目,如《新世纪论坛》(浙江)、《中原焦点》(河南)、《社会纵横》(广东)、《今日访谈》(新疆),这些都是以新闻事实为基础、言论阐述为主体的理性栏目,它们对社会起到了很好的教化作用。值得一提的是,广东电视台的《社会纵横》自 1989 年开播以来,常做常新,至今仍广受欢迎。

进入 90 年代,新闻栏目在加强深度报道的同时也开始注重屏幕文字、导语画面、动漫重现形式的运用,通过具象语言和抽象语言的融合,最大限度地发挥了形式对内容理解的互补性。

(2) 新闻传播更具时效性

时效性是电视新闻媒体竞争的砝码。

2008 年 5 月 12 日汶川地震,以中央电视台为代表的电视媒体,充分展示了我国电视新闻业的传播效率。汶川大地震发生在 14 点 28 分,地震发生后 22 分钟中央电视台新闻频道终止正常播出转为直播汶川地震动态,并且用滚动字幕报道最新消息。继而新闻频道与综合频道并机推出直播抗震救灾众志成城特别报道。几乎与央视同时,离震中只有 92 公里的四川电视台卫星频道,在连续的强烈余震中,中断正常节目播出,对震情进行全天候 24 小时的直播;重庆卫视、陕西卫视、上海东方卫视、深圳卫视、湖南卫视等也在第一时间投入到抗震救灾的报道中。国内媒体迅速及时的灾情报道,使广大观众在第一时间了解灾情的最新变化和抗震救灾的最新进展,树立了中国电视发展史上应急报道的里程碑。

(3) 综艺、剧目等文化节目纷呈登场

在国内众多电视栏目中,除了新闻节目,各类综艺、剧集节目也备受青睐,其中广东电视台珠江频道的长寿电视连续剧《外来媳妇本地郎》颇具特色。

《外来媳妇本地郎》讲述了广州老城区一个有着四个儿子的大家庭,娶了来自天南海北的四个外地媳妇,由于生活习惯和文化背景的差异,产生了一系列摩擦、冲突、交流和融合的喜剧故事。

该剧 2000 年 11 月 4 日在广东珠江频道首播,连续 17 载,突破 3000 集大关,成为当前(2017年3月)国内播出时间最长、集数最多的电视连续剧。《外来媳妇本地郎》覆盖粤港澳,辐射世界各地粤语圈,为中国电视传播赢得良好的国际口碑。

（4）历史正剧成为电视台的支撑节目

为满足广大观众对电视文化的需求,进入90年代后电视频道逐渐增多、日播时间不断延长,到2000年历史正剧成为电视台的支撑节目,一大批内容严肃的历史剧相继推出,并由此奠定了中国历史正剧的基本特征和艺术风貌:内容上,以中国历史发展进程中的重大事件和重要历史人物为表现对象,描写历史发展进程,探讨历史发展规律,总结历史兴亡衰替的经验教训,讴歌作出贡献的历史人物;艺术上,基本采用宏大的叙事手法,历史视野开阔,正剧品相鲜明。其中的代表作品有《汉武大帝》《雍正王朝》《大明王朝1566》《贞观长歌》《船政风云》《张居正》《大秦帝国之裂变》等,造就了中国历史正剧的辉煌。

2010年前后相当一段时间,电视荧屏上几乎看不到新拍的历史正剧,而是一些新的历史表现手法进入了历史剧创作领域,并逐渐取代了历史正剧的地位和影响,形成了今天的古装剧。2017年一季度,在主流的电视播出平台上,又相继推出《于成龙》《大秦帝国之崛起》等历史剧,受到观众的欢迎。不难看出,这种变化其实也反映出在经历了一系列的观众选择、市场检验、创作反思之后,历史题材正剧正在回归①。

（5）传播技术趋向完美

① 有线电视传播事业

跟无线广播一样,许多频道可以使用不同的频率互不干扰地在一根电缆中进行传送。有线电视以转播当地的无线电视节目和卫星电视节目为主,其功能是网络联通而不在于节目本身。

截至2015年底,全国广播综合人口覆盖率为98.17%,电视综合人口覆盖率为98.77%。有线电视用户2.39亿户,有线数字电视用户2.02亿户。高品质的数字电视、双向交互传递的高清电视成为电视服务的必然发展趋势,有线电视这一物质平台,为电视新闻的传播覆盖率提高创造了重要条件。②

② 卫星电视传播事业

卫星广播电视技术应用始于20世纪70年代。针对我国地形复杂、人口众多而又分布不均、经济发展不平衡的国情特点,利用卫星电视技术传输广播电视

---

① 上述两段中的剧目引述资料来自中国电视艺术家协会副主席李京盛:《人民网》,2017年2月28日,《对话四位影视研究专家:历史正剧折射"复兴期待"》。

② 本段数据来自国家广电总局网站。

节目,是提高我国广播电视人口覆盖率、改进信号传输质量、实现节目有偿收视的最有效、最经济、最先进的手段。1982年,中国正式实施广播电视卫星覆盖全国的方针。

1984年,我国利用自己发射的第一颗试验通信卫星成功地向乌鲁木齐、拉萨、昆明等城市进行了多路广播电视节目传输试验,使上述城市在当天就能收看到中央电视台的节目,从而揭开了我国用卫星传送广播电视节目的序幕。截至2004年7月底,我国已有51个卫星电视频道上星,从而形成了天上卫星、地面微波、地下电缆相结合的立体传播网络。2008年6月,我国第一颗电视直播卫星"中星9号"发射成功,标志着我国进入了直播卫星时代。

与此同时,我国卫星地面站也得到了迅速发展。从20世纪80年代末开始,我国的卫星地面站基本上以超过30%的速度逐年递增,到2002年年底,全国已拥有卫星地面站34万多座。2007年10月,北京建成全国最大的卫星地面站,该地面站拥有强大的卫星通信地面系统,通过印度洋、太平洋及亚太地区上空的11颗国际和区域通信卫星,构成了覆盖世界200多个国家和地区的卫星通信网络,成为我国重要的国际、国内卫星通信枢纽之一。此外,中央电视台节目信号落地入网工作也取得了新的进展。现在已有119个国家和地区可以收看或通过有线电视转播中央电视台的节目。卫星已成为我国广播电视节目传输的主要技术手段。到2016年8月,边疆、海防、边防等无法接入有线电视信号的偏远地域,都可使用小型卫星天线直接收看中央电视台的多套节目。

③ 数字电视、移动电视技术平台下的传播事业新趋势

数字电视是指电视节目在录制、采编、传输、接收等环节全部采用数字化技术来实现,包括数字摄像、制作、编码、调制和接收等,达到高质量传送电视信号的目的。

按照中国广播电视数字化进展计划,中国将从2008年起全面推广数字电视广播,2010年全面实现数字广播电视以及在2015年停止模拟广播电视的播出。

另外,随着经济社会的不断发展和人们生活水平的不断提高,我国已成为世界上移动人群规模最大、移动终端数量最多的国家。工信部最新数据显示,截至2015年12月底,我国手机用户数达13.06亿户,其中微信对智能手机的覆盖率达到了90%,手机用户普及率达95.5部/百人,2G用户正在加速向4G迁徙,MP4、笔记本电脑等移动显示终端的社会拥有数量也很庞大,每年的移动人群数量超过千亿人次。移动接收已成为广播电视事业发展的重要趋势,我国移动多媒体广播电视将尽早实现城市、农村人口全覆盖的宏伟目标。

2017年两会期间,人民网利用直播技术吸纳民智、呼应民声,通过专业"跑口"记者的深入解读和两会现场的视频直播,为受众提供信息盛宴。全网独一

份的大型视频直播"两会进行时",从 3 月 2 日起开播,每天都有新惊喜。3 月 5 日的直播亮点是对全国人大辽宁代表团全体会议的视频直播。辽宁代表团开放日的集体采访环节,也通过视频直播呈现在网络上,网友还可以用手机观看直播。

第三节　香港、澳门地区的广播电视事业

本节介绍香港澳门地区电台、电视台的基本情况,点到为止。

一、香港广播传播事业

1928 年 6 月 30 日香港电台正式开始播音,除已关闭的英军电台外,现有以下几家广播电台,共创办多套广播节目。各台基本情况如下:

1. 香港广播电台

香港广播电台简称香港电台。1923 年,香港市民自发组织"香港无线电学会",试播一些社会新闻和转播歌剧。1928 年 6 月 30 日港英政府接手经营该组织,1929 年 10 月 8 日,港英政府正式宣布该台为政府电台。1948 年 8 月,该台正式命名为"香港广播电台"(RHK),并增加早晨播出时间。1974 年初该台开始短波调频立体声广播,1980 年 3 月开始 24 小时广播。

香港广播电台现有多个电台频道,以粤语、普通话和英语提供各种类型的广播节目。2008 年各台职能作如下调整:第一台制作特别节目,照顾残疾人士和弱势社群的需要;第二台定位为家庭频道;第三台发展网上服务,外加播放儿童节目;第四台扩大服务范围,增加报道内地和亚太地区其他城市的音乐活动;第五台推动长者终身学习主题,普通话台应普通话教育需求的增长加强相关服务。香港广播电台的中文新闻服务增加了文字与影像配合的网上实时新闻。英文新闻服务则革新其新闻网站,加入更多文字、图片和声音元素。

进入 21 世纪,香港广播电台全面开拓网上业务,每天的全部六套节目及黄金时段的电视节目都上网播出,并与世界各地 500 多个电台和电视台网站连接。

2. 丽的呼声

丽的呼声有线广播成立于 1949 年 3 月 21 日,是英国总公司的一家分公司,在香港传播史上占有一定地位。它早期播放的节目分为两类:自制和转播香港广播电台的节目。1963 年 9 月,该台成立了中文电视台。丽的呼声于 1973 年 9 月结束播音。

3. 商业广播电台

由香港商业广播有限公司开办的香港商业电台,1959 年 8 月 26 日正式开

播,1981年6月增加超短波调频广播,1989年全部改为超短波调频波段。现与香港广播电台并列为全港收听率最高的电台。下设三个台:一台为24小时广播的综合性电台,用粤语播出,节目以新闻报道、时事和公共事务、综艺节目为主;二台、三台以综艺节目、音乐节、国际流行歌曲为主。三个台都是每半小时报道新闻一次。自1959年首播以来,一直备受听众欢迎,其公信力居于全港第三位,旗下的雷霆881商业一台更是全港听众人数最多的电台。

4. 新城电台

新城电台1991年开播,设采讯台、劲歌台和金曲台三套节目。采讯台为亚洲目前唯一一个24小时广播的英语新闻台,每半小时播出一次本地及海外新闻节目,从1996年5月21日开始播出中国国际广播电台为香港听众制作的普通话节目《今夜星辰》,每天播出2小时,向香港听众介绍内地政治、经济、社会发展等各方面的信息。其他两个都是音乐台。

5. 英军电台

英军电台是由驻港英军管理的专为驻守香港的英军服务的电台,隶属于英国军部影音公司的广播组。英军电台开设有两个台,一为尼泊尔语,一为英语。其中英语台每天24小时播音,内容包括新闻、时事评论、体育、电话节目等。香港回归后英军电台关闭。

二、香港电视传播事业

香港电视业被认为是世界上最有影响力的电视组织之一。无论是新闻还是娱乐都形式活泼、内容丰富,具有极强的国际性、开放性、针对性和服务性。香港主要的电视机构有:

1. 亚洲电视广播有限公司(ATV)

简称亚洲电视台或亚视。该台既是香港最早的电视台,又是全球首家华语(粤语)电视台。亚视主要设有两个频道:本港台(中文台)和国际台(英文台),两台的新闻节目各有特色。

亚视国际台每日播出两档普通话新闻节目:一是早晨6点50分播出的《两岸三地新闻联播》,为时1小时,这档新闻节目涉及两岸三地数档电视新闻节目;二是深夜12点10分播出的《两岸新闻》快讯,节目内容是当天的中央电视台《新闻联播》和台湾《晚间新闻》的缩编,时间总共为50分钟。两档跨地域的新闻节目受到观众的极大推崇,开播以来收视率稳定在55%以上。

2. 香港电视广播有限公司(TVB)

简称无线电视,于1967年11月19日正式开播,设有明珠台(英文台)和翡翠台(中文台)。

翡翠台比较重视通俗性、娱乐性,每天用粤语播出 23 小时左右,明珠台除以英语播出外,还播出普通话新闻节目。明珠台在早上 7∶30—8∶30 转播 CBS《晚间新闻》和 ABC《世界新闻报道》。

20 世纪 90 年代加强新闻节目占比后,无线两台的新闻信息类节目达到每天 14 种,每周的新闻、时事节目达 23 小时,其中最主要的是每晚 18∶30—19∶00 的《六点半新闻报道》。无线还经常派记者前往世界各地进行新闻报道。

3. 香港卫星电视

1990 年,香港和记黄埔有限公司创办了卫星广播有限公司,旗下的卫星电视台于 1991 年开播,覆盖亚洲 53 个国家和地区,有 3 亿观众。卫星电视台共有 6 套节目:中文台、合家欢台、体育台、音乐台、BBC 新闻台和电影台,均为 24 小时播出。新闻台主要播出英国广播公司的国际新闻、亚洲新闻和时事、生活专题节目,节目覆盖中东、南亚的部分地区和我国西南部地区。

4. 香港有线电视台

有线电视台正式开播于 1993 年 10 月 31 日,是香港第一家多频道的收费电视公司,现拥有 24 小时播放的新闻台、娱乐新闻台、有线电视第一台、多个电影及体育台、国际新闻频道等。其中,新闻一台为综合新闻台,每小时播出香港及国际大事、突发事件、财经动态、社区新闻等;新闻二台的节目内容为每小时前 30 分钟播出新闻,后 30 分钟播出不同类型的信息专题节目;有两个台分别转播美国有线电视新闻网(CNN)和英国广播公司世界电视台(BBC World)的新闻节目;还有一个台转播美国全国广播公司的商业新闻。

5. 凤凰卫视

前身是卫星电视(即现在的"星空传媒")旗下的卫视中文台,于 1991 年开播。卫视中文台于 1996 年 3 月 31 日独立成为凤凰卫视中文台。

凤凰卫视开播时并没有新闻,从 1997 年 3 月开始逐步增加新闻分量,不仅拥有特色的新闻节目,而且对世界重大突发事件反应迅速,对新闻直播非常重视。在香港回归(1997 年)、黛安娜王妃葬礼(1997 年)、"9·11"事件(2001年)、伊拉克战争(2003 年)、东南亚海啸(2004 年)、汶川地震(2008 年)等重大事件中都有卓越表现。在 2008 年的汶川大地震中,凤凰卫视倾全台之力派出十路记者队伍深入灾区报道。截至 2016 年 9 月,经过二十年的精心经营,凤凰卫视、凤凰资讯、凤凰卫视美洲台、凤凰卫视欧洲台、凤凰卫视澳洲台已成为全球华语资讯传播的主流频道。

"凤凰香港"是凤凰卫视在立足香港开台 15 年后的 2011 年 3 月 28 日开播的。这是凤凰卫视第一次进军香港、澳门和广东珠三角地区粤语观众市场。

长期以来,香港和广东的粤语观众由于语言和可供选择的粤语频道多等原因,对凤凰卫视的捧场不多。并且凤凰卫视以国语方式报道国际资讯的风格,不符合香港、澳门和广东观众着力民生娱乐的口味。为此凤凰卫视香港台特意走本土化路线,除以粤语报道香港社会的时事民生之外,更加深入挖掘香港和广东社会的生活资讯,务求以凤凰卫视的高度和独特视角向全球华人报道香港的真实面貌。

7. 华娱卫视

1994 年 12 月 1 日成立,2000 年被时代华纳收购,现隶属于 TOM 集团有限公司和美国时代华纳(TOM 集团占 60%、时代华纳占 40%),为首家获准在中国落地进入有线电视的境外卫星电视频道,制作基地在深圳,致力于为观众提供高质量及创新性娱乐节目,24 小时播出优秀的电视剧、综艺、电影及清谈节目,无新闻节目。但是由于受到电视广告市场衰退等因素影响,华娱卫视卫星信号及节目于 2017 年 1 月 1 日零时零分终止播出。[1]

8. 海外电视

鉴于香港特区的特殊传播环境,来自美国、日本等国的传媒大鳄亦加大在港节目力度,CNN 在香港加大其亚洲节目比重,有香港新闻制作中心每日编制的新闻;美国全国广播公司(NBC)下属的财经新闻台(CNBC)在香港开设亚洲台;日本 NHK 通过泛美卫星 2 号增加播出电视节目,在港采编人员由 1 位增加到 11 位……面对外来传媒,如何谋求新的发展思路和策略,成为无线、亚视等必须解决的难题。

值得一提的是,在电视传播样式日新月异的当今,香港特区政府十分重视对全港民众收视(听)条件的公益性升级改造。政府房屋委员会(房委会)与两家本地免费电视台(亚洲电视及电视广播有限公司)相配合,分阶段提供数码地面电视广播,到 2008 年 8 月所有公共屋村已具有接收数码地面电视广播的功能。

目前(2017 年 3 月)在内地电视机顶盒上能看到的香港电视频道有:TVB 翡翠高清、TVB 翡翠、TVB 互动新闻、TVB 翡翠 J2、TVB 翡翠明珠、TVB 翡翠无线新闻、TVB 翡翠为食、TVB 翡翠通识、TVB 翡翠星河、凤凰卫视、凤凰资讯、凤凰美洲、凤凰欧洲、凤凰香港。

三、澳门广播电视新闻事业

1. 澳门广播传播事业

澳门的无线电广播已有 70 余年的历史。现有两座广播电台,一座是属于澳

---

① 据"卫视中国"(wszgw.net):《华娱卫视终于要停播了,华娱卫视即将于 2017 年 1 月 1 日正式停播》。

门广播电视有限公司的澳门广播电台,有中文、葡文两套节目。另一座是私营的澳门绿邨商业电台。

（1）澳门广播电台

澳门广播电台是澳门最早的广播电台,于1933年8月26日开播,由一些业余无线电爱好者创办。开播初期,每天21:00—23:00用葡萄牙语播送新闻和音乐,呼号为CONMACAU。1948年,广播电台归澳葡当局经营,成为官方电台。

据2008年澳门广播电台官方网站的信息显示:澳门广播电台下设中文台和葡文台,均为全天24小时播音。中文台以"融入社群、服务人人"为宗旨,节目侧重于本地特色,主要播出语言为粤语。它向澳门居民提供新闻、娱乐、文化、教育等多种节目。

（2）澳门绿邨商业电台

私营绿邨商业电台创办于1950年,创办人为土生葡萄牙人罗保博士。1964年,该台全部节目改用粤语广播。1969年6月,绿邨电台改为纯商业电台,每天从早上6时至午夜零时,共播出18小时,主要播出娱乐节目,如音乐、乐曲、广播剧、儿童故事、话剧、点唱、赛狗消息等。该台没有自编的新闻节目,只是在综合节目中由播音员根据报纸的报道,加播一些居民感兴趣的社会新闻。此外,每天深夜播送一次政府新闻司编发的新闻稿。

1994年12月31日,该台以改进技术为由宣布暂时停止广播。2000年3月,绿邨电台获澳门特别行政区新闻局批准恢复播音。恢复播音的绿邨电台是一个多元化的商业台,全天24小时播音,主要用粤语广播,也有数小时的葡语节目。除澳门外,整个珠三角地区都可以收听到。

2. 澳门电视传播事业

澳门的电视事业起步较晚,发展也比较缓慢。澳门主要的电视机构有:

（1）澳门广播电视有限公司

澳门广播电视有限公司(简称"澳广视",TDM)是澳门唯一的电视广播机构,原名为澳门广播电视公司,于1982年1月1日正式成立。它是由政府出资、行政上独立的公共企业,负责统辖澳门的广播电视工作。澳广视因长期亏损,政府不堪负累,于1988年1月起转为含政府资金但不具名的有限公司,同年5月1日改名为澳门广播电视有限公司。

澳广视拥有澳门广播电台和澳门电视台。澳门电视台于1984年5月开始试播。起初只在晚上6点、11点交叉播放中文和葡文节目。1990年9月17日,该台分成葡文和中文两个频道,分别播放葡文和中文(粤语)节目。中文电视台每周播出60小时,每天播出五次新闻。除新闻外,主要通过卫星转播葡萄牙电视台的节目,外购节目约占78%,自制节目仅占1%。

中文电台和电视台的新闻节目对于中国人占人口总数 95% 的澳门来说无疑担负着非常重要的信息传播任务。但是澳门的新闻传播一直缺乏影响力,主要是因为澳门临近珠海和香港,两地的电视信息覆盖成为澳门最大的困扰,客观上也分散了人们对澳门信息的关注;此外澳门地区的电视行业缺乏竞争,难以刺激媒体对新闻深度和报道形式的挖掘。2000 年,澳门电视台大力改进新闻资讯类节目,译自 BBC 的新国际专题节目《放眼世界》颇受观众欢迎。《澳视晨彩》增加了 15 分钟的播出时间和一些比较轻松的小版块。总的来说,澳门电视台自制节目能力薄弱,除新闻性节目外,其他大部分时间都是在播出外购节目。

澳门回归之前,澳广视就注重加强澳门与内地的联系与交流。1996 年自制了有关中国节目和澳门历史的纪录片,1997 年开始在新闻节目中大量采用中央台和广东台的专题报道,从 1998 年夏季开始,中文电视台还在晚间电视结束之前转播中央台四套的粤语新闻。

(2) 卫星电视

20 世纪 80 年代末、90 年代初,澳门便开始筹划建设卫星电视,1999 年 6 月开始用普通话和粤语试播澳门旅游观光节目,2000 年 5 月,频道数增加到 7 个。其中澳亚卫视已取得中国国家广电总局"三星级以上涉外宾馆接收境外卫星电视"落地批文。到 2007 年年底,澳亚卫视在广东珠三角地区有线电视网播出。

① 澳门卫视旅游台

澳门卫视旅游台于 1998 年 12 月 14 日正式组建成立,1999 年 5 月 18 日试播,12 月 18 日正式开播并向全世界现场直播了澳门回归盛况。

播出内容主要是颁发赌牌后澳门的文化、时事、旅游、娱乐,以及以休闲为主题的博彩业信息。每天播放 16 小时,主要新闻资讯节目是《澳街信息港》,旅游专题节目有《澳卫视中国之旅》《澳卫视世界之旅》《跟我探世界》等。

② 澳门卫视亚洲台

澳门卫视亚洲台于 2000 年 7 月 17 日正式开播,是经澳门政府批准授权设立的国际卫星传播机构,由澳门宇宙卫星电视有限公司与澳门、香港、内地、台湾企业共同出资筹建,信号覆盖亚太地区数十个国家和地区,覆盖人口可达 30 多亿。该台是在内地落地的 22 家境外卫星电视频道之一。

澳门卫视亚洲台的行政及播控中心设在澳门,制片及网络中心设在北京,此外,在香港、广州等城市均设有采访制作特派处和精干的采编人员。主要栏目有报道国际时事的《睁开眼睛看天下》,走近平民的《关注民生民意》,信息类节目《一周世界经济快讯》《一周世界体坛快讯》《竞技风云》,以及时尚节目《云台霓裳》《伦敦时装》等,不涉时政新闻。

③ 澳门卫视五星台

澳门卫视五星台(简称"澳门五星卫视"或"五星卫视")目前由澳传媒控股(原名五星卫视控股有限公司)全资拥有,该公司由北京新闻界出身的刘扬与上海投资者刘迟创办,以财经、科技节目为主,无新闻节目。

(3)澳门有线电视台

澳门有线电视台于1999年4月22日获得澳门政府发出的为期15年的特许专营牌照,到2005年7月,澳门有线电视频道增加到70个,但新闻节目匮缺。

第四节　台湾地区的广播电视事业

台湾只有2 300万人,却有200多个广播电台,60多个有线电视台,5个无线电视台,6 000多种杂志,400多种报纸,是世界上媒体覆盖率最高的地区之一。

一、台湾地区广播传播事业

中国台湾省在1895年被日本侵占。20世纪30年代以来,日伪"总督府"先后在台南、台中、嘉义、花莲等地建起了广播电台。1945年日本投降后,国民党当局悉数接管。

1949年国民党退至台湾,并将"中央广播电台"迁往台湾,同年成立"中国广播公司"。此后,台湾广播事业逐步发展。最初公营、民营电台齐头并进,到1995年年底,广播电台共有33家,其中公营电台有7家,民营电台有21家,军营电台有5家,大部分为24小时连续广播。

1990年2月9日起,第一调频网的电台全面对大陆播出,专门设立了"大陆新闻组",派人深入祖国大陆了解各地的信息,提供给电台。

1989年至1994年之间,由于其他政治势力、党派和异见人士的抗争,许多非法的电台、电视台纷纷成立。这些电台从另一个角度报道了台湾的政治活动、本土文化、社会事务等,听众可各抒政见,阐明观点,形成了多层面声音的汇集。

地下电台,是台湾媒体界的一种特有现象,它们是未通过"新闻局"核查,未获得核准执照的广播电台。台湾的地下电台主要集中在南部地区,这里以农业经济为主,文化相对落后。台湾的第一家地下电台成立于1992年,创办者为民进党的张俊宏。此后,民进党的各路政客纷纷效仿,在台湾南部创办了大量地下电台,并将它们作为"竞选工具"。到1999年前后,台湾地下电台一度发展到顶峰,数量高达217家。

台湾的地下电台绝大部分都是由民进党或其支持者创办的。为逃避管制,地下电台经营者往往将电台架设在偏远的山区,设备也极其简陋,通常只有一台大功率发射器及几部电话。据台湾《中国时报》报道,台湾的地下电台播出时段并不固定,大部分集中在早晚两个时段,节目内容分为两类,一类为政治新闻、本地新闻以及时事评论,矛头一般指向"泛蓝"的政治人物;另一类则主要为药品推销以及闽南语歌曲等。当有地方选举或婚丧嫁娶时,地下电台有时也会将播出时段进行出租。

　　近几年来,台湾"通讯传播委员会"(NCC)强力取缔地下电台,据 NCC 统计,截至 2008 年 10 月,共取缔了 330 家地下电台,但地下电台不是一取缔就消失的,业者往往另觅地点重起炉灶,所以地下电台一直维持百余家的规模。现存的地下电台里最有名的为爱乡电台、"台南之声"以及大台湾电台,这三家电台每天都会在晚间时段进行联播,拥有一批"铁杆"听众。截至 2016 年,岛内有近90 家在播电台①。

二、台湾地区电视传播事业

　　台湾的电视事业起步于 20 世纪 60 年代。1962 年 2 月创立的第一家电视台是"国立教育电视实验广播电台",1963 年 12 月 1 日,试播一年多后改名"国立教育电视广播电台"并正式播出。

　　1962 年 10 月 10 日正式开播的台湾电视公司(简称"台视")是第一家商业电视台。

　　1969 年 10 月成立第二家商业电视台——中国电视事业股份有限公司(简称"中视")。

　　1962 年开播的教育电视台是"中华电视台"("华视")的前身。

　　三台成立之时都首先大力加强新闻节目,普遍采取了以下措施:增加新闻报道时间;增辟新闻性节目;强化体育新闻及节目;建立中南部新闻中心;充实国际新闻的来源;派记者到祖国大陆进行新闻采访;采用多种形式,从各个方面做好气象报道节目;扩大编制,增加人员。

　　在台湾三大台之外,还有一个"第四台",除转播三家无线台的节目外,还通过电缆线播放录像带节目,是台湾有线电视的雏形。"第四台"比较重视新闻类节目的传播,力求运用多层次的声音来打破国民党一党专政时期的新闻宣传封闭。

　　90 年代,"第四台"开始走入千家万户。在"第四台"的诸多频道中最有影响的是 TVBS 频道。TVBS 是台湾本土第一个卫星电视台,于 1993 年 9 月 28 日首播。它由香港电视广播有限公司(TVB)及台湾的年代集团合资创立,现由

---

①　台湾在播电台列表见"倾听网络收音机"《台湾电台列表》,2017-2-25。

TVB 全资拥有。其新闻台于 1995 年 10 月 2 日开播,以"没有国界、没有时差"为理念,是台湾第一家 24 小时全天候的新闻性专业频道。

据统计,台湾目前(2016 年初)约有近 200 个卫星电视频道,此外,还有许多境外从事卫星电视的机构在台湾设置代理商或分支机构。台湾卫星电视因此向多元化、专业化、分众化发展,有戏剧类、音乐类、体育类、电影类、卡通类、民俗类、新闻类、旅游类以及综合类等十多种专业频道。这些频道都由卫星电视公司经营,其中东森、中天、民视、年代、三立等公司的规模较大。这些公司一般经营多个频道,或同时经营有线电视网。

东森集团是台湾最大的有线电视媒体之一。东森电视台成立于 1991 年 7 月 3 日,以"坚持卓越品质,稳健扎实经营"为经营理念,民调数据显示,东森集团在"对社会公益活动贡献良多的企业"中高居榜首。"奇摩"民调中心所做"理想媒体大调查"中,东森是网友收看频率最高的电视媒体。

中天电视属于《中国时报》集团的台湾有线电视网。2004 年 1 月,"中天资讯台"转型为综合频道,更名为"中天综合台"。

民间全民电视公司(简称"民视")于 1997 年 6 月 11 日开播,是台湾第一家民营无线电视台。尽管民视立台口号为"来自民间,属于全民",但因民视的两位建台元老蔡同荣与张俊宏都是民进党代表人物,该台实际上是民进党的喉舌机构,所以其新闻报道的客观性受到社会质疑。

电视新闻在台湾地区的电视史上一直占有很重要的位置,进入 21 世纪后,电视新闻竞争更是愈演愈烈。截至 2017 年,除台湾电视(台视)、中国电视(中视)、中华电视(华视)、民视、台湾公共广播电视集团(公视,2006 年 7 月 1 日开播)5 家综合台(含新闻频道)外,岛内还有 TVBS、东森、中天、民视、三立、非凡、年代 7 家专业新闻台。

思考与练习

1. 说说"西安事变"中广播的宣传作用。

2. 为什么说改革开放以来,我国广播事业进入了一个新的发展阶段?

3. 简述中国电视发展各阶段的情况。

4. 说说你对《外来媳妇本地郎》辐射世界各地华人、华侨圈,为中国电视传播赢得良好的国际口碑的认识。

5. 简述香港、澳门的广播电视传播事业。

6. 简述台湾地区的广播电视传播事业。

第五章　广播电视新闻从业者的职业道德

　　"由于新闻界的特殊地位(一般称之为启蒙功能),外界的批评者和内部领导坚持要求新闻界严于律己。托马斯·杰斐逊本人就曾为这样一项崇高的事业中出现诽谤和错误而感到痛心。约瑟夫·普利策担心,如果没有高尚的道德理念,报业将难以为大众服务,甚至会变得十分危险。17世纪初,法国道德家拉布吕耶尔曾经因为一些新闻记者自甘堕落,报道无聊琐事而斥责他们。他说:'这些人写完一条一觉醒来准会被迫扔进字纸篓的新闻之后,竟能安然入睡'。"①这些话虽然已经过去了几个世纪,但今天看来依然具有启示作用。随着现代媒体的发展,人们对于媒体的期望值越来越高,媒体自身的社会责任也越来越大。

　　新闻职业道德,就是指从事新闻职业的人们在特定的工作中形成的有关新闻工作的社会责任与义务的道德观念、行为规范和道德品质的总和,是一定的社会或阶级对新闻工作的基本要求的概括,是在社会职业道德体系中适用于新闻职业活动的一种表现形式。② 当代职业伦理学讨论的中心问题是:

　　(1) 我负有什么责任? 对谁负责?

　　(2) 我承担的责任反映了什么价值观?

　　新闻职业道德涉及利益冲突、真实性、隐私、社会正义与公正等问题。

第一节　伦理、道德与责任

　　伦理、道德、责任这三个词经常一起出现,它们在这样的语境中被使用:一个人应当怎样生活(或一个人应当怎样行动)? 因此它们又和正当、职责、义务、德行、价值、自由等词意产生联系。

---

　　① ［美］克利福德·G.克里斯蒂安等:《媒体伦理学:案例与道德论据》,蔡文美等译,华夏出版社2000年版,第29页。

　　② 参见黄瑚:《新闻法规与新闻职业道德》,四川人民出版社1998年版,第228—232页。

一、伦理与道德

人们习惯将伦理与道德放在一起使用,这说明伦理与道德有相通之处。其一,伦理(Ethic)和伦理学(Ethics)是研究道德的学问。伦理学以道德现象为研究对象,不仅包括道德意识现象(如个人的道德情感等),而且包括道德活动现象(如道德行为等)以及道德规范现象等。其二,伦理与道德都在一定程度上起到了调节社会成员之间相互关系的规则的作用。

但是从定义上分析,二者也是有区别的。"伦理生活是自由的理念,在此理念中,一方面它正是那个成为活生生的善——这个善在自我意识中被赋予认识和意志,并通过自我意识的行为而达到它的现实性——另一方面,自我意识在伦理王国中具有它的绝对基础和激励其努力行动的目的。"①道德(Moral,又译为道德的)"是指能够评价为善或恶、对或错的人类行为。这些行为是我们能够控制的,也是我们能够负责的。如果一个人的行为符合道德上正当的规则,他就可能是有道德的。如果他违反了它们,他就是不道德的或在道德上是错的。"②"有道德的"作为褒义词时,是与"不道德的"相对的,作为描述词是与"无道德的"相对的。

如何理解道德这个概念呢? 诺博尔·霍尔斯特说:我们承认某些符合标准的价值观,或者会谈论为人父母需要履行的道德义务,或者在任何情况下都应该遵守的某些特定的规范。这些说法有两层含义:一是在道德的层面,义务和规范之外也明白无误地存在另外的、非道德的价值观、义务和规范;二是我们无论如何都可以将这些另外的价值观、义务和规范从符合特定道德标准的价值观、义务和规范中区分出来、划清界限。道德与规范有相同的意义,如常言道德规范。③

可以这样解释二者的区别:伦理是道德行为规范的基础,关注为什么要这样做,而不是那样做。道德是对行为的一种规范,告诉你可以如何做,不能如何做。当道德与规范放在一起时,道德似乎就是一种责任了。如 B.威廉姆斯所说:"我将主要把'伦理的'用作一个宽泛的术语,代表这一学科所确实关注的事物,而'道德的'和'道德'则用来表示一种较窄的系统。"④

---

①　[英]尼古拉斯·布宁、余纪元编译:《西方哲学英汉对照词典》,人民出版社 2001 年版,第 326 页。

②　[英]尼古拉斯·布宁、余纪元编译:《西方哲学英汉对照词典》,人民出版社 2001 年版,第 636 页。

③　[德]诺博托.霍尔斯特著:《何为道德》,董璐译,北京大学出版社 2014 年版,第 3 页。

④　[英]尼古拉斯·布宁·余纪元编译:《西方哲学英汉对照词典》,人民出版社 2001 年版,第 331 页。

二、道德与责任

经典伦理学强调个性、选择、自由和责任等概念。现代哲学家威廉·戴维·罗斯认为高度的责任感使职业道德有了分量。他提出了六种责任：[①]

（1）那些依赖于自己以往行为的责任：忠实的责任，因为曾有过或明或暗的承诺；赔偿的责任，因为过去有过的错误行为。

（2）感激的责任，建立在他人过去的行为上。

（3）公正的责任，因为在分配幸福和快乐时，需要保证公正和有益。

（4）仁慈的责任，因为在这个世界上，确实有一些人的境况能在我们的帮助下得到改善。

（5）自我改进的责任，因为我们确实能够改善自己的条件。

（6）一个消极的责任，不要伤害他人的责任。

对于新闻职业的责任而言，还需要强调两种责任：[②]

（1）说真话的责任，诚实。

（2）教育的责任，帮助他人达到某种程度的自尊和成就。

三、合乎道德的新闻价值观

传播真相是新闻职业的崇高理想，能够传播真相是新闻职业存在的理由、职业特性。新闻职业的这个功能没有另一种职业可以替代。尽管真相的概念也在发生变化，人们越来越多地了解到真相的存在永远是一种言说，真相存在于话语之中。但是，当新闻职业所追求的真相已经被书写下来，可以运用新闻的基本要素"五个 W 一个 H"，即 when（时间）、where（在哪儿）、who（谁）、what（是什么）、why（为什么），以及 how（怎么样）检验，可以复制并且普遍适用，不因人而异、不因文化而异时，人们对真相有了共识——"书写的东西与人类感觉深处所感知的真实、准确和重要的东西相连接。"[③]也就是说，在人们达成共识的标准上，可以被检验并且和人们概念中的真实、准确和重要吻合的书写（包括图像、声音等）的内容是"真实"的。

合乎道德的新闻价值由以下几个要素构成：[④]

[①] ［美］菲利普·帕特森等：《媒介伦理学》，李青藜译，中国人民大学出版社 2006 年版，第 11—12 页。

[②] ［美］菲利普·帕特森等：《媒介伦理学》，李青藜译，中国人民大学出版社 2006 年版，第 12 页。

[③] ［美］菲利普·帕特森等：《媒介伦理学》，李青藜译，中国人民大学出版社 2006 年版，第 21 页。

[④] 参阅［美］菲利普·帕特森等：《媒介伦理学》，李青藜译，中国人民大学出版社 2006 年版，第 34—35 页。

准确——这是真实性的保证。新闻报道要使用恰当的事实和正确的词汇，交代事情的来龙去脉。记者在组织报道的时候要尽可能独立，需要意识到自己的偏见：习得的标准、社会阶层、性别和种族沿袭的知识。记者所在的组织应该信任他们的独立报道，而不是人云亦云。

敬畏——是普遍适用的道德。康德有一句名言："有两种东西，我们对它们的思考越是深沉和持久，他们在我们心灵中唤起的惊奇和敬畏就会越来越历久弥新，一是我们头上浩瀚的星空，另一个就是我们心中的道德律。"①中央组织部部长李源潮在中国浦东、井冈山、延安干部学院（2008 年秋季开学典礼上）提到领导干部要有敬畏之心：一要敬畏历史，使自己的工作能经得起实践和历史的检验；二要敬畏百姓，让自己做的事情对得起养育我们的人民；三要敬畏人生，将来回首往事的时候不会感到后悔。对于记者的职业活动而言，就是在新闻报道活动中，对真相、对历史、对生命有敬畏感；看重每一个人，不论其高低贵贱；敬畏自己的职业原则，不要为金钱、权力和其他利益破坏这个原则。

公平——公平原则是民法的一项基本原则。它要求当事人在民事活动中应以社会正义、公平的观念指导自己的行为，平衡各方的利益，要求以社会正义、公平的观念来处理当事人之间的纠纷。新闻从业人员在新闻报道活动中应该为所有当事人寻求正义，平等地对待消息来源和报道对象。公平要求对所有的观点都给予重视和考虑，当然不是指在一篇报道中汇集所有的观点，而是体现在让报道中事件的双方当事人发言。

多样性——是指新闻工作者平等、恰当地报道社会各个阶层的人们的生活情况。由于大众传播媒介有时会受到来自权力部门的压力或市场需求的驱使，导致报道只反映一个狭窄的社会面，对于没有受到媒介注意的阶层而言，这个被报道的社会"不像他们生活的社会"或者说与他们的社会无关。因此，记者要学会多样性思考，关注自己不熟悉的阶层的感受，尤其是弱势群体。

第二节　我国（大陆）广播电视从业人员的职业行为规范

广播电视从业人员和其他新闻从业人员一样，都要遵守特定的职业行为规范与职业道德准则。新闻职业行为的主要规范是：

---

① ［德］康德：《实践理性批判》，邓晓芒等译，人民出版社 2003 年版，第 220 页。此句也被刻在康德墓碑上。

一、成为党和政府联系群众的桥梁和纽带

广播电视从业人员要成为党和政府同人民群众联系的桥梁和纽带,积极正确地发挥舆论引导和监督作用,坚持对党、对国家负责和对群众负责的一致性。

二、坚持正确的舆论导向

广播电视传播的内容要造成有利于进一步改革开放、建立社会主义市场经济体系、发展社会生产力的舆论,有利于加强社会主义精神文明建设和民主法制建设的舆论,有利于鼓舞和激励人们为国家富强、人民幸福和社会进步而艰苦创业、开拓创新的舆论,有利于人们分清是非、坚持真善美、抵制假恶丑的舆论,有利于国家统一、民族团结、人民心情舒畅、社会政治稳定的舆论。①

三、遵守宪法、法律和纪律

《中国新闻工作者职业道德准则》第三条明确要求,"新闻工作者必须在宪法和法律的范围内活动,自觉遵守宪法、法律和宣传纪律"。

四、维护新闻的真实性

真实是社会主义新闻职业行为的重要内容。真实的具体内涵是:

1. 构成新闻报道的基本要素必须真实和准确

新闻报道的基本要素如时间、地点、人物、事件、过程、细节、结果等要准确、无偏向,并对各个方面做出公正和平等的报道。

对于事实的明显错误和因疏忽引起的错误,应当做出及时、彻底的纠正。

2. 坚持客观、公正的原则

新闻报道应该是客观公正的报道,发生了什么事情,原因是什么,都应该实事求是地告诉听众或观众,尤其是新闻背景方面。因为有许多事件仅从其表面是很难做出正确判断的,在不知道背景的情况下,记者的报道决不能想当然,捕风捉影、道听途说,甚至单凭个人的主观意愿(如制作猎奇故事取悦受众等)都会导致不负责任的新闻报道。

新闻报道力求全面地看问题,防止主观性、片面性、绝对化,不能像揉面团那样处理基本的事实素材。在采访阶段要避免先入为主,带着个人的感情色彩去提问或者找当事人了解情况。

公正并不是要求记者不要对事实提出任何质疑或不作任何评论,正确的做

---

① 参见黄瑚:《新闻法规与新闻职业道德》,四川人民出版社 1998 年版,第 228—232 页。

法应当是让听(观)众弄清新闻报道与评论,个人言论、意见与基本事实的区别。

3. 保证叙述的客观性、公正性

当记者已经获得足够的原始素材,可以动手写新闻作品时,叙述的客观性、公正性也是十分重要的。例如,每一个电视画面除了展现事件的原本面貌外,也不可避免地透视出作者的认识和态度。如给某个人物较多或较少的镜头会给观众留下不同的印象,至少说明了对一个人的重视程度。画面的不同组接,会使叙述产生较大的意义差别,甚至是相反的意义。

所以,真实作为基础不仅仅局限于只要"五个 W 一个 H"与事实相符就可以了,还取决于报道的态度、叙述的方法。虽然新闻作品的特点决定了主观性介入报道是不可避免的,但是,如果能对事件双方的意见都给予发表的机会,至少说明报道的态度是公正的。

真实是新闻得以存在的理由,公正、客观的态度可以保证记者的创作过程以及创作的结果不违背事实真相。

2007 年发生的"纸箱馅包子"事件的假新闻,成为强调新闻真实性重要意义的最好注释。①

4. 发扬团结协作精神

《中国新闻工作者职业道德准则》第六条明确规定,"团结协作,形成合力,是社会主义新闻工作的一大优势",并且将其作为新闻职业道德的基本规范之一。团结协作包括互相学习,互相支持,开展正当的业务竞争等。

第三节　职业道德实践中的问题

对于摄像机等设备(例如监控录像)拍摄的新闻画面,人们很难怀疑其真实性、准确性,但是,著名摄影师凯文·卡特获得 1994 年普利策新闻特写摄影奖的作品《饥饿的苏丹》,却给新闻职业者带来另一种角度的思考。照片记录了一个苏丹女童即将饿毙跪倒在地,一只兀鹰正在女孩后方不远处,等候猎食女孩(见

---

①　2007 年 6 月间,北京电视台生活频道"透明度"栏目记者通过查访,在没有发现有人制作、出售肉馅内掺纸的包子的情况下,为了谋取所谓的业绩,化名"胡月",冒充建筑工地负责人,到本市朝阳区太阳宫乡十字口村 13 号院内,对制作早餐的陕西省来京人员卫全峰等四人谎称需定购大量包子,要求卫全峰等人为其加工制作。后"胡月"携带秘拍设备、纸箱和自己购买的面粉、肉馅等再次来到十字口村 13 号院。他以喂狗为由,要求卫全峰等人将浸泡后的纸箱板剁碎掺入肉馅,制作了 20 余个"纸箱馅包子"。与此同时,"胡月"秘拍了卫全峰等人制作"纸箱馅包子"的过程。在节目后期制作中,"胡月"采用剪辑画面、虚假配音等方法,编辑制作了虚假电视专题片《纸做的包子》播出带,对北京电视台隐瞒了事实真相,使该虚假新闻得以于 2007 年 7 月 8 日在北京电视台生活频道"透明度"栏目播出,造成了恶劣影响,严重损害了相关行业商品的声誉。

图 5-1)。这张震撼世人的照片发表后,人们纷纷打听小女孩的下落。遗憾的是,卡特也不知道。他以新闻专业者的角色摄取照片,但是这张照片引来许多非议,尤其是在获奖之后。照片传遍世界,人们纷纷质问:身在现场的凯文·卡特为什么不去救那个小女孩一把?一位记者就这张照片批判说:你看这自私的、不关心民众的媒体和记者,踩在小女孩的尸体上得了普利策奖。就在普利策颁奖仪式结束两个月后,即 1994 年 7 月 27 日夜里,凯文·卡特用一氧化碳自杀身亡。人们在他的座位上找到一张纸条:"真的,真的对不起大家,生活的痛苦远远超过了欢乐的程度。"

图 5-1　《饥饿的苏丹》①

尽管对于凯文·卡特自杀的真正原因是什么,还有争议,至少有证据说明照片不是自杀的唯一原因。但是,有一种说法很广泛地流传开来:凯文·卡特之死是记者追求"好的"新闻、"精彩的"镜头,与社会公德之间尖锐冲突的结果。

凯文·卡特之死与人们对其的指责说明,图像、视频的真实还会涉及普适的道德,例如公正、公平、人性等。当这些内容发生冲突时如何去做,也许康德所说的"我们心中的道德律"会给出答案。

任何来自现实的画面成为照片或者视频时,都成了一个截面,它或者有背景信息,或者没有背景信息,但是意义的差别很大。

例如,我们用 2008 年汶川地震时人们非常熟悉的一张照片的三种剪裁效果作对比分析(图 5-2):

这三张取自同一个场景的照片当时在报纸和电视中都出现

《中国广播电视编辑记者职业道德准则》

———————————

①　图片资料来自百度网。

过,出现次数较多的是第 2、3 张照片。第 1 张照片中的主角是拎输液瓶的同学,远处有正在施救的现场和工作人员,输液瓶的管子引向身体大倍分被废墟压住的男孩。虽然这个场景是地震所致,虽然近处和远处的施救者说明受伤者并不孤独,作为观看者也许内心的痛苦会有所减轻,但是,被压男孩的脸部依然需要用马赛克虚化,因为男孩的亲人看到这样的照片会受到刺激或伤害。而第 2、3 张照片中,只有被埋在废墟下孤立无援的男孩,脸部也没有被马赛克虚化,观看者也许很难判断其生死,地震的残酷性被强化了、放大了。

5-2-1

5-2-2

5-2-3

图 5-2　汶川地震新闻照片①

①　本书作为案例使用这三张照片时,编辑用马赛克虚化了男孩的脸部。

从理论上讲,职业行为规范与社会伦理标准是一致的。职业行为规范是在不违背社会总的伦理要求的前提下制定的。但是,任何一种职业行为规范由于其职业的特殊性,会对从业人员提出适应本职业工作的特别要求,这些要求应该是与普适道德伦理一致的,但是,在实践中却会发生冲突。例如,电视摄录人员为了"眼球刺激"对车祸中的受伤者毫无顾忌地拍摄,对遇难者尸体进行裸拍等,这会对当事人或其家属带来感情伤害。现在常见的做法是在死者或受害者脸上打马赛克,较好地解决了这个矛盾。针对媒体的公正性、客观性,针对广播电视新闻报道的责任问题,针对镜头的人文关怀、保护隐私等问题的讨论和重视,是十分必要的。

作为新闻从业者,在处理来自现场的各种照片尤其是各种灾难照片时,受灾者的影像往往具有震撼心灵的作用。但是这类照片也会导致对受灾者或者他们亲人的刺激或再次伤害。这个时候,"同理心"①会帮助记者、编辑做出正确的判断。因此,新闻从业者自觉培养新闻洞察力和理解他人的能力,学会设身处地、换位思考非常重要。

一、摄像的偏好与隐私

似乎灾难和某个人的不幸已成为电视记者的"重点关注对象"。对此形成了两种对立的看法:一种认为,暴露人的惨状,哪怕是死者也是不人道的;另一种认为,告诉观众真实的情形是记者义不容辞的责任。

对于视觉新闻工作者而言,有两种权利不能侵犯:"个人空间免受侵犯(例如照相机镜头)的权利和保护个人'信息'(比如欢乐和悲伤的状态)免受公众关注的权利。"②在这两个"领地"的拍摄,很容易受到拍摄动机的支配,突出一个方面,掩饰另一个方面,从而曲解了事实。

美国摄影记者为自己列出一份清单,提醒自己工作时尽量不侵犯被摄者的隐私,提醒记者在百分之一秒之内这样问自己:③

(1) 这一时刻应当被公之于众吗?

---

① 同理心是心理学概念,是指人们在日常生活中设身处地、将心比心的做法。心理学家发现,无论在人际交往中遇到什么问题,只要你坚持设身处地、将心比心,就比较容易找到解决问题的方法。尤其在发生冲突和误解时,要学会把自己放在对方的处境中想一想,了解对方的立场和初衷,求同存异。同理心与孔子说的"己所不欲,勿施于人"意思相近。

② [美]菲利普·帕特森等:《媒介伦理学》,李青藜译,中国人民大学出版社2006年版,第219—220页。

③ [美]菲利普·帕特森等:《媒介伦理学》,李青藜译,中国人民大学出版社2006年版,第219—220页。

（2）拍摄是否会将被拍人置于更大的创伤中？

（3）我所处的距离造成的侵犯是否最小？

（4）我的行为是否有同情心和敏锐度？

二、剪辑的偏见

如果说镜头不会撒谎的话，那么，由不同的画面构成的一条完整消息，可能会产生违背事实的效果。著名的蒙太奇手法早已向人们展示了画面组接制造不同效果的奇迹：一双眼睛的正面特写，接着是包子铺柜台上刚刚出笼的热包子，再接下来看到一个人正津津有味地吃着包子。这三组画面告诉观众那是一双饥饿的眼睛。如果眼睛的特写后面是教室里学生正在上课的画面，这双眼睛就是渴望求学的眼睛了。

《中国广播电视播音员主持人职业道德准则》

为了突出一种观点或者是为了让其占优势地位，而剪去另一方观点，如缩短另一方出现的时间、矮化另一方的形象等，会造成不公正的效果。

在剪辑中不可忽视的另一个影响观众的因素是声音，除了同期声，画外音（解说）也有可能歪曲事实真相。广播中使用录音素材一方面可以增加新闻的真实性，另一方面也会利用听众对录音的信任，为制造不真实的报道提供条件。

三、灾难新闻造成的曲解

当新闻报道对准大量社会新闻时，我们发现灾难、死亡、暴力、残忍占据的新闻时段越来越多，这种现象给观众造成的曲解不仅仅在观看时会产生，还会影响观看后观众对社会做出的判断。如果我们在当地一家颇有影响的电视台或电台中连续看到或听到关于某地出现交通事故的消息，我们自然会产生这个地方交通糟糕的印象。也许另一个地方交通事故更多，只是此类事件在那个地方不重要，或者人们对它兴趣不大，因而没有被报道。

选择不同寻常的事件或者有刺激的事情进行报道，强调冲突和人身攻击，迎合"好看"的需求，给被报道对象定性、分类（如当地人、外地人、打工族），媒体正在报道的某件事情产生雪球效应等，是常见的造成曲解的原因，这会使媒体的信誉受损。

四、图像造成的冒犯

节目制作者会以满足受众的需求为理由，将那些低级趣味的、使儿童感到不安的暴力或性犯罪用画面详细描述出来。实际上这种描述是对受众的不尊重。虽然我们不应该向受众隐瞒任何事情的真相，但是我们也不应该让观众或听众

遭受不必要的焦虑、打击或精神折磨，冒犯他们或使他们感到窘迫。

　　广播和电视的受众是由各种层次的人组成的，他们身上有不同的文化背景和地域的烙印，一条新闻在满足这一部分人的要求的同时，可能正在冒犯另一些人。作为节目（尤其是电视节目）的制作者应该考虑制作这条消息的意义是不是大于可能引起的冒犯，考虑一个具体画面出现的目的是提供信息，推进事件的进展，还是造成窘迫，让观众欣赏窘迫。

　　记者应该注意他们的画面或者所说的话会对观众的感情产生什么样的影响，记住在每一场悲剧中都会有一位受伤害者。

　　有的记者为了追求视觉"冲击"，播放遇难者的尸体，而不顾死者的尊严和其家属的感受，甚至不断地让悲痛欲绝的家属反复叙说自己的悲伤。汶川地震发生后，有记者将话筒伸向埋在废墟中等待救援的人，要他说自己此时的感受。这样的采访立即受到网民的批评。有的记者暴露受伤者的伤情，不顾其隐私权；在批评性报道中，把报道对象不断逼到窘迫的地位，使其出洋相，引起观众的嘲笑。在关于贪污和受贿案件的新闻报道中，突出犯罪嫌疑人是某人的情妇，即在其名字前放上"某某的情妇"等字样予以报道，以引起人们的注意力等。这些都造成对当事人的冒犯。

　　一位美国新闻学者说："如果一位读者认识一张极其戏剧化的照片中的一个人，他可能会认为这是一种冒犯。这种冒犯违背了同情心。如果不管他是否认识照片中的人，他都受到了冒犯，这种罪过可能就是违背了良好的品位。"①

　　2015年，一组土耳其博德鲁姆海滩上的叙利亚男孩尸体照片震惊全球：这个3岁的男孩叫阿兰·库尔蒂，包括他在内的12名叙利亚难民试图来来到土耳其海滩，然后乘橡皮船出发偷渡到希腊。不幸的是，阿兰被冲上了土耳其海滩……这张照片的效果正如作者尼鲁弗·戴米尔所言：如果这些照片能让欧洲改变对移民的看法，我觉得就应该发布出来。我拍了那么多偷渡难民的照片，却没有哪张能像这次一样引起如此大规模的媒体关注和公众讨论。从这张照片（扫描二维码《我们跟拍摄那组叙利亚小难民尸体照片的摄影师聊了聊》）中，我们看到有一位海岸救护队员正在走向海滩，后来刊登的照片将这位救护队员剪除了。也就是说尼鲁弗·戴米尔是在这位队员身后拍摄的照片，没有见死不救的嫌疑，没有违背良好的品位。

《我们跟拍摄那组叙利亚小难民尸体照片的摄影师聊了聊》

---

① 菲利普·帕特森等：《媒介伦理学》，李青藜译，中国人民大学出版社2006年版，第221页。

五、对弱势群体的轻视

弱势群体一般指非主流群体,即儿童、妇女、非本地永久居民(外地的打工者)和残障群体等。媒体在报道有关他们的新闻时,也应该给予同样的尊重,不能因为他们自我保护意识不强或处在无力保护自己的情况下而为所欲为。例如,当人们把一位在洪水围困中抱住一棵大树达7个小时的小女孩救上船时,首先应该给她穿上衣服,不应该拍摄后再给她穿衣服。

在报道一个人的背景材料(种族、肤色、私生活、残疾、婚姻状况等)时,记者要十分谨慎,不要因为上述背景的披露,使当事人受到歧视。对那些初次进入城市的打工者,也应该用平等的态度采访他们,不要存有让他们出丑的不健康心理。

六、滥用隐性采访

记者应该以直截了当的方式获取信息、照片和图像,不要滥用隐性采访。任何无视公众利益的方法都是不正当的,尤其是对隐私权的冒犯更应该坚决抵制。

思考与练习

1. 新闻职业道德的具体内容是什么?
2. 伦理与道德的区别是什么?
3. 威廉·戴维·罗斯提出的责任感的具体内容是什么?
4. 新闻职业的责任感除了前文所述六种外,还有哪些要求?
5. 合乎道德的新闻价值由哪些要素构成?
6. 我国广播电视从业人员的职业行为规范有哪些?
7. 在广播电视职业道德实践中经常遇到哪些问题?如何处理?

第六章　广播电视受众

大众传播效果理论研究进展的一个重要标志,是对受众的理解和将受众在传播过程中的地位提升。受众是指"那些被某一传播媒介(communication medium)所到达的(reached)人们或与之相联系的人们,不论他们对媒介卷入的实际程度如何。"①从一开始的"魔弹论"到"使用与满足理论",对于受众的认识经历了从被动的阅听人(被大众传播这个魔弹一打就倒)到主动的阅听人(阅听人根据自己的需要接触媒介)这样的过程。今天关于受众的定义有几种说法:(1)受众是大众传播媒介面对的无名个体与群体②。他们能够在听力所及的演出场所接触演出。(2)戈夫曼③在拟剧论研究中使用受众这个术语分析人们日常的互动行为,将接触活动分为男演员、女演员与受众。受众这个词后来被扩展使用,指工业社会的所有成员。(3)受众被简单认为是各种媒介内容表演的读者、听众、观众等。这些人对媒介产品的使用以及与媒介产品的互动构成"现代社会成员的一个起码标记,甚至可能是一种需求"。④

第一节　广播电视受众调查

广播电视受众如何接触媒介产品呢？他们是一群拿着遥控器或者手握旋钮、键盘的社会成员,他们需要广播电台与电视台在设置节目的时候,能够满足他们接触广播电台或者电视台的需求。因此广播电台或者电视台要有十足的理由说明:之所以设计这样的栏目,之所以安排某个栏目在这个时间段播出,之所以采用这种播报方式,之所以……这一切都是针对受众的需要和受众潜在的需求的。

受众虽然不是广播电视节目传播效果的最终裁判,因为受众的需求与媒介长期培养的观看和收听兴趣有关,与已经播出的各类节目有关,但是,受众作为

---

① 丹尼斯·麦奎尔:《受众分析》,刘燕南等译,中国人民大学出版社2006年版,第180页。

② 约翰·费斯克:《关键概念:传播与文化研究词典》,李彬译注,新华出版社2004年版,第18页。

③ E.戈夫曼:美国社会学家,芝加哥学派代表人物。

④ 约翰·费斯克:《关键概念:传播与文化研究词典》,李彬译注,新华出版社2004年版,第18页。

一个收视(听)率调查的对象,直接涉及广告经营,所以广播电台和电视台十分重视受众调查,也会根据调查结果深入了解广播电视的收听收视情况,促使广播电台、电视台不断提高节目质量和调整节目安排,吸引更多的受众,也吸引更多的广告客户,从而获得丰厚的经济效益。从这个意义上说,受众调查对推动广播电视事业的发展具有重要的作用。

广播电台、电视台和其他媒介一样,在整个传播过程中始终关心着这样的问题:自己为什么要传播这样的信息? 这些信息落到何处又引起何种反应? 他们希望从受众那里得到反馈,找到答案。这些反馈坚定了广播电台、电视台作为传播者的信心,并且对自己的行为做出正确的判断。在大众传播中,如果传播对象离得很远,传播者没有亲自看到,没有机会提出问题,就会产生疑惑和不安。

一、受众调查的意义

受众调查的意义在于:

1. 获得收听与收视率,分析收听与收视情况

广播电台、电视台在得知自己播放的节目有多少受众在听或看,什么时间和什么节目的收视率最高之后,才能更加准确地设置节目、选择播放内容、确定播出方式和播出时间,或者根据调查结果调整节目,以适应节目市场的需要。

因此,必须要调查受众的收听收视情况,研究其收听收视动机和状态,了解男性、女性、青少年、儿童等不同层次的听众或观众对同一节目的不同反应,从而创作出针对各种类型的受众的节目,获得尽可能多的受众市场份额。

2. 关注舆论焦点

及时了解受众所关心的社会问题和不同时期关注的焦点,掌握社会各个层次的兴趣、爱好、价值观念、意见、期待和行为举止等,并且在广播电视节目中给予反映,从而充分发挥大众传播媒介的作用。

在互联网时代,舆论往往通过互联网的播散而形成。因此,广播电台和电视台也经常组织专门人员关注网络焦点,将其作为设置新一轮节目内容的依据。

3. 提高业务水平

提高广播电视从业人员的业务素质、工作能力,使他们不仅从反馈中获得创作灵感,而且可以有针对性地为提高受众的鉴赏水平,培养受众对美的事物的追求设计节目。广播电台和电视台永远不要低估受众的鉴赏水平,尽管受众的鉴赏水平参差不齐。制作上乘的节目对于广播电视节目制作者而言,是对自己制作能力和专业水准的检测。况且,广播电视节目尤其是电视节目对于接受者尤其是青少年接受者有一定的示范作用。

4. 加强与受众的联系

　　受众调查是广播电台和电视台主动联系受众、加强与受众的互动关系的有效方法。它可以使受众意识到自己的意见是有效的、被重视的,节目正是在充分考虑他们的意见后不断进行调整的。这样,他们就会采取更加主动的姿态与电台和电视台联系,关心节目,成为忠实的听众或观众。广泛使用节目播出过程中的互动内容(热线、手机短信、网络评价等),已经将广播电视节目的受众调查从节目播出后的问卷调查改为节目进行过程中的互动式调查。虽然这种调查基本上是作为节目的一部分内容出现的,但是,这些内容可以成为理想的受众需求的一种反映,问题在于节目播出后是否对受众的互动反映内容继续进行分析研究。

　　5. 提高调查成果的应用率

　　将受众调查和对调查的研究成果应用于实践,所产生的经济效益会大大高于研究成本。尤其是上新节目时,如果不进行调查就贸然制作播出,不受欢迎时再换新节目,所耗费的资金往往超过节目调查的成本。受众调查对于是否投入耗资巨大的电视连续剧的拍摄显得很重要。谨慎的做法是正式启动拍摄程序之前,先做出样片播放,或者组织观众审看,根据观众反应做出决定。

二、受众群体的基本构成

　　受众群体可以分成不同的类型,分类的依据有地域的区别、特征的区别、兴趣的区别、需求的区别、受视(听)状态的区别等。

　　1. 地域的区别

　　根据受众所在地区的不同划分为不同的类型,如国外的受众和国内的受众、本地的和外地的、城市的和农村的、山区的和平原的等。受众生活环境(地理)的不同,不仅会形成作息时间的差别,而且会形成不同的收视(听)状况——个人与个人的不同,个人与群体的不同,信息独享与信息共享的不同等。例如,经济发达地区的人们比较关注本地新闻,本地以外的新闻对于他们来说意义不大,生活在城市的人们对于农村新闻的关注度远远小于都市新闻。对于生活在交通相对闭塞、经济欠发达地区的人们尤其是年轻人来说,外面的世界带给他们的新鲜感和兴趣常常会大于本地新闻。

　　2. 特征、兴趣和需求的区别

　　特征是指受众的年龄、性别、民族、职业、文化程度、信仰、收入等。可以依次把受众分成老年受众、中年受众、青年受众、少年受众、妇女受众,在职人员和非在职人员(或管理阶层、白领阶层、蓝领阶层),高等学历的和非高等学历的等。随着经济生活的改变,这样的区分类别有增无减。例如,新兴起的汽车广播,专门为汽车族(驾私家车的人群)服务,学院广播的兴起也是一个例证。

　　根据受众的兴趣分类,有新闻节目的受众、体育节目的受众、音乐节目的受众、教育节目的受众等。

受众的需求是多样的,如交通信息需求、健康信息需求、购物信息需求、汽车信息需求、文化信息需求等。专业广播电台和电视台主要是根据受众的特殊需求设置的,从理论上讲它们可以充分满足每一位受众的一种需求,并且保证随时提供这种需求。

特征、兴趣、需求是广播电视频道专门化发展的依据。

3. 收听(视)状态的区别

受众收听或收看节目时的状态不同,有的受众收听或收看是习惯使然,有的则是有针对性地选择节目;有的常常固定收听(看)一档节目,有的完全是随意性的;有的在静态中收听(看)节目,有的处在动态中。例如,出租车司机和退休在家的老年人,他们收听广播时的注意力有较大的区别。因此,要区别对待这些受众的反馈意见。

大多数受众收看或收听节目不是精确行为,基本是一种习惯、一种仪式。他们的需求往往依赖媒介已经设置的节目类型和内容,但即使媒介没有提供某些内容,他们也会根据个人的、社会的生活实践产生需求。后一种需求很难在收视率调查中被发现,尤其是重收视率的媒介更是如此,因为媒介总是根据受众收看、收听已经播出节目的评价做出研发节目的决定。事实上,受众的需求远远超出媒介现有的节目内容。这一点在受众调查过程中需要引起重视,前面提到的通过网络调查受众的兴趣就是一种有效措施。

三、受众的"使用与满足"

使用与满足理论是站在受众的立场上,通过分析受众对媒介的使用动机和获得需求的满足状况,考察大众传播给人们带来的心理和行为上的效果。它强调受众的作用,突出受众的地位。这一理论认为受众对媒介的积极使用,也会制约媒介传播的过程,并强调使用媒介是基于个人的需求和愿望。"使用与满足"理论的相关研究把受众看做有着特定"需求"的个人,他们的媒介接触活动是有特定需求和动机并得到"满足"的过程。

根据使用与满足理论的描述,"受众成员对媒介产品的消费是有目的的,旨在满足某些个人的、经验化的需求。这一取向的核心主张是,人们观看电视与电影或阅读报纸与书籍等,实际上都在不同程度地使某些需求获得满足与满意"。[1] 这个理论将受众看做有能动性的群体,组成这些群体的个体在多样化的

---

[1]　约翰·费斯克:《关键概念:传播与文化研究词典》,李彬译注,新华出版社 2004 年版,第 300—301 页。

媒介"产品"中找到不同的需求,达到多样化的满足。

使用与满足理论的取向着眼于个人"需求"的社会心理与个人心理的起源和动力。"假定这种需求会导致对各种媒介的不同使用,而反过来又促使个体受众成员获得不同层面的满足。每种媒介都被理解为在提供一套独一无二的内容与属性,产生不同种类与不同范围的满足。这种取向提供了一种独特的理论与方法,从而使我们能够探讨不同的媒介受众成员如何以完全不同的方式解释和使用媒介的内容。"①

在使用与满足理论的传统研究指引下,英国传播学者麦奎尔等人建构了研究媒介与个人相互作用的类型学。他们指出,媒介的功能在于以不同的方式提供针对如下需求的各种满足:②

1. 消遣娱乐

媒介提供供娱乐的内容——节目等,人们在接触这些节目时可以"逃避"工作的烦劳、缓解劳作的疲倦、摆脱各种关系事务的纠缠。媒介提供这些节目使人们获得情感寄托或情绪宣泄,易于打发"等待"的时间,处在"等待戈多"③的状态时不再感到孤独和无聊,即使是暂时的。

2. 建立人际关系

广播电视节目可以满足人们结群的需要。这种功能在三种路径中实现:(1)娱乐节目使赋闲的、独处的人们不仅找到一个"伴",而且可以与不曾谋面的"他者"(同时看电视、听广播的人)在媒介提供的热线中发表意见,甚至争论。(2)广播电视媒介让受众接触到专家学者、明星名流,如果节目开通热线的话,

---

① 　约翰·费斯克编撰:《关键概念　传播与文化研究词典》,李彬译注,新华出版社 2004 年版,第300—301 页。

② 　约翰·费斯克编撰:《关键概念:传播与文化研究词典》,李彬译注,新华出版社 2004 年版,第300—301 页。

③ 　塞缪尔·贝克特著名话剧《等待戈多》讲述了这样的故事:第一幕,主人公流浪汉爱斯特拉冈(简称戈戈),和弗拉基米尔(简称狄狄)出现在一条村路上的一棵大树下。他们自称要等待戈多,可是,戈多是谁? 他们相约何时见面? 他们自己也不清楚。但他们仍然苦苦地等待着。为了解除等待的烦恼,他俩没话找话,前言不搭后语,胡乱交谈。他们一会儿谈到忏悔,一会儿谈到应该到死海去度蜜月,一会儿又讲到《福音书》里救世主和贼的故事;还说这样一些话:"我觉得孤独,""我作了一个梦,""我很快活。"并且没事找事,做出许多无聊的动作:狄狄脱下帽子,往里边看了看,伸手进去摸,然后把帽子抖了抖,吹了吹,重新戴上;戈戈脱掉靴子往里边瞧,又伸手进去摸……可是,戈多老是不来。狄狄和戈戈等啊等啊,终于等来了一个男孩,他是戈多的使者,他告诉两个可怜的流浪汉,戈多今晚不来了,但明天晚上准来。第二幕的内容仍然是狄狄和戈戈等待戈多,在同一时间,同一地点,场景的变化只是那棵树上长出了四五片叶子。他们继续等待戈多,为了打发烦躁与寂寞,他们继续说些无聊的话,作些荒唐可笑的动作。最后又等来了那个男孩,他告诉狄狄和戈戈,今天戈多不会来了,但他明天准来。该剧从不同的侧面突出没有目的的生活无休止的循环。我们可以设想,如果该剧有第三幕、第四幕,也必然是重复前两幕的程式。这些都表现出人的处境单调、刻板以及人生所承受的没有尽头的煎熬。

还可以获得与他们交谈的机会。(3)通过媒介了解时尚,了解他人的想法和观点,为与他人交流提供便利或者互动的焦点。

3. 个人认同

媒介提供了对受众对个人进行"评估"与"定位"的"案例",即他人的故事和人们对他人的评价。与媒介传播内容有关的价值和看法,都可以用来与自我进行比较,获得对自我的认同或者用来调整自我和自我的环境意识。

4. 监视环境

媒介提供的信息可以满足受众对自己身边和远方信息的需求。关于各种事件的披露或者评论都会直接或者间接地影响受众的生活与判断。

5. 积累公共知识达成社会共识

媒介是不可多得的社会讲解员,它可以带领受众通过视频和音频载体到各种知识库中浏览,到世界各地"旅游",满足"受众不出门,便知天下事"的需求。同时,生活在社会中的每一个人,作为社会的成员,渴望融入社会,获得社会的承认,获得人们常说的成就感。他们通过大众传播媒介,得到与社会其他成员平等的获取公共知识的机会,分享共同的信息和知识,以便"同舟共济"。

第二节 受众调查的主要形式

一、问卷与样本

问卷设计与样本选择是进行受众调查的基础工作。问卷调查是用填写表格的方法收集客观事实。问卷调查要求能够准确地提出问题,选择调查对象,明确调查目的和任务,提出统计表格的方法。问卷可以采用多种方法分发到调查对象手中。要对选定的受众和分发的表格进行登记,以便在收回问卷时及时归类并进行数据分析。如果问卷设计不好,提问组合不当,问题复杂不易简单回答,回答问题的自由受到限制等,问卷的有效性会直接受到影响。

样本又称"子样",是指按照一定的抽样规则从总体中取出的一部分个体。样本中个体的数目称为"样本容量"。样本选择比例要合适,一是人数要有保证,二是要考虑接受调查人员的构成、地区差异、风俗习惯等因素。样本不能达到上述基本要求,它的依据价值会减小,甚至无效。

1. 问卷设计

问卷是承载受众对特定问题的态度、看法、意见、价值观和期待等信息的文本。为了达到调查的目的,问卷设计的具体内容各有不同,但要遵循以下设计原则:

（1）答案构成具有随意性，方便被试者想回答什么就回答什么，不要给被试者造成心理负担。问卷要为被试者提供可供选择的多个答案，让他们选择其中一个。答案要直截了当，可以用"是"或者"否"完成。

（2）保持设问的平衡很重要。特殊题目的答案分布要均匀。问卷设计的前后顺序也要处理得当，针对某个问题的遣词造句也会影响之后的答案。

2. 样本选择

对受众全部进行调查当然是最理想的，但是，受经费和操作中的实际困难的制约，受众调查通常采用抽样法进行，即选择样本，根据所得样本统计数据推断全体的情况。

样本的选择要有代表性，样本少了，或者有局部偏差，得出的结论很难代表大多数人的意见，可信度低，会受到怀疑。样本数据要准确地反映它所代表的那个整体的特征，取决于两个因素：一是抽样群体（抽样框）的确定，二是抽样方法的选择。

通常用来确定抽样框的有电话簿、住户表、企业名录、从商业性公司购买的邮寄调查名单等。自然群体分类的充分性有赖于这些名录的准确性与完整性。但是，名录有明显的局限性，如电话簿不包括没有电话的家庭和没有登记的电话用户。现在多借助"随机数字拨号"（RDD）技术来克服这一不足。

通过随机抽样获得的样本就整体而言更具代表性，一定总体内的每一户被抽取的机会是相等的。配额抽样则是按年龄、性别、受教育程度、城市/农村居民及社会经济地位等特征来分类，主要优点在于保证样本的组成能与总体中有相同特征的个案在比例上相一致。

样本的典型性是影响抽样调查结果的一个主要因素，而其精确度在更大程度上取决于抽样规模。规模过小，结果难免主观，规模过大又会导致浪费。从道理上讲，结果要精确，抽样规模就要大。调查者要事先确立容许误差，要保持一定的样本基数，以既达到抽样目的又节省经费为目标。大多数单项受众调查以抽取 500~1 000个样本为宜。

二、受众调查的主要方法

受众调查的主要方法有分析观（听）众来信、日记调查法、个人访问法、电话调查法、召开座谈会（研讨会）、问卷调查法、装置计量法等。现择问卷调查法以外的各项介绍如下。

1. 分析观（听）众来信

广播电台或电视台常常设置类似听众（观众）信箱节目，这类节目一方面为受众提供反映情况、披露问题的场所，另一方面成为搜集受众反馈意见的场所。

编辑们常常把受众来信的内容作为写作节目稿的题材,或者将其直接编入节目。这种形式有利于调动受众反馈意见的积极性。

2. 日记调查法

广播电视机构在一些愿意记录他们使用广播(电视)情况的样本户中发放视听日记本,从中获得受众构成的数据,以这些数据作为电脑计算节目收视(听)率的原始数据。这种方法既经济又快捷。

3. 个人访问法

个人访问法是调查人员到抽样户家里,逐个询问每个家庭成员在过去 24 小时内的视听行为的调查方法。这种方法可以使访问者深入地询问被访者的想法以及在节目选择等问题上的实质性意见,简单的调查表无法看到这些意见。这种方法的最大特点是回忆。被访者常被要求回忆过去 24 小时内他们收听或收看的情况。为了帮助被访者回忆,访问者可以提供那段时间的节目表。

由于这种方法费用昂贵,并且现代社会中深入城市家庭日益困难,许多机构在进行大规模调查时已经停止使用。

4. 电话调查法

电话调查法可以被设想成同期获得数据的方法,不像个人访问法那样容易出错,但实际上它与个人访问法一样,只能获得已经过去的信息。

电话调查法在发达地区较容易进行,它比面对面的访问更快捷也更便宜。即使远距离访问,也可以通过服务专线降低费用。它也不受被调查者的文化程度的影响。电话调查法的不足在于:其一,许多人不愿接听陌生人的电话询问,问题越深入,厌恶感越强。其二,用这种方法不易获得凌晨和深夜节目的收听(视)情况。其三,如果不是每个受众都有电话的话,这种抽样就会缺少某些受众类型,特别是城市中的低收入者。

5. 召开座谈会(研讨会)

广播电台和电视台在重新修订节目表或增设新栏目时经常召集各方人士进行座谈,征求他们对原节目的意见和对新栏目的建议,将这些意见和建议反馈到节目的设计与编排中。另外,把自己的重点节目集中起来,组织专家和权威人士进行研究讨论,也是受众调查的有效方法。

6. 装置计量法

计量装置是一种和收音机、电视机相连接并且自动记录开关情况的检测装置。典型的自动记录仪通过电话线与媒介、调查公司的电脑中心连接,定期传回储存的收听(视)信息。通过计量装置收集数据虽然比较准确,但它也有先天的局限性:其一,计量装置耗资大。其二,它无法辨别收音机、电视机被打开后是否有人在收听或观看。其三,它不能提供受众构成情况。其四,它无法记录受众对节目的满意程度。因此,调查机构会将通过其他方法获得的受众的构成信息补充进去。例如,有些公司用另一种测量仪进行调查,他们请接受调查的受众在收听或收看节目之后,按一下测量仪上的按钮,表示他们对节目的满意程度。

上述各种调查方法可以有效地帮助广播电台和电视台在激烈的媒介竞争中明确自己的优势和不足。

第三节 受众调查的研究方法

获得了大量的数据之后,接着要做的工作是对数据进行分析研究。由于研究的目的各不相同,研究方法也是千差万别的。目前,最常用的研究方法是定量研究法、定性研究法和内容分析法。

一、定量研究法

定量研究一般是为了对特定研究对象的总体得出统计结果而进行的。在定量研究中,信息都是用某种数字来表示的。在对这些数字进行处理、分析时,首先要明确这些信息资料是依据何种尺度进行测定、加工的。史蒂文斯(S. S. Stevens)将尺度分为四种类型,即名义尺度、顺序尺度、间距尺度和比例尺度。

名义尺度所使用的数值,用于表现它是否属于同一个人或物。

顺序尺度所使用的数值的大小,是与研究对象的特定顺序相对应的。例如,给社会阶层中的上上层、中上层、中层、中下层、下下层等分别标为"5、4、3、2、1"或者"3、2.5、2、1.5、1"就属于这一类。

间距尺度所使用的数值,不仅表示测定对象所具有的量的多少,还表示它们大小的程度即间隔的大小。不过,这种尺度中的原点可以是任意设定的,但并不意味着该事物的量为"无"。例如,0 ℃为绝对温度273.15开氏度,32华氏度。

名义尺度和顺序尺度的数值不能进行加减乘除,但间距尺度的数值是可以进行加减运算的。然而,由于原点是任意设定的,所以不能进行乘除运算。例如,5 ℃和10 ℃之间的差,可以说与15 ℃和20 ℃之间的差是相同的, 都是5 ℃。但不能说20 ℃就是比5 ℃高3倍的温度。

比例尺度的意义是绝对的,长度、重量、时间等都是比例尺度测定的范围。比例尺度测定值的差和比都是可以比较的。例如,5分钟与10分钟之间的差和10分钟与15分钟之间的差都是5分钟,10分钟是2分钟的5倍。

定量研究采用统计法,设计问卷调查,统计数据,得出百分比,描述结果。例如,研究暴力镜头对儿童犯罪行为的影响程度:时间跨度为半年,其中电视剧有多少属于暴力片？占比例多少？儿童中有多少人观看这些镜头？所占比例是多少？在这半年时间内儿童犯罪率是多少？有多少犯罪儿童是观看过这些镜头的？占比例多少？用这种方法容易把一个时期内节目编播规律和发展趋势揭示出来，这是定性研究不易做到的。①

定量研究分析的结果和精密学科中杆测所得的结果一样，它可以被再次验证。验证的结果如果与初次的相一致，就可以证明原先的结果是客观的和可靠的。但是，定量研究只能把存在于事物表面的趋势和规律揭示出来，只对物质的构成因素进行数量统计后加以说明，不考察各个因素之间在具体情况下存在着的内在联系及其特征。

二、定性研究法

所谓定性研究，是指从性质上进行研究的一种方法。通俗地讲，就是深入研究受众的看法，进一步探讨受众之所以喜欢或者比较喜欢收听、收看节目的这样或那样的原因。如果说定量研究解决"是什么"的问题，那么定性研究解决的就是"为什么"的问题。定性研究是指通过发掘问题、理解事件现象、分析人类的行为与观点以及回答提问来获取结论。

新节目策划、播出成功，除了需要概念研发、文案创作等方面的优势外，也要注重受众研究，尤其应重视对定性研究的实施和应用。通过定性研究可以获得不少宝贵的信息和灵感，再将其充分运用于策划方案的制订中。

定性研究通过分析无序信息探寻某个主题的"为什么"，而不是"怎么办"，这些信息包括会谈记录脚本和录音、电子邮件、注释、反馈表、照片以及视频等。与定量研究不同，定性研究并不仅仅依靠统计数据来得出结论，它也依赖像"人类学"等的研究方法和理论。

定性研究是在小规模、精心挑选的样本个体中进行的研究。该研究不要求具有统计意义，但是凭借研究者的经验、敏感以及有关的技术，能有效地洞察受众的行为和动机，以及这些节目的传播效果、影响。

定性研究可以深入地阐明节目的内在性质，研究其复杂、细微的特征。但是，这种方法对研究对象有一定的选择，很难避免主观性，尤其是研究大量的新闻"洪流"时比较困难。

三、内容分析法

内容分析法是对传播内容进行客观的、系统的统计调查后，予以分析和描述

---

① 参阅百度百科相关资料。

的一种方法。它以定量研究为主,兼具定性研究的某些因素。这是被广泛应用于视听调查研究的一种方法。

内容分析法的主要操作程序是:

(1)建立假设命题,确定研究范围。例如,以某电视台某一时期的新闻节目为研究对象。

(2)制定一个类别表作为考察和测量节目内容的统一标准。类别表有两项内容:一是把研究内容分成若干类,如新闻节目可以分成国内、国外、地方新闻等。二是在各类研究内容中确定若干个“分析单元”作为内容分析的最小单位,如将新闻节目分为时政新闻、社会新闻、趣闻逸事等。设计类别表时,要对这些内容作出明确的规定。

(3)类别表制好以后,从节目中摘出有关分析单元对号入座,分别计算出它们在各种类别中所占的比例、每个分析单元出现的频率数。再用百分比、对比分析、相关分析等统计手段得出结果。最后用这些结果验证假设,完成研究报告。

四、受众调查的主要术语

(1)潜在受众(Potential Audience)。指抽样地区内有接收机(电视机或收音机)的所有家庭。这一数字随人口增减和接收机普及程度而每年修正。

(2)开机率(Households-Using-Television)。指在一个特定时段内处于开机状态的户数与拥有电视机、收音机的户数的百分比。它表明某一时段内收视(听)节目的总受众数。如果潜在受众为1 000户,有500户在某一阶段处在开机状态,则开机率为50%。

(3)受众份额比率(Share-of-Audience)。指在某一特定时段收看(听)节目的户数与同时收看(听)其他节目的户数的百分比。利用这个概念可以对同一时段内所有节目的受欢迎程度作出比较,但不在同一时段播出的节目不能比较。

(4)节目收视(听)率(Program Ratings)。指收视(听)某一节目的户数与所有拥有收音机、电视机的户数之间的百分比。例如,两个节目公布的收视率都是20%,这表明全国范围内每100户有电视机的家庭中有20户都在收看这个节目。

(5)累计受众(Cumulative Audience)。指在特定时段内至少看了一次某个节目的不相重复的户数或人数。累计收视(听)率是表示在一个调查区内不相重复的受众数量相对于调查区内人口总数的百分比。它与覆盖率相关,对广告策划特别有用。

(6)集中度指数(Affinity Index)。指相对于某一基数的有关数目的百分比。它用以说明事先规定类别中人们的集中程度,主要用于考察特定受众对某一类节目的兴趣。例如,我们首先界定的种类是一星期中某地看过体育节目的男士,接着我们要确定本周内哪一个年龄组的男士对体育节目感兴趣,我们就可以通过计算集中度指数得到。例如,我们通过调查得知某地有 77.5 万男士,一周内约有 12.2 万男士看过体育节目,占百分比是 16%(基数),集中度指数定为 100%;我们又知道某地 18~24 岁的男士共有 15 万,其中有 5.4 万(占 36%)的人看过体育节目。通过计算得知 18~24 岁年龄组群(看过体育节目的)与一般组群的比例是 36%∶16%,两数相除所得的结果就成为我们观察集中情况高低的指标。其他年龄组群的指标也用这种方法计算。

第四节 受众调查及研究观念的变化

在多媒体时代,不仅广播电视节目内容发生了变化,其传播方式也因网络传播的竞争发生了巨大改变,与此同时,受众的观念和受众的工作重点也将有很大转变。

当受众被描述成非个体的、没有独立人格的、匿名的和人数众多的媒介接触群体的时候,受众被看成没有任何防御能力的靶子。事实上,受众接触媒介的反应以及"受众经验表现出个人化的、小规模的,并且融入社会生活与习惯方式之中……人们使用媒介,围绕媒介使用展开社会互动,这帮助人们将媒介置于自己的日常生活当中,就像一位亲近的朋友,而非一个与己无关的疏离之物。"[1]

今天,不会有人再将受众作为"靶子"看待了,受众已经显示出这样的特征来:他们是"基于地域和共同利益而形成的许多相互交错的社会关系网所构成的群体,'大众'媒介则以不同的方式与这些社会网络相融合"。[2] 人们已有的社会关系"引导、过滤并且诠释人们的媒介经验"。[3]

一、受众研究的主要维度

随着社会的发展,媒介的变化,新的媒介的出现,受众接触媒介的经验也会发生改变,有新的变量产生。在此背景下,研究受众的维度变得复杂起来,它包括了以下内容:[4]

① 丹尼斯·麦奎尔:《受众分析》,刘燕南等译,中国人民大学出版社 2006 年版,第 10 页。
② 丹尼斯·麦奎尔:《受众分析》,刘燕南等译,中国人民大学出版社 2006 年版,第 10 页。
③ 丹尼斯·麦奎尔:《受众分析》,刘燕南等译,中国人民大学出版社 2006 年版,第 11 页。
④ 参阅丹尼斯·麦奎尔:《受众分析》,刘燕南等译,中国人民大学出版社 2006 年版,第 181 页。

1. 受众的主动和被动程度

受众的媒介接触分主动接触和被动接触,两种接触还有程度的不同,分为一般性的接触、中度接触和深度接触。例如,喜欢观看肥皂剧的家庭主妇们,在连续观看电视剧后,很容易主动接触并且深度接触该剧的播出内容,被动的接受来自"根深蒂固的、消极的、心不在焉的媒介使用习惯"。[1]

2. 互动性、传播者与接受者的可互换程度

以电视节目播出为例,互动性已经成为节目追求收视率的一个有效手段,如字母滚动的互动信息、插入的反馈信息等。节目传播者与接受者之间角色的互换在网络媒体已经成为事实;在传统的电视节目中,观众提供的视频也已经成为最具时效和真实感的信息,穿插在节目播出过程中。类似互动电视这样的新媒体将"互动潜能很可能既'赋予权力'给接受者,同时也强化了媒介'传送者'的地位……它为发送者与接受者之间建立积极互动关系提供了新的可能"。[2]

二、受众研究的主要内容

1. 规模大小和持续时间

规模大小与持续时间长短、内容多少直接相关,观看时间持续越长,规模也就越大。另外,收视率与收听率的多少反映出一个节目的受众人数,这个数据是媒体和广告商特别重视的。

2. 受众达到的空间维度

空间有两个思考维度:一是接触者与媒介的空间距离,这是一个心理空间,也是新闻创作提及的接近性。一条关于外省的消息,对于本地人可能没有吸引力,但是,一个在异乡生活的人,对于故乡和异乡的信息都会产生兴趣。二是媒介与信息源的距离。本地媒介对于本地发生的事件最有表达权利,因为接近的原因,其可信度也会因此提升。

3. 群体特征

从受众的群体特征的多元化分析,因为受众受教育程度、职业身份、出生背景、社会经历等的不同,他们的媒介接触经验是不同的。同时,我们也看到,在全国乃至全球范围内,媒介在表达民族认同与爱国热情的同时,也在强化这种认同。在日常生活中,受众中的个体之间和价值、兴趣取向相对一致的群体之间存在着接触、理解、应用等方面的差异,但是,社会环境对受众的构成有决定性作用,受众的核心经验有共同处。广播电视等媒介通过播放节目,传播信息和社会

---

① 丹尼斯·麦奎尔:《受众分析》,刘燕南等译,中国人民大学出版社 2006 年版,第 177 页。

② 丹尼斯·麦奎尔:《受众分析》,刘燕南等译,中国人民大学出版社 2006 年版,第 178 页。

价值,日益形成具有大致相同的认知、想象、追求的观众与听众。

4. 接触媒介源的时间性

时间的重要性有三个方面:其一,广播电视媒介每天按照节目时间表的安排播放节目,节目时间表是媒介给受众的一个时间/内容承诺。其二,受众可以获得节目的时间取决于受众可以支配的时间。广播电视媒介可以做到 24 小时全天播出节目,观众和听众可以在一天之内使用这两种媒介。传统广播电视节目的播出有时间段的限制,节目播出时间段与观众和听众可以支配的时间段发生冲突,直接影响收听、收看行为。在互动广播电视的使用过程中,这个问题不存在了。其三,时间是信息传播的主要元素之一。在新闻价值中时效性的重要地位不言而喻。观众和听众很在意一条信息的发出与他得知信息之间的时间差。第一时间发出信息和第一时间获知信息成为一种满足。例如,一条台风的信息可以帮助出海的船员及时进入安全港,保住生命和财产,第一个知道(第一时间知道)这条信息也成了一种满足。久而久之,历史上的今天也成为时间要素。10 月 1 日观看现场直播国庆阅兵仪式与事后观看转播,受众的兴趣和产生的共鸣会有差别。

5. 受众的异质性

异质性是与同质化相对应的概念。虽然通过媒介传播的同类型节目越来越多,但是,节目的同质化现象不能改变受众的异质性。受众的异质性构成应从两个方面理解:外在的与内在的。外在的包括不同的政治、宗教、生活方式、文化偏好等原则,内在的是指个体性别、信仰、观点、品位、背景与能力等差异。

6. 传播者与接受者的社会关系

就大众传播媒介而言,传播者与接受者之间常常有距离,这个距离要通过某种弥合来消除,以保证传播效果的实现。"在一个开放的社会、一个竞争的市场环境中,在一系列法规、文化和习俗的制约下,一个能自我校正的媒介机制,主要是通过对媒介施压以满足受众的内容需求来维持生存。"①从传播者的角度考虑的受众,一种是可以与传播者"分享共同文化和社会空间,拥有共同的语言,以使我们(传播者——作者注)对之表达我们自己",②另一种是在传播中"无法直接观察到的其他人群,我们必须去建构他们"。

作为广播电视的受众,他们不需要花费多大力气考虑自己与媒介的关系,不用像媒介那样做受众调查。受众按照自己的兴趣爱好、理解判断,对自己方便接

---

① 丹尼斯·麦奎尔:《受众分析》,刘燕南等译,中国人民大学出版社 2006 年版,第 135 页。

② 丹尼斯·麦奎尔:《受众分析》,刘燕南等译,中国人民大学出版社 2006 年版,第 138—139 页。

触的媒介源有基本选择标准。对于把收看或者收听作为一种仪式的受众来说，看哪个频道或哪个节目更加无所谓了。受众收看或收听节目受到的影响主要来自周围的人对某个节目的评价，也包括广播电视报纸的推介。来自父母亲和老师的影响，这些人往往是基于教育的目的引导或阻止青少年的观看、收听行为。最主要的是来自个人的情感指向，这种情感指向或者叫好感度的形成，原因比较复杂，例如，对新闻主播（主持人）的信任、风格的认同都会成为好感度的一个刻度。同时，受众很容易因为对媒介的某些做法不满，对媒介产生不好的印象，甚至是反感。

如果将传播者与接受者放在媒介与社会的框架中讨论的话，可以通过媒介素养教育和媒介批评去影响媒介、监督媒介，防止他们的报道失误或者由于媒介偏见造成的对人的伤害。

7. 媒介使用环境

媒介使用环境是指使用媒介时的群己状况和场合。例如，收看电视是一个人还是与朋友、家人或其他陌生人一起，场合是在旅途、办公室、会议室、食堂、餐厅还是家中。群己状况和场合不同，媒介的传播效果也可能不同。一个人对媒介传播内容的解读会受到其他人的影响，甚至会随大流。

8. 媒介到达和媒介影响

在广播电视的受众调查中，由于受众注意力的多变和不断改变遥控器控制键，对受众的评估总是间接的，难以知晓真相。广播电视机构一般通过调研，了解观众或听众的媒介接触情况，包括频道和节目的收视（听）率、关注程度、满意和欣赏程度。使用新的信息传输技术，在统计方面越来越精确，例如互动电视、点播电视等。在实践中，传播研究者和媒介机构也研究出一套旨在反映媒介到达观众、听众的情况以及对他们产生的影响的模型，例如克劳斯模型①（见图6-1）。

图中第一层表示可能接受信息的不确定的大多数，第二层表示实际接收信息的范围、潜在受众，第三层表示实际到达频道或节目的受众，第四层和第五层表示受众的关注度、受影响程度和效果等。

9. 媒介的公信力

媒介公信力是指媒介作为负有社会责任的实体在公众中所树立的信任度和可信赖性，是媒介所具有的赢得公众信赖的职业品质与能力。影响媒介公信力评价的有 3 个基本维度，即专业主义特质、社会角色期待的中心指向、社会的感知与认同。媒介产生公信力的"土壤"之一，当为长期提供真实、全面、及时的消

---

① 丹尼斯·麦奎尔：《受众分析》，刘燕南等译，中国人民大学出版社 2006 年版，第 63 页。

```
┌─────────────────────────────────────────────────┐
│           1. 提供的信息(message offered)            │
│  ┌────────────────────────────────────────────┐  │
│  │         2. 可接受的信息(receivable message)      │  │
│  │  ┌──────────────────────────────────────┐  │  │
│  │  │       3. 接受的信息(message received)     │  │  │
│  │  │  ┌────────────────────────────────┐  │  │  │
│  │  │  │   4. 注意到的信息(message registered)│  │  │  │
│  │  │  │  ┌──────────────────────────┐  │  │  │  │
│  │  │  │  │ 5. 内化信息(message internalized)│  │  │  │
│  │  │  │  └──────────────────────────┘  │  │  │  │
│  │  │  └────────────────────────────────┘  │  │  │
│  │  └──────────────────────────────────────┘  │  │
│  └────────────────────────────────────────────┘  │
└─────────────────────────────────────────────────┘
```

图 6-1　克劳斯模型

息,培植受众获取信息的依赖心理,受众判断社会事务时主动遵从媒体的见解。[①]

三、广播电视受众调查分析的新观念

面对广播电视事业的发展,频道和节目的竞争扩大了受众的选择范围,也加剧了媒介之间的竞争。潜在受众、实际受众、目标受众,这些划分越来越细的概念说明了受众调查的新观念应运而生。虽然为数众多的潜在受众在某种程度上可以到达潜在的目标群体,但是,不能够保证每一条信息都到达目标受众。况且,众多的频道是在同一个时间播出节目,即使这些节目都是受众喜闻乐见的,他们也不可能同时收看、收听,还是要做出选择。受众规模大小的标准也随之变化。接受这些变化的同时,应该先了解发生这些变化的原因,以便及时寻找适应这些变化的策略,制订新的工作目标。

1. 关注"谁"在看(听)

广播电视频道的增设带来大量的节目,包括网络音频、视频节目的陆续出现,在同一时间内受众自然会因节目而分流,一台节目能够吸引所有受众的可能性越来越小。因此,媒介需要更加细致、更加具体地了解节目的收看(听)情况,即不仅知道多少人在看(听),而且知道什么人在看(听),从中了解节目的满意程度,只有这样才能够确定节目的真正价值。受众的视听态度、行为、兴趣和生活方式等信息不仅对于节目编排者而且对于广告客户也十分有用。

---

① 参阅张开平、苗澍、郭亚强、袁丽萍:《网民媒介公信力评价研究》,人民网,2008 年 12 月 15 日。

从媒介来看,不同的媒介有各自的特点,每档节目在每天不同的时间点上出现,适应不同的受众需要。广播适合在乘车、行走时和做家务、晨练时收听,适合做"声音旅伴"。电视是一种私人的、家居的休闲方式,是家中常住的"图像客人",因此,潜在受众可能成为一种以上媒介的实际受众。潜在受众成为实际受众的边界与地理位置有关,从国际到国内,从地区到都市,从乡村到城镇等,因此,媒体要关注的不是受众群体规模的绝对大小,而是在特定地区的信息到达密度,也就是在特定地区接触媒介信息传播的户数或个人的比例。

此外,受众会受到工作安排(节假日的变化)、所在城市一些大型活动的安排(召开奥运会、博览会等)、学校的计划和有竞争性的业余爱好(广场业余歌手擂台赛)等影响,选择不同的接触媒介的地点:有的在家里,有的在公共场所,有的在汽车中收听或收看节目。有的可以一边工作,一边听收音机或欣赏电视节目,有的人只能在工作之余进行这些活动。同时,一周内双休日与其他五天受众的日常生活安排也有区别。关注"谁"在看(听),能够了解到这种受众构成的多变性与多样性。

2. 了解受众"为什么"在收看(听)

受众收看或收听节目的习惯比较稳定,为什么看或者听的原因比较复杂。在现代管理理论中,"顾客满意"是非常流行的一种说法。为了测算受众的满意程度,许多机构投入大量的资金获取研究数据。请接受调研的受众在收看(听)节目后按一下测量仪上的按钮,表示他们对这个节目的满意程度,被认为可以获得精确的数据。但是,它不能够显示这些人对节目是否满意。如果许多节目的收视(听)率相同的话,受众满意程度的数字就具有非常重要的意义。它不仅是广播电视广告业务所必需的,也有助于了解人们为什么喜欢这样的节目。

受众的品位、偏好和兴趣的形成与社会环境、文化背景、成长过程、媒介行为有关。媒介根据一般的已经形成的分类标准,对传播内容进行分类,受众对这种分类的认可与他们接触媒介之前已经认同的分类标准吻合,另外,媒介已有的分类标准也会影响受众对类别的理解和接受。当然,这期间不排除变化的可能。

3. 从"泛"受众群转为"目标"受众群

人们由于生活不同,兴趣不同,价值观念不同,想收看或收听的节目也不同。专业电视台和电台最懂得这一点。他们往往根据受众的某一类需要设置节目,满足受众的某一类欣赏趣味,力求使受众在自己的特殊需要出现时自然地锁定专业频道,如每天播出的股市行情、路况新闻等。虽然从数量上看,此时受众人数并不多,但是,他们对节目的忠实程度却是非常高的。尤其是广播电台,因为其建设成本费用相对比电视低得多,如果政策允许的话,小型电台的问世会在较少的接受者那里获得最高的到达率,充分满足受众的多元化需求。

广播电台和电视台的受众服务重点由"泛"受众群转为"目标"受众群,需要更大规模的受众样本。因此,受众的调研经费也要增加,它也会使广告收入得到提高。

4. 预测未来的收视(听)者

从购买广播电视节目时间者的角度来看,他们的真正兴趣不是过去的收视(听)率而是未来的收视(听)率。研究表明,收视(听)行为是可以预测的。因为不论是受众还是媒介,其接收行为和播放行为都有一定的习惯性。这种习惯受相对稳定的一天作息时间的限制,受季节性变化的影响,受气候的影响,也受到媒介传播形式的影响。这些影响除了特殊方面外,也是有规律性的。如天气过冷,人们的户外活动会减少,秋风送爽时,人们会增加户外活动等。

以电视为例,"观众流"的形成过程可以作为预测未来收视率的依据。与电视观众流形成有关的问题,"其一是继承(inheritance)问题——某一节目的一部分观众向紧随其后的另一节目流动;其二是重复收视(repeat viewing)问题——同样的观众日复一日或周复一周观看同一部连续剧或系列剧的不同剧集的程度;其三是频道忠诚(loyalty)问题——观众经常收看同一频道不同节目的程度"。① 这里涉及的三个问题相对比较稳定,根据这样的分流原因,在节目编排和节目内容选择方面可以事先预计传播效果。

一般说来,受众想看电视或听广播时,并不想花很多的时间来确定看(听)什么。广播电台和电视台也知道,频繁地改换节目时间表会影响收视(听)率。由此可见,收视(听)习惯是可以预测的,并且可以设计成模式化的电脑程序。如果这种预测系统的可靠性达到较高的水平,那么推出新的节目或购买节目的时间,就可以以预测出来的收视(听)率为依据了。未来的信息社会将是一个大的竞技场,各种媒介想方设法在这个场所打出自己的牌子,占领更多的受众份额,先进的受众测量系统将使广播和电视在这场竞争中占据优势。利用最新的现代受众调研技术,以适应时代变化的需要,成为广播电视机构和调研机构一项重要的工作。

5. 利用社交媒体加强与受众的互动

社交媒体是新媒体时代重要的信息传播与交流的平台,人们可以自由地使用这个平台分享意见、见解、观点和经验。社交媒体主要包括社交网站、微博、微信、博客、论坛、播客等。社交媒体借助互联网蓬勃发展,人们不仅在这个平台上"自娱自乐"式地生产与交换生活中的热门话题,也共同讨论、转发社会重大议

---

① 丹尼斯·麦奎尔:《受众分析》,刘燕南等译,中国人民大学出版社 2006 年版,第 102 页。

题。社交媒体因此吸引传统媒体争相跟进。

关于社交媒体有两点需要强调,一是人数众多,二是自发传播。社交媒体正是基于群众基础和技术支持才得以发展,而这种"群众基础"应该是广播电视媒体需要营造的理想的受众群体。

随着微信公众号的出现,传统媒体、个人纷纷登记注册,利用微信的优势,传播信息,分享资源。广播电视频道或栏目也有诸多微信公众号,传播频道的内容,包括节目预告、正文、花絮和一些背景资料等,与网民的互动更加及时与频繁。

利用微信公众号开拓传播领域,可以在竞争中利用自身的优势,形成良好的线上线下互动。在《微信公众号"央视新闻"和"人民日报"对比分析》一文中,作者选取了 2015 年 11 月 9 日—12 月 8 日共计 30 天的内容做样本,统计其阅读量、点赞数等 15 种公开数据。通过数据的分析,总结出视频如何发挥优势:"第一要精选,在题材上适当压缩时政新闻的比例,增加具有新闻现场感的社会新闻比例,提供大家既能看得懂又感兴趣的视频。第二要精编,大幅提高视频的品质,压缩视频长度,一般视频的'标配'长度在 30 秒左右,不宜超过 1 分钟。视频不能按时间顺序平铺直叙地'原生态'呈现,而是需要编辑进行再加工和深加工,通过字幕、慢放等特技精编展现最精彩的画面、最具视觉冲击力的镜头……在拍摄视频时要特别注意特写和细节,注意远景、中景尤其是近景的变换和运用。第四要精排,有些视频没有必要单期推送,可以分布或穿插到全天不同系列的新闻之中。"①

思考与练习

1. 受众调查的意义是什么?

2. 受众构成一般有哪些类别? 依据是什么?

3. 受众使用与满足理论的基本取向是什么?

4. 从功能分析的角度看,媒介主要满足受众的哪些需求?

5. 常用的受众调查方法是什么?

6. 定性研究和定量研究的主要区别是什么?

7. 受众研究的主要内容是什么?

8. 如何利用社交媒体加强与受众的互动?

---

① 李骏、李光宗:《微信公众号"央视新闻"和"人民日报"对比分析》,《电视研究》,2016 年第 4 期。

第七章　广播电视新闻的基本内涵

在人类传播的历史上,印刷术的发明与应用,引发了1609年以报纸为代表的大众传播的第一次革命。三百余年后的20世纪20年代广播问世和1936年电视开播,广播电视传媒技术的发明与应用,成为大众传播第二次革命的重要标志。我们在研究大众传播与社会的互动关系时,用"革命"这一词语来描述某一媒介出现的意义并不过分。这是因为,"媒介一经出现,就参与了一切意义重大的社会变革——智力革命、政治革命、工业革命和道德观念的革命。由于传播是根本的社会过程,信息状况的重大变化,传播的重大牵连,总是伴随着任何一次重大社会变革的"①。时至今日,广播电视已经成为当代大众传播媒介中十分活跃的种类,无论从物质技术角度考察,还是从意识形态领域观照,广播电视新闻传播的总体水平,都十分生动地标志着一个国家(地区)的发达与开放程度。了解广播电视新闻的传播概念、功能和媒介特性,是社会公众及从业人员认识广播电视新闻的第一步。

第一节　广播电视新闻的定义

一、新闻的定义与广播电视新闻的定义

掌握广播电视新闻的定义,首先要对新闻的概念有一个认识,因为广播、电视虽然有着各自不同的传播手段和表现形式,却有着共同的新闻属性。

我国学界、业界关于新闻的定义很多,但大都受徐宝璜(1894—1930)、陆定一(1906—1996)、范长江(1909—1970)等新闻行业前辈研究成果的影响,我们在定义广播电视新闻之前,先回顾一下他们的经典定义。

1. 徐宝璜的定义

对于何谓"新闻",徐宝璜认为,"新闻者,乃多数阅者所注意之最近事实

---

① 【美】威尔伯·施拉姆、威廉·波特:《传播学概论》,新华出版社1984年版,第19页。

也"①,对此他解释道:"新闻须为事实,此理极明,无待解释,……苟非事实,即非新闻。若登载之,是为假冒"②。至于"最近"和"阅者"两个要素,则是用来解决何种事实可被报道登载而成为新闻,说明"新闻固需为事实,但不必事事皆新闻"③的基本道理。据此,徐宝璜的"新闻者乃多数阅者所注意之最近事实也",就有了双重含义:在显性层面,它是一个操作标准,意在说明什么是新闻及如何选择,解决不必事事皆新闻的问题;在隐性层面,它是一个哲学命题,即事实是一个客观存在物,它可以被人注意从而被选择,但不可被办报之主者——编辑、记者更改、制造或歪曲,否则就不是事实,也就不是新闻。④

2. 陆定一的定义

陆定一则从新闻的本源论述"新闻事实",认为"新闻的定义,就是新近发生的事实的报道"。"报道"的介入,就把新闻纳入到生产和传播的动态过程,此论述比徐宝璜的定义显然更接近新闻生产和传播的实际。陆定一以辩证唯物主义的反映论为基础,一方面认为事实是新闻的来源,没有事实就没有新闻;另一方面认为新闻不只是事实,而是事实的报道或反映,他的《我们对于新闻学的基本观点》正是按照这样的思路来说明"新闻本源"即回答为何要尊重事实,以及"新闻如何能真实"即如何尊重事实这两个在新闻报道中面临的问题。陆定一所谓的事实报道也就不只是事实存在与否的判断,更不是徐宝璜所谓的事实和意见的分离,而是包含了事实选择、报道动机、目的,以及事实的分析、评判等价值范畴的内容;更重要的是陆定一在对新闻定义的阐释中分析了事实与新闻的关系:"事实是第一性的,新闻是第二性的,事实在先,新闻在后。"⑤

由此可见,徐、陆二人的最大不同,在于徐宝璜的定义建立在经验直观基础上,犹如20世纪20年代前的美国报人一样,相信事实不是对世界的陈述而就是世界本身,几乎没人怀疑外界真实存在的可靠性;陆定一定义的重心是"报道",主要解决在"新近发生的事实的报道"中,究竟是"依照事物的本来面目去解释它,而不做任何曲解和增减",还是反之⑥。

3. 范长江的定义

范长江对新闻的定义是"新闻是广大群众欲知、应知而未知的重要事实"。

---

① 徐宝璜:《新闻学》,中国人民大学出版社1994年版,第6页。
② 徐宝璜:《新闻学》,中国人民大学出版社1994年版。10—12页
③ 徐宝璜:《新闻学》,中国人民大学出版社1994年版,第12页。
④ 参见黄旦:《中国新闻传播的历史建构——对三个新闻定义的解读》,《新闻与传播研究》2003年第1期,第25—26页。
⑤ 陆定一:《我们对于新闻学的基本观点》,载《陆定一新闻文选》,新华出版社1987年版,第2—11页。
⑥ M. Schudson (1978): *Discovering the News*, New York: Basic Books, Inc.p.6.

"欲知"是指群众所关心的事物,这是从群众出发;"应知"则是从领导的角度考虑,群众应该知道的事物;"未知"是指记者还要考虑受众未知的方面和程度①。徐宝璜是以"事实"为中心,而范长江则是以"群众"为重心,前者重客观,后者重主观。与陆定一异曲同工,范长江也重视对待事物的情态问题,面对新问题,范长江进而思考:如何反映和报道新的社会现实,如何看待报纸功能和任务的变化,试图通过经验的总结,找出一条能解决上述问题的方法,用他的话说:"一张报纸、一个记者,其基础在群众,前途也在群众。"②

4. 广播新闻与电视新闻的定义

以上三位前辈各自生长在广播电视产生、发展和成熟的年代,他们定义新闻的内涵及外延时,避开了媒介本身而将着眼点放在"事实"与"受众"关系上,与当代一些文论、书籍中表述详尽到近乎累赘的新闻定义相比,三位前辈的定义简练清晰,便于理解,也便于操作,显现出跨时代的经典性。

鉴于上,我们对广播电视新闻作如下定义:

广播新闻是运用广播媒介对受众欲知而未知的新近事实的适时报道;

电视新闻是运用电视媒介对受众欲知而未知的新近事实的适时报道。

二、广播电视新闻定义的说明

本书所定义的广播电视新闻,定义核心参照徐宝璜、陆定一、范长江的定义要点,相关内容说明如下:

广播新闻和电视新闻承载的媒介不尽相同,定义中凸显"广播媒介"和"电视媒介"旨在提醒从业者要区隔二者的不同特性,要注意阅听要求的差异,关于广播电视媒介的传播特性,本书相关章节将会单独解说,此处不再赘述。

定义说明的要件有四:一是与新闻事实本体有关的"发生",二是与新闻时间有关的"适时",三是新闻传播的"报道",四是警惕媒介"假事件"。

1. 新闻事实的"发生"

徐、陆、范三位的新闻定义中不约而同强调了新闻与事实的逻辑关系,即事实在先,新闻在后:徐宝璜强调新闻是"最近事实",陆定一强调新闻是"新近发生的事实",范长江强调新闻是"重要事实"。前两位的定义中都涉及事实发生的时间,徐宝璜的"最近事实"言简意赅,别无歧义;陆定一的"新近发生的事实"的歧义生于"发生",发生的本义是指"前所未有的事情的出现",事实上很多

---

① 范长江:《记者工作随想》,载范长江:《通讯与论文》,新闻出版社 1981 年版,第 314—321 页。

② 范长江:《记者工作随想》,载范长江:《通讯与论文》,新闻出版社 1981 年版,第 314—321 页。

新闻事件不是源于"发生"而是源于"发现",诸如历史遗迹、人迹罕至的风景名胜早已有之,只是进入记者视野被"发现"而成为新闻,故本书的定义中没有援用诸多新闻定义中惯用的"发生"。

2. 新闻传播的"适时"

我们在定义中提出的"适时",表述的是两个时态:一是"新近变动的事实"的时态,这是指"已发生的",是"过去时态";二是"正在发生的事实"的时态,这是指"正在发生的",是"现在进行时态"。适时,是新闻的时效性的简约表述。具体说,时效性包括时间性、时新性和时宜性三个方面。新闻的时间性,是指从新闻根据成立到新闻发布之间,所耗时间的多少;新闻的时新性,是指如何在新闻根据时限内实现新闻本体所规定的对新闻质的要求,以赢得更多的受众;新闻的时宜性,是指新闻发布的最佳时机。辩证地处理好这三者的关系,科学地把握新闻的时效性,有益于广播电视媒体充分发挥迅速、灵活的传播特性,使新闻取得最佳的社会效果。

3. 新闻传播的"报道"

定义中的"报道",是广播电视新闻得以成立的必不可少的环节。有了值得报道的事实,并不等于有了新闻。人迹罕至处,即便有再大的自然变化,由于无法获知和传播,也成不了新闻;属于保密范围的事,新闻性再强,报道价值再大,由于大多数人无法知晓,也成不了新闻。定义中的"报道"强调的是公开性,这是"某些"事实能否成为新闻的重要依据。

4. 警惕媒介"假事件"

媒介"假事件"是指媒体为了某种利益的需求(政治利益或经济利益)颠倒了"先有事件后有报道"的铁律,制造假新闻。假事件(pseudo-event)一词由美国历史学家丹尼尔·布尔斯廷在其著作 *The Images: A Guide to Pseudo-Events in America* 中提出。他将假事件界定为经过设计而刻意制造出来的新闻,并指出了假事件具有人为策划、适合传媒报道等特征[1]。布尔斯廷提出的假事件与公关界的"新闻策划"(这里的新闻策划与新闻传播界讨论的同名概念有本质区别)内涵一致。公关界所谓的"制造新闻"系指:"专业公共关系人员经过精心策划,有意识地安排某些具有新闻价值的事件在某个选定的时间内发生,由此制造出适于传播媒介报道的新闻事件"[2]。对于广播电视新闻而言,媒介"假事件"

---

① Daniel Boorstin.(1985): *The Images: A Guide to Pseudo-Events in America*, New York: Atheneum, pp. 11-12.

② 陈力丹、周俊:《试论"传媒假事件"》,《北京大学学报(哲学社会科学版)》2006 年第 6 期,第 122 页。

不仅能够低成本批量生产"独家新闻",并且与事件的发生同步记录现场画面也成为举手之劳。一般情况下,记者恰好目击新闻的几率是非常小的,新闻的消息来源与报道者不会重合。而媒介"假事件"的特点表现为媒体就是该事件的消息来源,媒体兼具消息来源和报道者的双重角色。然而,消息来源与报道者的分离应该是新闻传播活动的常态,这种重合是媒体的角色错位。

对于传媒自身而言,或因纪实观念丧失,或因利益驱使,一些广播电视机构、栏目出卖了自己的媒介求实本性,成为媒介"假事件"的强力推手。有些"新闻"都是由电视台建构某种事实后进行的报道,而不像新闻策划只是宏观分析时局后任由记者在采访过程中发现新闻、安排采访报道,忠实地表现客观事实。所有媒介"假事件"都是在冠冕堂皇的旗帜之下,宣传自己,树立品牌,争取收视(听)率的手段,这实质上是市场逻辑对广播电视新闻纪实伦理的本质侵蚀,亦是对广播电视新闻传播基本要求的否定。

"先有事实,后有报道"是所有媒体新闻报道必须恪守的铁律,警惕媒介"假事件"的发生是从业人员应该具备的基本素养。

第二节　广播电视新闻的传播特性

广播电视新闻的传播特性是指广播电视在进行新闻传播过程中所显现出的特有的性能。它与报纸新闻、通讯社新闻等其他类别的新闻有着本质的区别。

一、广播新闻的传播特性

1. 传播的快捷性

广播新闻传播的快捷性取决于简单的制作程序,比电视的制作过程简单得多。广播不同于电视,不需要庞大的直播设备、遥控设备,只需现场的音响发射装置即可。广播记者或听众都可以利用手机向电台报道眼前正在发生的事件。二是广播播出手续简单,播音员或记者只要有一篇广播稿即可,不同于电视,需要对自身形象、演播室和现场各个环节进行调节。这两个方面构成了广播传播快捷性的基础。这种快捷性还反映在受众对新闻的接受上,接受的快捷无疑使新闻产生了真正意义上的传播时效。广播新闻用电波传输,在导线通达或电波覆盖的范围内,只要有接收工具就可以接收到广播信号。收音机、半导体的便利性也使得这种接收的快捷成为可能。通过表 7-1 不难看出广播传播快捷性的优势。

在表 7-1 中,"公共广播节目套数""广播新闻资讯类节目时间"都不如"公共电视节目套数""电视新闻资讯类节目时间",但"全年制作新闻资讯类广播节目时间"却比"全年制作新闻资讯类电视节目时间"多出近44万小时,这就表明电视新闻的重播量大,而广播新闻的更新量及其更新速度都快于电视新闻。

值得一提的是,在电视传播备受青睐的今天,广播传播在前十几年的些微衰弱中重新崛起,其崛起的重要依托是汽车交通广播网以及遍及全国高校的校园广播网,这两大广播网拥有数以千万计的听众,是快捷传递各类新闻信息的重要平台。

表7-1　2008年全国广播电视节目制作、播出情况统计①

序号	项目内容	统计单位(套数或小时)	数量
01	公共广播节目套数	套	2 436
02	公共电视节目套数	套	3 199
03	广播新闻资讯类节目时间	小时	1 116 588
04	电视新闻资讯类节目时间	小时	1 813 994
05	全年制作新闻资讯类广播节目时间	小时	1 116 588
06	全年制作新闻资讯类电视节目时间	小时	678 820

2. 内容的简洁性

广播传播以抽象的音响语言为主,为保证声声入耳,为了有利于听众对新闻内容的理解,加强对信息的记忆,广播新闻的内容一般都短小精悍。广播的短消息一般都在1分钟左右,约220字。15分钟的新闻节目中,一般播出20条左右的新闻稿;30分钟的新闻节目中,一般播出40条左右的新闻稿。

针对声音稍纵即逝的特点,信息集中、要点突出、导语明确是广播新闻简洁特性之所在。

3. 传递通道的单一性

声音是广播唯一能够使用的传播符号,广播记者在进行新闻采集和制作的过程中必须把所有的具象和抽象符号都转化成声音符号传送出去,才能达到传播的目的。这种单一声音通道的传播方式虽然相对于电视的边听边看双通道传播有着记忆上的劣势,但是也有自身独特的传播优势。

与电视新闻的传播特性相比,广播新闻的内容都是通过声音语言这唯一的符号承载的,不会产生传播因素间的矛盾,更不会因为多余信息而干扰了受众的思维。抽象语言是一种针对性较强的传播符号,它表情达意准确,不容易产生理

---

① 表格数据来源于国家广电总局网站《2008年广播电视宣传情况》信息统计。

解上的偏差,这种传播过程的单一性有益于广播信息的准确传播。

二、电视新闻的传播特性

1. 新闻现场的证实性

所谓新闻现场的证实性,是指电视画面所传达的新闻现场的视觉因素,证明新闻内容确实无误所产生的心理认同效应。"百闻不如一见""耳听为虚、眼见为实",这些古老格言说明了人们在获取信息过程中对信息现场的信赖。现场的证实性是电视新闻凭其独有的画面直觉性所产生的特性。尽管报纸有"视觉新闻"、广播有现场录音,但二者都须经过感觉转换才能传达给受众,与电视相比,报纸、广播这种二传式的"视觉内容"都黯然失色。

用于"看"的电视画面,它的直觉优势就在于不通过具象与抽象的感觉转换,就能真切证明新闻本源的实有状况。诚如传播学家施拉姆所述:"非语言的符号……携带的信息常常不需要任何语言来表达,一幅画就是一种完整的传播。"①电视新闻通过对事物的直接视觉特征的记录,可以传达色彩、明暗、形状特征、空间深度等直接的视觉信息;通过视觉的统觉(对当前事物的心理活动同已有知识经验相联系、相融合,从而更明显地理解事物意义的现象)作用,还可以传递质感(硬度、柔度、湿度)、量感、力感、运动感及听觉、味觉和触觉等信息。通过对上述若干信息的综合传播,为人们对某一事物的分析、判断提供最直接的依据,这便是现场的证实性的心理感知基础。

新闻现场的证实性,在突发性事件和大型群体活动的报道中易于得到最佳体现。空难、地震、火灾、洪水、车祸等都有其特定的新闻空间,空间里人物的悲喜哀乐,事物发展的节奏,都有其特定的变化轨迹(过程),绝不以记者的意志为转移,更不可能介入人为加工和导演摆布。这类新闻的证实价值又以"现场直播"形式体现得最为充分。现场直播,保证了新闻本体的"时间、空间、事件发展"的高度统一,这种"三位一体"式的传播,反映的是"本体"的全部,难以掺杂以点代面、以偏概全等虚假成分。诸如专业记者报道的《美国航天飞机"挑战者"号升空爆炸》(1986年)、《大兴安岭森林火灾》(1987年)和旅游者提供的《汶川地震的第一瞬间》(2008年)等电视新闻作品就是体现这一特征的代表作。

2. 新闻传播的及时性

传播的及时性,是针对新闻的传播视听时效而言,是建立在"眼见为实""先睹为快"的心理基础上。从"信源"(新闻发生)至"信宿"(受众)之间,视听信

---

① 　[美]威尔伯·施拉姆、威廉·波特:《传播学概论》,新华出版社1984年版,第77页。

息传递所耗费的时间愈短,时效愈快;反之则慢。在传播过程中,时效,是新闻的第二生命。广播的物理传播速度虽然与电视的物理传播速度相当,但广播单一的"听",无法传递新闻现场的物质图像(虽然它可以通过语言与实况声音描述现场),无法满足受众视听合一的要求,"新闻传播的及时性"无疑便成为电视新闻的特性。

在当代,新闻必须以"图文并茂"的形式、"先声夺人"的传播速度方能满足人们求新求快的需求。电视作为"看"的媒介,观众除了看"图",还可看"字",乃至接受更多的传播符号,如手语等。符号内容的丰富,使电视新闻在争抢时效的竞赛中占据绝对优势。广播向受众播发信息时仅有一个声音通道,它要进行"非常性"传播,就必须中断"正常性"传播。电视的"非常性"传播的内容可由叠加的屏幕文字播放,不必中断"正常性"传播。

3. 新闻内容的易受性

新闻传播以受众为"目的地",而传播的效果如何与新闻内容的易受性直接相关。这里讨论的易受性,是指受众接收信息时的费力程度——传播学者施拉姆称"费力程度"为受众接收信息时必须付出的代价(如时间支出、精力消耗)的大小。

电视新闻运用图像、播音、音响、文字等声画符号,信息载体丰富,为内容的传播架设了一座通往受众的"立交桥",具有良好的易受性。传播学研究指出:阅读文字能记住 10%,收听语言能记住 20%,观看图画能记住 30%,边听边看能记住 50%。电视新闻传播的易受性主要体现在看(画面)、听(播音、现场录音)、读(文字)多通道同时感知的综合效应中。因为是多通道输入同一个信息,各单个通道信息负荷量相对减轻,受众心态处于放松情境,使信息量输入最大。这是传播符号综合效应带来的易受性。

从记忆的角度讲,看图画能记住感知内容的 30%;从整体感知来说,人所感知的信息有 60% 以上来自形体(图像)对于视觉的刺激。"观看,就意味着捕捉眼前事物的某几个最突出的特征,如天空的蔚蓝色、书本的长方形形状、金属的光泽等等。仅仅是少数几个突出的特征,就能够决定对一个知觉对象的认识,并能够创造出一个完整的式样"[①]。实践经验证明,"任何一个人的眼力,都能以一种朴素的方式展示出艺术家所具有的那种令人羡慕的能力,这就是那种通过组织的方式创造出能够有效地解释经验的图式能力。因此,眼力也就是悟解能力"[②]。电视新闻凭借图像的形象特征,可以将事件的现场气氛、人物的感情态

①　[美]阿恩海姆:《视觉心理学》,中国社会科学出版社,第 49 页。
②　[美]阿恩海姆:《艺术与视知觉》,中国社会科学出版社 1984 年版,第 56 页。

度生动地传递给观众,让观众从"看"的过程中"创造出一个完整的式样"来,这是图像优势带来的传播易受性。

4. 新闻画面情节的不完整性

所谓电视新闻画面情节的不完整性,是指画面在新闻节目里呈不连贯状态,一般不具备叙述事件变化和经过的能力。众所周知,在情节性影视节目中,即便是没有任何声音,画面也能够向人们讲述事件的变化和经过,画面表述情节的功能在早期的电影"默片"中已得到最好的证明。可以这样说,情节性的影视片,基本上都是以画面为主要语言构成叙述主线再辅之以声音的。制片人按照预定的情节思路,将一个个镜头合乎逻辑地组织起来,使之产生连贯、对比、联想的叙述作用,通过"蒙太奇"手法讲述一个完整的"故事"。

电视新闻则不然。电视新闻一般是以播音或现场语言这条主线承担表述"情节"(新闻事件的变化和经过)这一任务的。国内外绝大多数电视新闻,即使关闭画面,只听声音,也可以得到一条完整的新闻,这就是"声音主线"的作用。此外,"新闻时间因素"是形成这一特征的另一重要因素。单条电视新闻的时间长度一般只有 90 秒左右,在这么短的时间里,口播语言可以传播一条"五W 一 H"俱全的新闻,而电视画面却出不了几个镜头,形成不了完整的情节叙述,无法胜任对事件的完整传播。

基于声音的叙述主线作用,电视新闻画面没有情节性影视节目的画面所承担的"叙述"任务,无须受情节性影视节目镜头组合的逻辑规范,也不需要构建画面与画面的承继关系。作为"看"的电视新闻的画面,任务是体现"照相本性",以准确的画面内容证实新闻事件中涉及的人、物体、地域等新闻要素的可信性,最大限度地消除信息中的"不确定性",以满足受众"百闻不如一见"的心理欲求。上述这种特殊的"声画关系",是"画面情节的不完整性"这一特性形成的重要因素。

第三节　广播电视新闻的传播功能

广播电视新闻是广播电视节目的灵魂,世界各国无不以新闻节目作为重中之重,在我国一向以"新闻立台"的观念来建设从中央到地方的主流台(网),力求充分弘扬广播电视新闻的传播价值。在我国,广播电视新闻的传播功能主要体现在"播报新闻、传达政令;沟通舆论、影响舆论;交流信息、推动社会;传播知识、活跃生活"四方面。它们是工具特性的显现。

工具特性,是相当稳定的一种自然现象。这种工具特性和一定的传播内容(由所在国家政治诉求而决定的内容)结合以后,就显示出了它的社会属性——

新闻的性质。这种性质明确规定了广播电视新闻传播的内容是有思想与政治目的的,表现出为一定阶级、阶层、政党或国家的政治和经济服务的理念。因此,广播电视新闻的本质属性是阶级舆论工具。这个本质属性决定了它的根本任务是为国家的中心工作服务,这一基本属性适用于世界任何国家,新闻自由的尺度完全受制于这一基本属性的控制。

在我们国家,"广播电视是教育、鼓舞全党、全军和全国各族人民建设社会主义物质文明和精神文明最强大的现代化工具,也是党和政府联系群众的最有效的工具之一"(中共中央书记处 1983 年 10 月《通知》),广播电视新闻是党、政府和人民的喉舌。广播电视新闻的这一社会属性(基本性质)和它的工具特性——传播功能,总是血肉般交织在一起,这是在研究广播电视新闻的传播功能时必须注意的。

一、播报新闻,传达政令

人类的生活、生产、生存需要各种信息:需要知道国内环境是否团结安定,国际环境是否和平安全;需要知道执政党和政府的方针、政策有些什么调整和变动;需要知道自己国家有什么成就和可供借鉴的经验教训;需要知道生产、交换、分配和消费领域的变动信息;需要知道衣、食、住、行和娱乐等各种变化的情况,等等。广播电视新闻以其传播速度快、传播范围广、传播效果好的优势,可以满足人们获取信息、了解情况的需要,帮助人们提高认识世界和改造世界的能力。目前,广播电视新闻已成为人们了解国内外大事的主要信息来源。

表 7-2　近 16 年我国广播、电视综合人口覆盖率情况

年度	广播综合人口覆盖率	电视综合人口覆盖率
2000 年	92.47%	93.65%
2001 年	92.92%	94.18%
2002 年	93.34%	94.61%
2003 年	93.72%	94.94%
2004 年	94.05%	95.29%
2005 年	94.48%	95.81%
2015 年	98.17%	98.77%

在我国,新闻节目是广播电视的主体内容,国家新闻出版广电总局网站 2016 年 8 月披露:截至 2015 年底,全国广播综合人口覆盖率为 98.17%,电视综

合人口覆盖率为 98.77%（见表 7-2）。权威数据表明,在我国,广播电视新闻充分发挥了党、政府和人民的喉舌作用,成为党和政府联系群众的"桥梁",其播报新闻、传达政令的作用已经引起了社会各界的重视。

广播电视新闻通过播报新闻的方式达到传达政令的目的,充分体现出其工具特性,这一特性一旦偏移或改变,媒介掌控者都会以各种方式使之回归原点,比较极端方式是通过惩处当事人来警示后人。请看两个分别涉及英国和美国政局利益的惩处案例。

案例一:英国当局迫使 BBC 总裁和 BBC 理事会主席辞职

2003 年 7 月,BBC Radio 4 的一个新闻节目引述了一名政府官员的话,称布莱尔政府在"萨达姆拥有大规模杀伤性武器"问题上"加油添醋",而没有按照情报机构所提供的情报准确向公众报告以获得公众对参与美伊战争的支持。报道这一新闻的 BBC 著名记者安德鲁·吉利根(Andrew Gilligan)后来在一篇文章中称,贝理雅政府的新闻官阿斯戴尔·坎贝尔(Alistair Campbell)是夸大情报的幕后黑手。英国政府完全否认该项指控,英国议会决定任命独立检察官对事件进行调查。事件导致 BBC 与英国政府的关系恶化。在原先怀疑是 BBC 情报来源的英国国防部专家戴维·凯利博士自杀后,事件继续恶化,BBC 和英国政府都被指责应对凯利之死负责。在独立检察官最后发表的《赫顿报告》中,吉利根和 BBC 高层都被指责对新闻处理不当。事件导致吉利根本人、BBC 总裁和 BBC 理事会主席辞职。①

案例二:美国当局撤除"美国之音"代理台长的职务

一贯标榜"新闻自由"的美国,在 9·11 事件以后便加大了对媒体的查处力度。"美国之音"由于播放布什讲话的同时,"平衡"播放了基地组织头目的讲话,迅即导致"美国之音"代理台长被撤职。因为在美国当政者看来,"美国之音"为基地组织头目"张目"的编辑行为已经危及美国国家安全和社会秩序,此刻美国的国家利益已经无法容忍"美国之音"的自由"平衡"采编行为。从"美国之音"代理台长的遭遇中我们应该明白一个道理:在有国家权利存在的当今社会,"新闻自由"永远是相对的,关键时刻"新闻没有自由"是绝对的,这是保障当代社会良性运行的铁律。

二、沟通监督,引导舆论

所谓舆论,是社会中相当数量的人对一个特定话题所表达的个人观点、态度和信念的集合体。舆论实践对于各行各业的人都具有不可低估的意义,大多数

---

① 　资料来源:维基百科-自由的百科全书,"英国广播公司"条目。

人都按照一定舆论方向思考、说话、行动。人们在舆论中生活,在舆论的影响下确立自身的行动方位,维护自己的声誉和利益,抵消不利于自己的言论的影响。作为新闻传播中佼佼者的广播电视新闻,它所具备的深远的传播力量,无疑最能发挥沟通舆论、影响舆论的作用。

广播电视新闻的舆论影响力量,在电视事业发达的国家和地区得到了充分运用。美国哥伦比亚广播公司 1968 年 9 月开播的电视新闻杂志栏目《60分钟》可谓是西方电视新闻舆论力量的突出范例。《60 分钟》前任报道员华尔特·克朗凯特到越南战场采访,回国后提出了美国必须从越南撤军的建议,当时美国总统约翰逊看了这个节目后说:"《60 分钟》提出了从越南撤军的建议,我要认真考虑,否则就得不到人民的支持。"不久,约翰逊就下令从越南撤出美国军队。当然,美军撤出越南的因素是多方面的,但《60 分钟》所形成的舆论压力也是显而易见的。

在我国,广播电视新闻在反映人民呼声的同时,也影响(引导)舆论,使传播的内容符合党和政府的决策意图,将社会舆论引向有利于传播者利益(党、政府和人民的利益)的方向。中央人民广播电台 2015 年 8 月 12 日,以题为《安全生产形势严峻,重大事故教训深刻》的消息加述评,报道了"天津滨海新区瑞海公司所属危险品仓库发生爆炸,造成 173 人遇难"特大事故,并呼吁"安全生产形势严峻",在全国上下形成了强烈的监督舆论。广播电视新闻对于舆论的反映不是消极被动的,而是从传播者利益的立场出发洞察舆情、审时度势,主动倡导和影响舆论的。获得第十七届中国新闻一等奖的广播评论《决不许亵渎英雄,歪曲历史》就是引导社会舆论的好新闻。

决不许亵渎英雄,歪曲历史

[录音 1]潘冬子:我爸说,民族唱法容易上春节晚会,我们唱民族唱法吧,听说刀郎一场演唱会能赚 100 万,那该多少钱啊?

春芽子:好,民族就民族,我们一起走穴,那能赚多少钱啊?

潘冬子:对,去年超女那么火,今年也轮到我们了!

听众朋友,正在播放的是从网络上下载的恶搞红色经典短片《闪闪红星之潘冬子参赛记》片断。短片中,小英雄潘冬子变成了整日做梦挣大钱的少年,其母亲一心想参加《非常 6+1》,只因为梦中情人是主持人李咏。近来,恶搞红色经典、恶搞英雄、恶搞历史成为一种时髦。一时间,"雷锋是因为帮人太多累死的""黄继光是摔倒了才堵枪眼的""董存瑞是因为被炸药包上的双面胶粘住了""狼牙山五壮士跳崖是假的""岳飞、文天祥不能算是民族英雄"等说法甚嚣尘上。搜索网络上所谓的"人品计算器",雷锋的人品只有 2 分,岳飞的人品不如秦桧。更有甚者,有人要捕风捉影拍摄电影《雷锋的初恋女友》,《大众电影》竟刊登文章称没有人看见董存瑞托起炸药包的情景,董存瑞的英雄事迹是根据一些蛛丝马迹推测出来的。

　　恶搞,作为一种新的娱乐形式,本也无可厚非,然而任何娱乐都不能歪曲事实,都必须坚守道德和法律的底线。高尚的娱乐应该给人以健康向上的精神愉悦。如今流行的对红色经典、英雄人物、人文历史的戏说、恶搞,以颠覆历史、丑化英雄为乐事,是对民族精神的亵渎。

　　74岁的虞仁昌老人是雷锋生前所在连的连长,说起电影《雷锋的初恋女友》,老人十分气愤。[录音2]"雷锋没有谈恋爱,不要说雷锋,像我这个27岁当连长的,看到女同志都脸红,都没谈过恋爱,这个事没有的。"所幸的是,该电影即将拍摄的消息一经公布,就遭到了雷锋生前17位战友的投诉抵制,严肃要求"导演要尊重真正的历史",坚决反对"娱乐式游戏地对待雷锋",该电影也被国家广电总局及时叫停。

　　原董存瑞生前所在师副政委程抟久,当年是师政治部宣传干事。在攻打隆化的战斗中,他正好在董存瑞所在的六连。程抟久回忆道:[录音3]"对董存瑞这个连攻打隆化中学东北角的全部情况,我都知道,我看他用一只手托起炸药包,把导火线拉了冲着我们喊'连长,冲啊!'""我都愣了,连长喊了一声:'董存瑞',这一声喊得撕心裂肺啊!"程老忍不住要质问那些恶搞的人,[录音4]"你们享受着这几十年的和平时代,享受着这么美好的生活,这是哪来的? 你们现在享受的是以前他们牺牲的成果,你们好意思这么享受他们牺牲的成果吗? 你们良心哪儿去了?"

　　屈原、岳飞、文天祥,承载着中华民族的民族精神,当代红色英雄是我们今天过上幸福生活的功臣,他们都是中华民族的脊梁,是中华民族最宝贵的精神财富。

　　何祚麻院士认为,那些恶搞英雄和历史的人,[录音5]"对我们老祖宗当时的奋斗了解得太少了,……他们享受着现成的比较富裕的生活,但是没有去认真想一想这个富裕生活是怎么到来的,……自己需要承担什么责任,怎么去做一个现代的人。"他更直斥这种恶搞行为:[录音6]"等于是亵渎自己的祖宗啊,亵渎自己的先辈啊!"

　　是的,对于先人的奋斗,对于英雄,对于历史,我们应该常怀敬仰、感恩之心。

　　沈阳军区《前进影视报》前主编刘国彬大校花了大量的心血,考证了董存瑞英雄事迹,维护了英雄的尊严。他对记者说:[录音7]"任何一个民族,都是有道德底线的,真善美,假丑恶历来是泾渭分明的。""圣女贞德是法兰西民族的英雄形象,对她调侃就被视为违反道德的极端行为;在印度,圣雄甘地是一个民族英雄,老百姓对他指手画脚是犯法的;在美国,黑人领袖马丁·路德·金是反种族压迫的无畏战士,对他有不恭敬的言辞,也会受到美国民众的痛斥。我们自己的民族英雄,我们自己一个个把他们全都颠覆了,全都摧毁了、全都歪曲了、全都否定了,这是民族的悲哀。"

郁达夫先生在悼念鲁迅的时候说:"没有伟大的人物出现的民族,是世界上最可怜的生物之群;有了伟大的人物,而不知拥护、爱戴、崇仰的国家,是没有希望的奴隶之邦。"

联合国前副秘书长斯特朗提醒我们:"西方的文化有很强的物质主义倾向,在中国变得富有、追求物质的时候,千万不要丢失了自己的灵魂。"

一个伟大的、优秀的、生机勃发的民族,一个正在崛起的大国,不能没有自己的英雄,不能不敬仰自己的英雄。老连长虞仁昌说得好:[录音8]"人民需要雷锋,时代需要雷锋,改革开放更需要雷锋。"我们应该理直气壮地宣传雷锋、董存瑞这样的英雄,大张旗鼓地宣传社会主义核心价值体系,坚守民族的精神高地,用道德和法律的规范,来坚决制止对红色经典、对英雄和历史的亵渎和歪曲,还历史以真实的面貌,让英雄的浩气长存!

作者 浙江广电集团 张勤 王新玲 陈建海 范少俊

《决不许亵渎英雄,歪曲历史》从无视尊严、无视历史的恶搞红色经典、恶搞英雄、恶搞历史成为社会上的一种时髦现象入手,对颠覆历史、丑化英雄的行为展开了有理有据的批判,当事人的战友、后代现身批驳恶搞者对历史、对英雄、对民族精神的亵渎,有力地弘扬了英雄精神和社会主义核心价值体系,取得了阻抑恶搞、引导正确舆论的宣传效果。

值得一提的是,准确的、有代表性的批评性新闻,其实就是代表大多数人的利益在施行有效的舆论监督。一些人、一些地区的老大难问题,上级的批评、群众的指责都无济于事,而一上电视屏幕就迎刃而解,这便是舆论影响,是舆论公开性压力所致。在报纸、广播、电视三大新闻媒介中电视新闻由于声画兼备的逼视性和深入千家万户的广泛性,其新闻监督效果最佳,备受各界关注。

三、交流信息,推动社会

作为大众媒体的广播电视新闻节目,在改革开放不断深入的当今,承担着沟通社会诸方信息、推动社会不断发展进步的重任。生产力要发展,社会要前进,其重要因素就是信息的交流。决策层政策思路的形成,靠的是来自生产第一线的信息;生产第一线的产业运作,靠的是来自上层建筑的政策和法令。不难理解,经济基础和上层建筑之间的沟通,除了其他指令方法,信息流动的中介作用显而易见。

获得1996年中国新闻奖一等奖的消息《广东:农民成了现代农业投资的主体》,是最能体现这种"中介作用"的好新闻。由于电视新闻传递了相当数量的

"农民弃耕务工""务农即务穷"之类的信息,决策层深刻省悟到改革农业的至关重要性,因此便有了关于"三高农业"政策举措的出台;由于电视新闻多视角报道"科学务农""高投高产"之类的运作与经验,带来了"三高"农业由点到面的铺开,农民从此步入现代农业生产行列,成为农业现代化生产的投资主体。对于这种令人欣喜的社会进步现象,人们应该清楚地看到电视新闻所起的中介作用。

再如,《农机千里走中原》这条新闻(1995 年中国新闻奖一等奖)虽然只报道了河南南部一支农业机械收割队远走河北、陕西做"麦客"的消息,但为人们提出了一系列问题:在机具过剩的地域如何组织好"长征队"? 在机具不足的农村如何集中优势建立自己的"机械化部队"? 在大范围内(全省、全地区、全县)如何重新克服农机使用萎缩现象,发展农业机械化生产?

广播新闻的轻骑兵作用更是不可小视,它在交流信息、推动社会发展方面的传播功能与电视新闻一样强大。2006 年宁夏广播电视总台的录音系列报道《情满旱塬——温家宝总理中部干旱带考察纪行》(共五篇),获得中国新闻奖一等奖。这组系列录音报道声情并茂,音响丰富,真挚感人。2006 年宁夏中部干旱带经历了 50 年不遇的特大干旱。旱情牵动着中共中央政治局常委、国务院总理温家宝的心。"五一"长假期间,温家宝总理从一份材料中获悉宁夏灾情后,6 号便风尘仆仆地来到宁夏,把党中央、国务院的深切关怀,送到了中部干旱带受灾群众的身边。录音报道生动报道了温总理在灾区对群众嘘寒问暖,访贫问苦,与群众一起点水覆膜、压砂种瓜等新闻事件,《情满旱塬——温家宝总理中部干旱带考察纪行》充分发挥广播特点,通过丰富的现场音响,真实、细致地展现了总理对少数民族地区广大群众的关爱之情。报道有力地鼓舞了当地干部群众自力更生、抗旱救灾、开拓发展的决心和信心。

四、传播知识,活跃生活

人们的生产、工作和生活都需要知识和知识流通。进入媒体融合时代,知识的流动频率日渐加速,除了专业渠道外,寓知识于新闻报道之中是广大受众获取知识的重要渠道,应运而生的科技新闻报道,便是新闻重视知识传播功能的反映。

电视新闻在发挥传播知识的作用方面,有着无与伦比的优势。它凭借形象、直观的画面,使人们了解到社会生活中的新动态、新情况、新发明。2015 年中央电视台播出的《数说命运共同体》"一带一路"特别报道,挖掘超过 1 亿 GB 的数据,分析发现"一带一路"与沿线国家 40 多亿百姓休戚相关的密切联系,让沉默的数据说话,呈现"一带一路"的沿线国家间前所未见的联系图景,让国人在大开眼界的同时,体会"一带一路"的宏伟与亲民。在此我们欣赏一下该特别报道第一集《远方的包裹》的一个片段《泰国包裹的中国之旅》：

　　早上七点，泰国首都曼谷的街道就已被熙熙攘攘的人群填满。高烨是来自中国一家电商网站的采购员，他要到位于曼谷郊区的一家工厂，最后确认一批发往中国的货物。发往中国的包裹已经准备妥当，检查确认后，高烨将一个 GPS 定位仪放入了其中一个包装盒内。

　　就在工人们忙着装货的时候，一艘名字叫做"KuoChang 号"的货轮已经停靠在曼谷港，只等这批包裹到达，就即刻启航，驶往中国。

　　全球上空的 19 颗卫星跟踪着包裹，数据轨迹描绘出它的跨国旅途。过去 1 年里，为迎接来自一带一路以及全球的商品，中国新增了 1 万个保税仓库。每天，300 万名快递员穿梭在大街小巷，将来自于世界各地的千万个包裹分发派送。2014 年，中国从一带一路沿线国家进口的货物总值突破 5000 亿美元。

　　中国这个新兴的巨大消费市场正在为一带一路沿线国家提供更多机会。那么，这些发往中国的包裹里，到底都有些什么？GPS 的跟踪轨迹显示，从泰国发出的纸箱，现在已经进入到位于杭州下沙的保税区，在这里保税存放，在开箱检验完成全部清关手续后，再派送到消费者手里。纸箱里到底是什么？现在就打开其中一个，我们看到，是一个乳胶枕头，这也是最近一段时间，网上受欢迎的泰国商品之一。

　　泰国乳胶枕头是如何生产的？中国的消费者关心的也许只是睡眠质量，但对于世界第一大橡胶生产国泰国来说，出口乳胶枕与出口生产它的原材料天然橡胶却有着很大区别。这里是曼谷的一家乳胶枕工厂，这些流水线上的枕头，每一个在中国售价可以达到 600 多人民币。

　　同样是这个价格，如果不是卖枕头，而是卖天然橡胶的话，泰国的橡胶林就需要产出 120 公斤的天然橡胶。在泰国东部尖竹汶府的这个橡胶林，为了得到 120 公斤的橡胶，一个割胶工要在热带雨林起早贪黑连续劳作 4 天，才能从 200 棵成年橡胶树上换来足够多的收获。而你可能没想到，这么多乳胶，做 30 个枕头都够了。

　　夜里八点，闷热了一天的林子稍微有了点凉意，一天中最适合割胶的时候开始了。裕帕已经在丛林中干了 25 年割胶的活儿，她能够用最细薄的割痕，让橡胶树渗出尽可能多的汁液。裕帕说，穿雨鞋是为了防止被蛇咬，蚊香是用来驱赶蚊虫的，尤其是要驱赶林子里的毒蚊子。

　　要整整一夜，橡胶汁液才能滴满一碗，新收的橡胶在几个小时之内就会变质，必须先在当地的橡胶作坊制作成橡胶片，再运到工厂进行下一步的深加工。泰国橡胶农场主温塔说，他们把原胶做成乳胶枕头，就能把价格提高到 180 泰铢~200 泰铢一公斤，是原来价格的 3 到 4 倍，这是非常有利于种植乳胶的农民的。

泰国农民的生活从来没有像现在这样与中国市场的订单密切相关。中国消费升级带来的巨大需求，在相当程度上抵消了原材料价格大跌对泰国这个橡胶生产第一大国的不利影响。那他帕认为，中国政府提出跨境电商、自由贸易协定、推荐泰国产品等政策措施，让泰国的公司和生意能不断地扩大前进。

广播新闻同样凭借口语、音响通俗易懂的特色让科技新闻走向田间地头、走进千家万户。在险情突发时，广播新闻凭借接收工具简单、便利的特点，更能及时将生死攸关的信息送到电视新闻难以到达的灾难现场。2009 年 6 月 5 日，武隆县铁矿乡鸡尾山山体垮塌，洪流般直泻而下的土石，淹没了山谷中的矿场和民居，尽管从党中央到地方政府都在尽全力抢救，到第四天仍然有 27 名井下矿工未能救出，他们能否生还，揪扯着地面上无数牵挂的心，为此，"中国之声"《新闻纵横》播出广播采访《重庆山体垮塌救援第四天：井下 27 名矿工生还可能性较大》，主持人通过对重庆消防总队副参谋长吴文斌的采访，从搜救方法等方面给现场民众传授救援知识，同时鼓励民众坚持救援的信心与决心，充分发挥了广播新闻传播知识、指导生活的轻骑兵作用。

重庆山体垮塌救援第四天：井下 27 名矿工生还可能性较大

中广网重庆 6 月 8 日消息 据"中国之声"《新闻纵横》7 时 03 分报道，今天武隆鸡尾山垮塌救援工作进入第四天，救援的重点围绕生还希望比较大的 27 名井下矿工，全面展开，下面连线重庆消防总队副参谋长吴文斌：

主持人：为什么你们认为井下 27 名矿工，生还的可能性比较大？

吴文斌：因为山体组成是以石灰岩为主，石灰岩多有渗水的条件，所以铁矿下面的矿道比较多，事发时矿工逃难的途径也比较多，我们认为如果有水和空气的话，人还可能生存 5 到 6 天，从这个角度判断有生还的可能。

主持人：现在探测到井下有生命迹象吗？

吴文斌：我们的搜救犬一直在井的周围进行探测，生命探测仪和搜救犬在井的周围，现在井口也在判断当中，但是有一个先决条件，我们的生命探测仪只能探测到地面以下的 6 米左右，现在这个井已经被上百米的石块所覆盖，所以说还没有探测出生命的迹象。

主持人：现在已经进入第 4 天了，根据您的经验判断，井下工人大概还能支撑多久？

吴文斌：如果有水和空气的话，还能支撑到 5 到 6 天。

主持人：还能再支撑 5 到 6 天吗？

吴文斌：对，有可能有奇迹的发生。

主持人：现在咱们主要采取哪些方式来救援这些矿工呢？

吴文斌:我们主要配合爆破,首先我们要选井口,因为整个山体的垮塌把外貌全都改变了,我们找知情人,找幸存者,从他们提供的基本地点,然后再用搜救犬用探测仪探测,在爆破的过程中,我们用消防的机动泵和消防车进行现场保护。

主持人:到目前为止,进行了几次爆破?

吴文斌:从前天晚上下午开始,到昨天已经进行了三次爆破。

主持人:除了进行爆破之外,现在挖掘机开进去了吗?

吴文斌:大型的挖掘机陆续进入现场了。

主持人:这个垂直的钻孔是不是已经开始启动了?

吴文斌:现在还没有,已经做好了准备,一旦找到洞口就打孔,然后往里面送水,送装备。

主持人:今天会有雨,下了没有?

吴文斌:从昨天晚上10点钟开始就下雨了,而且下半夜的时候雨还挺大。

主持人:这给我们的救援增加了很大的困难吧?

吴文斌:确实,由于事故现场被400多万立方米的巨型的大石块掩埋,整个山谷都是石块,都涌进去了,高达数百米,大的石块都上万吨,加上昨天晚上的一场大雨,给我们的救援工作带来很大的困难,但是请全国人民放心,消防部队遵照胡主席听党指挥、英勇奋战、服务人民的总要求,有信心,有决心,有能力打赢这场攻坚战,只要有一线希望我们就绝不放弃。

主持人:感谢吴参谋长,大家辛苦了。

在运用广播电视新闻这一媒介时,要注意"度"的把握:追求科学性时,应力避艰涩高深;追求通俗性时,不要流于平庸;追求新颖性时,不能猎奇取宠。怡神悦心、陶冶情操应是这一功能追求的效果与境界。

思考与练习

1. 分别用案例阐释广播新闻、电视新闻的定义。

2. 阐释广播电视新闻各自的传播特性。

3. 阐释广播电视新闻的传播功能,针对每一功能各举出广播、电视新闻最新案例一条。

4. 仿照表7-1的形式,上网收集资料做一份"2016年全国广播电视节目制作、播出情况统计表"。

5. 根据本章电视新闻案例,阐释《泰国包裹的中国之旅》怎样描绘了"一带一路"所蕴含的"国家间前所未见的联系图景"。

广播新闻理论与实务

第八章　广播新闻的符号系统

符号具有三个基本特点：一是它必须有一个物质形式，例如一枝玫瑰；二是它可以指代自身以外的某种东西，例如玫瑰可以用来指代爱情；三是它可以指代更加复杂的概念和意义，例如战争、和平等。指代的原则必须被人们承认并且在一定社会范围内是通用的。

广播符号都是有声的符号，主要有两种类型：有声的语言符号和有声的非语言符号。在语言符号系统中，口头语言符号与文字符号（书写的）是相对应的。中国文字具备形、声、义三个特征，广播符号主要强调其中的两个特征：声与义。广播符号作为一种口头语言符号存在于声音之中（主要由音和调组成），音和调既是每一个单独的、有自己确定意义的音素，同时又不可避免地表现出说话者的情感。

广播符号组成有声语言时除了遵守一般的语法规则外，还需要遵守说——听的规则。说话的行为在大多数情况下总是针对听者发生的，这个时候，说话必须充分顾及听者的反应，这种反应几乎和说话行为同时出现。这些规则既保证了口头语言符号在说——听的语境中畅通无阻，又保证其无限组合的可能，形成口头语言的"有声"特征。

有声的非语言符号是指广播节目中出现的音响、音乐和其他非语言声音。正是这些不同的符号构成了各种信息的特殊性。本章旨在对广播有声语言符号系统和有声非语言符号系统的一般特征进行描述，以作为后面各章节的论述基础。

第一节　声音符号的特征

广播新闻中的声音符号主要有三种：口头说话、音响、音乐。因为这三种符号的物质形式都是声音，所以我们在认识广播语言符号时，需要对声音本身的特征有一个基本的了解。

说话声的产生与效果，依赖发声的器官嗓子和辨认声音的器官耳朵。不论是有意识发出的声音（语言或表示某种情绪的声音——笑、哭等），还是无意识发出的声音,当它们作为一种声音被表达出来,并且在一种语境中出现时,都或多或少地承担着表意的任务。我们知道每一个语言符号都有它标准的读音,但是每一个按照标准读音发出的声音在质量和情感方面却是有差别的,这与声音本身的特征有关。

一、声音的物理性

声音的存在形式是波状的。在自然中人们能够听到声音,就是靠音波在空气中振动,从发声处传播到他处。音波同电波一样,也有波长、振幅、频率三个基本要素。人的耳朵对于声音做出的判断正是基于声音的三个要素:音量(响度)、音调(音高)、音色(音品)。音量是指人的听觉所估计的声音强弱程度,取决于声强、频率和波形。人的耳朵能够感觉的声音一般在 $16\sim20\,000$ 赫兹之间。音调是指声音的高低度,主要由声音的频率决定,频率高,听觉感受到的音调就高;频率低,听到的音调就低。音色指某一种声音的特征,主要由谐音的多寡及谐音的相对强度决定。

二、声音的生理性

声音的生理性是指能够发出声音的人或动物发音部分的生理特点。人的声带不完全相同,有长短、松紧、薄厚的区别。长、松、厚的音就低,短、紧、薄的音就高。广播电台可以根据主持人嗓音的不同安排他们播出不同的节目,如新闻节目、文艺节目、青年节目、儿童节目等。

声音的生理性也会产生不同的效果,对于电视台或电台的节目主持人来说,他们的声音质量的好坏或者特点不同,会直接影响节目的收听效果。

三、声音的心理性

人们的任何一种有声表达都不可能是完全一样的,即使是内容一致的表达。声音的物理性与生理性是表达的"工具",类似乐器,而表达是演奏的结果。因此,除却内容的差异因素,表达者的心理状态对于表达的影响是非常重要的。声音的心理性是一个较复杂的问题,我们可以从两个方面去理解:发出声音的一方,感觉声音的一方。我们先看发出声音的一方。从广义来讲,凡是因人介入发出的声音都具有心理性问题,包括人直接发出的声音和由人发出的声音(如演奏乐器、敲打物体等)。狭义讲,发出的声音仅指人直接发出的声音。当一个人正在讲话时,首先要做到的是准确的发音,这是他与别人进行交流必须具备的条件(使别人能听懂他所说的话)。同时,他经常是带着某种情绪在说话,情绪既是有缘由的,也是莫名其妙的。从缘由讲,情绪与说话者对事件的看法、好恶相关,莫名其妙的情绪与天气或者身体状况有关。情绪在声音中出现时,直接影响着说话的速度、响度、重音。所以同样一句话,可以说出无数种味道来,也就是有无数种说法。对于训练有素的播报员而言,他/她的职业要求他/她在工作过程中能够排除一切外在因素,使声音更加单纯,信息的放送过程没有"杂音"。

对于感觉声音的一方来说,他不仅在感受、理解所说之基本意义,还会接受说话过程中的情感因素。就所说的基本意义而言,接受者首先要明白其意思。但是,他是否认可这些内容,尤其是语言中的情感功能是否起作用,要取决于他的心理状态。如果接收的一方倾向于说话者,语言中的情感功能就会起作用,产生共鸣;反之,情感功能不起作用,甚至出现反作用。

声音还能够引起人们的联想,敲开人们的记忆大门。声音将那些深藏于人们心灵中的往事呼唤出来,或使人们重新感受幸福与不幸,或重温历史以得到新的认识与理解。

虽然我们可以把声音的物理性、生理性看成是一种自然现象,但是在语言的实际应用过程中,心理性会对声音发出方产生一定的影响。例如歌唱家在演唱时,常常会因为情绪调整的问题影响演唱水平,音乐演奏也是这样。方言可能成为沟通的障碍,也会成为说话双方拉近交流距离的良剂。

第二节　广播语言符号的分类与作用

语言由一系列的文字符号或声音符号构成,人们把由文字符号构成的语言称作书面语言,把由声音符号构成的语言称作口头语言。我们要了解广播新闻语言的特点,首先应该研究语言的一般特点,然后再研究口头语言(本节与广播语言通用)和书面语言的区别。

一、语言的一般特点

著名的结构主义语言学家雅各布逊(又译雅各布森)用图表的形式,对语言交流的主要因素和相应的功能进行了清晰的描述,这种描述为我们分析语言符号起作用的方式提供了思路。[①]

雅各布逊强调了语言在交流中起作用的过程,他认为任何交流都不只是由说话者所说内容这一个因素构成,话的起点是说话者,终点是受话者。内容的交流需要说话者和受话者的接触。接触有多种形式,这些形式由语言、音响(图

---

① ［俄］波利亚科夫编:《结构-符号学文艺学》,佟景韩译,文化艺术出版社1994年版,第176—182页。

像)等代码构成。内容的传播和交流还涉及说话者和受话者都能理解的语境,语境使内容有了更加确定的意义。

语言的构成因素:

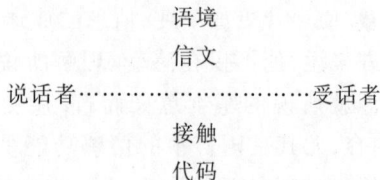

语境

信文

说话者⋯⋯⋯⋯⋯⋯⋯⋯受话者

接触

代码

雅各布逊又进一步分析指出了语言六个构成因素相对应的六种功能。

语言的功能:

指称的(语境)

诗歌的(信文)

情感的(说话者)⋯⋯⋯⋯⋯⋯意动的(受话者)

交际的(接触)

元语言的(代码)

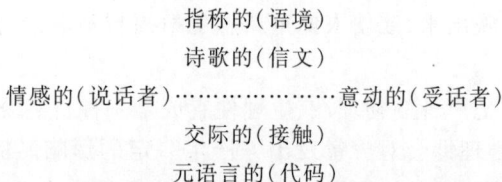

在任何一次语言交流行为中,这六种因素不是处在平衡的状态中发挥作用,它们中的这一个或那一个总在诸因素中占据统治地位,例如,交流活动在某种情境中倾向于语境,在另一种情境中会倾向于代码或者其他。在交流过程中,如果语言行为倾向于语境,那么指称的功能就占统治地位。在新闻报道中,语言行为总是倾向于语境的,所以指称的功能永远占统治地位。例如,"今天是中华人民共和国成立 60 周年纪念日,北京天安门广场举行了阅兵仪式"这句话,叙述了有关这个语境的具体、客观的情况,这是大多数消息的首要任务。如果这句话产生了这样的意义:"新中国国庆 60 周年举行了盛大阅兵仪式",那么它就不是纯粹的指称性描述,"盛大"表达了说话者对这一特定情境的感情色彩。如果交流行为倾向于受话者,那么意动的功能(称呼的、命令的)就占统治地位,在交流中就会出现"请看!""请听!""请注意!"这类的短语。如果交流倾向于信文,诗歌的功能就占统治地位。例如"国破山河在,城春草木深"中,"国破"与"城春"、"山河在"与"草木深"形成对应关系,使这两句成为诗而不是信息,它体现的是诗歌的功能。如果交流的性质倾向于接触,交际的功能就占统治地位,在交流中就会出现"你好!""您的气色不错"等交际语。如果交流倾向于代码,元语言的功能就占统治地位,交流中就会出现"我说的话您能听懂吗?""您讲汉语吗?"等句子。

雅各布逊的语言观对于分析新闻文本——将一条消息看做是一次语言行为,分析这个语言行为的六个要素具体的情况是有启发和新意的。事实上,新闻语言不是一个个别的词,而是由一个语言行为完成的。

二、广播语言与书面语言的区别

1. 说话者与情感功能

影响说话者情感的因素主要有三个:一是所说的内容本身;二是说话者对内容的态度和说话者本身的客观条件,包括其身份、职业、思想、年龄、处境等;三是说话时的环境,包括时间、地点、场合、对象、天气等。这三个因素是交织在一起发挥作用的,其中说话者的态度尤其重要。

当人们用文字进行交谈时,书写者(即说话者)与读者是不见面的。书写者可以模拟一个读者的形象,或老人儿童,或青年男女,写出令他们感兴趣的作品。这时候,上述的第二种因素基本上隐退了。书写者对所说内容的态度(风格)主要通过他对词语的选择和搭配表现出来。这些内容的声音形式只有在阅读行为发生后才会出现。

日常口头交谈是在面对面的情况下进行的,即对话式的。说的一方与受话的一方是在同一个场合中,这个场合包括了上述提到的各种因素。这时候说话者的情感功能所起的作用主要表现在声音方面。说话者除了在词语的选择和搭配上表明自己的态度,还可以使声音的处理具有“煽情”的作用。他还可以“察言观色”,根据受话者的反应及时进行调整,如轻重音、语速、重复,其中也包括词语的选择。

广播节目开始播出,就意味着说话行为的开始。这种说话与口头交谈的主要区别是:说话者与受话者不见面,一般情况下两者也不直接对话(电话直播节目除外),是非对话式的;说话者所要表达的内容全部都是由声音符号承载的,声音本身的情感功能在交流的过程中会自然地流露出来;广播作为大众传播媒介,自然受到公共道德、伦理的制约。广播语言虽然也是口头语言,但是它必须是规范化的口头语言。

由于上述种种原因,广播中的说话者在进行语言交流时,其情感因素可以分为两部分:作为公众形象(媒介的形象)和作为个人形象,其声音符号中的情感功能也产生于这样两个部分。

2. 受话者与意动功能

受话者是语言行为的终点,语言行为的全部效果是由受话者对语言的接受程度和兴趣决定的。说的内容要有效到达受话者,首先要了解受话者对什么内容感兴趣;其次,说话者要将自己需要告诉对方的和对方希望知道的内容,尽量以对方易于接受的方式进行传递。因此我们看到,在广播节目播出的过程中,语言行为的意动功能始终在起作用。当语言行为倾向于受话者时,也就是广播中的说话者希望引起受话者的注意时,就会说出"下面由我向您播报……""请您继续收听我们的节目"等语言。

3. 语境与指称功能

语境是语言的客体内容,它具有指称的功能。为什么称之为语境呢? 因为我们谈论的是新闻文本中涉及客体内容的部分,而不是报道对象本身。在文本中任何一个被指及者都词语化了,词语的上下文决定了其确切的含义,被接受者理解为相应的所指情境,因此语境起作用的方式是整体的,牵连于上下文的,而不是个别的、抽象的。例如,在一篇关于气候的报道中,其客体内容不只是一天具体的温度、湿度、风力,它会涉及全球气候变暖的问题,涉及生态保护的问题,涉及工业发展与环境的伦理问题等。这些特定问题在上下文中联系起来,受话者才能把它们理解为活生生的情境。在新闻报道中,"五个 W"构成了新闻报道的语境。在广播新闻报道中,除了叙述事件的语言之外,能成为语境要素、具有指称功能的,就只有同期声了,其指称功能是直截了当的。倾向于语境,就是倾向于确定的上下文本身,将有碍于事件情境理解的(前后矛盾的、突兀的、不完整的)因素尽量排除掉。

4. 接触与交际功能

广播是通过声音符号与听众进行接触的,这种接触除却了面对面接触时的各种非语言因素——礼节、衣着、面子等,声音本身的魅力显得十分突出。真诚、热情、沉着、和气、耐心等声音特点具有不可小觑的交际功能。另外,类似"听众朋友早上好!""很高兴今天又通过我们的新闻早班车节目与您见面。""下次节目再见!""今天气温下降,请您注意保暖。"这样的语言在节目中出现时,就是让交际功能发挥作用。

5. 代码与元语言功能

广播语言符号要充分考虑到说和听这两个方面,因此对代码本身的要求是通俗、易懂、简洁、明了,也就是要考虑如何才能够使听众听明白所说的内容。为了达到这个目标,广播新闻形成了自己的一套写作与报道规则,例如语言不断重复,对同音字进行解释等(此问题后面将专门论述)。

6. 信文(文本)与审美功能

信文是针对由语言符号构成的作品整体而言的,声音符号能够形成韵律、节奏、声音的交感等审美现象,但是这些在新闻节目中应该谨慎使用。例如,同音词在使用时除了产生意义上的交感外,也会产生误解。从新闻节目的制作方面讲,信文的审美功能——声音符号的审美效果,应该体现在整体的衔接、组合、编排等方面。对于新闻报道本身来讲,任何倾向于信文、有意突出其审美功能的行为,都会影响到指称功能所起的作用。

第三节　广播非语言符号的分类与区别

非语言符号是指除了人创制的以文字和声音形式为实体的语言符号之外，能够表达意义的其他符号，例如诉诸视觉的形体语言和诉诸听觉的音响等。关于非语言系统的解释是：其一，是人类自然传播手段中的各种非语言手段。如姿势、表情、眼神、形体动作、身体接触等都具有符号意义，这些动作可以通过人的视觉、听觉、触觉、嗅觉等感知渠道来表情达意。非语言符号可以扩大语言手段的作用，也可以弱化、抵消语言手段的效果。其二，通过人的感官而感知的非语言符号，表达的信息常常带有某种暗示的性质。例如，以身体的动作，如点头、打手势、抚摸、拥抱等表达情感；利用空间距离来传播某种信息，如呼吸、气味、服饰等；利用语音的特点来表达意思，如叹气、呻吟等。

一、广播非语言符号的分类与功能

在广播新闻中，非语言符号主要指音响。从广义讲，音响泛指广播中的所有声音，包括自然声、人声、音乐声等。在新闻报道中出现的音响只能是自然产生的声音，这种声音称作写实音响，它包括上述各种声音在内。写实音响与非写实音响的主要区别在于前者具有客观性，也就是说写实音响是自然存在的，不可模拟和创作。写实音响中的语言声（新闻人物的谈话等）前面已经论述过，不再赘述。

写实音响的主要功能如下：

1. 提供信息和证据

广播在提供信息方面与报纸的不同之处在于，它将富有说服力和感染力的人物话语声放置在节目中播出，保持了信息的纯粹性。现场录制的人物的说话声、背景音响是新闻的主要信息源。这些音响在不同的新闻报道中，作为事件的一部分真实地传达着信息，使听众闻其声如临其境。在新闻采访过程中，尽可能将这些声音完整地录制下来，使它们能够被理解。如果使用写实音响，其内容不必再由记者或者播报员重复。

写实的效果声和背景声能够传播的信息与人物的话语声相比尽管不那么直接，但是，在告知背景的真实性和烘托气氛方面能够发挥较大的作用。例如，现场的爆炸声告诉听众事件发生的危险性和记者所在的位置，欢呼声表达了现场人群的情绪，警笛声制造了紧张的效果。

2. 补充与强调

在现场新闻中，写实音响常常通过混播技术处理后，作为现场叙述的一种补充与叙述同时出现,它的真实性主要由声音的透视感来体现,成为话语叙述的背景。多种语流承担起不同的叙述任务,从不同的角度同时开始的行动,改变了语言线性流动的常态,形成多路声音或交叉或同时出现的局面。有些在现实生活中存在的噪声是形成真实性的主体,如来自十字路口的汽车声。

作为证据的写实音响同时也可以发挥强调的功能,以便突出事件的重要部分。那些紧跟在语言后面出现的与语言内容相同的音响起到强调的作用,例如在说到"某某人的出场受到与会人员的欢迎"的同时,播出现场的掌声。

3. 替代

写实音响有时能替代语言符号发出信息,单独完成交流的任务。这种功能主要在以下情景中出现:一是用效果声更加具体明了,可以直接感受到对象。如用持续的礼炮声告知欢迎仪式的开始,用突然爆发的欢呼声告知某项实验的成功等。二是在特殊的报道中,音响的作用超过语言。如在纪念迈克尔·杰克逊的专题报道中,用迈克尔·杰克逊演唱的歌来表现他的艺术魅力是再有力不过的了。

二、非语言符号表达意义的特点

虽然非语言符号单独使用的机会不多,无法自成一体,独立成章,但是在语言行为中它或作为无意识出现的符号,或作为情感的特殊符号(只能意会不能言传的声音与行为)承担起辅助语言表达的功能,因此它仍然是语言表达所不能替代的。非语言符号的特点是:

1. 解释的多样化与理解的局限

非语言符号的含义丰富多样,但是难以系统化、规范化。它在熟人之间是可以心领神会的代码,其准确性甚至会超过语言表达。如正在交谈的双方中有一方发现第三个人出现,他或用眼神以示对第三者的欢迎,或用咳嗽声示意交谈的另一方终止谈话。如果换一个场合,咳嗽声所表达的意义可能是讨厌了。

2. 情感的无意识宣泄

非语言符号可以是有意识产生的,也可以在无意识的情况下出现。研究人类传播的学者认为,无意识表露出来的非语言提示,有时比有意识的提示有意思得多。无意识表露的通常是自然流露出来的,本意不是为了传播,但是具备了意义效果,给人留下的印象更真实。如一篇字面慷慨激昂的演说,会因为其声音的软弱无力失去人们的注意力。与词句的修饰相比,声音的修饰难得多,尤其是在无暇修饰时,声音会毫不造作地露出真相。再则,非语言符号作为自然产生的意义符号时,其能指与所指是合而为一的。就人的情感而言,它可以通过语言符号来表达,也会由大脑神经控制的某个器官自然做出反应,如声音的变化等。自然本身所包含的真实性是可靠的,因此,非语言符号不仅能够表达那些"只可意会不能言传"的内容,如情不自禁的大笑、悲痛欲绝的痛哭等,也能够进行直接的表达,不需要借助任何符号。

3. 范围狭小

非语言符号的传播范围是极其有限的。由于上述两个原因,非语言符号对具体场景的依赖性较强,常常会受制于特定情景下说话者的个性、心理、生理状态,因个人的好恶产生偏差。

4. 对语言符号的纠正

非语言符号与语言符号形成冲突时,前者的真实性能够否定语言符号的虚假性。在日常的交流活动中,人们说出的话和承载这些语言的声音(我们把声音看成是由语言规定的读音和情感控制的音调二者构成的符号)并非都是协调一致的,常常有"含泪的微笑"。这种不协调可能是因为表达者置身于陌生的环境而感到拘谨,对眼前的事情不知所措,缺乏信心;也可能是心口不一,内心有愧引起的。而非语言符号可以对这种不协调做出纠正。

三、麦克卢汉的广播"魅力"说

麦克卢汉称广播的声音魅力在于它像敲响在非洲(或者原始部落)的"部落鼓"。在麦克卢汉看来,正是广播技术作为中枢神经的原始延伸,使这种共鸣箱成为一种深刻又古老的力量,成为一条能够联结最悠远的岁月和早已忘却的经验的纽带。广播作为"部落鼓"的魅力在于:

1. 广播制造了不需要直接①交流的话语世界

尽管今天的广播节目已经在追求互动,例如通过热线电话在广播中请听众与主持人直接交谈,但是,广播仍然是培植人们倾听习惯的最理想的传播工具。倾听不需要立即回复,听者只需要接受,思绪完全跟着声音游走,这时候悠远的岁月和忘却的经验都会浮现。

广播保持着非视觉世界的魅力,因为这里有丰富的信息资源,它主要是维护人们听觉功能的正常运作。广播也是一种传播技术,麦克卢汉认为唯有此技术是中枢神经的原始延伸,因此,它是使人异化最少的技术。

王粲在《登楼赋》中所言"钟仪幽而楚奏兮,庄舄显而越吟",②其中的两个

---

① 这里的"直接"可以理解为不用面对面。

② 钟仪是楚国乐官,为晋所俘,晋侯叫他操琴,他弹的仍是南方楚国的乐调;越人庄舄在楚国做官,病中思念故乡,仍旧发着越国的语音。参见朱东润编:《中国历代文学作品选》,上海古籍出版社 1981 年版,第 182—185 页。

典故与麦克卢汉的"部落鼓"情结都在讲述着和我们朝夕相处的声音如何激荡中枢神经。与提供图像和声音的电视媒介比较,广播是纯粹唤起感知的媒介,我们的中枢神经犹如一个共鸣箱,它不需要你有更多的参与,聆听是要旨。

2. 广播赋予私人空间声音屏障

所谓的"声音屏障"不仅仅是对青少年而言,它还有两个方面的意义:首先,它使人们能够在社会生活中保持个人对以往经验和悠远岁月的记忆。这些经验和悠远岁月是需要个人享受的回忆。同时,我们知道个人的经验和岁月总是与社会的经验与岁月有着千丝万缕的关系,广播的社会性与收听的个人性结合,最易形成不受外部干扰的个人化的外部世界。其次,广播的非视觉化为人们保守了"隐私"。麦克卢汉认为,广播给青少年以静居独处的机会,广播替代了监护人的陪伴,也提供了歌唱和共鸣市场的"部落纽带"。从某种意义来讲,声音——话语的质感在黑夜里是最为丰富和鲜明的。这种感觉对于青少年来讲是最亲切的。许多中学生都有戴着耳机完成作业的经历。这种经历给他们"提供了隐私的小天地,使他们免受父母的使唤"。①

"隐私"包含的内容较多,通常强调的"隐私"是指纯个人的生活内容,比如嗜好、恋情、生活习惯等。广播保护"隐私"主要是指个人思想——思考的隐私。就广播内容而言是面向大众的,就个人收听而言是完全个人性的,即他人不知道我在听什么,这是一种向熟人保密向大众开放的隐私。向熟人保密是为了不受到伤害,例如嘲笑、议论等;面向大众,是为了倾诉和获得帮助,例如收听涉及关于性问题的、在传统道德中不宜张扬的广播节目。

3. 广播与多元化社会群体的天然关系

麦克卢汉认为,商业娱乐的策略会保证媒介的最大传播速度,保证任何媒介对心理生活和社会生活的最大影响力。理想的电子媒介应该是在人的掌控下,不仅是"唤醒古老的记忆、力量和仇恨的媒介,而且是一种非部落化②的、多元化的力量"。③ 麦克卢汉看到只有广播具有这种功能,电视等媒介缺少了这种效能。原因有以下几方面:

(1)广播制作和播出一直保持着便捷的优势,虽然它可以使世界变成小小的村落,可是它并不具备使村民同质化的效能。麦克卢汉所举印度的例子说明

---

① 麦克卢汉:《理解媒介——论人的延伸》,何道宽译,商务印书馆2000年版,第374页。

② 部落与部落化意义不同。部落是由血缘相近的氏族自然形成的群体,它有自己的语言、习俗、礼节、传统和历史等,生活在部落的群体因此有许多一致性。部落化是指部落状态、部落性。例如麦克卢汉提出的"地球村"就是在传播技术控制下部落化的生存空间,它具有部落的一致性、同质化等特点。——作者注。

③ 麦克卢汉:《理解媒介——论人的延伸》,何道宽译,商务印书馆2000年版,第377页。

了他的观点。在印度,广播一直是大众传播的主要形式之一,电台不仅保持了不下10种的官方语言,而且在复活古风和古老记忆方面效力不减。广播在网罗了世界每个角落的信息之后,又可以使所有的信息部落化——以小收听群体的习惯(包括语言习惯)为指标,将这些信息轻而易举地变成小群体的特殊资料。

(2)收音机利用收听的随意性可以适应不同的场合。在这里麦克卢汉想象出为卧室、卫生间、厨房、汽车,甚至潜水活动提供的收音机。收音机品质的多元化主要是出于隐私和个人用途。随着电子技术的发展,收音机不仅可以储存多种记忆,如频道、部分节目等,还可以为听众健康地融入社会提供各种个人化的咨询。

(3)广播容易和小型社区发生非集中化的、亲密的关系。非集中化是多元化发展的目标,它体现了个人性和异质意见。但是,个人性在一个集中化的社会中往往是被淹没或者否定的,集中化建立起人和人的某种关系纽带,但不是亲密关系。亲密是内心的近距离感,或者说是人们常说的零距离。小型社区中生活着的人们聚集在一起没有任何组织关系,个人的生活实践不会直接影响到他人,这与由于工作或者其他原因而集中在一起的人群不同,后者彼此有关联。小型社区是以家为单位的,家不是共享的领域,家就是一种隐私,这种没有功利色彩的家庭居住社区,是人内心渴望亲密关系的工作以外的(没有外在压力)的释放区,社区广播具备了这种促进家庭成员和邻里之间和谐相处的功能。

思考与练习

1. 广播符号主要有哪两种类型?

2. 声音符号的基本特征是什么?

3. 雅各布逊指出的言语交流的六个要素以及各自对应的功能是什么?

4. 广播语言与书面语言的区别是什么?

5. 广播中的非语言符号有哪些?在表情达意方面起到什么作用?

6. 麦克卢汉将广播的声音魅力称作是"部落鼓"式的,这种魅力主要表现在哪些方面?

第九章　广播新闻写作

从事广播新闻工作的人们，都遵守着这样一条不成文的写作原则：为听而写，为听而编辑。具体讲，广播新闻稿是说给人听的稿子。说，要说得顺口；听，要听得顺耳。在编排方面也是如此。广播可以调动一切音响增加节目的说服力、可听性、生动性，给听众留下过耳难忘的当下或历史声音。

第一节　如何写适合听的广播新闻稿

也许有人会问，口语化不仅是对广播稿写作的要求，对于报纸新闻稿也如此，广播对于口语化的要求有什么不同吗？回答这个问题，需要我们研究一下广播和报纸所要求的口语化有什么不同。虽然，对于报纸新闻稿的许多要求同样适合于广播，但是广播新闻还有自己进一步的要求。经验告诉我们，一篇好的广播稿直接刊登在报纸上，仍然不失为好稿，反过来则不同，一篇好的报纸稿，在广播中播出时效果完全不同。

为什么呢？当我们阅读的时候，既可以看到文字，同时也可能有相对应的声音出现，从视、听两个方面强化我们的记忆与理解。听广播的时候则不同，只闻其声，不见其形。况且，汉语中有许多同音字，字的组合也是多样化的，陌生的组合很难一听就明白。例如，人名的组合，有的前后字有一定的规律，规律是约定俗成的，而有的名字中字与字之间没有必然的联系，听的时候完全"默写"准确有难度。因此，要写出一篇一听就明白、理顺文通的广播稿，在行文时需要格外注意字斟句酌。

一、选择适合于听的词

我们所使用的方块汉字，有三个基本性质：形、声、义。当我们书写时，这三个性质显示的顺序为：形、义、声。声之所以放在最后，是因为书面语允许声音的多样性（如方言），同一篇文稿可以被读出不同的声音。作为口头语言，首先显示的是声音，其次是义，形的作用较小。汉语中有许多同音不同义或者有谐音的词，读的时候难以辨别。

听起来顺耳的广播稿子,首先要读起来顺口。最好的办法是写出来后,自己读给自己听,然后修改读起来感觉到别扭、听起来不顺耳的句子。

怎样才能够适合于听呢?

1. 多用双音节的词

双音节的词是指有两个以上音节组成的词,读起来节奏感强、耐听,易于听觉辨认。单音节的词音波短,音感低,加之与双音节的词不易搭配,多用会影响声音的协调和可听性。例如:

(1) 我们边走边拍,刚越过一道山梁,天变了脸,云很密,忽然雷鸣电闪,下起雨来。

(2) 我们一边走,一边拍照片。刚刚越过一道山梁,天就变了,阴云密布,雷声大作。接着哗啦啦下起了大雨。

句(1)中单音节的词较多,读起来短促,不上口。"边走边拍"这四个字组成的词并不是经常使用的,尤其是"拍什么"有些费解。句(2)尽量将语气短促的句子改成舒缓句,或者加上象声词,说的时候气流匀称,听着也和谐悦耳。

不过广播稿要求使用双音节的词不能绝对化,为了达到口语化(说着顺)的目的,有时候需要把双音节的词(书面用语)改成单音节的词。比如"他询问孩子",在广播稿中就不如改成"他问孩子";"老人述说着",在广播里就不如改为"老人说着"。另外,"询问""述说"这两个词比较书面化,它们或是声母相同,或是韵母相同,这样连起来读也会影响声音的清晰度。

2. 注意同音不同义的字

"近"和"进",音同义不同。广播里说"他们走近了哈纳斯湖",听众会产生疑问:"走进"? 如果改写成"他们来到哈纳斯湖边",就不会造成误解了。"部"和"不"音也一样。广播里说"经过检验,该工厂生产的产品全部合格",听众如果听成"全不合格",意思就反了。如果写成"产品全部是合格的"或者"全都合格"就可以了。

这些同音不同义的字词,在字形上差别明显,读音基本相同,有的只是声调的区别。写作时容易忽视声调问题。要避免误听误解,写稿时要有一个明确的意识——广播稿是说给人听的。在书写时想方设法避开可能造成误听误解的词,用另一种说法代替。例如"食油"和"石油",读音相同,为了防止将这两类词混淆,"食油"可以说成"食用油","试场"可能会听成"市场",可以说成"考场"。

3. 用简称要谨慎

人们在日常交谈时经常使用一些简称,如"京都议定书"其全称为《联合国气候变化框架公约的京都议定书》,"甲型流感"全称是"甲型 H1N1 流感","中共中央"简称"中央","中央顾问委员会"简称"中顾委"等。简称从产生到听众普遍理解其全部意义,有一个过程。广播在使用简称时,一定要注意这个简称是否已被大家认可。那些尚未被听众认可的,或者只在小范围内被认可的简称,不要在广播稿里出现。否则听众会因对一个简称不明白,迟疑间又放过几个字甚至一句话,既没有听清,又没有听全,会影响其收听效果。

另外,简称作为一种特殊的词组,它的组合对于听众来讲往往是陌生的。如"交规"(交通规则)、"国考"(国家公务员考试)、"招飞"(招收飞行员)等简称的使用,会给听众造成理解困难。

现在有一些网络流行语不断出现,这些网络流行语在广播稿中使用更要谨慎。必须使用这些用语的时候,需要作出解释。例如,将帅哥说成"帅锅",看文字,能够猜出意思,但听音辨别意义不容易。类似"蓝瘦香菇"(难受想哭),更加难以理解。对于不熟悉网络用语的人,这些词会带来困惑,应当尽量少用。一个网络用语成为普遍使用的词汇以后,再使用则比较稳妥,这个原则与谨慎用简称是一样的。

4. 普通话广播要少用方言、土语

使用方言、土语可以给广播稿带来一点色彩,但同时也会失去许多听众。方言、土语的使用范围很小,为了照顾广大的听众,使他们不要因为那些方言、土语而失去对广播的兴趣,广播稿中最好不要使用。如果你认为在某篇广播稿中一定要使用方言、土语,否则就会影响报道本身,那么,你也应该对其作出大众化的解释。不过,面向听众的广播稿中出现过多解释是不合适的。如果是区域性很强的广播(某县、某乡、某一居住区),适当使用方言、土语,反倒是一声乡音,一份乡情。例如,城市电台在面向市民的谈话节目中,主持人用方言与听众进行交谈,就能够建立与听众的特殊联系。需要指出的是,方言广播排除非方言的听众,会影响节目的收听范围。

5. 慎用代词

在现代汉语中,代词主要有:人称代词"他""她""它","他们""她们""它们";物主代词"他的""她的""它的","他们的""她们的""它们的";指示代词"这些""这次","那次""那些"等。人称代词和物主代词在读音上没有区别。例如:"他告诉她,他把她的(他的?)表丢了。"用书面文字写出这句话,读者一看就明白,丢表的是她。但是说给别人听时,听者会产生疑问:丢表的是他? 还是她? 代词使用得当,可以起到简化报道的作用,使用不当,听众则无法搞清楚指代的是谁。例如:

(1)……火箭队总经理达瑞尔·莫雷承认,麦蒂的复出时间将由恢复情况决定,有可能早一点,也有可能晚一点,但球队从来没有将 11 月 18 日设定为复出日。更确切地说,火箭没有设定任何固定时间。

他还说:"显然我们需要医生的意见和训练表现来确定麦蒂的状况。我们每天都在观察,他的训练怎么样,全队磨合如何,医生怎么说。"

他继续说:"我不认为现在已经有了确切日期,我们从来没宣布过,我想麦蒂还需要观察。可能早一点,可能晚一点,我们在等待医生确认麦蒂恢复到了100%。麦蒂已经开始和全队训练,一旦医生说没问题了,而我们也确认这点,那么麦蒂才能回来。"

(2)……火箭队总经理达瑞尔·莫雷承认,麦蒂的复出时间要由恢复情况决定,有可能早一点,也有可能晚一点,但是球队从来没有把 11 月 18 日设定为复出日。更确切地说,火箭队没有设定任何固定的时间。

莫雷解释说:"显然我们需要医生的意见和训练表现来确定麦蒂的状况。我们每天都在观察,他的训练怎么样,全队磨合如何,医生怎么说。"

莫雷明确表示:"我不认为现在已经有了确切日期,我们从来没宣布过,我想麦蒂还需要观察。可能早一点,可能晚一点,我们在等待医生确认麦蒂恢复到了100%。麦蒂已经开始和全队训练,一旦医生说没问题了,而且我们也确认这点,那么麦蒂才能回来。"

在句(1)中,消息的主角莫雷的名字只出现过一次,后面都用"他"来指代。如果听众一开始没有听清楚他的名字(即使听清楚也不一定能记住),就会影响对这条消息的理解。句(2)中,莫雷的名字共出现了三次,他所说的话分三次报道,用"解释""明确表示"带出引语,各有侧重,便于听众听清并理解。

6. 简化关于数字的报道

在新闻报道中,数字经常被用来说明问题。一般听众只需要知道大概数字,并不想记住精确的数字是多少。因此,在广播稿中只要写出某一数字的概数就可以了。数字零头可用"以上""不到"等词来表示。例如 2.3 倍可省略为两倍多、两倍以上。数字的写法一般应该和读音一致,尤其是百位以上的数字,如12 300,应写成一万两千三百,这样为播音提供了方便。

7. 使用象声词

在汉语中有许多象声词因其发音近似一些自然物本身发出的声音,给人以形象和节奏的美感,例如:"咚吧,咚吧,咚咚吧,咚吧"的腰鼓声,"哗啦啦"的大雨声等。这些模拟声音的象声词在广播中运用,能够收到很好的表达效果。我们阅读下面这篇用象声词写的文章,体会象声词的作用:①

三伏天就像孩子的脸,说变就变了。刚才知了还"吱吱"此起彼伏地叫着,好像要在往外输送热量,让人听着更加汗流浃背。柏油路也给"烤"软了,空气

---

① 参阅 http://hi.baidu.com/jlbcwwsy/blog/item,引用时略作修改。

烫得让人喘不过气来。人们见面直说"热死了！热死了！"

突然，天阴沉下来，狂风大作，树枝摇晃不已，树叶发出"沙沙沙"的声音。细枝"咔嚓"一声被折断了。天刹那间变得漆黑一片。豆粒大的雨点"噼里啪啦"地打在窗户上……闪电"啪啪"地炸响，雷声"轰隆隆"地跟着滚过来……

文中的这些象声词，使这段口头描述活了起来。

二、尽量使句子口语化

广播电台通过电波传送声音信号，听众用自己的耳朵来接受声音，说的一方与听的一方必须达成一种默契，这样传播过程才能保证实现预期的效果。这就是说，广播电台传送出的声音（语言）必须清晰、易懂、入耳，否则，听众有权拒绝接受。即使听众愿意收听，听不懂也是白搭。为了实现这种默契，广播新闻稿要尽量使句子口语化。

1. 简化报道

当你写新闻报道时，要假定你的听众是一位处于半听状态的只有小学文化程度的人，你的报道必须简明得能使这个听众听明白。但同时你的报道又必须写得有才气，因为你的听众可能是一位大学教授或市长，你的报道要使他们感兴趣，受到感动。

总之，广播新闻稿要写得使具有一般文化水平的人都能听懂并愿意听下去。

如果你把报纸上的一则新闻报道读给一位朋友听，他很可能在你读第一遍时都没有听明白大部分要点。因为耳朵不能适应报纸新闻写作的复杂文体，如果用口语的形式改写一下，你的朋友就容易听懂了。例如：

报纸：眉题——半夜，水漫文晖路；标题——白天，半个杭城大堵车；引语——新修马路为何自来水管会错位——早高峰时水已退位为何交通还瘫痪——城市应变为何斗不过小事故。

普通人在谈论这条消息时可能这样开头："昨天，半个杭州堵车，水管爆了！"

可以将报纸的正规写法同谈话的形式结合起来，改写成这样的广播稿：

昨天杭州发生严重堵车事件，城西一带交通要道车辆拥挤。堵车原因是新修的马路水管错位，水管爆裂，马路塌陷。事情发生在凌晨 3 点左右，早高峰时水已经退位，但是道路还没有疏通。人们对这次意外事故造成的后果提出疑问……

美国语言艺术家怀特在《风格要素》一书中写道："有利的写作要简练，每一句话里都不要有多余的字，每一段落都不要有多余的句子……这并不是要把所有的句字都写得很短，而是说应该避免多余的细节，只能提纲挈领，每一个字都应该起作用。"

简化报道的一个有效办法,就是简化句子。简单的陈述句,是由主语、谓语、宾语三个部分组成。尽量把主语和谓语放在一起,使听众一听就明白是"谁""干了什么"。例如:

(1)报纸:李克强主持召开各民主党派中央全国工商联负责人和无党派人士代表座谈会。

广播:今天,各民主党派中央全国工商联负责人和无党派人士代表座谈会在北京召开,国务院总理李克强主持了会议。

(2)报纸:浙江为解决农民创业资金不足的问题,出台《农村资金互助社登记办法》。

广播:浙江出台《农村资金互助社登记办法》,帮助农民解决创业资金不足的问题。

在第一对句式里,"各民主党派中央全国工商联负责人和无党派人士代表座谈会"是主语,"召开"是谓语。报纸可以将开会原因放在前面,以示强调,加深读者的印象。但是对于听众来说,情况就不同了。在说的语言中,没有比动词更强有力、更能吸引人的了,改写成两句后,每一句都有一个动词给听众留下印象,每一句只突出一个意义要素。

在第二对句式里,"浙江"是主语,"出台"是谓语。报纸希望强调"为解决农民创业资金不足的问题"这一词组,对于读者来说,这个意图实现了。对于听众而言,主要的信息是"《农村资金互助社登记办法》",应该紧跟着"出台"这个动词后面,方便记忆。再如:

(1)报纸:罪犯集团的头目西班牙人尼克·戈梅斯这个常常拒绝在美国参议院罪证委员会上作证并由于贩卖劳动力的非法勾当,以及由于非法赌博和贩毒走私而臭名昭著的人,因拒绝支付去年的联邦所得税而在今天被捕。

广播:罪犯集团的头目西班牙人尼克·戈梅斯拒绝支付去年联邦所得税而被捕。他曾经干过贩卖劳动力、非法赌博和贩毒等非法勾当。戈梅斯常常拒绝在美国参议院罪证委员会上作证。

(2)报纸:有80多位老师因为害怕被开除,不能够再教学,被迫交了"捐资助教"款。

广播:短短几天内,有80多位老师交了"捐资助教"款,因为不交的话,他们担心被开除,不能够再教书了。

第一例的广播稿如果用报纸的写法,那么听众从上述行文中获得的信息可能只是"一个罪犯被逮捕了"。广播稿的写作要求这段行文给听众清楚明白的几个信息,不是只有一个被捕的信息,将句子结构变化一下,就会得到不同结果。

第二例里,报纸稿用了被动句式,突出"80位老师"。在广播稿中,被动句使事件的主要原因变得复杂,句子听起来也不够顺畅。

2. 避免倒装句和倒装式结构

倒装句式和倒装式结构仅仅适用于报纸稿写作,不适应听觉的要求。广播稿写作要用陈述句,一句话一个意思,按照时间顺序或者逻辑顺序完成叙述。句子与句子之间应该是递进的关系,不要轻易打破被陈述事件原来的结构顺序。例如:

(1)倒装句:由10 900名运动员参加,共设33个大项、362个小项比赛的第十一届全运会昨天落下帷幕。

陈述句:第十一届全运会昨天落下帷幕。这次运动会共有10 900名运动员参加,共设33个大项、362个小项比赛。这也是全运会参赛运动员最多的一届。

(2)倒装句:本地区旱情严重,需要采取人工降雨、人工灌溉等措施,缓解旱情。这是县长在防旱会议上的讲话。

陈述句:县长在防旱会议上说,旱情严重,需要采取人工降雨、人工灌溉等措施,缓解旱情。

上述两组例句,无论是什么句式,在报纸上都是可以使用的,读者不会因为倒装句式无法理解其意义,或者搞不清楚说了什么。倒装句(1)主题词是第十一届全运会昨天落下帷幕,从习惯上讲,接下来需要听到对全运会的具体介绍。但是在广播稿中,如果一开始讲出一连串的数字,在听众揣摩这些数字是从何处而来时,具体的数字已经在不经意中过去了。倒装句(2)如果改用陈述句,把出处放置于引言前面,一听就明白(关于引言的使用,后面还要作详细论述)。倒装句的类型很多,如主语在后句,宾语在前句等,都打破了句子的正常顺序,在广播稿中应该尽量少用或者不用。

3. 避免使用被动句式

被动式无论是说,还是听,都不如主动式流畅。尤其是在叙述事件的时候,采用被动式,主语后置,往往会使听众找不到重点,影响理解。例如:

(1)被动式:被急促的倾盆大雨挡住了视线的司机因为看不清前方的路导致碰擦事故频频发生。

主动式:急促的大雨倾盆而下,让路上的行人和汽车猝不及防。开车的司机因为视线模糊,路面很滑,不时发生碰擦事故。

被动句式(1)会让听众不知道到底要说什么而产生不耐烦的情绪。改为主动式以后,很快向听众交代清楚两个信息:下大雨了,汽车碰擦。层次清晰、简洁。

(2)被动式:……事件是这样的,前年6月28日正午时分,在京都市左京区下鸭基本町的公寓内,前来访友的滋贺县栗东町的女大学生星川雅子被人掐死,其居住的房间也被纵了火。在整个事件中,很明显,住在现场附近的被告田中,是潜入星川小姐的房间作案的,他被问以杀人放火罪。

主动式:……指控田中在前年 6 月 28 日正午的时候,在京都市左京区下鸭基本町的公寓内,掐死前来访友的星川雅子小姐,并且烧毁了现场。

被动式(2)的叙述结构,使事件之间的内在联系不清楚,星川究竟是被谁杀死的?放火的又是谁?这一切是否都是被告所为?听众只听一遍是很难作出判断的。在主动式结构中,上述事件的始作俑者是田中,不是前来访友的星川雅子。改动后的句子,把被告作为事件的主体,事实关系就清楚多了。

4. 多用短句,避免冗长句

长句结构复杂,一句话往往含有几个信息,导致信息之间互相干扰,不适合听。因为当一个人听别人在说(广播)一个长句的时候,他(她)一方面要使自己的听觉活动节奏与广播里传出来的声音节奏一致,另一方面要使自己在记住已经说过的内容的同时,继续接受新的内容。这个过程稍有迟疑,就会影响对整个句子的理解。听一段话与阅读一段文字,记忆的状况是不一样的。根据广播语言的特点,短句是最理想的句式了。例如:

长句:浙江省文化厅为了实施培养年轻演员的计划之一"新松计划",为 12 名青年演员找到名师并且举行集体拜师仪式。

短句:浙江省文化厅举行集体拜师仪式,有 12 名青年演员集体拜师。青年演员拜师是浙江省文化厅推出的"新松计划"之一。

此例中有两个主要信息,一是青年演员集体拜师,二是举行拜师仪式是文化厅的培养计划之一。使用短句,把这两个信息分作两个句子处理,先讲拜师仪式,后补充说明此举的起因。结构简单,容易念,利于听。

5. 运用有活力的动词,少用形容词和副词

动词推动事件的进展,使事件充满动感和节奏。例如:

(1)只要能够找到一面合适的墙,北京喷子涂鸦队的队员们就舞起了手中的喷漆罐。他们左一笔,右一画,唰唰几下子,一幅现代派的作品就初见端倪了。

(2)看博尔特跑步是一种享受,他像是一座运动的雕塑,跑起来像鸵鸟一样迈开双腿,富有弹性地一上一下地晃动身体,步履匀称,没有垂死挣扎的窒息场面;他还有充满想象力的场上"小动作",他喜欢用"弯弓射箭"的姿势庆祝胜利,他还喜欢赤着脚跳牙买加民族特有的舞蹈。

句(1)中"舞起了""左一笔,右一画""唰唰几下子"几个动词,把涂鸦队创作的场面描绘得有声有色。

句(2)中"运动的雕塑""一上一下地晃动身体""弯弓射箭""赤着脚跳"几

个短语和短句,将博尔特跑步的姿态和个性刻画得十分生动。

三、合理安排文本的结构

广播稿说给人听,报纸稿写给人看。报纸为了看的需要,可以在版面设计、标题设计、字号大小、排列次序、花边美化、插图安排、照片配合以及文章的标点结构等方面下功夫,增加报纸的视觉冲击力,使报纸有看头。广播为了便于"说"(包括听),也寻求种种表达手段,如可以在节目时间安排、节目与节目的搭配、节目与节目的过渡等方面作出一些变化。这主要是利用声音的感染力来提高广播的可听性。

对于一个广播文本来讲,结构问题是关键。广播稿由于是说给人听的,在句式上与报纸有较大的区别。广播文本的结构安排有以下基本规则:

1. 叙述的顺序与事件发生的顺序大体一致

根据广播语言的线性特点,在文章结构安排上一般不采用插叙、倒叙手法,而是顺叙结构、自然过渡。下面是我们常见的报纸文体的倒叙法:

"现在短信提供的停车地点,是根据地理位置来编号的,比如东西向,把一条路分成几段,就是1、2、3,市民有时候会犯迷糊,搞不清到底是哪条路。目前,我们正在收集各方面的数据和运行情况,争取让市民用起来更方便。"这是记者在短信停车诱导电话首日运行后采访城管办信息中心总工程师得到的解释。

显然,这种倒叙结构不适合广播,应该改为顺叙结构,给听众顺畅的感觉。

广播稿:昨天,短信停车诱导电话在本市开始运行,为了了解首日运行的情况,记者采访了城管办信息中心总工程师李圣权。李总工程师告诉记者说:"现在短信提供的停车地点,是根据地理位置来编号的,比如东西向,把一条路分成几段,就是1、2、3,市民有时候会犯迷糊,搞不清到底是哪条路。"这位总工程师还表示:"目前,我们正在收集各方面的数据和运行情况,争取让市民用起来更方便。"

另外,像报纸文体常用的提问式、引语式等,也不适合广播。

2. 句子之间的逻辑关系要清晰、简洁

为了适合于听,句子与句子之间要一环扣一环。广播稿写作时应该选择结构最明快、最简洁的句式,千万不能让听众跟着广播兜圈子,坠入五里云雾,不知所措。听众收听广播节目,如果能有"一望二三里"那种鲜亮、明快的感觉,兴趣也会大增的。例如:

原稿:……事实上,在中国的大城市中,北京的路况属于"优等生",但"首都"与"首堵"齐名也有数年;而对于城镇化不到50%的中国而言,交通拥堵并不是大城市的专利。

路况对汽车消费的制约,这对无论是北京、上海,抑或是偏远的二三线城市,无疑是个难以克服的硬伤。

一个有趣的统计显示,若将北京所有车辆首尾相连,长度达 17.415 公里,相当于绕 33 公里的二环路 527.7 圈,绕 187.6 公里的六环路约 93 圈;如果并排停放,足以完全摆满 4.146 个足球场。

此外,用车环境的不完善,持续看涨的油价,以及车价虽便宜,但养车费用越来越贵等外在因素,也影响着消费者的心态。

原本计划在车购税优惠到期前买车的王小姐,近期已经打消了这个计划,"路太堵了,算下来养车的费用还不如打车划算。"

改写:……行路难,已经成为中国城市的一个突出问题。以北京为例,虽然北京的路况在大城市中是比较好的,但是,人们还是抱怨首都成了"首堵",就是说北京的路一样堵。

一个有趣的统计数字显示,如果将北京现有的车辆排成一个长队,总的长度是一万七千四百一十五公里,这个长度相当于绕北京二环五百二十七圈,绕六环大约是九十三圈。如果并排停放,可以摆满四千一百四十六个足球场。这还不算,油价上涨,用车养车的费用越来越高,也会影响消费者的心态。原本计划在车购税到期前买车的王小姐,已经打消了近期买车的计划,她说:"路太堵了,养车的费用还不如打车划算。"

改写稿将原来的信息进行缩减,只以北京为例,不谈上海等城市。在处理数字的时候,也把二环、六环的长度舍去,因为听众很难在这样短的时间内记住六个数字。

第二节　导语的处理

找到一个好的开头语,就等于完成了三分之一的工作。俗话说,万事开头难,这句话对于广播新闻报道的导语写作来说,也是合适的。当你动手写一篇新闻报道的时候,首先要处理好这篇报道的导语部分,而听众的兴趣或者被精彩的导语提起,或者由于导语的索然寡味而产生关机意识。如果不能在开头用一两句话引起听众的注意,那么报道的其他部分他们也不会去听,至少会降低收听兴趣。

导语这个词来源于报纸。它为适应舆论工具的需要而得到发展。这是一种特殊化的并多少是人为的做法。在报纸新闻的第一段里,往往把最重要的事实都写进去,这样做是为了吸引读者。定稿编辑只需把第一段摘录下来,就可保存该稿件的"主要内容"。报纸还可以利用标题的字号大小、字体的不同以示重要有别。

广播导语既不能写得过于抽象，又不能着眼于对最主要事实的详细叙述。如果广播记者企图将某条新闻的何时、何地、何人、何事、何故都塞进第一段里去，那么这条新闻报道就会变得笨重、难懂和杂乱不堪。

早期的广播新闻仅仅是照读报纸，塞满事实的导语使播音员感到难以读下去。为看而写的稿件与为听而写的稿件是有区别的，一目了然的标题，不一定使人一听就明白。例如：

眉题——澳大学倒闭殃及近千名中国留学生；主标题——220名高中留学生已得到妥善安置；副标题——澳当地政府表示对其余学生会安排新学校，有留学生担心新学校会再倒闭。

这则报纸新闻的标题有近59个字，主要事实也已经作了交代。

在广播中上述内容可以被处理成：

澳大利亚当地政府已经对220名中国高中留学生进行妥善安置。澳政府还表示将安排其余学生入新学校就读。不过，有留学生仍然担心新学校会再倒闭。

报纸诉诸视觉，它可以把导语的内容写进标题，同时把导语中的关键词以作为眉题、主标题、副标题等方式加以突出，增加视觉冲击力。再说，阅读时间是自由支配的，读者对标题之间的逻辑联系和语势的流畅没有严格要求。读者阅读时，注意力会放在主标题上。如果广播导语按照这个顺序写的话，听众首先听到的是"澳大学倒闭殃及近千名中国留学生"，显然这不是最新的进展。在广播中照读报纸内容，效果犹如听口号，是片段性的。听众也会因为眉题、主标题和副标题之间缺乏逻辑联系被搞得糊里糊涂。

一、导语的基本形式

我们在广播新闻稿中经常见到的导语的基本形式有：

1. 综述性导语

综述性导语是指一组新闻节目的提要或节目预告。广播没有看得见的版面，也无法体现标题的存在（如报纸那样）。用综述性导语既可以告诉听众本次播出的主要内容，也提醒听众注意收听后面将要播出的详细内容。例如：

（开始曲）

各位老师，同学，早上好。

这里是××校区××广播站，您现在收听的是"新闻广播操"节目，我是主持人××，欢迎您与我一起分享以下新闻信息。

（音乐或串联词过渡）

下面，由我给大家介绍今天播放的主要内容。

在"国内要闻"一栏中，首先报道一条来自新华社的消息，接下来的内容有……

在"校园声音"一栏中，先请大家听听本台记者的采访报道……

在"清晨风铃"一栏中，我们一起收听轻松的音乐，一起了解一下今天校区的讲座信息……

下面请听详细内容……

这种综述性导语既能起到提要的作用，也是对一组节目主要内容的预告。设置内容提要完全是从听众的收听需要考虑的。

2. 伞形导语（软导语）

这是根据广播的特点采用的导语。它与"倒金字塔"结构正好相反。这种导语往往把最主要的信息放在第二句或者第二段内，第一句只起一种带入的作用。导语要写得生动活泼，使听众有听下去的欲望，但又不能够太突兀，导致听众在毫无准备的情况下，放弃了重要的信息。伞形导语也可以称作是"软性导语"，它类似一首乐曲的引子部分，慢慢响起，缓缓引导主旋律的出现，为主旋律制造气氛。伞形导语一般不对主题进行提炼式的描述。例如：

本台从今天起推出系列报道"阳光财富观"。在这个系列节目中，您将会听到列入本地富豪榜前十位的企业家说自己的财富观。下面请听第一篇《社会需要善于创造财富的精英》，请您随着记者一起采访娃哈哈集团公司董事长宗庆福……

上例中第一句是概括式的话，它先介绍最新推出的系列节目，然后告诉听众本次节目的主要人物。

如果有几条性质相同或内容相关的新闻消息播出，就可以采用概括介绍的办法，把几条消息在导语中连接起来。例如：

中央气象台消息称11号早晨8点，雨雪天气在我国中东部大面积铺开，随着气温的下降，雪线已经向南推进到了陕西南部、河南中部一带，兰州、郑州、西安均迎来了今年下半年以来的初雪。为此，中央气象台2009年11月11号10点发布暴雪橙色警报：受冷暖空气的共同影响，预计今天下午到明天中午……

这条消息在详细叙述各地天气变化之前，先概括地把相关的几个地区的情况告诉听众，接下来介绍各地降雪、降温的详细情况。

在广播导语的写作中，并不完全排除开门见山、直入报道主题的导语形式。尤其是对突发事件进行报道时，直入主题是必要的。例如报道北京申奥成功的消息，没有必要把重要的事实放在第二句。

二、导语写作的要求

广播新闻导语,由于形式不同,在具体写法上,概述主要新闻事实的方法也不同。

1. 只突出一个事实要素

从内容方面看,广播新闻导语尽可能只突出一个最重要的新闻事实,把其他事实放到主体中再作交代,力求把导语写成一句话,只表达一个意思。例:

卫生部发言人明确表示网上出售抗甲流口罩对防控甲流并无显著功效。

这段导语涉及了两个新闻事实:网上有出售抗甲流口罩一事,卫生部发言人对这种口罩有特别功效予以否定。要使广播导语写得既有意思又不庞杂,需要比较两个事实,选出一条放入导语,其余部分可以放到消息的主体部分去介绍。该广播稿可以写成:

卫生部发言人明确表示:抗甲流口罩对防控甲流并无显著功效。近日记者发现网上有出售抗甲流口罩广告,记者采访卫生防病中心,得到的回答是不知情。卫生部新闻办公室发表声明说:个别口罩生产及销售单位宣传的"抑制或杀灭微生物"功能,对防控甲型 H1N1 并无特殊功效。

根据报道的重点,确定导语中要突出的一个事实,能给听众较深刻的印象,其他的内容可以在后面一一告诉听众。例如:

我省分类救助体系的 26 项措施将通过四级救助使 20 万困难人员受惠。

这段导语涉及了两个新闻要素:实施分类救助体系,受惠 20 万困难人员。26 项措施、四级救助是关于分类救助的具体解释。一般不要把全部内容塞进导语去,需要比较全部新闻要素,选出 1~2 个放入导语,其余部分可以放到消息的主体部分。导语改写:

我省分类救助体系使 20 万困难人员受惠。这个体系共有 26 项措施,形成四级救助圈。

2. 用简短的陈述句

简短的陈述句一般只有主语、谓语和宾语。人们的日常交谈,大部分都是单句,广播导语同样不适合用较长的复合句。例如:

从 2016 年 6 月公投脱欧开始,英国究竟将以何种形式"离开"欧盟,就成为极具热度的话题。尤其是在特朗普当选后,"反对全球化、反对自由贸易"的呼声甚嚣尘上之际,英国将以何种"姿态"脱欧,则显得更为关键。再加上欧洲接下来的大选带来的不确定性还在持续不断累积,现在"全球化"一词,似乎比任何时候都更加脆弱。此种情形下,英国脱欧也成为"揣测"全球化未来命运的关键"线索"之一。

　　这则消息导语的背景是 1 月 17 日的达沃斯论坛上,英国新任首相特蕾莎·梅给出了她的方案——硬脱欧。

　　显然,报纸的这段导语不适合说给听众,一是导语信息过多,二是句子过长,听众很难一听就明白要说的是什么。适合于广播的陈述可以这样处理:

　　1 月 17 号的达沃斯论坛上,英国新任首相特蕾莎·梅给出了她的脱欧方案,这个方案被称作硬脱欧。英国之所以选择硬脱欧的方式,要的就是对边境、对移民的"绝对"管控权,以及"绝对"司法的自主。而任何半走半留、欲走还留的方式,都会让英国在这两个问题上遭遇到欧盟的掣肘,"绝对"二字就会大打折扣……

　　3. 不宜使用倒装句

　　倒装句有几种情况:一种是主语和谓语颠倒,谓语放在主语的前面;另一种是宾语放在主语、谓语的前面。在报纸新闻的导语中,宾语提前的例子比较多。例如:

　　垃圾清理了,河水也变得清洁了,保洁员每天定时打扫小区卫生,对小区物业满意的住户也越来越多了。这是一项对社区服务质量的民意调查显示的结果。

　　在这个导语中,"结果"的具体内容提前表述了,这样写,突出了有新闻价值的内容。若是在报纸上,把这段内容的出处放在后面,能起到突出重点的作用。但是,对于广播,此种写法就不合适了。从听众的角度设计这段导语,应该写成这样:

　　一项对社区服务质量的民意调查的结果显示,对小区物业满意的住户越来越多了。他们说:现在垃圾清理了,河水也变得清洁了,保洁员每天定时打扫小区卫生,我们的环境质量也提高了。

　　4. 导语尽量不要使用名字(名人除外)、数字

　　广播稿的导语部分应该给听众准备收听的时间,待听众变得警觉后,再告诉他们关键的名字和数字。例如:

　　(1) 12 人死亡和 30 人严重受伤,这是最近在底特律的街头发生的暴力行动造成的结果。

　　(2) 最近,在底特律街头发生的暴力行动,使 12 人死亡,30 人严重受伤。

　　(3) 将 30 亿个脱氧核糖核酸的顺序正确地列入 23 对人类染色体内的人类基因组工程的研究工作取得进展,人类基因组计划"工作框架图"已经绘制完毕,今天向全世界公布。这是继进化论、相对论、登月飞行以后,又一伟大的里程碑。这个消息是由美国私营的塞莱拉公司和国际公共计划联合宣布的。

　　(4) 美国私营的塞莱拉公司和国际公共计划联合宣布,人类基因组计划

"工作框架图"已经绘制完毕。这是继进化论、相对论、登月飞行以后，又一伟大的里程碑。人类的基因决定了人的生老病死……

对于广播稿来讲，(2)与(4)句的结构是合适的。

关于名字的使用和出处的说明，后面将作专门的论述，此处不再赘言。

三、新闻要素进入导语的主要句式

1. 引语式

使用引语式导语时要谨慎，引语要短，在保证听众对引语的背景和原因十分了解的情况下才可以使用，否则听众会有一头雾水的感觉。

香港演艺界在香港红馆举行了大型募捐义演会，著名电影明星李连杰说："我要组织起一人一月一元钱的慈善募捐活动，用这些钱为遇到灾难的人们提供需要的帮助。"李连杰在香港演艺界举行的募捐义演会上还说，经历海啸灾难后，他觉得有许多以前觉得不可能做成的事情，现在有可能做了，比如募捐。出席香港红馆大型募捐义演会的香港明星有……

2. 推延式

推延式是把五个 W 和一个 H 中的重要元素——细节放在几个句子之后告诉听众。例如：

斯里兰卡是 12 月 26 日海啸中受灾最重的国家之一。斯里兰卡板球球星穆蒂亚·穆拉丽塔兰当天在斯里兰卡南部沿海城市加勒向当地贫困儿童发放板球球板。活动结束后，他刚驾车离开加勒，海啸掀起的巨浪就吞没了这座城市。穆蒂亚·穆拉丽塔兰说："我在巨浪到来之前 20 分钟离开。"他说活下来真幸运。当时他身后的浪头有 6 米多高。

如果不用推延式，导语可以处理成这样：

斯里兰卡板球球星穆蒂亚·穆拉丽塔兰在海啸发生时，幸运逃离 6 米多高的巨浪。12 月 26 号斯里兰卡板球球星穆蒂亚·穆拉丽塔兰在斯里兰卡南部沿海城市加勒向当地贫困儿童发放板球球板。活动结束后，他刚驾车离开加勒，海啸掀起的巨浪就吞没了这座城市。斯里兰卡是 12 月 26 号海啸中受灾最重的国家之一。

推延式是广播导语写作的一种形式，与任何多样化追求一样，使用得当，可以为导语增加色彩，但是需要消息内容和处理消息的初衷一致，不能滥用。

如果把广播稿比作一间房子，导语是广播稿的地基，地基打好后房子的基本类型、大小、风格也就明确了，接下来是给房子立柱、搭架，然后添砖加瓦、外墙粉刷、内部装修。不同内容的广播消息需要不同的结构形式，完全一致或者照葫芦画瓢没有必要。但是,搭建结构的原则基本一致。①

四、广播新闻的标题

标题是听众接受新闻的第一个信息条(如果根据信息将广播新闻分成若干条的话),它对于听众收听新闻有先入为主的意义。听众可以根据标题选择听还是不听。一般标题的作用有以下几点:

1. 概括新闻内容,提示新闻事实

标题最基本的作用,就是概括新闻内容,使读者能够快速方便地了解新闻包含的信息。好的新闻广播稿的标题,应该是可以独立成简明新闻的。所以标题是新闻内容的精华所在,是简洁到再不能简洁的新闻,突出新闻事实的标题能够帮助读者快速掌握新闻内容。

2. 吸引听众收听,激发听众兴趣

广播受众处于主动地位。他可以选择不同的频道,选择"悦耳"的新闻。为了吸引听众的耳朵,标题也有吸引听众收听、激发听众兴趣的功能。一般来说,生动形象、简单明了、创意新奇的标题更能吸引听众的注意。编辑在制作新闻标题时,要抓住听众的收听心理,用新鲜、新奇、接近性强又平易近人的标题来吸引听众。好的标题既能引起受众注意,满足他们获取信息的需求,又能激发情感,让受众在感情上产生共鸣。受众的兴趣被极大地激发,对新闻的关注度自然就上升了。当然,如果一味追求标题的新颖、奇特,也会带来负面的效果。

3. 表明媒体立场

媒体报道新闻一般是有自己的立场的,如前文所说,选择报道什么,从何种角度报道,突出什么重点等。对有些事件的评价基本会达成共识,媒介可以在概括新闻事实的基础上,点明新闻的价值和意义,引导读者正确理解新闻,表明媒体的态度和立场。通过新闻标题对新闻进行评价,能够引导读者正确理解,保证传播效果。例如:

美联社对东南亚"血汗海鲜工厂"的系列报道获得公共服务奖。(2016 年)

这个标题用"血汗海鲜工厂"之说,披露了没有人身自由的劳工长期被迫在印尼、泰国的海鲜工厂劳动的事实。其内容是真实的、触目惊心的,在普遍的道德伦理上这类事情会遭到人们的谴责。"血汗"二字表明了媒体对所披露事件的基本立场。

广播新闻的标题和正文通过声音是难以区别的,人们通常将广播的标题处理成简要新闻(一句话新闻)的样式,放在提要中播出。广播标题的作用与导语

---

① 参阅李岩:《广播学导论》第二版,浙江大学出版社 2005 年版,第 158—160 页。

类似,可以看做是第一导语。因此,广播标题需要包含一定的新闻元素,避免出现"无新闻"标题,也要避免与正文的导语句子重复。

"新的人生从这里起航""重返四川""感受希望""全面小康六大行动计划"等句子不适合做广播新闻的标题。"新的人生""感受希望"这样的句子过于宽泛,无法让听众了解要说什么事情。"全面小康六大计划"更像是一个企划书的名字。如何给广播稿制作一个有一定信息并且让人产生收听兴趣的标题呢?我们发现,一条消息有多个标题可以制作,不过这些标题都要包含一个新闻要素。例如,获第二十七届中国新闻奖广播节目一等奖的部分节目标题:

惊心动魄 160 分钟——首次揭秘"长五"推迟发射

速度与激情:"中国标准"动车组成功通过时速 420 公里高速交会试验

医改"手术刀"该动向何处?

泰宁泥石流紧急救援

内蒙古首例保护草原行政公益诉讼案——开启我区草原保护新篇章

在互联网信息"洪水"的冲击下,"标题党-标题"成了媒体之间不良竞争的一种手段。"标题党"是指制作类似标题的一种群体现象,标题党制作的标题有"正题歪做违反正确导向""侮辱调侃突破道德底线""无中生有违背新闻真实""断章取义歪曲报道原意""夸大事实引发社会恐慌""格调低俗败坏社会风俗"等负面作用。北京市网信办执法情况显示,"标题党"乱象已严重影响舆论生态健康清朗,引发社会公众强烈不满。①

2017 年 1 月,国家网信办联合相关部门开展了整治乱改标题、歪曲新闻原意等专项行动,制定印发了《互联网新闻信息标题规范管理规定(暂行)》(以下简称《规定》),明确要求各网站把坚持正确舆论导向贯穿到互联网新闻采集、撰写、编排、发布等环节。规定明确指出:互联网新闻信息稿件标题的发布不得出现以下情况:歪曲原意、断章取义、以偏概全;偷换概念、虚假夸大、无中生有;低俗、媚俗、暴力、血腥、色情;哗众取宠、攻击、侮辱、玩噱头式的语言;法律法规明确禁止的和明显违反社会公序良俗的其他内容。严禁在标题中使用"网曝""网传"等不确定性词汇组织报道或者表述新闻基本要素。严禁各类夸张、猎奇、不合常理的内容表现手法等"标题党"行为。严禁通过各类具有暗示的页面编排、标题拼接等不当页面语言,传播错误导向。此规定对于广播稿的标题写作同样有约束效果。

---

① 《"标题党"当心玩火自焚,网信部门出手了!》,新华网,2016-12-06。本文使用"标题党-标题",是因为这个现象指由标题党这一群体制作的标题,不是指一群人,而是一类标题。

第三节　名字、引言、出处的使用

名字和引言经常出现在新闻报道中,成为新闻报道的重要部分。新闻界流传着这样一句话:"名字构成新闻"。正确地使用名字和引言,是增加报道真实性的一个很好的办法。广播新闻对于名字的敏感,对于引言和出处的重视与其他新闻报道一样,但在处理方法上有自己的一套规则。

一、名字的使用规则

人们需要了解别人做的事情,也就是对别人的事情感兴趣,尤其是对社会要人、文体明星等。读报纸时不妨留意一下,你的视线和注意力是怎样被你所熟悉的人名、地名和物名吸引的。

在报纸新闻中,为吸引读者的注意力,在导语甚至标题上会出现人名,引起视觉高度关注。但在广播新闻报道中,经常处在半收听状态的听众尚未做好"听"的准备,如果一开始就报出名字来,他可能会把名字放过。当他注意报道的其余部分时,就要猜测究竟说的是谁。因此,有必要在报道中向听众"暗示"将要播出的人名。例如:

报纸:托马斯·约瑟夫,23 岁,南拉法尔市市长罗伯特·约瑟夫的儿子,他是在本地警察局昨晚对学生的住处搜查时拘捕的 25 名大学生中的一个。比尤特县最高法院法官海勒姆·格宾斯今天早晨传讯了他,他被告因拥有大麻叶而犯下了三条罪状。

如果在广播新闻节目中照读这条新闻,那么大多数听众由于未做好收听准备,可能未听到市长儿子的名字。为了适合听觉,这个消息可以改写为:

南拉法尔市市长罗伯特·约瑟夫的儿子被控告因拥有大麻叶犯下了三条罪状。23 岁的托马斯·约瑟夫是在昨晚本地警察对学生住地进行一系列的搜查时被捕的。比尤特县最高法院法官海勒姆·格宾斯对托马斯·约瑟夫进行了传讯。约瑟夫是昨天被捕的 25 名学生中的一个。这些人犯有各种麻醉品违法行为。

注意,改写后的消息将事件的主要人物推迟到说明他身份的句子之后才出现,并且再次报上他的名字,以便听众听清楚。广播稿名字的使用规则有:

1. 名字推迟播出

推迟普通人名字或者尚未广为人知的名字的办法,是在名字的前面冠以人物的职务、籍贯、头衔等。例如:

(1)报纸:贾玲决定退出春晚。

　　广播：喜剧演员贾玲决定退出春晚。

　　（2）报纸：蔡奇任北京市市长。

　　广播：北京市第十四届人民代表大会第五次会议补选蔡奇为北京市市长。

　　（3）报纸：王义道教授认为，教育难担培养人才的全部责任。

　　广播：著名教育家、北京大学原常务副校长王义道教授认为，教育难担培养人才的全部责任。

　　报纸在新闻报道中处理人的名字没有特殊的要求，而广播则要求把名字推迟播出。对于那些不太出名或没有知名度的人物的名字，听众不会格外留意和产生兴趣。有时候，一个人的头衔、地位、身份反而比名字更能引起听众的注意。比如有一篇报道描写一位5岁的小姑娘在家人的带领下徒步登上泰山的情景，听众并不会对这位小姑娘的真名实姓产生多大的兴趣，听众首先会对"5岁的""小姑娘"这两个特征感兴趣，至于她叫王莉还是张红，倒显得不那么重要了。

　　2. 突出名人的名字

　　有知名度的名字，应该在消息一开始就播报出来。如果在报道中出现了知名人士，就要尽量把他们的名字往前放，推迟播出是不明智的。例如：

国家主席习近平发表2017年新年贺词

特朗普发表就职演说

姚明接管上海男篮

　　习近平、特朗普、姚明的名字本身就有一定的新闻价值，记者在报道中不应放过这些名字，要将其尽力突出。此外，以上标题都包含了一个新闻元素，它们都可以成为一句话新闻。

　　3. 突出与本地有关的人名

　　从本地区的角度改写消息时，如果原消息中有本地人的情况，要突出本地人，把本地人的名字往前放。四川发生地震时，各地媒介特别关注生活在四川的人们的情况；在一场严重交通事故中，当地媒介要了解有没有当地人遭遇这次事故，如果有的话，需要在报道中强调这一点，以引起当地听众的关注。例如，在一起火车事故中，一位记者看到有一位本地人的名字被列入死亡者的名单中，他从本地的角度出发改写这条消息，把这个人的名字移到了导语中：

　　本地的一位游客，在今天伊利诺伊州火车事故中死亡。这次事故共有死亡者85名。35岁的格雷戈里·亨德森在两趟火车相撞引起的爆炸中死亡……

　　请注意，即使在这条被改写的消息中，人名仍然被推到导语的后半部分才播出。在关于各种事故的报道中，遇难者的名字不用逐个播报，除非是名人。

　　4. 陌生的名字反复播出

　　对陌生的或者很难一下子记住的名字，要在报道中重复播出，给听众加深印象的机会。例如：

中共河南省委做出决定，追认李学生同志为中国共产党党员。李学生生前是商丘市睢阳区包公庙乡中华楼村村民，1997 年秋到温州市金有利皮鞋厂打工。2005 年 2 月 20 号下午，在金（华）温（州）铁路温州市黄龙段马坑隧道口，面对呼啸而来的列车，李学生飞身救出一个穿越铁路的男童，再次奋不顾身抢救另一个女童时，被飞驰的列车撞倒，不幸壮烈牺牲。

在这条消息中，救人英雄李学生的名字出现了三次，使听众在收听完这条消息后，记住了这个名字。

二、引言和出处的说明

引言是指报道中引用他人所说的话，出处则是指引言的来处，也就是告诉受众报道中引用的话是从哪里来的。指明引言的来处，这是新闻报道的传统做法。有经验的广播记者都知道，在写广播稿的时候，出处总是放在引言的前面，而不是结尾处。例如，典型的报纸新闻会这样写：

我国在恢复对香港的主权以后，中国政府有权在香港驻军。这是维护中华人民共和国领土的象征，是国家主权的象征，也是香港稳定和繁荣的保证。这是邓小平今天上午在会见出席六届全国人大二次会议和六届全国政协二次会议的港澳代表和委员的时候说的……

广播稿要求这样写：

中共中央政治局常委、中央顾问委员会主任邓小平今天上午在会见出席六届全国人大二次会议和六届全国政协二次会议的港澳代表和委员的时候强调指出："我国在恢复对香港的主权以后，中国政府有权在香港驻军……"

把出处放在引言的前面，也避免了广播稿中的倒装句式。前面我们已经讲过，倒装句式不符合人们的听觉习惯，把出处放在引言的后面，会导致听众在毫无准备的情况下放弃对引言的注意，只记住了出处，忘记了主要的内容。先说明出处，告诉听众下面将要播出的是来自何处的证据（引言），听众就会做好收听准备，从而取得满意的收听效果。但是，在广播新闻稿中并不是每句话都要指明出处的，否则，广播稿也无法简洁。广播记者应该明白在什么地方引用直接引言，什么地方用自己的话来转述引言的内容。使用引言、说明出处时要注意三点：

1. 引言以短为好

广播新闻稿中不要引用过长的直接引言。引言过长或者过于复杂，会给听众造成理解上的困难。也不要大段引用他人的报告，因为报告本身不是为广播而作，与广播文体不相符，会影响听众的听觉记忆。

2. 用说明出处的办法分段使用引言

如果使用长篇引言,可以用不断说明出处的办法将其分别引出。这样做,一可以使中途收听的听众明白现在引用的是谁的话,二可以使引言本身层次清晰、明了,听众容易理解。

用长篇引言,始终要使听众明确引言从什么地方开始,到什么地方结束。不能让听众把记者本人的转述也误认为是直接引言。

3. 不断提供新情况

聪明的记者经常会利用说明出处的机会,向听众介绍说话者的各种背景资料,如籍贯、职位、特长等,并且提供新的情况。

以上三种做法,可根据内容需要灵活使用。例如:

(1)……邓小平今天上午在会见出席六届全国人大二次会议和六届全国政协二次会议的港澳代表和委员的时候强调指出:"我国在恢复对香港的主权以后,中国政府有权在香港驻军。这是维护中华人民共和国领土的象征,是国家主权的象征,也是香港稳定和繁荣的保证。"

邓小平对港澳人大代表和政协委员说:"香港是中国领土,为什么不能驻军?没有这个权力,还叫什么中国领土!"(用说明出处的办法,将长篇引言分开。)

邓小平说,我们解决香港问题的立场是合情合理的。他请代表和委员充分相信,只要按照我国政府的政策办事,香港问题是会得到圆满解决的,真正爱国的、爱香港的人是不会失望的。(记者转述引言的内容。)

邓小平还同代表和委员们谈到处理好我国恢复对香港的主权以前十三年过渡时期的一些问题。(记者概述会谈中涉及的其他问题。)

在这则报道中,记者根据讲话的具体内容和报道的中心,对直接引言采用了多种处理办法,既突出了这次报道的重点,又将较长的引言分层次引出,给听众清晰的印象。记者还用转述、概述等方法,表明邓小平与港澳代表谈话内容的实质和态度。

(2)在中国工程院向社会公开举行的"工程科技前沿"报告会上,中国工程院院士王永志作了"中国载人航天"的学术报告。报告说:"我国载人航天工程分三步实施,最终建造长期有人照料的空间站。"作为我国火箭技术的专家,王永志详细介绍了三个步骤的内容:"第一步……"王永志还以中国载人航天工程总设计师的身份谈到关于航天员系统建设的问题,他说:"该系统与其他系统相比较,具有较大的特殊性,它是一个以航天员为中心的医学和工程相结合的复杂系统……"

在例(2)中,记者利用说明出处的方法,不仅突出了引言的重点,而且借此机会介绍说话者的情况。如果把上述引言一口气全部播出,层次感不强,听众记忆比较吃力。

第四节　必要的重复

重复一词的解释是:有规律地用词语或句子反重强调某一信息或者意义。重复在报纸中会给人啰唆、不简洁的感觉,而在广播中重复却是必要的。重复首先是为了方便听众收听,因为对于声音语言来说,听众经常是在赘述中获知信息的;其次,可以加深听众对报道内容的理解,帮助听众了解他们陌生的事件或人物。重复还可以使那些中途收听广播的人也能明白现在正在播报的消息,思路跟上正在播出的内容。重复的方式很多,有紧接重复、间隔重复、词语重复、句式重复、句群重复、内容重复等,这些重复的方式都是为了帮助听众收听,对于那些处在半收听状态的听众来说,显得更为重要。同时,我们还必须看到重复对于记者来说不失为表述自己对事件的态度的一种有效方法。在广播稿中如何使用重复呢?

一、加深听众的记忆

广播节目的内容是用口头语言的形式诉诸人的听觉,其内容无所不包,上至天文,下至地理,有听众熟悉的,也有听众陌生的。听众本身也因其年龄、职业、受教育的程度不同,分成了不同的听众群。为了照顾大多数听众能够收听到清晰完整的节目,用重复的办法加深记忆是十分有效的。例如:

联合国气候变化峰会定于 2009 年 12 月 7 号在哥本哈根举行,人们简称这次会议为哥本哈根会议。这是联合国气候变化框架公约(UNFCCC)第 15 次缔约方会议。COP15 是哥本哈根气候变化峰会的官方名称,哥本哈根缔约方会议(COP)是 UNFCCC 最高级别的会议,每年,环境部长们在这个会议上讨论公约的进展情况。

2009 年 12 月 7 号起,192 个国家的环境部长和其他官员们将在哥本哈根召开联合国气候会议,商讨《京都议定书》一期承诺到期后的后续方案,就未来应对气候变化的全球行动签署新的协议。这是继《京都议定书》后又一具有划时代意义的全球气候协议书,毫无疑问,对地球今后的气候变化走向将产生决定性的影响。哥本哈根会议被喻为"拯救人类的最后一次机会"的会议。会议将在现代化的 Bella 中心举行,为期两周。

联合国气候会议一年召开一次,其前身为 1992 年在里约热内卢召开的地球峰会,地球峰会的目的是协调应对气候变化而采取的国际行动。

这样的重复,完全是为了使听众能记住这个会议的名称和随着名称提供的相关信息。在报刊上介绍这个会议时,可以减少重复。读者无论对文章中的哪一句话感兴趣,都可以自己重复阅读,而且不受时间的限制。广播电台经常会收到听众来信,他们或者索要某一广播文字稿,或者要求重播某一广播节目,这一现象说明广播是完全不同于报纸的。广播稿使用重复的办法处理节目内容,体现了听众至上的服务宗旨。

二、强调主要内容,分清内容的主次

我们在翻阅书刊、报纸的时候,看到不同的字号、句子下面的重点号、表示不同语气的标点符号等,这些诉诸视觉的符号往往告诉我们文章的作者强调的重点是什么。但是,我们无法从广播中听到这些符号。广播稿作者需要用重复的办法"再告诉他们一次",来强调文章的重要部分。例如:

哥本哈根国际气候会议召开在即,一场关于碳排放的磋商正在各国政府间悄然展开。低碳经济将是今后一个时期的热门话题。每个人都感觉到,低碳经济终将改变我们现有的世界,深刻影响我们人类的生产和生活方式。

我国是重化工业为主的国家,环境恶化严重,因此对低碳经济革命有更为迫切的要求。我国已在《中国应对气候变化国家方案》中做承诺,到 2010 年实现单位 GDP 能耗比 2005 年降低 20%,到 2020 年 16% 的电力来自可再生能源。我国也正在制定《新能源发展规划》,估计会在哥本哈根会议前后推出,可能新能源占比还会提高。

目前低碳经济涉及的新能源有:(1) 新能源汽车,(2) 核电,(3) 风电,(4) 太阳能。哥本哈根气候会议将是新能源的引爆点,会推动更多的资金流向新能源。

以上文字主要是以哥本哈根会议召开为背景,谈低碳经济的意义。因此,文中不仅不断重复"低碳经济"这个概念,还要从不同角度解读围绕"低碳经济"产生的话题。

三、重复重点节目,方便听众收听

重复作为广播的一条原则,不仅体现在独立文本的创作过程中,而且应该成为广播节目整体设计的原则。翻开一张广播节目时间表,我们会发现大部分广播电台的重要节目都要重复播出,以方便听众选择收听。如中央人民广播电台"中国之声"的《新闻和报纸摘要》节目,第一次 6:30—7:00 播出,第二次 8:30—9:00 播出。《全国新闻联播》第一次 18:30—19:00 分播出,第二次 20:00—20:30 播出。除此之外,广播电台还通过多设节目套数,并在不同的

套数中选择不同的节目时间,重复播放本台的主要节目,使不同时间段的听众群都可以收听他们需要的节目内容。在"经济之声"7：00—7：30播放《新闻和报纸摘要》。在四个小时内,《新闻和报纸摘要》有三次播出,共占用一个半小时。

另外,在同一专栏节目中,广播电台还采用重播内容提要的办法,突出本次节目的主要内容。我们收听新闻节目时,经常听到这样一句话:"下面把这次节目的主要内容再播送一遍。""再播送一遍",使得那些一开始漏听内容提要的听众,有了获知重要消息的机会。不过在报纸编辑那里,情况就不一样了,凡需强调的内容他们可以用排版的办法(设大标题、报眼、头版头条、通栏标题、比其他内容大一号的字体等)来解决,而读者无论什么时候阅读,都能够得到这些信息。作为一名广播记者,在写广播稿的时候,应该有一个假设的听众就在你的面前,你要向他(听众)把事情说清楚,而不是写清楚,因此,就不要怕重复。一篇写得漂亮的文章,读起来效果可能完全相反;供人听的文章,尽管有多处重复,在听众那儿反而自然顺耳。

第五节　改写成最新的消息

编辑稿件是广播电台新闻部日常的工作,许多在电台从事新闻工作的资深记者,也是从改编广播稿入门的。广播电台并不是每时每刻都能够遇到令人触目惊心的最新事件。如果广播电台每正点播报一次新闻,每次都有最新的消息,那么每天就必须保证发生至少24次具有新闻价值的事件,事实上这是不可能的。

在我们的广播节目中,大部分内容是重复的。即使那些正在发生、尚未有结果的事件,其进一步的进展依旧有连续性,这种连续性正是我们可以充分利用的,新的报道必须抓住这一点,因此改写就成了在原来基础上增加新的内容。同时,完全孤立的新闻事件几乎是没有的,大部分的新闻事件都有一个背景。有背景,就给我们提供了关于某一新闻的不同角度。挖掘新的角度,改写成最新的消息,这也是改编广播稿的主要工作之一。

另外,那些待用稿件并不完全是按照广播稿的写作要求处理的,尤其是电讯稿,适合于报纸,而不是广播。编辑的责任是用自己的语言,把这些稿件改写成地道的广播文体。

怎样使每次的报道都有新意,满足听众对事件的求新欲呢?

一、在导语中强调最新的信息

体育比赛往往是接力式的,初赛、复赛、决赛,每一个层次的比赛都有新的结果出现,为我们改写提供了充分的素材。

例如,广播电台播报第 36 届世界乒乓球团体决赛的时候,经常采用连续报道方式提供比赛的最新结果。中央人民广播电台 3 个小时内连续 4 次及时将最新的消息播报出来。第一次,早晨 5 点报道了中国女队凌晨 4 点 10 分获得冠军的消息;第二次,6 点 30 分报道中国女队蝉联冠军,男队比赛正在进行的消息;第三次,6 点 45 分报道了中国男队夺得冠军的消息;第四次,7 点报道中国男女队双双获得冠军的消息。这 4 次报道是如何强调最新情况的呢?

第一次:中国女子乒乓球队获得 36 届世乒赛团体冠军。

第二次:中国女子乒乓球队在 36 届世界乒乓球团体决赛中蝉联女子团体赛冠军,中国男队与匈牙利队的冠军争夺战正在进行。

第三次:本台刚刚收到消息,中国男子乒乓球队战胜匈牙利男队,夺得 36 届世界乒乓球赛男子团体冠军。

第四次:本台最新消息,中国女队和中国男队双双获 36 届世界乒乓球赛男女团体冠军。

先后进行 4 次报道,每次所强调的内容不完全一样:第一次报道了女队获得冠军的消息;第二次重复女队获胜的消息,强调蝉联冠军,介绍男队比赛情况;第三次报道了中国男队获胜的消息;第四次综合报道强调男女队双双获冠军的消息,同时也告诉未听到前几次播报的听众比赛的整体情况。这 4 次报道每次都有新情况出现。

二、换一个新的角度

当重复报道一个事件的时候,可以从介绍事件的原因或者动机入手,改写成最新的消息。下面是关于一场火灾的两次报道:

第一次:在×××高架路上发生一起汽车追尾事件,一辆出租车撞上前面行驶的奥迪车,出租车司机受伤被送进医院,奥迪车司机无大碍。

第二次:刚才向各位播报的汽车追尾事件是常规性事件,但是,这次汽车追尾的原因应该引起司机们的注意。原因是奥迪车司机向前俯身去擦玻璃上的雾气,方向盘急转,紧随其后的出租车来不及减速,撞了上去……

第二次报道虽然没有提供新的情况,但是换了种说法,就有了新意。常规性的交通事故引起的原因各有不同,强调事故原因对于行驶车辆很重要。

三、以新的发展为由头

一辆装有剧毒化学药品的卡车翻车以后,关于这次翻车事故的几次报道是这样写的:

第一次：昨天晚上十一点十五分，一辆东风牌货车在修仁八里塘翻车。车上装的一百桶氰化钠全部滚了出来，一些药桶被摔坏，几百公斤的氰化钠流进了附近的小河。

第二次：在修仁八里塘发生翻车事故后，车上装的一些药桶被摔坏，从药桶里流出的氰化钠很快经由小河流入了荔江，使沿河两岸的人畜用水吃水遇到了困难。今天的水质化验报告表明，河水中氰化钠含量很高……

第三次：为了防止被荔江水污染过的蔬菜混入市场，保证人民生命的绝对安全，县政府决定沿河两岸的蔬菜一律不准上市……

第二次、第三次报道的都是最新的事态发展情况。上述两例消息有一个共同点：改写的新消息是对前一条消息的期待的一种回答。换句话说，前一条消息给听众造成一种期待感，在听到第一条消息后，听众生成的期待是：河水污染的程度如何？听到第二条消息之后生成的期待是：河水污染会造成什么样的后果？采取了什么措施？而新消息对这些期待做出了回答。

一篇有关事态的新发展的报道，结构主要有四层：新导语、挂钩段落、过渡段落、回到主题段落。例如：

一名美国便衣警察3月1号在迪亚洛街区枪杀一名手无寸铁的黑人青年，这位名叫马尔科姆·弗格森的青年被认为是毒品贩子。

电台在第二次播出这个消息时，强调了新的情况：

美国黑人青年被枪杀的事件引起当地群众的愤怒，抗议的群众3月3号走上街头，聚集到弗格森被枪杀的地方，以表达对死者的同情和对当地警察滥用暴力的抗议。

纽约市北端的布朗科斯市民抗议警察滥用暴力，枪杀黑人青年弗格森。抗议的人群聚集在弗格森被枪杀的地点，以表达对死者的同情。

面对愤怒的群众，纽约的官员解释说，弗格森的死与迪亚洛的死有本质的区别……

即使枪杀事件发生后没有出现群众示威的情况，关于此事件的第二次报道依然可以有一个新的角度。例如：

黑人青年弗格森被警察枪杀事件引起当地群众的愤怒，人们自然将此事件与"迪亚洛案"联系起来。就在几天前，枪杀无辜黑人青年迪亚洛的白人警察被宣布无罪，宣判结果引起美国各界的强烈愤慨。迪亚洛是在去年2月4号凌晨0点40分被白人警察枪杀的……

纽约的官员解释说，弗格森的死与迪亚洛的死有本质的区别。迪亚洛的死是因为警察误会他可能要掏枪，而弗格森是一名屡教不改的毒品贩子，他有过多次犯罪的前科……

第六节　生动与情趣

美国《大西洋》杂志主编凯利发现许多优秀的撰稿人也缺乏描绘的能力："撰稿人会去一些有趣的、吸引人的、危险的地方,他们写的报道包括各种层次的内容——采访、分析等——但是却没有现场描写,没有读者喜爱的、生动而丰富的场景描绘。这就是为什么读者会抛弃印刷出版物,转而投入视觉时代和互联网时代的原因。他们不喜欢这样的出版物。"①广播稿只有写得生动,才能打动听众,引起听众的兴趣,这是大家都明白的道理。怎样的报道才算是生动的报道呢? 写新闻报道时,永远不要忘记人在世界万物中是最有灵性的,每位记者涉猎的领域,都会与人产生各种联系。情趣恰恰是生动的首要因素。对人缺乏同情,对事件漠然视之,是无法写出生动报道的。人的各种尝试、人的喜怒哀乐、人的需要、人的缺点,这些都是报道能够引起听众共鸣的基本要素。关于汶川地震的新闻报道中,一句"年轻妈妈怀抱女儿遇难,女婴含乳头吮吸活命"的细节描写,打动了很多人。在灾难性报道中,惨景让人震撼,顽强的生存努力能够唤起更多的共鸣。当然,这里说的生动是用自己的心去感受,而不是写自己的感受。报道的生动性,不是靠文字技巧或一两个漂亮的句子能体现出来的,它是记者对生活中发生的每个事件的正确把握和用心体验的结果。

一、重视场景和细节描写

描写,是我们在通讯、报告文学中常常使用的一种表达手法,在新闻报道中,尤其是简短新闻中,按照惯例是不用的。但是,往往一些打破惯例的写法,能起到令人耳目一新的效果。请看下面这则报道的写法:

……胡锦涛来到双岛城岸边的马六甲海峡石碑旁,拿起望远镜眺望这片连接太平洋和印度洋的浩渺海域。水天之际,碧波荡漾;云霞之下,舰船巡行。胡锦涛详细询问了海峡通商、港口建设等情况。当地官员介绍,当前世界海上贸易的 25% 都经过马六甲海峡,日轮船穿行量超过 200 艘。

人们兴奋地簇拥过来,争相同胡锦涛合影。两位居民捧着两只精致的瓶子好不容易从人群中挤到胡锦涛面前,原来是要向中国贵宾赠送马六甲海峡的海水、沙粒标本。胡锦涛高兴地说:"感谢你们的珍贵礼物!"

记者对马六甲海峡风景的描述视野开阔,对当地两位居民送礼物的过程与礼物意义的讲述有画面感。再看下面这则报道:

① 引自梅尔文·门彻:《新闻报道与写作》,展江主译,华夏出版社 2003 年版,第 169 页。

他打扮潇洒,身穿灰色三件套,白色衬衫,法式袖口,金色袖扣,红色丝绸领带,黑色皮鞋擦得铮亮。他的苍白类似于腐烂鳕鱼的颜色。一头白发梳向脑后,这使他看上去像个上岁数的人。①

上文详细观察并准确描写,把一个纽约人的派头、精致和旧时品位塑造出来,给人留下深刻印象。

再如,2016 年中国新闻奖一等奖作品《寻找方大曾——两代记者穿越时空的对话》,运用文字的细节描述揭露日本侵华的罪行,同时又通过对话这种广播特有的声音,提出本次事件报道的核心"寻找方大曾",找到当年报道卢沟桥事件的记者方大曾,通过他的记录体现他的新闻职业素养和社会责任。寻找的多重意义被讲述出来:找方大曾、找卢沟桥事变的摄影人、找中国记者在国难当头时的形象……

二、要有生动的形象

新闻报道,主要是给人们提供各种消息,如果我们能够在新闻报道中把新闻人物的形象、人物的个性特点勾勒出来的话,也会加深听众的印象。

下面是西方记者在自己的新闻报道中对邓小平形象的描写:

邓小平穿着他通常穿的深灰色中山装、黑皮鞋、浅灰色袜子。他不停地抽着中国出产的熊猫牌过滤嘴香烟,精神抖擞地讲话,用右手打手势,有时候把双手合在一起,以强调某一点。

记者的这些关于邓小平的形象和个性的描述,给听众"邓小平是一位老练的政治家,邓小平运用熟练的手腕、幽默和机敏……他是一个非凡的人"的印象。

在报道领导人、名人活动的新闻中,如果能打破新闻报道的例行公式——何时、何地、何事,而用具体的描写表现这些意思,就会生动得多。例如:

(1)戴安娜王妃把一位被地雷炸断双腿的小女孩紧紧抱在怀里,她双眼紧闭……

(2)……经过 24 小时的长途飞行,皮诺切特于 3 号踏上了自己的国土。一天前还面容憔悴虚卧在轮椅上的皮诺切特,经过了旅途劳作之后,好像变成另一个人。他神采奕奕地站在圣地亚哥的大街上,举起他的拐杖向欢迎他的人群频频致意。看到这一幕,皮诺切特的反对者大声咒骂他是骗子,而英国人也承认是皮诺切特把他们给涮了。

增加报道的生动性的一个好办法,就是使报道听起来有画面感,记者要不时

---

① 　引自梅尔文·门彻:《新闻报道与写作》,展江主译,华夏出版社 2003 年版,第 170 页。

地向听众说出关于事件和人物的一幅幅画面来。

三、恰当的比喻

比喻在广播新闻中的主要作用是：把陌生的与熟悉的比较，借助熟悉的理解陌生的；化抽象为具体，化深奥为浅显，使听众容易理解和接受，产生联想。

1932 年，海明威在他的纪实性作品《午后之死》中提出著名的"冰山原则"。他以"冰山"为喻，认为作者只应描写"冰山"露出水面的部分，水下的部分应该通过文本的提示让读者去想象、补充。他说："冰山运动之雄伟壮观，是因为它只有八分之一在水面上。"

海明威以冰山为喻，这个鲜活生动的比喻与它的内涵一样令人着迷。在新闻报道中也是如此，恰当的比喻，常常使报道生辉增色。有时候人们对一条新闻可能记不清了，但这条新闻中的比喻却久久地留在人们的记忆中，从而使被报道过的事件也复活了。例如：

欧洲柔软的下腹部。

当我们完成课程时，好几条重要的信息已经扔进了网络空间的历史垃圾堆，而这个历史是以十亿分之一秒写的。

几年前这个结局是比独角兽更渺茫的事情。

军火生意是一口滚沸欲溢的大锅。

足球场上的冷色调，法国的深蓝，阿根廷的浅蓝。

四、广播稿写作技巧[①]

（1）起句有力。好的开端是成功的一半。

（2）阅读并理解你的消息来源的稿件。

（3）在关键事实之下画线或把它们圈起来。

（4）思考，还不要动笔，思考。

（5）按你说话的方式写。

（6）有平实写作的勇气。

（7）避免喋喋不休的烘托。

（8）用主—谓—宾结构行文。

（9）一个句子限定表达一个理念。

（10）使用短词和短句。

（11）使用常用语。

---

① 参阅梅尔文·门彻：《新闻报道与写作》，展江主译，华夏出版社 2003 年版，第 256—257 页。

（12）让你的稿件人性化、本地化。

（13）使用主动语态和行动语态,让你的稿件富有活力。

（14）避免使用也许、可能、似乎。

（15）用肯定句。

（16）在恰当的地方使用一般现在时。

（17）不要以一段引言或问题开头。

（18）将你最想强调的词放在句末。

（19）谨慎使用省略词。

（20）使用"新""同样""但是""说"这样的词激活你的稿子。

（21）提防"我""我们的""这里""上""下"的使用。

（22）删掉不必要的词。

（23）只写突出的部分。

（24）拿不准的内容省略掉。

（25）朗读你的稿件,如果它听起来像书面语言,那就重写。

（26）重复你认为重要的部分,但不是鹦鹉学舌般的重复。

五、运用一切声音-音响叙述和还原历史、展示今天

中央人民广播电台录制的"致我们正在消逝的文化印记",从人们的口述中将"方言""工匠""地方戏曲""古村落"等正在消失的传统文化重新唤起,让声音穿透一代又一代人的记忆,激起他们对传统文化的兴趣。尤其是其中的"方言季"第一篇"上海腔调"以上海童谣开篇,以音乐"婆婆起舞"转换场景,将听众置身于老上海的情景中,体悟浓浓的家乡味道,这种体悟与今天衔接,将历史和今天连在一起。而"戏曲季"搜寻历史音响,将访谈、唱段、剧场演出等穿插汇合,展开戏曲-声音的画卷。

"致我们正在消逝的文化印记"网页

下面提供一篇适合说的广播文稿,照着文稿说一遍,可体会何谓说得顺口、听得顺耳:

很开心又可以坐在这里通过广播与大家作心灵的交流。思索了很久,才决定开这个真心互动的栏目。所谓广播并非只是单纯的我播你听的过程,很多时候更需要心灵之间的交流与互动。这样才可以让大家喜欢上我们的广播站,才能从每日的广播中吸精华,有收获。

人生如白驹过隙。昨天路过曾经就读的小学,突然间觉得时间过得好快,那个抚育我成长的母校在栏杆的阻隔下变得那么遥远。体育老师出现在我模糊的视线中——模糊的身影,模糊的记忆。曾经那么熟悉的一切,此刻却变得如此陌

生。"流水落花春去也,天上人间",时过境迁,一切都已随时间逝去。记得我所就读的高中附近有一条护城河,河水清澈见底,冰凉晶透。我喜欢拉着好友的手在河边散步、谈心;喜欢把脚伸到冰凉的水中,去感受大自然所赐予的另一种美。我爱水,因为它的透明、清澈,所以我也真心希望我们的广播站与大家的感情就像水一样透明、清澈,最终汇成一条河流,一起去分享这段快乐美好的时光。

每个人都拥有自己丰富的内心世界,正所谓"人生不如意,十之八九",远离亲人和家乡踏上求学之路,我们大家偶尔都会有孤独和失落的时候。正如李煜《虞美人》中写的"问君能有几多愁,恰似一江春水向东流";生活中又有几个人没有体味过李清照的"寻寻觅觅,冷冷清清,凄凄惨惨戚戚"的无奈、凄凉的心情呢?我们的栏目以活跃气氛、调节情绪、展现学子的青春风采为主要内容,我们希望大家在有时明媚有时阴晦的天气里,始终保持不变的笑容和快乐心情。我们广播站的每一个成员都将是您的知心朋友,非常乐意与大家一起互动和交流。

当你徘徊在人生的十字路口,不知如何做出选择的时候;当你摇着一叶小舟驶入漫无边际的大海,找不准方向的时候;当你在月下漫步,孤独无助的时候,请写一封信给我们,无论您是活泼开朗的外向型性格,还是封闭内敛的内向型性格。我们期盼着您的稿件和倾诉,我们并不介意您隐姓埋名,我们只希望,大家可以把我们广播站当成你们的心灵驿站,把我当成你们最贴心的朋友。①

思考与练习

1. 广播稿在遣词造句方面有哪些特殊要求?为什么?

2. 为什么广播稿不适合用长句?将长句改成简单陈述句的做法有哪些?

3. 广播稿文本的结构安排有哪些原则?

4. 广播稿有哪些基本的导语形式?

5. 广播新闻稿的标题有什么作用?标题写作要注意哪些问题?

6. 在广播稿创作中如何正确处理简称、名字(人名、地名等)、数字、出处等?

7. 为什么广播稿写作要有"必要的重复"?如何处理意义重复的句子?

8. 广播新闻如何写得生动有趣?

---

① 资料来源:《广播稿优美散文》,应届毕业生网。

第十章　广播新闻节目编辑与制作

广播编辑与报纸、杂志等文字编辑不同,广播编辑工作的结束,不是在文字稿编排结束以后,而是在播音员播出、录制完毕时。这就要求广播编辑在编排文字稿时,始终考虑到每一句话、每一个节目和整组节目的声音效果。广播节目的"版面"是由有声语言和其他音响在时间线上共同构成的。声音是一种看不见的物质材料,这就要求广播编辑对文字背后的读音有特殊的敏感,凭这种敏感,在选择稿件、修改稿件、校正稿件、编写稿件时,使所有经手的稿件既适合播音员播出,也便于听众收听。

第一节　广播新闻节目的文字编辑

广播编辑和广播记者的任务不一样,广播记者的任务是采写单条的新闻、专稿或录音报道,为电台提供备播稿件。编辑的任务是经办节目,他们要将记者采写的稿件和各方面的来稿以及自己编写的稿件经过编辑加工在节目中播出。

新闻编辑一般都负责一个节目的编排工作。编辑所要考虑的是节目的整体播出效果,包括内容的搭配和播出顺序的安排。一个好的编辑要从节目内容、听众需求、音乐的选择和安排、音响效果、节奏感、播音员的特点等方面来考虑节目的编排。犹如一个好的厨师在置办一桌宴席时,要考虑赴宴者的口味、宴席上的营养搭配、荤素安排、口感调节、色香味基调统一以及上菜的先后顺序等一样。

广播节目文字编辑的主要任务有:

一、获得新闻稿

获得稿件是新闻节目编辑首先要做的工作。广播新闻的稿源主要有以下几个出处:

（1）记者发稿。记者每天活跃在社会的各个层面,寻找或者挖掘有新闻价值的事件,然后根据节目需要和事件本身的特点向编辑提供新闻稿。

编辑也会根据自己的责任主动选择有价值的事件并组织记者去采访。因此,做新闻栏目的责任编辑应该有一个独特的鼻子和反应敏锐的脑子,平时要能够嗅到国际、国内和本地的各种有新闻价值的动态,并且善于对获得的各种信息进行分析研究。要仔细研究报刊动向,认真阅读记者写的情况汇报和从各种渠道得到的业务资料,以便能在最快的时间内确定今天将要播报的全部内容。同时,也要重视各方来稿以及其他渠道的"新闻料"。

（2）网络和其他媒介的议题。随着互联网的发展,公共议题或公共事件往往通过互联网传播,广播编辑或自己、或雇他人将散见于互联网或者其他媒介的新闻报道搜拢、选择后,改写成广播稿播出。

（3）听众提供线索。听众提供新闻线索的渠道比较多,也显得随意。例如,在节目热线中提供的报料、节目信箱、手机短信、网上留言等。也有地方广播站和通讯员承担提供新闻信息的任务。

广播节目频道在一天之内能够容纳的内容很多,保证稿源出处通畅,保证现场报道的顺利跟踪,是编辑持续性的工作。编辑甚至没有休息时间。

二、组织报道

广播电台不仅向听众报道新近发生的各种事件,同时也组织报道,包括组织公共议题的设置与展开讨论,希望引起更多听众的关注和参与,培养听众参与公共事件讨论的能力,以此反映重大事件的民意。因此,组织报道是一项掌握整个社会动态,掌握节目播出进程的工作。

在我们国家,广播作为党的宣传工具之一,必须围绕党的中心工作进行宣传,这就要求编辑根据党的中心工作和重大事件,提出报道意见,制订宣传计划,拟定报道选题,组织各方面力量制作节目。

三、选择稿件

广播电台播出的稿件(节目),内容涉及各个领域,涉及国内国外,有不同的角度,代表各种观点,稿件水平参差不齐。面对数量如此之多,内容如此纷繁的稿件,广播编辑每天的第一项工作就是选择稿件。随着互联网的普及,直接从网络上选择稿件的次数会成倍增加。

广播编辑要在各种来稿中决定稿件取舍,考虑哪些要抢先处理及时发出去,哪些可以压一压、往后放。编辑对稿件的取舍,体现了广播电台的工作方针和电台的特点。一位称职的广播新闻编辑,不能原谅在自己的手下漏掉了其他媒介和听众都十分关注的事件。

广播编辑以新闻价值作为选择稿件的标准。新闻价值主要根据时效性、重要性、公众性、新鲜性、显著性、广泛性、可听性、政治性等方面决定。

（1）时效性。广播新闻利用其制作和传播技术,可以做到第一现场、第一时间、第一个播报正在发生的或刚刚结束的事件。新闻报道的时效性已经成为新闻价值的重要构成。新闻内容的时效性与新闻价值成正比,时效性越强,价值越大。选择出时效性强的稿件之后,应该尽最大努力及时编辑播出。广播电台的新闻报道如果能发挥"快"的特点,就能显示出自己的独到之处。

（2）重要性。稿件的重要性取决于它所含的意义。意义的大小由两个主要因素决定:一是稿件内容与听众的关系。稿件内容关系到的听众人数越多,关系越深,稿件就越重要。二是稿件内容和实际生活的关系。编辑选稿时要考虑稿件内容是不是受众普遍关注的公众事件,是否涉及受众的切身利益等。

在重要性中也涵盖了相关性,例如,一篇报道可能引发听众的什么情绪,它可不可能改变听众的生活方式与观念,是否影响到听众的收入、购买力、生活水平。优先选择这些稿件,能配合政府解决现实生活中的问题,起到舆论监督作用。

（3）公众性。新华通讯社前任社长李从军在 2009 世界媒体峰会上谈到了"媒介的社会责任和公益使命"。他认为媒介的社会责任和公益使命是:"运用真实、客观、公正、公平的新闻信息服务,推动求和平、谋发展、促合作理念广泛传播,推动全球经济健康持续发展,推动各种文明在相互交流、包容、借鉴中共同提高,全面促进人类的进步和社会的发展。"公益使命是公众性的具体体现。新闻广播稿要有益于社会和大众的利益,这是媒介的责任所在。

（4）新鲜性和显著性。编辑要注意选择反映新动向、新问题、新事情、新见解的稿件。显著性的意思是报道显要人物的活动、著名地区的新闻。与听众关系密切的地区发生的事也应当作为选择的对象。内容上有新意的和人物、地点、时间有显著意义的稿件,能引人深思,给人动力。

（5）广泛性。编辑要选用与大众日常生活、情绪息息相关的稿件。广播传播消息迅速,收听方便,传播对象广泛,能够深入到大众生活的各个角落。广播与大众生活的关系如此密切,编辑选稿时应当特别关心大众生活方面的稿件。如医疗制度改革、房改、住房津贴、公交线路的变更、高架路的建设、铁路提速、教育投入、高考改革、环保等。

（6）可听性。收音机掌握在听众手里,如果广播的节目不符合听众的口味,听众只要动一下手指,就可以将可听性差的节目关闭,不管编辑在制作这个节目时,出于多么良好的意愿和花费了多大的精力。可听性是节目是否达到预期效果的重要方面,为此,编辑要注意选用下列稿件:用事实说话的稿件,有趣味的稿件,能给人知识的稿件,和听众平等相处、亲切谈心的稿件,形式和表现方法有广播特点的稿件。

（7）政治性。政治原则是我们社会标准的一个重要方面。政治类稿件有时候听起来并不那么有声有色,但它反映了国内或国际的局势,反映了我们这个时代的变化或在一定程度上反映了政治的变化。

四、改编稿件

广播编辑要采用改写、压缩、填补、综合等方法改编各类稿件,使各类稿件的语言、结构、形式和表达方法符合广播的基本要求,兼顾各类广播稿的特殊要求。改编稿件时要考虑以下几个问题:

(1)为什么播报这条消息? 在改编稿件时你需要再问自己一下,为什么要选择这一条消息而不是另外的一条消息? 选择这篇稿件的原因是:重要? 及时? 新鲜? 有趣? 还是与听众有密切关系? 这种自问首先使你对这篇稿件要说什么有更进一步的了解,其次,对于接下来的改写至关重要。一旦明确了选择的理由,改编就有了方向。

(2)内容能否简洁易懂? 检查稿件是否用最简洁的方法表达了最重要的内容,听众是否感兴趣。改写的原则是言简意赅,微言达意。

(3)听众是否一听就明白? 稿件要说什么,是不是一听就清楚。有没有深奥的词,简称是否产生误解,逻辑关系是否理顺等。如果你的听众已经有一个星期没有接触任何媒介了,你所说的事情他是否一听就明白?

在弄清楚稿件得以播出的意义和上述问题之后,你就可以着手改写稿件。改写稿件的主要方式有:

(1)改变角度。比如原稿是从专业部门的角度写的,编辑要改为从听众的角度写。改写后的稿件必须符合原稿所提供的事实,不能从主观的需要出发。

(2)改变结构。广播稿的结构要使听众听起来清晰、有条理。从听的角度考虑,按照时间的顺序写,按照事情的发展过程写,按照事情的因果关系写,都比较合适。对于那些倒叙或插叙过长等不适合听的稿件,编辑要打乱结构,重新安排。

(3)改变体裁。体裁与内容不协调,或结构不够理想的稿件,编辑可以换一种适合内容的体裁重写。

(4)改变语言和表达方式。随着角度、结构、体裁的改变,稿件的语言和表达方式也要有相应的改变。语言和方式不仅要符合广播稿的基本要求,还要符合内容、各种体裁的特殊要求。

第二节　广播新闻音响的编辑

关于音响,本书在前面已经作过解释。音响为听众提供不容置疑的事实,音响把听众带进一个又一个新闻现场,音响引起听众的各种联想。无论何种类型的广播节目,都应该懂得如何巧妙地利用音响,增加节目的感染力和真实性。

在新闻广播节目中,音响就是事实本身,它不需要用任何的笔墨重复或强调。有了音响——新闻事物发出的声音、新闻人物的谈话录音、新闻现场存在的声音——就等于有了原始的新闻素材,接下来要做的事情,就是如何剪辑播出了。所以,音响对于广播节目的重要性,犹如录像资料对于电视新闻。

新闻记者或目击者对新闻事件的现场描述、新闻事物的实况音响、记者的电话采访录音以及记者招待会上提问和回答的录音等,都服务于一个目的——使广播新闻现场化,更具真实的感染力。

一、广播新闻音响的类型

在广播新闻节目中,目击者、当事人、权威人士的一句话往往比记者的长篇解说更富有说服力。让新闻事件本身说话,更容易引起听众的收听兴趣。记者的口头报道,能使内容有强烈的现场气氛。尽管在广播节目中可以插入的音响很多,但是归结起来,主要是以下三类:实况音响、口头报道、诱发音响。

(1)实况音响。实况音响是指记者录制的各种自然的声音,它主要是新闻事件、新闻现场、新闻人物发出的声音。实况音响是插入节目中的主要音响,它能够以无可辩驳的真实声音,说明事件本身,制造现场感觉。

(2)口头报道。口头报道是指记者从新闻事件的现场发回的现场口播新闻。有时候广播记者必须采用这种形式,因为实况音响并不是都能采录到和可以利用的。对于听众来说,收听由记者从现场直接发回的报道比听播音员在播音室念稿子更具现场感和可信性。播音员讲话已经形成一种模式,经常会感觉乏味、单调,而各种不同节奏的和谐的声音才能使广播新闻富有活力。

(3)诱发音响。诱发音响是指记者在采访过程中诱导出来的各种音响。这些音响不是自然生成的,就是说如果记者不去采访,这种音响不会自然发出。但是它不是虚假的音响,在记者访问之前,它是一种潜在于被采访对象意识之中的印象,或是清晰,或是模糊,一旦被问及,便自然生发出来了。

二、广播新闻音响的编辑

上述三种音响插(编)入广播节目之中,方式多样,三种音响可以分别出现在同一节目或者单独出现在节目中。下面我们来谈音响的主要插入方式。

(1)只插入实况音响和记者的口头叙述。例如在关于"通信卫星发射成功"的广播报道中,有发射现场在发射前的各种声音、卫星发射瞬间的轰鸣声,还有各地跟踪监测点对卫星运行状况的报告、记者对现场的描述等。

（2）同一节目中分别插入三种音响。实况音响、口头报道和诱发音响在同一个节目中根据内容的需要分别插入，在现场新闻报道中经常使用这种方式。

（3）只插入诱发音响。诱发音响大多是出自被采访对象的谈话。例如在人物录音访问中，贯穿节目始终的就是记者与被采访对象的谈话，记者的提问就是一种诱导，主要的节目内容则是采访对象的回答。

（4）只插入记者的口头报道。广播节目为了达到迅速及时的目的，常常把记者从各地直接发回的口头新闻音响插入到节目中去。例如在一组关于邓小平逝世的特别报道中，节目编辑或播音员把本台驻各地记者口头新闻录音插进去，不仅现场感强，而且改变了节目的播出节奏和内容单调的局面。

（5）只插入实况音响。在广播节目中，除了实况转播之外，其他以播报文字稿为主的新闻节目，适当地插入实况音响，可以使节目取得更佳的收听效果。如中央人民广播电台制作的"声音档案的百年历程"节目中，插入了1877年爱迪生朗读诗歌的实况录音，这段音响使听众了解到最初的蜡版唱片的质量，也领略了爱迪生这位伟大的发明家的诙谐和风趣。听众的这种感受，是文字无法给予的。

三种类型的音响，可以以各种方式搭配插入广播节目，搭配的标准就是保持音响与节目内容的一致性。在何处插入，则是根据节目本身的结构安排来考虑。

三、广播新闻音响的剪辑

音响剪辑是否合理、恰如其分，会直接影响到报道的效果。有时候，优质的实况音响也可能会被不适当的剪辑处理毁坏。

音响混合则是节目合成时的一项主要工作。两种以上音响同时播出时，这些音响之间存在着互相说明、互相验证的关系，它们能够使广播语言由线性的展开变成立体的、多层次的展开，如果处理不好，就会给听众造成杂乱无序的感觉。

1. 剪辑

剪辑音响时，首先要熟悉全部录音素材，考虑节目要求。如果时间允许的话，初学者可以设计不同的剪辑方案作比较，切不可在忙乱中把有用的东西洗掉，造成遗憾。

下面是关于剪辑录音磁带的要求：

（1）保持音响的完整。一般情况下，应该在音响的自然停顿处进行剪辑。如果要剪掉一个人谈话的某些部分，只要不曲解他的原意就可以。但是不能把一个人说的一句话分开，重新组合在一起。剪辑一个人的谈话时，最好不要把原来讲话内容的顺序颠倒。不过可以把第一句话与第四句或第五句等连在一起，删去第二句或第三句。注意,这种剪辑必须保持谈话的连续性,播出时听起来要自然、清楚,必要时要用出处说明连接两段话。不要仅仅为了凑足合适的长度,不加选择地剪切录音带。

不能在一个人说话的情绪上升时,即说话停留在一个升调时剪断它,这可能会使听众认为编辑想隐藏什么东西。

不能从一个断语的中间部分切断一个人的谈话,切断磁带时一定要找一个停顿符号,一次较长的换气,或者找到一个结束音。停顿一般是在下一句话开始前随着吸气而结束。应该在吸气之后,在说话人开始吐出下一个字之前的一瞬间进行编辑,使编辑过的字(音)与前面的最后一个字(音)一气呵成,不留连接的痕迹。

录音的最后一个字也不能出现停顿和呼吸,否则会给人一种流畅的语言被卡断的感觉。

(2)录音要有一定的长度。不要把磁带剪辑得太短,一般至少要保留十多秒时间。如果觉得音响效果不够好,不值得播出十秒钟,应该考虑音响到底是否有使用价值。要剪掉没有声音的空白段或者去掉啰唆和复杂句子,以保证音响的效果。任何不歪曲实况音响的意思和语气的剪辑都是允许的、合乎要求的。我们从一名编辑处理下段录音的做法中看看如何剪辑(加黑的字是被剪掉的内容):

记者:**您好,我是某某电台的记者,我叫甜甜。**今天我想请你谈谈为什么在洪水到来以前,没有及时向居民通报情况,**我们下面将要录音,你可以开始。**

市政委员:关于这个问题我们正在进一步调查。我们今天晚上开会时,我要问清楚这个问题,**为什么在洪水到来之前不告诉居民他们的家可能被洪水淹没?**　我是说谁也没有想到会发生这样的事情,为什么那些设计人员允许发生这种情况?他们拿着我们付给他们的工资难道就能这样做吗?为什么没有进行必要的检查?谁应该来承担责任?这一点很重要。究竟这些损失应该由谁来承担?有一点可以肯定,不应该由居民来承担这些损失,而是那些玩忽职守的人,那些责任人应该立即赔偿。

记者:**你,对不起⋯⋯**

市政委员:**没关系,你说下去。**

记者:我的问题是你知不知道要重建被洪水损坏的房屋等建筑需要花费多少钱?

市政委员:几千,几十万。房屋倒塌,整个家都被毁了,所有这些都是那些玩忽职守的人干的,应该彻底查清责任,直接的责任人应该开除,其他的人也要追究责任,这种事情不应该再发生了。

进行编辑时不要曲解别人的原意,断章取义,在此基础上对录音进行剪辑。对上例中的原文先读一遍,然后再把加黑的句子剪掉,重新说一遍,比较前后的区别。

2. 音响混合

如果音响不清晰,或者说话人的口音不容易听懂,但又必须使用这些音响资料的话,就可以用混播的方法来处理。把音响压低,由记者或播音员进行解说;也可以先放一小段音响,然后改由记者或播音员代说。

3. 音响片段的开始语与结束语

每一段实况音响、口头报道或者诱发音响前面都应该安排一两个介绍性的句子,我们把这种句子叫做开始语,或者介绍语。开始语必须包含关于这则报道的足够的信息,这样就不至于把听众搞糊涂。当一段音响结束时,最好用一秒钟的时间说明是什么音响。用以说明的句子必须和上下文贯通一气。因为当磁带运行超过 15 秒或 20 秒以后,听众很可能已经忘记了磁带开始的说明,而且还有一部分人是在节目播出过程中加入听众行列的。

(1)音响开始语。最简单的音响开始语提供的信息,几乎与音响的正文相同,但不是用相同的句子重复一遍,而是换一种说法。

例如广播新闻《"数字敦煌"工程让敦煌文化遗产得以永续留存》,①描述与音响穿插,使报道绘声绘色:

……莫高窟数字展示中心利用现代技术还原莫高窟历史文化和精美洞窟艺术,使游客在球幕影院身临其境地观看洞窟实景之后,再参观部分实体洞窟,达到保护和开放利用的双赢,敦煌研究院院长樊锦诗说(出录音)……

再如:
总统与国会领导人会谈以后告诉记者,他对经济的前景是乐观的。
(出录音)"我认为最坏的情况已经过去,在未来的几个月里,工业产量将增加,生活费用要降低。"

如果开始语与录音中的语言相同的,效果就不尽如人意了:
总统与国会领导人会谈以后告诉记者,他对经济的前景是乐观的。
(出录音)"我对经济的前景是乐观的,我认为最坏的情况已经过去,在未来的几个月里,工业产量将增加,生活费用要降低。"

编辑要么剪辑磁带,要么重新写开始语。要写好开始语,就要用心听完实况录音后再动笔。

以下是美国前任总统奥巴马在上海与中国青年对话时的讲演(2009 年 11

---

① 节目录音可从中国记协网搜索收听。

月 16 日)片段:

　　但是更重要的是看到你们年轻人的才能、你们的献身精神、你们的梦想在 21 世纪会发挥很大的作用。我说过很多次,我认为世界是互相联结的,我们所做的工作,我们所建立的繁荣,我们所保护的环境,我们所追求的安全,所有这些都是共同的,而且是互相联结的,所以 21 世纪的权力不再是零和博弈,一个国家的成功不应该以另外一个国家的牺牲作为代价。这就是为什么我们不遏制中国的崛起。相反,我们欢迎中国成为国际社会一个强大的、繁荣的、成功的成员。

　　这段讲话录音可以这样剪辑:

　　在谈到年轻人的梦想时,奥巴马说(出录音):"更重要的是看到你们年轻人的才能、你们的献身精神、你们的梦想在 21 世纪会发挥很大的作用。"奥巴马强调了中美两国的共同处(出录音):"我认为世界是互相联结的,我们所做的工作,我们所建立的繁荣,我们所保护的环境,我们所追求的安全,所有这些都是共同的,而且是互相联结的,所以 21 世纪的权力不再是零和博弈,一个国家的成功不应该以另外一个国家的牺牲作为代价。"奥巴马认为应该欢迎中国成为国际社会一个成功的国家(出录音):"这就是为什么我们不遏制中国的崛起。相反,我们欢迎中国成为国际社会一个强大的、繁荣的、成功的成员。"

　　再看下面这个例子:

　　节目主持人:"一架×××型客机今晨在×××机场的浓雾中坠毁,有十人死亡。本台记者××已经赶到出事地点,现在请听他发回的现场报道。"

　　记者(出录音):"据现场的调查人员讲,还没有弄清楚是浓雾还是其他故障导致了坠机。"

　　如果说现场的记者和播音室的编辑或者节目主持人互相没有商量,记者就有可能用死亡人数作他的报道的开头。如果节目主持人也这样开头,那就是配合失误了。如果电台只得到一架飞机坠毁的消息,详情一概不知,记者已经赶到现场,将从现场发回新的消息,那么节目主持人就应该以笼统的说法作开头语,具体的情况让现场记者来说。例如:

　　节目主持人:"今天早晨在×××机场发生了一起飞机坠毁事件。本台记者××已经赶到了现场,现在请听××发回的现场报道。"记者(出录音):"在这起坠机事件中,至少已有十人死亡。负责营救工作的人刚刚告诉我,飞机残骸内可能还有尸体。"

　　一般讲,节目主持人以笼统的说法作导语,详情由记者在现场作口头报道为好。这样既可以避免报道的失误,也有强烈的现场感,可以提高报道的真实性。

　　如果在写稿时并不知道新闻人物或记者将会说些什么的时候,可以用这几种方式来介绍将要出现的音响片段：

　　……记者满足了尤大爷的要求,当场录下了老人家对儿子说的一番心里话。我们征得了老人的同意,下面就把他对儿子的谈话播放给大家听。……

　　今天有人要求学校领导谈谈学校的情况。……

　　最好是能在开始语中对音响片段的内容有所暗示,使听众对下面将要播出的内容有所准备。

　　(2) 音响的结束语。在一段实况音响或其他音响结束时,最好点明刚才结束的是什么声音,因为当听众把注意力投入收听音响之后,可能已经忘记音响开始的说明。在音响片段结束后用重复姓名的办法,既再次说明了音响的出处,也把另外的消息告诉了听众。例如：

　　……记者采访了武汉大学法学教授马克昌。马克昌教授从事刑法学研究已经有几十年的历史了,他对安乐死问题是持赞同意见的。他说(出录音):"我为什么赞成呢？从法律的角度来说,我认为,要看一个人是不是犯罪,就要看这种行为对社会有没有危害性,以及它的危害性是不是严重。如果对社会没有危害,那当然就谈不上犯罪,也就不应当对这种行为加以处理。……"现任武汉大学法学院院长的马克昌教授的观点得到西北政法学院王淑贤副教授的支持……

第三节　广播新闻的串联

　　我们知道,报纸是用版面和各个版的自然连接将各类消息编排在一起,并且根据内容的重要性将其归入不同的版。广播节目是在时间的连续流动中完成的,是一种线性的编排,编辑的主观意图可以通过串联体现出来。

　　串联就是用一个单词、短语或者音乐片段把听众自然地从这一条新闻引入下一条新闻。这个起连接作用的部分,可以放在一条新闻的后面或开始。串联可以引导听众在收听过程中对新闻进行对比、归类,实现编辑的意图。

　　广播编辑使用"串联"的手法编排新闻顺序,组合同类,比较反正,"串联"相当于新闻与新闻之间的黏合剂。

一、串联的作用

1. 用短句衬垫过渡

　　用一句话或一段音乐串联消息,可以为正文的出现做必要的衬垫,引起听众的收听兴趣。这种起衬垫作用的语句,如果从新闻广播中删去,不会影响听众对内容的理解,不会破坏消息的完整性。如果运用得当,可以始终抓住听众的注意力,使他们从一条消息的收听转到另一条消息。

听众的注意力是很容易分散的,人们没有办法改变一个耳朵进一个耳朵出的现象。只有不断地对耳朵实行听觉冲击,才能让听众将声音留住。那种呆板地一成不变地播报消息的方式,最容易导致听觉疲劳。如果在十分钟内播出的七八条消息中,都是以"本台消息、本台记者报道、新华社消息⋯⋯"的方式引出各条新闻,方式的一律性或多或少会掩饰消息的差异。对于听觉来说,千篇一律的句子、语调容易引起疲劳感。如果七八条消息中有国内国外的,不妨在国内消息播报完之后,用这样的串联语衬垫一下:

在了解了国内的最新消息以后,让我们再来听听来自世界各地的报道⋯⋯

也可以这样过渡:

刚才的新闻详细报道了 11 月 10 号起成品油价格上调的幅度,接下来我们听听,发改委有关负责人是如何解释这次成品油价格上调的原因⋯⋯

2. 强调对比的效果

编辑在编排稿件时,经常把可作比较的消息放在一起,使消息之间产生对比,引出思考。串联句引导听众从对比的角度收听这些消息,做出是非判断。例如,编辑可以把关于如何教育子女的两篇报道放在一起播出,这两篇报道分别讲述的是用两种不同的方式教育子女:一种是棍棒教育,另一种是晓之以理、动之以情的教育。在第一篇播报完以后,用这样一段串联语承上启下:

棍棒下面出孝子,这是不少家长在教育子女时认定的一种经验。棍棒下面真的能出孝子吗? 刚才的报道已经作出了否定回答。应该用什么方法教育子女呢? 我们一起来听听下一位家长的另一种做法⋯⋯

再来看另外一段过渡语:

听众朋友从刚才的报道了解到近日来南方大部分地区有雨雪天气,这样的天气给人们的出行带来很多的不方便,希望出门一定要注意安全。接下来让我们听听记者来自北方城市的报道⋯⋯与南方城市相比,北方大部分城市天气晴朗,气温较高。这倒是应了这样一句话:东方日出西方雨。了解了近日全国主要城市的天气情况后,让我们再来关注油价上调的消息⋯⋯

3. 产生整体效应

编辑每天面对报道各种事件的稿件,这些稿件所涉及的内容从表面看没有任何的联系,是独立的、互不相干的。但是,它们发生在今天,成为今天的现实,而不是昨天的历史,似乎与今天都有关系。所以,在今天的角度看,它们是在同一时间上并列的事件。串联可以使独立零散的事件互相关照,也可以让同一类事件产生综合效应,增加节目的整体感。

4. 完成节目的转换

以声音为存在形式的广播节目,只能靠停顿来区分句子、段落、篇章。听众一般根据个人的习惯分辨出句子、段落,但对一条消息的结束、另一条消息的开始却不易分清楚。尤其是在陌生的语境中,由于对所说的内容不熟悉,对关键词语所指不明确,较难从听觉上判断一条消息是否播报完毕。广播节目中的串联相当于报纸用横竖排版、加花边等方式区别每条消息。

二、串联的主要方式

通过串联,节目可以根据地区分类,也可以根据事件的性质分类,或根据对比的原则(正比、反比)进行组合等。串联还可以体现出编辑的思想水平、品位和综合艺术能力。因此,在实践中,编辑们创造出了不少有效的串联方式。

1. 播时报地的串联

这种形式就是采用了播报消息来源的办法,从一条消息转换到另一条消息。这是最简单的一种串联方式。例如,我们在收听广播时,经常听到这样的串联语句:

本台消息……

据新华社报道……

《人民日报》开罗消息……

本台记者从华盛顿发出的消息……

2. 用串联词把几条新闻组合在一起

在5分钟或简明新闻的播报中,采用报时报地的方式会占用有限的节目时间,影响正文的播出,若改用串联词连接各条消息,不但加深了听众对节目的整体印象,而且使节目进展流畅。如下例:

全国汽车工人罢工已进入第三周。根据各公司行政人员的报告,罢工正在迅速蔓延。在底特律,三大汽车制造商——福特、克莱斯勒和通用汽车公司业已停止一切生产活动。

同时,来自圣路易斯的消息说,那里的福特汽车公司有可能将举行罢工,他们与运输公司签订的合同将于明天晚上十二点期满。双方都宣称连续二十四小时的讨价还价的会谈毫无结果。

汽车工人的罢工以及卡车司机可能举行罢工的威胁,影响了今天的证券交易,道琼斯收盘时的股票平均指数下跌了十五点多。

专家们说,全国动乱的经济状况是造成崩溃的原因。受市场萧条打击最重的人中,有亿万富翁理查德·安德鲁斯,他在证券储备方面货币损失达一千五百多万美元。

虽然证券市场毫无生气,但旧金山的巨人队却并非如此,他们今天以十五比五获得比赛的胜利。

在此例中,记者用串联词把有关罢工和罢工造成的损失的消息连在一起,使听众对这一事件的概貌和意义有了总的了解,同时,又用串联语把罢工消息与证券市场情况连在一起,最后用"虽然证券市场毫无生气,但旧金山的巨人队却并非如此"的语句,把与罢工、市场萧条毫无关系的体育比赛消息串联在了一起。这种编排的目的主要是使听众在紧张之后略有放松,不至于被罢工可能带来的坏消息搅得心神不宁。

需要注意的是,串连词要用得合乎逻辑,不能牵强附会。

3. 用停顿完成节目的转换

在半个小时或更长时间的新闻节目中,用停顿的方式间隔节目不失为一种简单易行的办法。不过,聪明的编辑一般不轻易让节目时间白白流过,当然,假如这种停顿本身包含某种意义的话,另当别论。

例如,在刚刚播报完一条令人震惊、悲哀的消息后,稍稍停顿一下,会比用串联词马上引出另一条消息要好得多。

4. 用音乐作间奏曲,衔接与转换节目

在广播节目中,音乐有着十分重要的作用,音乐本身的丰富性,也显示出它有广阔的用武之地。即使是新闻节目的编辑,对于音乐和各种声音也应该保持敏感,懂得使用它们。用音乐作间奏,既可以使听众稍稍歇息,又可以把节目分成不同的"版面",以示区别。

5. 男女播音员轮换播报

在一组节目的播出过程中,采用男女播音员轮换播报每条消息的方式,就是以声音的变化来转换节目。这种声音的变化,也可以向听众明确表示节目的变化,同时完成节目转换。变化本身会产生新鲜感,吸引听众的注意力。

第四节　广播栏目的编辑

广播栏目是指由区别开来的项目——内容组合在一起的节目播出单位。它的特点是,整体性质基本相同,各自分成不同的单元,具体内容有别。栏目组合类似陆地板块的构造,从整体上看,它属于一个板块,但是内部又有区别。

一、广播栏目的含义

栏目由不同的节目单元构成,每个单元都是一个区别于其他单元的相对独立的"块"。"块"与"块"之间又存在着一种互相连接的碴口,它们各自分离又互相影响,形成一个整体,体现某一组合意图。栏目充分体现广播这一传播媒介的多种优势,它使听众在相对的时间单元内获知最多的信息,同时又不至于使听觉疲劳,产生关机意识。这种节目形式打破了新闻性节目与其他节目分类设置的格局,它可以融新闻、信息、服务、娱乐、教育为一体,由主持人将多种内容串联起来,形成一个整体。

生活节奏加快,信息丰富多彩,各学科知识互相融汇,信息处理简洁、快速、多样化等,都对广播的传统节目形式提出了新的要求。栏目或以包罗万象的形式,或以信息集束的形式满足了人们的信息需求和信息娱乐。

二、广播栏目的特点

从栏目的结构上看,它具有三个特点:

1. 播出时间长

播出的整体时间长。广播栏目的时长有 30 分钟、1 小时甚至更长时间。其中每个节目单元相对时间较短。

2. 设主持人主持播出

栏目与主持人关系密切。栏目的主持人是栏目的灵魂,他(她)负责节目内容的整合、播出方式的选择与变化。栏目主持人的个人魅力具有明星效应,可以吸引更多的人收听节目。

3. 杂志式设计

有人把栏目叫做杂志式的综合节目,是有一定道理的。栏目设置与杂志相似,具有多视角、多方位、综合性强的特点。栏目组合可以按照节目的总意图(新闻性为主,经济生活为主,娱乐教育为主),把新闻、专题、文艺、广告、天气预报、报时等不同体裁的节目,综合汇编在一起,互相转换,交替出现。说说唱唱后,议论一两个话题,又听一段音乐;讲讲生活常识、笑话故事,又插播一两则广告;做做游戏、猜谜之后,来几条科技信息;打打电话,点播歌曲之后,插播几条新闻。听众在娱乐之中不知不觉地增长知识,获得信息,接受教育,得到服务。

三、广播栏目的时间优化

毫无疑问,无论什么样的广播节目,它的播出过程都是要占据一段时间的。栏目强调整体性,播出时间较长,因此栏目设置对顺序、播出时间以及内容都要做综合考虑,同时还必须兼顾这一时间段主要听众群的需求。

一个栏目的好坏,不仅要考虑它的内容,也要考虑它的播出时间、播出的频道。广播栏目是在"时间版面"的有序组合中安排播出的,播出时间又以其听众收听的多寡为价值标准。随着社会的发展变化,听众群也在发生变化,由一分流出二三来。听众群体的作息时间千差万别,对"黄金时间"的确认同样会有变化。播出时间的选择不再仅仅局限于几段"黄金时间",而在于听众对不同类型栏目的不同时间需求和不同类型的栏目对全天播音时间的分别占有。

对于不同类型的栏目来说,选择最佳播出时间很大程度上取决于和它对应的听众群收听行为可能发生的时间。这时候,人们要考虑的是某类栏目的最佳播出时间在何时。对于大时段安排的栏目,尽管内容安排使每个时段的听众群都能获得多种信息享受,但是时间的优化仍是一个较突出的问题。在保证了栏目本身的质量以后,一个节目放在什么频道以及什么时间播出,对于收听效果的影响也是显而易见的。

以交通之声为例。交通之声属于专业性的电台,它的定位是与"行"有关的事宜:路况报道、海陆空交通咨询以及为司机提供的其他服务。每半点的路况报道是针对行车司机设定的,这种设置充分体现了司机在驾驶中收听广播的特点。该台其他栏目播出时段的安排,也考虑到交通高峰期和非高峰期的差别。

四、广播栏目的设计

栏目设计要与整体节目意图相一致,又要避免雷同。从内容上划分,有新闻性栏目、知识性栏目、经济栏目、文化娱乐栏目等。确定了栏目的总设想之后,每个节目单元都应该使总设想得到实施,这样的话,那些有意识收听"这一"栏目的听众,就不会失望了。

1. 节目单元安排

虽然栏目的总体设计不相同,各自有特点,但在内容安排上也有一些可以共同参考的做法:

(1) 突出中心,照顾一般,综合多样。栏目播出时间较长,长的可达到 2~3 小时。一般情况下,在这么长的时间内不会只谈论一两个话题,涉及的面会比较多。但是,每一个栏目都应该突出一个重点,或者叫中心。通常情况下,重点是一个主要话题。如果栏目较长,也可以是两三个话题。确定了中心以后,再考虑节目的搭配。在突出中心问题的同时,又要做到综合多样,力求整个栏目给人以丰富多彩、和谐自然的感觉。因此,在编排节目时,要有每分钟都派大用场的观念。

(2) 单元节目的安排以中短为主。一个单元节目中,最好长稿、中稿、短稿都有,而以中、短稿为主。在广播新闻中,一般500字以上算长消息,300字以下算短消息,100字以下算简明新闻,一律的长消息或一律的短消息的安排都是不好的。在此,我们可以借鉴《新民晚报》的编排经验。《新民晚报》的做法是"两头开,重浓缩"。"两头开",就是一头为短小精悍的好新闻开门,一头为重要新闻和好通讯、好特写开门,给它们多一点篇幅。"重浓缩",就是对那些不上不下处于中间状态,有点意思但又写得冗长的消息,尽可能精编(浓缩)。借鉴这种做法,对广播编辑来说,就是精选、精编。

(3)体裁多样化,结构灵活巧妙。在可能的情况下,编辑要使稿件体裁样式多一些,可以穿插新闻、特写、来信、电话访谈等,可根据内容同异或形式的同异进行搭配。同时,还可以根据内容安排间奏乐。有些间奏乐起补空的作用,大部分的间奏乐都是节目的组成部分。间奏乐的选择是否恰当是整个栏目是否和谐顺当的关键点。

2. 节目安排顺序

每个栏目的具体内容安排顺序,力求层次分明,便于收听。电台的节目是"直线排列",安排顺序比报纸困难。报纸可以上双头条和上"报眼",能同时安排三条重要消息。报纸还可以用标题大小加框、转版等方法来解决组织版面、安排顺序的困难。广播无版面可言,只能一条一条直线安排下去。根据这个特点,广播节目安排次序应注意这样一些问题:

首先,在新闻栏目中,确定头条及二、三条新闻。一般情况下,将重头消息、最新消息放头条。如果一、二、三条重要性相近,短的在前,长的在后。

其次,为了层次分明、便于收听,同一问题、同一方面、同一区域的消息最好安排在一起,使听众收听起来集中、清楚。对比的稿件要安排在相邻的地位,使听众听起来有层次感。

其三,各类节目前后顺序搭配要以整个栏目的中心问题为参照点。如果搭配合适,中心问题也自然突出了。

其四,一个栏目要分成几个播出段,每一段要提供头条与尾条,相当于报纸给标题加框吸引注意力一样。

第五节 连续报道和系列报道的制作

连续报道和系列报道是广播新闻报道的两种形式。新闻事件发生过程有长有短,有时候一个事件从发生到结束,大致要一个星期,或者更长一些。对一个事件从发生、发展到结束作持续的报道,保证新闻的时效,这是连续报道的任务。另外,听众对30分钟或60分钟的新闻专稿容易出现听觉疲劳,因此需要把这种专稿材料写成一系列的小型报道,分别播出,而不是一次播完,这就叫系列报道。这种报道形式,更易于听众了解新闻事件,并且避免了因内容冗长导致听众产生抵触心理乃至厌烦情绪。

一、连续报道、系列报道的特点

连续报道、系列报道与一般性的关于事件的多次报道不同,它们必须是首(篇)尾(篇)相连,从开始到结束贯穿同一个报道主题,报道与报道之间都要有照应,而不是互不相干、随意安排的。每一篇后续报道的题材,都是根据报道的总目的而选择的,它们或是上一篇报道的继续,或是从一个新的角度展示事件,在整个结构安排上,记者的作用至关重要。连续报道与系列报道有共同点,也有不同之处。连续报道是对某事件或某人物在一定时期内持续进行的追踪报道。连续报道受事件发生过程的时间顺序的制约,使整个报道过程呈纵向发展态势。系列报道是对一个新闻题材全方位多角度的表现,它不受时间的限制,自由度较大,整个报道过程可以是纵向展开,也可以是横向展开。面对一个主题过于复杂、又具备新闻价值的事件,选择系列报道的方式是最合适的。

1. 连续报道的特点

(1)报道的时间与事件的时间基本同步。连续报道中事件的时间链条是连续不断的,时间的连续性保证每一次新的报道都有进展,向听众展示事件的一个新段落。因此,连续报道的时效性强。

(2)报道的结构与事件的进展保持一致。连续报道对事件的多次性报道往往与事件的进展是一致的。事件的进展不仅决定了连续报道选择那些正在发生着的、尚未有最后结果的事件进行报道,而且决定了报道的基本结构。在这个结构中,记者可以确定自己的报道思路、每一次报道的重点,甚至可以预测接下来的事态。记者对于事件的疑问和采访可以成为接下来的报道内容,当然,这必须是依附于事件进展的逻辑。

(3)报道的节奏与事件的节奏合拍。事件的发展有自己的节奏,每一次新的情况出现就意味着新的节奏开始。连续报道中每一次单独的报道,在内容上既是上一篇报道的接续,又相对独立,有自己的报道重点,这些都取决于事件的进展情况。连续报道每篇的开头或结束语,都要照顾到上一篇及下一篇的内容。这样做除了强调每次报道之间的联系,也充分考虑了听众的收听状态。因为,你不能假设所有的听众都从头至尾在收听报道的全部内容,大多数人只收听过一次,还有的是第一次收听。

(4)形式多样、有深度。广播新闻的连续报道,播出的次数多,持续时间长,内容丰富,适合于用多种形式完成报道。整组报道是对事件不断追踪的过程,有利于揭示事件错综复杂的因果关系。

近几年,中国新闻奖所设评选项目有所变化,其中"系列报道"包括"连续"

"质量创强
记者行"连
续报道(部分)

和"组合"两类,也有称连续(系列)报道。所谓"连续"也不再如以前,强调事件性、时效性,因此,有命名"连续报道"的获奖作品与之前的"系列报道"雷同。曾获浙江省 2016 年度全省好新闻特别策划奖的作品"质量创强记者行"连续报道就是一例。值得一提的是,新闻性、时效性较强的持续报道(连续报道),其开头语与结束语要注意前后的时间顺序和逻辑关系;新闻性、时效性较弱的持续报道(组合报道),开头语与结束语要注意整体性,篇章之间的联系要顾及整体——主题。

2. 系列报道的特点

(1)系统性强,时效性较弱,时空跨度大。系列报道有一个一贯到底的报道主题,每一篇报道都是围绕同一个主题,从不同角度、不同侧面对主题进行展示。与连续报道相比较,系列报道中每篇报道内容之间的联系并不紧密,结构松散。称之为系列是因为每一篇后续的报道都是围绕着相同的主题展开的,犹如层层剥笋一般。

(2)采用包裹式和画卷式结构。包裹式的结构采用设问的办法,把追问步步引向深入。追问应注意每一篇报道之间的逻辑联系,最后将事情的前因后果以及主要的背景交代清楚。画卷式结构中每一篇报道涉及一个问题,每一个问题有相对的独立性,层层展示,最终给出关注对象的全景。如一组关于专业市场现状的系列报道,围绕专业市场建设的必要性和可行性这个主题进行报道,分别涉及这样一些素材:已有的专业市场经营状况,存在的问题,经营者对专业市场的评价,消费者对一般商场和专业市场的比较,专业市场管理者对其发展前景的看法等。

由于系列报道中各篇报道的安排没有严格时序的要求,报道内容根据事先所知确定,因此在结构安排上突出报道事物的内在逻辑关系,有较强的主观意识。

(3)报道的节奏与结构相辅相成。系列报道每一篇的开头都要对报道主题进行简要介绍,每一篇的结束处都要对下一篇将要涉及的内容进行说明。这样的节奏既使得整组报道流畅贯通,有一波三折之效果,也使得系列报道的整体性加强,给听众留下较深刻的印象。

如"美国之音"为纪念世界反法西斯战争结束四十周年制作的系列节目《战争的时代,和平的时代》。这个系列节目共分六次播出,每一次开篇都从不同的侧面表现节目的主题,六次播出内容虽然角度不同,但由于开头语和结束语的作用,仍给听众一个完整的印象,犹如一气呵成之作。

开头语:

第一篇：这是生长的时代，也是死亡的时代；这是栽培的时代，也是铲除的时代；是杀戮也是将养创伤的时代，是崩溃也是建设的时代。我们哭泣，同时我们欢笑；我们哀悼，同时我们欢庆。这是有所得的时代，也是有所失的时代。我们保存所要失去的，我们也浪费了所要获得的。我们有爱，我们也有恨。这是战争的时代，这是和平的时代。"战争的时代，和平的时代"，这是第二次世界大战的故事。是那些亲身参加了战斗的人，是那些虽然没有直接参加战斗，但是担负重责大任的人，以及那些在战争期间死亡，但是留下了记录的人，由他们的叙述，刻画出在人类历史上不可磨灭的一场浩劫。"美国之音"以此来纪念第二次世界大战结束四十周年。

第二篇：这是生长的时代，也是死亡的时代；这是栽培的时代，也是铲除的时代；是杀戮也是将养创伤的时代，是崩溃也是建设的时代。……"建设的时代"，这是四十年前缔造联合国组织，制定签署宪章的经过，这是接在第二次世界大战后的那一段岁月的事情。（以后各篇开头语到此处内容有变，分别为："将养创伤的时代"……作者注）

结束语：

第二篇："战争的时代，和平的时代"，"美国之音"纪念第二次世界大战四十周年的特别节目，从序曲到尾声，一共分为六部分，今天播放的是第二部分"建设的时代"，明天同一时间请继续收听第三部分"将养创伤的时代"。（以后各篇结束语为：明天同一时间请继续收听第四部分……最后一篇结束语为：……从序曲到尾声，一共为六部分，现在全部播送完了。作者注）

二、开头语和结束语的处理

如果已经写好了关于某个问题的一组系列报道，接下来就应该考虑每篇的开头语和结束语如何写。如果已经开始了对一个事件的追踪报道，同样也要用心去设计报道的开头语和结束语。

1. 系列报道的开头语和结束语

（1）开头语。例如：

第一篇：利用手机传播淫秽内容或者推荐黄色网站对高中和初中生造成严重影响。现在的中学生基本上每人使用一个手机，他们在使用手机时很容易点击到传播淫秽照片或者介绍黄色网站的信息，用学生们的话来说，是防不胜防。本台制作了关于手机传播黄色信息的系列报道，现在播送关于本市青少年通过手机接触黄色信息问题的五篇系列报道的第一篇。其余各篇，每天播出三次，到星期五播完。分别谈谈：年轻人为什么要看黄色信息，黄色信息对他们产生了什么影响？对于这个问题该怎么办？

第二篇:在青少年中存在着通过手机接触黄色信息的问题。由于学生们大部分时间都在学校,教师对学生接触黄色信息问题有自己独特的看法。今天播送的是关于青少年通过手机接触黄色信息五篇系列报道的第二篇。将谈谈学校里的接触和传播黄色信息的情况。以后各篇每天播送三次,直到星期五为止。将谈这个问题的其他方面。

第三篇:不论是父母亲,还是教师,他们都对青少年通过手机接触黄色信息表示担忧。但青少年们呢?他们的看法是什么?在关于青少年通过手机接触黄色信息五篇系列报道的第三篇中,请青少年谈他们接触的情况,以及对这件事情的评价。其余两篇每天播送三次,到星期五为止。将报道父母们的意见和专家的劝告。

第四篇:大家知道,在父母亲看来,青年人接触黄色信息是很严重的问题。但是父母亲们觉得他们对此很难处理。本篇是关于青少年通过手机接触黄色信息第五篇系列报道的第四篇,报道母亲们和父亲们对这个问题的意见,明天的节目将播送专家的建议。

第五篇:无疑,青少年通过手机接触黄色信息是一个需要引起社会广泛关注的问题。为了了解能做些什么来解决这五篇系列报道的前四篇提出的问题。我们同各方面的专家讨论了可供选择的做法。

各篇开头语虽然只播大约50秒,但对各篇内容作了概述,重复整个报道的主题,并对后续各篇也做了预告。

小型系列报道的制作是一种最有效地利用时间的精编过程。开头语不仅便于听众收听,而且提供了一个相当精确的写作提纲,使编辑能够比较容易地处理各篇内容,使之独立成章,并且能使听众及时了解报道的主要内容和每篇的要点。

(2) 结束语。结束语应该简要地概述一下本篇中心内容,并交代下一篇谈什么。同开头语一样,结束语可在编写报道之后以总结的口气写出,也可从报道内容本身引申出来。从各篇报道中引出它的结束语,这样做可以大大减少生搬硬套、矫揉造作。例如:

第一篇:如上所述,学校是青少年通过手机接触黄色信息的主要场所。在明天的节目里,也就是五篇系列报道的第二篇,我们将请学校老师谈青少年通过手机接触黄色信息的看法。

第二篇:老师们认为青少年接触黄色信息会诱导学生产生性幻想甚至发生不当的性行为,这会对他们的身心健康带来损伤。但学生们同意吗?在明天的节目里,也就是五篇系列报道的第三篇中,我们将播放对本市一些青少年的访问记,请他们谈谈怎样看待手机传播黄色信息现象。

第三篇:尽管一些青少年认为通过手机接触黄色信息不成其为问题。但他们的父母亲却对黄色信息的传播感到愤怒,有时甚至感到恐惧。父母亲害怕什么呢? 在明天的节目,五篇系列报道的第四篇中,将播送本台对父母亲的访谈。

第四篇:应该采取什么办法帮助父母亲引导孩子远离黄色信息呢? 这是一个很难的问题,谁也不能找到一个彻底有效的办法,在明天的节目中,五篇系列报道的最后一篇,将报道专家提出的一些建议。

第五篇:从这五篇系列报道中,我们看到,青少年通过手机接触黄色信息是一个不易解决的问题,甚至要使大家对这一重要问题取得一致的意见也是困难的。但是,有一项建议似乎值得考虑,就是使越来越多的人参加公开的讨论,要谴责那些为赚钱不惜伤害孩子的经营者,要制定相关的法律制裁那些黄色网站和黄色信息发布者。今天的节目,以及这组系列报道的其他四篇,正是为了促进这一目标的实现而播出的。欢迎提出意见。下周,我们将就青少年面临的另一个问题,日益严重的早恋问题,进行深入报道。

由于大多数二三分钟的新闻消息在详细报道方面是有困难的,因此,如果有机会就应该尝试一下系列报道这种形式,不要被系列报道的长度吓倒。内容稍长一些,比处理日常新闻节目更能发挥创造性。只要各篇处理得像普通的新闻稿一样,开头语和结束语又写得很合适,那就不难发挥这一广播新闻形式的潜力。

2. 连续报道的开头语和结束语

连续报道由于传播时间与新闻事件发生过程同步,即事件开始时播发第一篇,事件结束时报道的全过程也随之结束,因此,连续报道的开头语与结束语与系列报道略有不同。连续报道无法在一开始就向听众介绍整组报道的主要内容,也不可能预告每次连续报道的侧重点。这类报道的连续性受事件本身的发展规律制约,如果掌握了这种规律,并且根据听众“打破砂锅璺(问)到底”的心理,在开头语或结束语中设计出吸引听众兴趣的追问句式,或者留下悬念,同样能使各篇有机地联系起来,形成一个整体。如浙江人民广播电台记者制作的连续报道《天目山国家自然保护区内四棵千年古柳杉被盗伐,肇事者至今逍遥法外》,在处理各篇的开头语和结束语时就十分巧妙。

开头语:

第一篇:浙江台报道,天目山国家自然保护区内,四棵国宝级千年古柳杉被盗伐已经一年多,至今,肇事者仍然逍遥法外。有关责任人也没有受到处罚。日前记者赶到天目山,看到这四棵被盗伐的古柳杉分别位于天目山保护区核心区域的大树王和五里亭景点附近……

第二篇:昨天本台在"浙广早新闻"和"浙广快讯"节目中连续播出了《天目山国家自然保护区内四棵千年古柳杉被盗伐,肇事者至今逍遥法外》的报道,引起社会的广泛反响,许多听众要求将肇事者绳之以法……

第三篇:本台3月18日播出了《天目山国家自然保护区内四棵千年古柳杉被盗伐,肇事者至今逍遥法外》的连续报道,在社会上引起强烈反响。今天上午,省林业厅厅长×××接受本台记者采访时强调,千年古柳杉被盗一案,一定要追查到底(录音)……

第四篇:3月18日本台播出了《天目山国家自然保护区内四棵千年古柳杉被盗伐,肇事者至今逍遥法外》的报道后,社会反响强烈。临安市委正采取措施查处有关责任人。临安市委3月19日连夜召开书记办公室会议……

第五篇:本台关于天目山自然保护区古柳杉被盗伐一案的报道,引出一起受贿案。天目山管理局原党总支副书记胡海川初步交代在此案中受贿4万元……

第六篇:盗伐天目山国家自然保护区内四棵千年古柳杉的肇事者,在逍遥法外两年后,终于受到应有的制裁……

结束语:

第一篇:……行家一针见血地指出,天目山古柳杉被伐,是一些人蓄谋已久的。这些年,每年有不少人来到天目山要求购买柳杉,因为古柳杉到境外能卖到几万元一立方。

第二篇:……一些听众还对天目山古柳杉被盗伐后肇事者迟迟没有被处理的事情感到不理解。临安市人大代表卢寿兰说(录音):"这个事情发生后国家很重视,而肇事者逍遥法外,令人深思。"

第三篇:×××厅长说,3月18日听到省电台的广播后,林业厅又专门给临安市委打电话,已要求他们尽快把这两个人捉拿归案,这个案件不能再无限期拖下去了。×××厅长强调(录音):"你办得越快,社会效益越好。你想不了了之是不可能的,我们一定要查到底的。"

第四篇:……临安市委和有关部门将在查清情况后,对有关责任人依法做出严肃处理。

第五篇:……知情人昨天告诉记者,胡海川的实际受贿案要比他已经交代的大得多。他们相信,在各方面的努力下,天目山古柳杉被盗伐的幕后真相,终将大白于天下。

第六篇:日前,临安市纪委、市政府对胡海川作出开除党籍、开除公职的决定;对柳兴根作出撤销党内外职务的决定;对余永华作出了免去行政职务、党内严重警告、调离天管局的决定。对其他有关涉案人员也作了相应处罚。

与系列报道不同,连续报道不能够准确地预料接下来会发生什么事情,因此,其开头语主要的作用是承上启下,并不对整体进行描述。至于结束语,可以就事情尚未清楚的地方用设问的语句进行追问或质疑,具体形式不必完全一致。但是每一篇的开头语应该对前面已经报道过的事实给予必要的重复,以体现其连续性。也就是要用一两句话重提"旧事",这种重提,对于新听众是必要的,对于老听众也不会成为赘语。

第六节　现场新闻报道的制作

现场新闻报道是广播记者在新闻事件发生的现场,一边观察、一边叙说、一边采录的一种报道形式。它把现场情况直接告诉听众,投合听众"先听为快"的心理。同步性、现场感强、可信度高是这一报道形式优于其他广播形式的特别之处。

如果留意的话,你就会发现,当你和别人谈话时,由于交谈的对象不同,双方谈话时的心情不同,以及谈话时的环境等诸因素不同,即使是谈同一句话,谈话的语调、态度、重要性也不同。现场报道就是通过现场语言使听众感受到这些不同,这是一般文字稿难以达到的。"美国之音"《编辑指南》中关于"记者报道"的规定说:"记者报道指记者或特约通讯员对事件进行细致深入的补充报道,提供色彩和现场感。"这应该是现场报道追求的目标。

作现场报道的记者也常常产生烦恼,他辛辛苦苦采录的实况音响,一经播出,显得很平常,和他在现场感觉不一样。这就向我们提出几个问题:什么样的新闻事件适合做现场报道? 做现场报道应该注意些什么? 现场报道中记者的角色是什么?

一、现场新闻报道的结构

1. 对象的选择

及时性是新闻的重要价值,因此,当能够在新闻事件发生的第一现场、第一时间内做报道时,记者应该义无反顾地站在现场,用手中的采访机、手机,借用最近处的电话,以现场报道的形式将看到的事情全部说出来。如果电台能够把你发回的报道切入到正在播放的节目中的话,你就成为第一位将此消息传播出去的记者,要知道这种机会并不是唾手可得的,决不能够放弃它。

除了突发性的事件外,有许多现场报道是在有了较充足的准备的情况下进行的,这时候你应该考虑一下该事件有没有做现场报道的必要。

在现场报道中,现场音响和现场解说是构成现场报道的主要因素。能够表现现场气氛、现场的特殊意义、现场的瞬息变化(正在进行的体育比赛、载人火

箭升空)等的声音,都可以作为你的报道内容。适合不适合进行现场报道,关键是事件本身有没有意思,能否引起听众的兴趣。例如:

　　　　法德两国在贡比涅的谈判(美国哥伦比亚广播公司记者舍勒)

　　我们在贡比涅城以北四英里,巴黎城以北四十五英里处的林间空地上,通过麦克风向各位报告现场新闻。今天下午德国时间三点三十分,在离我们几步远的一辆客车车厢里,法国和德国开始谈判,以结束两国当前的战争。这车厢正是在 1918 年 11 月 11 号那个寒冷的早晨,第一次世界大战各交战国签订停战协议的地方。今天下午,在贡比涅美丽的林地里,我们亲眼看到了时光如何倒退,历史如何颠倒! 就连今天的天气同二十二年前相比,也形成了鲜明的对照,甚至天气也完全相反。今天这里风和日丽,是六月间巴黎附近的典型气候。

　　这篇现场报道由于事件本身的限制,记者无法采制到现场的任何音响,现场的全部情景是通过记者的口头描述出来的。事件的时间和记者的报道时间一致,使得报道能够牢牢吸引听众的注意力。

　　此时此刻,人们很难想象,就在贡比涅这块小小的林间空地,也就是我们正在播音的地方,1918 年 11 月 11 号凌晨五点,在另一个寒冷的早晨,这里签订了一个停战协定。那节火车车厢,那是富赫元帅的专用车厢,离我们不过几码远。它所在的位置,同二十二年前那个阴沉的早晨分毫不差。唯一的,这个唯一的非同小可,唯一的区别是,在当年法国元帅富赫就座的椅子上,希特勒端坐在那里。二十二年前,希特勒在德国军队里是个无声无息的伍长。……所不同的是一切都颠倒过来了,透过车厢的窗户,我们看到,这一次是希特勒提出停战条件。历史经常发生颠倒的现象。然而,像这次这样,在同一个地方发生颠倒,却十分罕见。……德国元帅声称,他选中贡比涅这个地方来谈判停战,不过是为了纠正一个历史错误,绝不是为了报复。

　　……1918 年 11 月 11 号德国代表接受了同盟国提出的停战条件。今天,在同一个地方,法国政府代表接受了德国元首阿道夫·希特勒提出的停战条件。

　　现场报道在这里结束了,贡比涅这个地方在听众心中留下的印象是不会消失的。

　　现场由场面、事件、背景等构成,事件是现场的灵魂,事件在场面中展开,场面使事件有了着落,而背景可以使事件增加深度。"贡比涅谈判"这篇现场报道,将场面、事件、背景诸因素安排得错落有序,不失为一篇成功的报道。

　　2. 结构安排

　　现场报道由于受到新闻事件本身时间和空间的制约,在结构上远不如文字稿那样灵活。现场报道所报道的新闻事件一般都处在"现在时",记者置身于那个空间中,见到了,听到了,就说出来,录下来。记者叙述事件的前后顺序,跌宕起伏,要与事件本身的发展顺序相吻合。

不过,记者对现场报道的结构安排并不是完全被动的。

（1）事先采访。除突发性事件外,记者对所要报道的事件都能够事先采访。对于事件进展中的重点环节可以做初步了解,事先构思报道提纲,以便临场时主动地有重点地选择场面和事实。即使是突发性事件,在进入现场之前,记者仍然可以根据自己的经验和预感,迅速地勾勒一下这次报道的关注点在什么地方。正如美国记者威廉·L.瑞安说:"在事件正在爆发或即将爆发时去做现场采访,我问自己的第一件事是:什么是新东西和不同之处? 使我印象最深的是哪一个角度? ……如果我在等待某个事件的爆发,我已考虑好各种可能性,在事件发生时,我已准备好了构思的提纲,甚至做好了我也许要使用哪些词汇的思想准备。"

例如一场车祸发生以后,记者赶到现场,他首先应该问:"这一次的车祸与以往的车祸有什么不同?"

大多数记者在采访一次车祸时,可能会按部就班地介绍出事的地点、伤亡以及经济损失、事故的原因。这种现场报道与听众司空见惯的报道没有什么两样,也不会留下什么深刻的印象。有一位记者发现肇事的汽车司机不是驾车逃跑,而是弃车而逃,为什么呢? 于是,这篇现场报道就从司机弃车而逃说起。也许司机没有驾驶执照,也许车是偷来的,也许司机被现场吓蒙了,想一走了之,也许……任何一种情况都会使记者做出不同寻常的报道来,它给听众留下的印象不仅仅是又一起车祸,而且使听众了解到车祸发生的可能性。

（2）构思导语。现场报道的导语部分,一般不受新闻事件的制约,记者完全可以提早进行构思。因为到达现场后,时间非常紧张,那时再构思导语,就可能跟不上新闻事件的进展,影响同步解说。

同其他新闻报道形式一样,导语是关键部分。一旦导语的问题解决了,记者便可以以最快的速度进入工作状态。

现场报道的导语不仅要向听众说清发生的事件是什么,还要尽量提供背景材料,临场凑数是不行的。

（3）解说现场。向听众介绍现场正在发生的事情,包括事态的变化、人物的反应、你的观察和解释、现场采访、有背景说服力的音响等。这些要素瞬间而过,你必须抓住它们,说出它们。

图 10-1 是来自记者经验总结的单一元素报道结构图①。

---

① 参阅梅尔文·门彻著:《新闻报道与写作》,展江主译,华夏出版社 2003 年版,第 157 页。

```
┌─────────────────────────────────────────┐
│ 导语                                      │
│ 我在哪里,为什么在这里(发生了什么事情)          │
└─────────────────────────────────────────┘
```

```
┌──────────────────────┐          ┌──────────────────────┐
│ 我看到了什么           │ ⇄        │ 背景材料               │
│ (对导语的解释,引语)     │          │                      │
└──────────────────────┘          └──────────────────────┘
```

```
┌─────────────────────────────────────────┐
│ 对主题的进一步解释(支撑性事实、具体说          │
│ 明、现场细节和趣闻)                         │
└─────────────────────────────────────────┘
```

```
┌─────────────────────────────────────────┐
│ 采访(支撑性事实)、次要材料                    │
└─────────────────────────────────────────┘
```

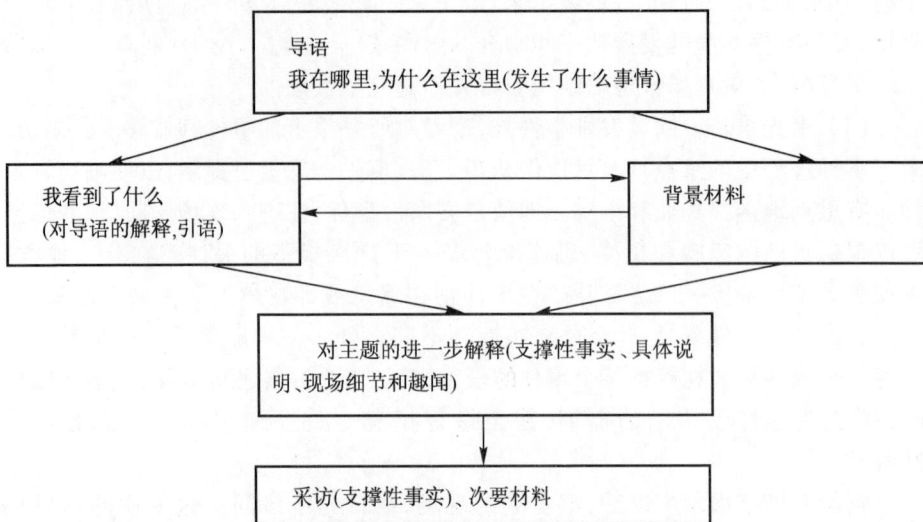

图 10-1　单一元素报道结构图

二、现场新闻报道的语言

一篇好的广播报道并不是写出来的,而是说出来的。说事件要有对话感,仿佛记者正在和朋友或熟人讲述他所经历的事情。理想的新闻报道应该有一种穿透力,把听众带到事件的现场,使他能看到、感觉到甚至闻到当时所发生的一切。犹如观赏一幅风景画,人们看不到线条、色块、图形,看到的是那山、那水、那一片片绿色的草地。这种效果正如海明威论及创作经验时所描述的那样:"我希望写作能达到塞尚的画那样的效果,读者记不清楚我说了些什么话,他们记住的只有那些场景、人物。"

那么,现场报道的语言怎样才能达到上述要求呢?

1. 符合时空要求

记者在现场解说时,所使用的语词应该是唯有"此时此地"才能说出来的。例如:

现在现场总指挥发出倒计时的命令……

在望远镜中,我们看到了元首(希特勒)在纪念碑前停留下来,眼睛扫了一下雕像(阿尔萨斯—洛林纪念碑),并向印有万字标志的德国军旗致敬。

各位听众,请允许我翻一翻笔记本,今天下午我不时地在记笔记。

这就是现场语言,它是记者对目所能见、耳所能闻的现场范围做的实实在在的介绍。看不见、听不到的,记者就不说。许多现场报道所面对的事件对于记者和听众都是一个未知的事件,就这一点而言,记者与听众的角色是接近的。同时,记者的叙述空间与现场在时间上形成同步,能够保证报道的及时性。现场报道的这种特殊性,决定了记者口头描述语言的时空限制:

(1)记者不是一个无所不知的第三人称叙述者。记者不能做一个无所不晓的叙述者,因为记者在现场只能有一个视点,这个视点往往是报道的切入点,它代表了记者的态度、风格和价值取向。事件在进行,记者不能左顾右看,只能在取舍中叙述。即使记者有较强的把握全局的能力,记者的位置对于记者来说也是个盲点,顾此失彼是正常的现象。

正因为有了这个盲点,听众才能够对记者发回的报道确信不疑。道理很简单,当我们在写其他新闻广播稿时,事件都已成为过去,哪怕是刚刚结束的事件。我们能心平气和地向听众讲述事件,是因为这时候整个事件已经全部呈现在我们的眼前了。而现场报道的对象是正在发生着的事件。

(2)事件的动态影响叙述的流畅。与那些在事件发生以后进行的新闻报道不同,现场新闻报道受到事件进展节奏的制约。记者面对的是新的、未知的事件,报道就不可能那么流畅地进行,而这种不流畅恰恰是现场导致的,这就产生了真实的效果。作为记者,有时候,你不妨向听众讲一讲你现在遇到的困难,你自己的状态,把你的视点告诉听众,让听众转换成目击者甚至报道者,使他们在获得参与感的同时与记者产生共鸣。与那种无所不知的报道相比,现场报道有了可信性和亲切感。

2. 要有场面和色彩感

场面和色彩是融合在一起的。这句话的意思是说,场面都是有色彩的,给出场面,给出色彩,是现场报道的主要特征。场面是指承载事件的场地,没有场面,就没有了细节和人物活动的轨迹,现场感也无从谈起。色彩不仅仅是为了给场面涂色,色彩本身也是有意义的,如红色象征喜庆,绿色象征生命,白色象征纯洁。现场报道的色彩感如何产生呢?下面我们将从三个实例中,看到记者如何说出有色彩的场面:

例1:(记者):阅兵式开始了。走在前面的海军战士们戴着雪白的帽子,穿着蓝色的制服,踏着整齐的步子,出现在天安门广场。

(记者):……我们看到白色的楼房前面有一大片绿色的草坪,检阅台上铺着红色的地毯……欢迎仪式就要在这里举行。

新中国成立60周年阅兵仪式现场解说词(部分)

这两段叙述,用雪白、蓝、白、绿、红几种颜色,把阅兵式和欢迎场面隆重而热烈的气氛渲染出来。听众自然会跟着记者的叙述,像摆积木一样,根据自己的经验把雪白的帽子、蓝色的制服和

整齐的步子组合在一起,勾勒出海军队伍经过天安门时的情景;将白色的楼房、绿色的草坪、红色的地毯组合在一起,描画出欢迎的场面。

例2:在明媚的阳光下,出现在我们眼前的是身穿咔叽军服的昂茨格将军,还有贝日莱将军和乐·卢海军中将,他们分别穿黑色和蓝色军服。(法德两国在贡比涅的谈判)

在阳光的照射下,黑色和蓝色的军服给人什么样的感觉呢?这是一队去参加谈判的法国军人(失败的一方),黑色和蓝色无疑产生一种悲哀、沉重的效果。

例3:各位听众,我们现在正乘车去前沿阵地采访。我们现在乘坐的军用吉普车沿着前沿阵地行驶。隔着车窗,我们看到山坡上星星点点散布着绿色的军用帐篷。一辆辆挂着伪装网的军车和我们相错而过。

这里的一切都充满着战斗的紧张气氛,星星点点的绿色军用帐篷与相错而过的军用卡车,不仅向听众描述了前沿阵地的情景,也透露出了一种战争气氛。

在现场报道中,色彩不仅仅传达出物体或人物的某种特色,而且渲染着现场的气氛。记者的眼睛里如果失去了色彩,会使报道黯然失色,因为色彩有着丰富的文化内涵。

3. 要有节奏感

记者所报道的新闻现场各种各样,有精彩的体育比赛,有严肃的政治谈判,有关于大选的现场情况,还有各种类型的集会。在没有图像配合的情况下,一切都通过记者的口来展现。通过记者的口,说出现场的气氛,这是一个硬功夫。虽说现场解说的效果永远赶不上目睹现场的效果,但记者仍然要不断努力,使这两种效果逐渐接近。

例1:(混播)开始助跑了,助跑快速有力,起—跳—过—过去了!成功了!×××再一次打破了世界纪录!他再也抑制不住自己高兴的心情,他高兴地跑起来了!

记者的"起—跳—过—"三个词是随着跳高运动员跨越横竿的动作说出的。三个词紧紧保持着与动作的同步,同时也不乏记者本人紧张与激动的情绪注入其中,感染着收音机前的听众。

在新闻现场,除了对动态本身的描述之外,还可以抓住新闻人物的行动进行叙说,或者录下在场人物的谈话,使报道动起来。

例2:……(希特勒)眼睛扫了一下雕像,并向印有卐字标志的德国军旗致敬,接着他缓步向我们这个方向走了过来,向着林间空地上这个著名的车厢走了过来,他的表情似乎很严肃,冷若冰霜。然而,当他首次向着1918年决定德国命运的地方走过来的时候,步履有些跳跃。法国人用眼睛迅速地瞥了一下盖满了卐字旗的阿尔萨斯—洛林纪念碑。(法德两国在贡比涅的谈判)

22 年后,法国人和德国人重新走过这座纪念碑时,他们的动作和面部表情的变化都是意味深长的。记者这两段的叙说精彩至极,听众从中得到的信息和引起的思索远远超出了这个现场。

节奏感有两层意思,一是指事件本身的进行节奏,二是指记者的报道节奏。听众通过现场报道能够感觉到这两种节奏。两种节奏不能完全一致,因为记者站在事件之外,对事件进行观察、解说时,形成了自己的报道节奏。报道节奏在整体上要与事件节奏同步,如果两种节奏互不相干,那么这个报道也不能引起听众的现场感,继而影响收听兴趣。如果记者面对火灾现场,用慢条斯理的口气报道这里营救被火围困的群众的情形,听众会怎么认为?听众会认为记者是一个冷血动物、报道机器。同时,在细节方面,允许记者有选择、有侧重地解释,包括穿插背景。但是,记者报道的节奏贯穿整个报道始终,这种节奏的确定与控制又基于事件本身的节奏。

4. 让音响说话

在现场报道中,再没有比自然音响更能打动听众的心,引起听众的兴趣了。音响所提供的内容,往往是难以言传的。任何一种对事件的描述与这一事件本来的面目都会有距离。音响与记者的报道相辅相成,使报道多角度多层次地展开,并且给听众充分的想象余地。

"中国之声"直播"汶川紧急救援"特别节目部分内容(网友记录)

但是,并不是新闻现场出现的所有音响都适用于报道,有些音响当时感觉不错,录下来后再听,就没有意思了。前面我们已经谈过,记者不仅靠耳朵,还要靠眼睛获得信息,才能产生准确的感觉,听众则只能用耳朵了。因此,要选择非此现场莫属的音响。同时要突出重点,要根据所报道的事件选择报道的样式,不要套旧框框。在音响的选择方面,记者也不是完全处在被动的地位,有啥就录啥,记者有时候还可以获取诱发音响。

也许当记者赶到事件现场时,最精彩的一幕已经结束,故记者应该想办法从当事人或者目击者的口中获得对刚才那一幕的回忆,这些回忆作为记忆储存在他或她的头脑中,并不会自然说出来,需要经过采访才显露出来。这种采访就叫作诱导式采访,获得的音响就是诱发音响。

同一个报道中,各种音响交替使用,能够产生好的效果。对于每个初学者来说,不要拘泥于已有的形式,大胆创新才有希望。

三、记者的作用

新闻现场的一切都是自然产生的,它不因被人目击与否而存在,但是,每一个现场又确确实实是被人目击后才被人知道的。如果目击者是一位广播记者,那么听众所"听"到的场面,就是记者给予的了。凡是需经记者之口才可获知的现场,就会碰到这样的问题:顺序如何安排(指同一时间内场面的各种变化)?内容如何取舍?叙述的切入角度是什么?怎样说才会使听众有耳目一新的感觉?哪些音响可以直接录入,成为叙述的一个自然段落?哪些只能作为背景音响?这些问题都是要求记者去完成的。

在记者的报道中,现场的每一个空间位置发生的变化不可能同时出现,也不可能给予并列的待遇,获得被描述的同等时间,即使当一个人亲临现场时也会这样。他可以眼观六路,耳听八方,但决不能把六路八方的所见所闻同时说出口来,况且六路八方也不见得能穷尽现场的一切内容。事实上,100个人亲临同一现场,可能会有100种描述。但又因为他们都是面对同一现场,使用的是同一种元语言,又在同一种文化背景中生存,这些描述并不会有根本的差异。这样的话,记者完全不必因拘泥于面面俱到而不知所指。

"中国之声"直播"汶川紧急救援"特别节目(流程)

在现场报道中,记者有确定个人报道角度的权利,他完全处在主动的位置上,并且毫不犹豫地把自己的角度暴露给听众,让听众接受自己的选择。我们也不必因此对报道的客观性、真实性产生怀疑。法国一位著名的电影评论家在谈到电影《圣女贞德》的真实性问题时说,面面俱到地再现现实情景,则往往失去这种真实性。

什么是记者的报道角度呢?具体讲有三方面的含义:记者在现场的空间位置、记者的报道意图、报道的结构安排。我们仍以"法德两国在贡比涅的谈判"为例:

我们正在贡比涅城以北四英里,巴黎城以北四十五英里的林间空地上,通过麦克风向各位报道现场新闻……

那节车厢离我们不过几码远……

……在望远镜中,我们看到了……

透过玻璃窗,车厢里的情况尽收眼底。

注意,这节车厢离我们只有几英尺远。透过这节铁路卧车的堆满积尘的玻璃窗,我们看到……

从上面摘录的几段描述中,我们看到记者是怎样将自己在现场的位置和报道的轨迹及时告诉听众的。听众通过记者,也在现场占据了一个观察点。这样听众就能够获得身临其境的感觉。

一旦确定了自己的报道角度,记者的工作就开始了。尽管记者总是千方百计地将自己的主观意识掩藏起来,但是,记者无法回避必须选择一个报道角度的

问题。纯客观只是针对所叙述之事实是否可以被检验、确认而言。

记者对现场的报道，一是靠提供的音响，二是靠自己对现场的描述。音响实际也是一种描述，只不过叙述手段不同。而现场感的产生是一个复杂的过程，一般要借助耳、目、鼻、心共同体验。广播只能听，不能看，记者的作用就是要尽自己最大的努力，把需要目睹的内容让听众通过耳闻来感受。记者如何达到这个目的呢？

首先记者要保持一个在场的现场感觉。记者现场描述的情绪、音调、速度、强弱要同现场正在发生的事件保持同一基调，同时也要与现场变化保持同步，以保证给听众一个正确的感觉。一般来说，作为记者，只要你能全心进入现场，现场的气氛就会将你包围，你也会不由自主地逐渐与现场融合。记者在场（这里主要是指感觉在场的问题）与不在场，对于报道是否有现场感十分重要。但记者对现场进行描述时，既要与现场保持同一基调，又要有所控制，不能失态，不能完全被现场左右。如果能够做到身在其中，感觉上又是自由的，不被其事左右，就可以做到静心观察、细心琢磨。当你正在报道举重运动员的比赛时，你既是一个报道者也是一个观众，你如果不被正在进行的赛事打动，那么听众闻声而动的可能性是很小的。例如在比赛现场，运动员要了一个新的杠铃，如果他能一举成功的话，他就获得了这个级别的冠军，甚至打破世界纪录。这时候你与其他的观众一样目送运动员上场：走上前，弯下腰，双手握杠，翻手，往前迈一步，挺举，停数秒，扔掉杠铃。在这个过程中你一直是作为一个目击者，与其他的观众一样在期待着奇迹的发生。紧接着你与其他在场的人一起享受取得成功的刹那间心中涌起的激动。你与观众的不同之处就在于，你还要把你所见、引起你激动的场面告诉收音机前的听众。

"中国之声"
传递灾民信息

当你把这令人激动的场面告诉听众时，你又要对自己的情绪有所控制，因为听众很想知道接下来的情形：收音机里传出来的那些闹哄哄的声音是什么，获胜的运动员在干什么等。听众并不想感受你的激动。你的激动应该在你的声调里，在你饱满的叙述中，而不是自己的哭或笑。有经验的记者会在自己进入激动状态后，以稍稍停顿的办法，使自己的情绪得到稳定，然后再继续报道。

第七节　广播特写的制作

广播特写与广播通讯一样，都属于新闻性专题（也有人称之为"专稿"）类。它除了要符合新闻稿的真实原则外，具体表现手法也有别于通讯和消息。消息以报道事件的主要情况为主,是对事件的五个 W 的概况式的叙述。通讯是运用叙述和描述等多种手法对事件或人物形象深入地进行报道。特写则是以描述为主,形象地勾勒事件或人物富有特征的片段或显示有意义的情景和场面。

特写与消息和通讯相比较,其时效性较弱,"它不是非报道不可的新闻",可是它的出现,会使人们产生浓厚的兴趣。特写可以带感情,可以有幽默,可以写不平常的事,还可以写怪诞的事。特写可以提供知识,也可以是趣味性的。

一、特写的地位

受众在广泛地享用各种媒介带来的密集新闻报道时,对报道的要求也在发生着变化,他们不只是满足于知其一,还想知其二、其三。在许多情况下,"其二"比"其一"更能吸引受众。比如单纯报道一位外国元首来访的消息,不一定能吸引听众的兴趣,而那些对于元首访问的真实目的、访问过程的趣事、元首本人的兴趣爱好等方面的特写,可以使元首访问这一事情变得更有意义。例如,古巴总统卡斯特罗在公开场合喜欢穿一身军装,他穿军装与他的政治理想和个人追求有关,这些可以成为特写的材料。这种特写在卡斯特罗来访时播出,无疑是一则可听性强而且有时效性的报道。在新闻栏目长达半小时以上的播出时间内,如果单纯的一种消息报道占据全部的时间段,会使听众产生疲劳感。在适当的时间内,插入一篇特写,会提高节目的整体播出效果。

虽然特写的时效性不如消息强,但是,没有时间概念、拖拖拉拉的特写,就像是一件过时的服装,难以引起听众的注意。不要把广播特写看成是代替正餐的快餐,必须像报道新闻一样组织特写,要使特写获得应有的地位,需要有专门的写作人员。

特写是以描写为主的,表现手法上与文学有相似之处。专门从事特写的人能够以其写作的文采、有见识的观点和切中要害的提问吸引听众。记者因为新闻报道任务过重,或者长期养成的写消息报道的习惯,在时间急促的情况下赶写的特写稿,一般很难有佳作出现。广播电台应该有意识地指定某人或聘请供稿人从事特写创作,否则特写这一体裁立足广播节目会有困难,而放弃它则会失去一种色彩。

二、特写的取材

1. 背景材料、人物的突出特征及事件的独特之处

如果联合国气候会议下次选择在树上召开的话,关于这个会议的召开方式和地点选择可以成为一篇不错的特写。在关于紧张赛事的报道中,穿插有关运动员、教练员的趣事的特写,会带来轻松愉快的感觉。

2．新近的调查

调查已知的事件，并就这件事所反映出的问题写出有见解的特写来。虽然所论之事已不再是新闻了，但对这件事的背景的披露或讨论仍然有新闻价值。如关于日本"二战"期间对中国人民犯下的滔天罪行，虽已是众所周知的事实了，但是，有关日本侵华的具体罪证仍然在不断地被人们发现。对这些罪证的披露和某些事件背景的新发现，仍然不失其新闻价值。

3．趣闻轶事

关于旅游、成就、冒险活动、刷新各种纪录，这种特写的基调应该令人心情愉快，振奋精神。如在南极探险的活动中，在雅鲁藏布江大峡谷的探险活动中，都发生过一些令人感动的故事，这些故事虽然不对整个事件做出陈述，但它们却使人们能够更深刻地获得对这些事件的切身感受。

4．人情味浓烈的故事

一位母亲为了给儿子捐肝，用暴走的方式减肥，让脂肪肝症状消除，这个故事感动了很多人。故事的主人公和她暴走的经历都是难得的特写素材。

5．创造新意

对那些正在发生的事件可能会产生的影响进行分析，或对这种影响本身做出评价解释。这种特写能够帮助人们观察到事件的细微之处，展示被平常目光忽略的内容。虽然特写不像消息那样强调时效，但是特写一定要从新闻的角度入手，要真实可信，要有新意。

例如，一位记者采访农村婚礼，她发现新娘中外地新娘的比例在逐年增加。这个村原来比较贫穷，本地的女子多是嫁到外地，很难娶到外地媳妇。记者通过这个现象和相关的数字感受到农村悄然发生的变化。于是，原本采访报道农村婚礼的现场，改成探讨农村的发展变化，婚礼只是一个切入口。创造新意，要向这位记者一样，善于观察，发现不同，抓住新的信息，深入挖掘，寻找新的报道角度。

三、特写的创作

特写创作指南[①]：

让特写中的人物出来，使听众知道谁在干什么；

让他们说话；

用白描手法让场景和对话、行动构成全篇；

保证稿件有动感，事件有进展。

---

① 参阅梅尔文·门彻：《新闻报道与写作》，展江主译，华夏出版社 2003 年版，第 218—219 页。

　　广播特写与报纸特写的主要区别就在于报纸特写用书面语言,广播特写用口头语言。口头语言可以录制播放,为广播特写的创作提供了更加丰富的原始素材。广播特写采制的要求是:

　　1. 捕捉特征

　　特写的作者需要用一双有辨别能力的眼睛去观察要讲述的事件或者定格的瞬间,要认真寻找,仔细观察,善于从诸多的材料中找到有特点的内容,即捕捉人物、事件或其他有特征的方面。广播记者不仅要用眼睛,而且要用耳朵去感受那些有新意的、独具特色的方方面面。

　　如中央人民广播电台记者谢文秀等人,在制作广播特写《难以忘却的歌声》时,走访了晋西北有名的贫困县河曲县。他们在 5 天的时间里,录下了近 480 分钟的音响素材,然后从中选择了 13 段民歌演唱,制作了 60 分钟的节目。

　　民歌大都是情歌,《难以忘却的歌声》中最突出的就是民歌手刘巨仓所唱的那几句民歌:"灯瓜瓜点灯半炕炕明,烧酒盅盅挖米,不嫌哥哥你穷……"

　　这首歌是刘巨仓的亡妻在当年他们举行婚礼时唱的。刘巨仓唱起它,表达了他与妻子曾经真切的爱情和现在对亡妻的深深怀念。特写对这首歌给予突出的位置,让它成为整个作品的基调,使人听后难以忘却。

　　2. 叙述现场

　　广播特写是用口头语言说"画"绘"景"。说一定要绘声绘色,使听众闻其声,如临其境,如见其人。如何才能达到这种效果呢? 经验各不相同,创作各具特色。但是,说必须是具体的、实在的,要说出人或事物的形、质、色、态来,而不是用概括语一笔带过。

　　例如,描写火箭升空时的景象,只用"壮观极了"四个字,给听众传达的是这四个字的声音和关于"壮观"这个词的定义,也就是说听众只记住了这个词,而无法体验这个词所指的那个景。具体描绘应该是这样的:火箭发射场立即传来连绵不绝的巨大轰鸣声。这声音像山崩、像海啸,震颤大地。巨大的火箭拔地而起,冉冉上升,尾部喷着橘红色的火焰,直上云天……在口头描述的同时,再加上现场音响,如火箭升空时发出的轰鸣声,人们的欢呼声等,就把一个场景呈现出来了。

　　《世界第一颗原子弹爆炸瞬间》①一文中对原子弹爆炸瞬间的具体描写和人们看到爆炸时的最初反应的记述,是很好的特写例子:

　　……爆炸留给人们的第一印象是强烈的反光,在半径 32 公里的地区内,它相当于几个正午的太阳;随后形成一个巨大的火球,颜色在不断地变幻着,有金

---

① 《光明日报》1999 年 2 月 26 日 11 版。

色的、紫色的、紫罗兰色的、灰色的和蓝色的,历时十几秒钟。它照亮了附近山脉的每一个山峰、山谷和山背,其明晰和美丽只能意会不可言传。它是大诗人们所梦想过的但描绘不出的那种魅力。接着,这个火球变成蘑菇云,并上升到 3 050米的高度才熄灭。随后形成一个巨大的云团,它以可怕的力量汹涌澎湃地上升……

在大约 30 秒以后,暴风开始向人和建筑物冲击,随之而来的是强烈的、持续的、可怕的怒吼,大地都在颤抖,它仿佛在预告世界末日的降临,并使人们感到自己的渺小。

……当时,在整个新墨西哥州,居民中发生了很大的骚动,尤其是在得克萨斯州的埃耳帕索。有一位 7 月 16 日晚驾车去新墨西哥州的妇女,在早上 5 点钟到达一个村庄,她停了下来,敲门叫醒一户居民,她说:"我要告诉你们我所见到的事情。这真不可思议,我刚才看到太阳升起来,立刻又落了下去。"密布于附近几个城市监视群众反应的秘密警察闻讯赶来,费了好大的劲也难以使她安静下来。

3. 写(说)出人物个性

人物是特写的主要元素,也是最生动的部分。要抓住人物的特征,写(说)出人物的个性。莎翁的戏剧在描写人物方面提供了丰富的经验,很多形象、个性成为经典。例如,《威尼斯商人》中的夏洛克,当他的女儿携巨款及珠宝与情人——基督徒罗兰佐出逃时,他诅咒她:"我希望我的女儿死在我的脚下,那些珠宝都挂在她的耳朵上。我希望她就在我的脚下入土安葬,那些银钱都放在她的棺材里。"为了报复(安东尼奥),他还是借了钱给他,但又订了一个割肉的契约,可见他复仇的急切,为了置安东尼奥于死地,他也可以"不要利息了"。上段言语和报复计划,将夏洛克吝啬狠毒的性格刻画得入木三分。

在广播节目中,人物的个性是通过语言和行动表现的。在广播特写《难以忘却的歌声》中,记者是这样描绘故事的主人公刘巨仓的:

他脸上没有那过上安生日子心满意足的神情,那带点浑浊的眼睛,顾盼之间,流露几分忧伤。他一直没有忘却他那死去的妻子……

与记者的描绘相吻合的就是刘巨仓忧郁、颤抖又一往情深的歌声:

"一铺摊摊柳树一铺摊摊草,一铺摊摊姑娘还数妹妹你好。"

记者就是用这两种声音刻画出一位来唱爱情,又唱出爱得刻骨铭心的民歌手的形象,讲出他那富有特征的爱的故事。

《智障指挥家舟舟与母亲的故事》有这样几段特写充分表达了智障儿与母亲的特殊亲情:

……1994 年舟舟的母亲张惠琴被确诊患了乳腺癌。她一时无法接受这个现实,她想一死了之,还决定将舟舟一起"带走"!张惠琴偷偷地买来了两瓶足以迅速致人死亡的毒药。当张惠琴回到家里的时候,已经是晚上8点了。16岁的舟舟见妈妈回来了,便为她拿来一双拖鞋。张惠琴心头一热,眼泪掉了下来。那一刻,她的心剧烈地颤抖起来。她想:老天对舟舟本来就不公,我有什么权力剥夺他无辜的生命?我可以逃避生活,但怎能选择逃避做母亲的责任呢?张惠琴立即打消了自杀的念头,她决定为舟舟好好地活下去……

一天,张惠琴路过一家音像店时,发现一群人中不时地传来鼓掌声和喝彩声!她走近一看,简直不敢相信自己的眼睛,原来看似呆板的舟舟正在那儿进行音乐指挥,他的动作竟是如此地洒脱自如……

2002年7月26日晚,舟舟在广州中山纪念堂参加大型音乐舞蹈《我的梦》公益演出,当主持人介绍了舟舟并请他讲几句话时,舟舟突然闭着眼睛,显得很伤心的样子,说:"我有一个好大的妈妈!她有病了,我要赚钱帮她治病,帮妹妹读书……"由于语言的障碍,舟舟将"伟大的妈妈"说成"好大的妈妈",但他这孩童般的纯真让台下许多观众落泪!

第八节　谈话—电话直播节目

谈话节目与广播有着不解之缘,它是一种新型的公众论坛。谈话节目通过广播网联播可以把不同职业、不同年龄、不同区域、不同文化程度的人们联系在一起,进而联系整个社会。这种功能是现有的任何一种公共论坛都无法比拟的。在谈话节目中,人们讨论政治问题、经济问题、心理问题、家庭伦理问题,还讨论大家共同关心的文化与艺术问题等。

在我国谈话节目有两种基本形式,一种是由主持人或主持人和嘉宾围绕一到两个话题共同讨论;另一种是在讨论中引进热线电话,邀请听众共同参与讨论。第二种通常称作电话直播节目(也叫热线直播节目)。二者在形式上的区别在于设不设听众热线,由此也形成功能上的某些差别。只有主持人或主持人与嘉宾谈论某一话题的谈话节目,基本上属于论坛性质的,它本身不直接承担排忧解难的任务,即提供某种服务——答疑解惑、内心抚慰等。电话直播节目是有听众参与的节目,为听众提供在公共场合说话的机会,同时也邀请其他听众为打进热线的听众排忧解难,或与他分享幸福。

由广播电台设节目电话专线,主持人主持、听众拨打电话参与播出的谈话节目,借助了电话这种人际传播的通信工具,兼容大众传播和人际传播的功能,显示出了自己的优越性。

一、谈话节目的特点

1. 信息传播建立在"一对一"的情感联络中

现代传播意识在强调传播内容的同时,越来越重视传播的方式和效果。人们在进行信息交流时,不仅是为了获得消息情报,也需要一定的情感联络;不仅需要知道大家的事情,也希望解决自己的问题(家庭问题、情感问题、心理问题等)。谈话节目的进行始终保证"情感功能"(雅各布逊语)发挥作用。大部分的广播节目采用一对众的播出形态,播出与收听是一种简单的传授关系。谈话节目较好地弥补了大众传播工具在这方面的缺憾。电话属于人际交流的工具,个人与个人借助电话相互对话、交流信息,这种语境,使人与人之间可以直接传递情感。电话介入广播,使大众传播媒介兼备了人际传播的特点,在个人交流的基础上(节目主持人与听众交谈)又将对话内容传播出去,发挥大众传播媒介的作用。

谈话节目用直播的方式把节目的形成过程一并展示给听众,从而减少了节目中间制作环节,提高了节目的真实性。这种接近全开放式的编播方式和播出内容的不完全确定造成的未知领域,对听众有非常大的吸引力。

谈话节目为那些想走出职业圈,更广泛地了解世界的人提供了很好的机会。它既可以把家庭主妇和大学教授带进共同的对话场所,也可以把不同年龄的人联络在一起,形成一种不分职业、年龄和文化水平的人人平等交流的气氛。

2. 内容更加贴近实际,贴近生活,贴近群众

在谈话节目中,节目主持人与听众的关系没有明显的传受关系,他们彼此既是信息的接受者,也是信息的传播者。这种节目打破了那种将说(播出的一方)与听(收受的一方)分设两端且角色不变的传统传播模式,正在进行的谈话同时也会引起收音机旁听众的参与兴趣,形成了信息环环增殖的态势。

电话直播节目是面向大众开设的,这就决定了它的话题必须是与受众的生活贴近的,受众有兴趣的。这一切都是建立在有听众打电话进来的基础上。除了话题本身的吸引力以外,听众还可以在这个节目中改变自己受传者的位置,随时可成为传播者。这种形式激发了人本身具有的参与意识和表现欲望。由于听众来自社会的各行各业,他们的谈话带有广泛的群体性,尤其是通过直播电话反映的问题,直接与听众的生活相关,提高了听众收听广播的专注性和主动性。同时,声音的交流排除了人因为社会处境不同、相貌有别等身体方面的差异所造成的心理不平等感。

3. 形成一种新型的人际关系——"知心不知面"

人们的社会生活范围或多或少受到其社会职业的限制,形成不同的社会文化圈。这种因行业的区别、年龄和文化水平的不同造成的人与人之间的差异,客观上妨碍了人们之间的某些交流。或者说某些交流因为交流者的地位的差别形成有先有后的秩序,进而形成交流的不平等。谈话节目作为一种公共论坛,它打破已有的社会结构中论坛的种种限制,建立起无线电波社区。在这个社区里,大家讨论的问题不仅仅关涉到个人以外的社会问题,也包括你和我的个性展示,通过这种展示,你与我彼此了解,建立关系。它不再考虑彼此的相貌、衣着、体型、姿态这些与谈话内容没有直接关系,却会影响到交流气氛或者内容深入的因素,使说话行为本身显得单纯,应了"知心比知面重要"这句话。

4. 利用主持人的人格魅力,扩大节目的影响力和知名度

谈话节目中的主角是主持人、嘉宾,他们是以个性化的角色出现在节目中的,这样有利于主持人与听众建立起即兴的亲密感,有助于人们对主持人和嘉宾产生亲近的感觉。这种在日常生活当中不曾遇到,或因为空间限制无法实施的亲密关系,源自于共同感兴趣的话题,源自于听众对主持人的信赖或喜爱。犹如在火车上邻座之间建立的短暂友谊一样,因为没有事后的必然延续,也不会造成负担。我们可以称它为一次性缘分。它很容易刺激听众的兴奋点,令他们的情绪激动起来。

主持人是谈话节目成功与否的关键。是谈话节目造就了广播明星,还是明星成就了节目,是很难一概而论的。但是,任何一个出色的广播节目都与主持这档节目的人是分不开的。优秀的主持人都很有魅力,他们身上具备了别人没有的独一无二的品质,在他们的节目中总会有一些与众不同的东西引起听众的注意。

5. 使广播获得了更加广阔的空间

电话作为全球性的通信工具,其便捷、迅速、广泛可以说优越于其他任何一种通信工具。电话已有的全球通信网络为广播所利用,两者的结合,无疑为广播开辟了新的覆盖区域。

谈话节目通常只设计大概的播出内容,如谈某一类话题,安排某位嘉宾与听众交谈等,对于参与电话直播的听众以及他们谈论的具体内容是无法事先确定的,只能灵活处理。这样,听众在规定的节目播出时间内拥有了对节目内容的部分选择权利。

为了保证播出节目的安全,电台采用延时器,对电话内容进行检查与调控。

二、谈话节目的内容

谈话节目涉及的内容是十分广泛的,包括个人生活的方方面面,社会生活的不同领域,以及其他引起我们兴趣的各种事情,如历史、文化、艺术、科技等。我

们还是可以将其分成几种类型:

1. 涉及个人的经历、经验,交流个人的感受

尽管讨论这样的话题会涉及隐私,但是仍然经常有听众乐意将其公布于众。讨论类似的问题,使听众获得一次在众人面前表现自己的机会,同时也使他感觉到自己与广播群体的联系更加密切。尤其是当主持人提出一些问题,希望获得好的建议与办法时,听众表现出的热情说明他们愿意成为一个有主见的人。

2. 组织社会话题讨论

社会话题的讨论有助于大众传播媒介成为公共领域的一个重要部分,在培养公众意识、完成公益使命方面发挥了积极作用。

社会话题的讨论关注社会焦点、热点问题,关心他人的生存状态,组织社会公益救助活动,澄清对社会问题的看法,使听众获得更多的彼此之间的理解,对社会问题达成共识,以便采取一致的行动。如对见义勇为者的赞扬,对拐卖妇女儿童现象的深恶痛绝,对失学儿童的关注,对政府建设项目方案的议论或油价上调等涉及民生的问题的讨论等。

主持人与听众在社会话题中共同分享个人的观点、对形势的分析和判断。听众能够在这个节目中获得做评论家的机会。

3. 涉及个人的苦闷、悲痛等

谈话节目给那些陷入个人不幸之中却又找不到倾诉对象,或不愿意让熟悉的人知道的听众提供了一个空中谈心场所。人们在日常生活中会碰到各种挫折、失意之事,有时候,他们希望在熟悉的人中间找到倾诉对象,获得帮助和理解;有时候他们却有意避开熟悉的人,不想让他们知道。听众在谈话节目中彼此建立起来的即兴的亲密关系,使他们不必担心此次谈话的后果,如被熟人长期议论,影响今后的相处,给别人造成不必要的精神负担,怕被人笑话等。这一切后顾之忧在谈话节目中都可以避免。这正是隐私何以能在陌生人面前公开谈论的原因。

4. 心灵接触

在现代社会,人们承受着巨大的工作压力,渴望能有个人聊聊天,放松一下。类似心灵接触的话题并没有直接的目的,谈话并享受谈话,只要有这个过程就可以了。谈话节目为听众提供的说话场所,使他们的感情有一个理想的释放地。这对于减轻人们心理上的各种压力、培养健康的心理是有效的。

5. 谈论知识、科技与人的生活的关系

知识永远是谈话节目的话题,它满足了人们对知识的本能的需求,并传播着新的知识。如北京电台展开的关于情商与智商的讨论,在科学家和一般市民中引起很大反响。

三、谈话节目的语境

谈话节目由于话题不同,语境也不同。所以此处对语境问题的讨论,只限制在构成谈话节目的场面因素和谈话作为一种交流方式的基本要点上。

1. 语境

通常我们说语境就是指语言运用的环境,但是这个说法太宽泛,使人无从把握。语言学家又将语境一词作了如下的限定:语境是指对语言使用者的方言和语言行为具有制约作用的情景系列,它包括个人特征、时间根源、理解范围,包括说话的方法、说话者与受话人的关系等。其中起决定作用的是说话者与受话人的关系。这种关系不仅意味着说话的双方是否发生了语言行为,而且意味着双方之间的情感因素能不能互为背景。如果彼此陌生,互为背景的程度可能是零。这时候,语言行为只是基于彼此之间的功能关系:问路—回答、咨询—解答。在大多数情况下,语言行为的意义是人际关系作用的结果。也就是说,大多数的谈话是在彼此熟悉的情况下进行的,或者说建立了一种熟悉关系后进行的。彼此熟悉,可以互为背景。这时的语言行为不仅可以决定谈话是否有实质性的进展,而且承载谈话的一部分意义——情感。关于语境的解释还可以参阅本书提到的雅各布逊的观点。

谈话节目要与听众建立的就是这种关系,这种家庭式的、沙龙式的谈话环境,使人们在本属于公共领域的空间中,又找到了家庭、朋友圈的感觉,并可以在这里弥补由于工作压力或身份地位限制而产生的缺憾。

如果是有关学术研究的访谈,例如,法兰西学院规定它的成员必须作公开演讲,向公众解释学者们所做的研究工作,当记者要了解学者的工作情况时,要尽可能向他讲清楚。[①] 电台或电视台的访谈节目,是完成这项工作的有效途径。这种访谈,访问者可以是学者也可以是记者,记者必须对接受采访者的学术研究有一定的了解。

谈话节目的语境有如下特点:

(1) 以大众传播为平台的听—说关系。谈话节目中的主持人与听众之间建立的听说关系,是以大众传播为平台的。大众传播的特点是高度专业化和组织化,因此,广播谈话也具有这种特点,即说什么,怎么说,都相应地具有规范性、连续性和完整性。

(2) 听—说关系在空间上是隔离的。一般听说双方在语言行为中是同时、同地出现的,谈话节目除了嘉宾以外,说者与听者是不见面的。这种说听不见面

---

① 福柯:《权力的眼睛》,严锋译,上海人民出版社 1997 年版,第 14—15 页。

形成了谈话节目的特殊语境,有助于消除陌生人面对面谈话的心理负担。

（3）非固定化的听—说结构。在谈话节目中所建立的听—说结构主要有个体对群体（主持人、嘉宾对听众群）、个体对个体（主持人、嘉宾对打进电话的一个听众）、群体对群体（持一种观点的人对持另一种观点的人）。因此,在同一次语言行为中,尽管大语境不变,小语境的转化却是频繁的。

（4）面对面的对话关系。这类谈话节目的主角是被访谈者,主持人通过提问或者根据对方的某个观点进一步提出新的问题,始终围绕中心话题完成访谈。记者与被访问者的关系应该是平等的关系,听与说的关系。例如:①

瑞金斯:读者能够从你的著作中学到很多意想不到的东西,其中之一就是对沉默的欣赏……你谈到有很多种沉默,这里面是否有自传的成分?

福柯:这么说吧,在二次大战或是在此之前的天主教氛围中长大的孩子知道有很多种说话的方式……

瑞金斯:在北美印第安人中,对沉默的欣赏要远远超过英语社会或法语社会。

福柯:是的,你瞧……

2. 语言的特征

（1）语流方向的控制与说法的开放。所有的谈话节目从本质上讲都是在控制下进行的,只不过控制的方法有别。如上所述,话题是广播栏目选择的,它要符合关于广播的规章制度。这些规章制度又是政治、经济、文化等体制的体现。除此之外,主持人还要控制话题进展的节奏和去向。为此,主持人会打断听众正在兴头上的谈话,如果这个谈话已经跑题的话。尽管这种打断他人谈话的行为有不礼貌之嫌,但是必须如此。当然,作为谈话节目主持人,还要想方设法激励听众参与到节目中来,激励的方法之一,就是允许多种声音的出现,即说法的开放。

（2）高级的独白。口头语言有两种形式:独白与对话。其中独白在谈话节目中被称作高级独白,有以下三个原因:

一是有目的的、有效的语言。在日常的生活中,独白随处可见,一位嘴巴闲不住的人会进行独白,自言自语。这些语言既称不上有效,也称不上有目的。

二是有预期性的独白。谈话节目是一个持续的、有内在联系的语言行为,主持人在主持谈话时（自己说或请他人说）,始终不能离开节目的话题,他必须知道已经讲过了什么,现在讲什么,接下来讲什么。

三是谈话节目的部分独白被排除在有听众反馈的环境之外。这时候,主持

---

① 福柯:《权力的眼睛》,严锋译,上海人民出版社 1997 年版,第 1—2 页。

人实际上是在与听众进行想象的交流,也就是面对话筒说话,这比面对面交流更难。

基于以上三个原因,谈话节目要求主持人能够创造一种超出说话者当时环境经历的语言,即有意义的独白,而不是简单地讲述自己的经历和当下的一些情形。如主持人在话筒前说:今天早上我打了一个喷嚏,早饭没有顾上吃,外面很冷,我穿上了冬衣等。这段独白,犹如一个人站在大街上向行人宣布我吃了肉、我吃了菜一样没有意义。它既没有信息量,也没有目的,但如果是为了引向某类话题,就另当别论了。不论主持人谈自己的观点还是感受,他都必须有一个明确的意识,所说的一切都是给他人听的,是在两个以上的人组成的语言环境中进行的。即使是在说个人感受之类的内容,它的功能也应该是引入正在进行的话题,而不是沉溺于个人经历的描述,偏离话题中心。

高级独白的创造性功能还表现在它能够将个人的经历转换成听众有兴趣的内容,让情感(个人的经历往往释放出情感的力量)滋润交流行为,达到预期的目标。例如:

昨天我做了一个实验,在轮椅上坐着,试图拿水杯喝水。水杯里的开水烫手,我一时不知道该放在哪里好,因为轮椅离开桌子有一段距离,其实就是一大步的距离。如果我不在轮椅中坐着,我只要迈一大步就可以放下水杯了。结果烫了手。这个实验让我明白了残疾尤其是腿有残疾的人,他们的生活情形。对于我们来说,很多事情不足挂齿,对于残疾人来说却是重要的,例如一个小小的杯套,可以防止烫手。接下来,我要给大家介绍一位民政干部,他对残疾人的细微关怀,令我们感动,也悟到许多道理……

(3)语言的个人风格与语言的功能风格相结合。风格是语境的一个方面,它通过被使用的语言代码,反映语言行为中双方的社会角色和社会功能。语言的个人风格包括严肃、严谨、幽默诙谐、随意生动、亲切、俗气、嗲声嗲气等。个人语言风格也反映出说话者与受话者之间的人际关系——熟悉程度、信赖与否,范围从"非常正式"到"非常不正式"。

语言的功能风格是指在具体的语境中,语言要达到的目的,如叙事、劝说、惩戒、娱乐等。功能风格与个人风格并不是自然对位的,如果只突出个人风格,节目没有意义。个人的风格只能寄身于功能风格之中。当然,节目没有个人风格的话,也谈不上是节目了。

具体分析下面一段对话,可以使我们了解两种风格的正确关系:

主持人:请问,你给谁点歌?

听众(男):我的一个朋友。

主持人:是男朋友还是女朋友?

听众:女朋友。

主持人:她在什么地方工作?

听众:是学生。

主持人:是大学生吗?

听众:不是。

主持人:是中专生吧?

听众:是。

主持人:读几年级?

……从主持人的第五句问话开始,主持人提出的问题逐渐与听众脱离了联系,接下来的对话除了体现主持人的个人风格——亲切、好问之外,语言的功能风格几乎丧失。这种过多地表现人际关系的问话,破坏了广播对于其他听众而言的功能风格。

四、节目主持人·导播·听众

1. 节目主持人的工作

通过电话直播的谈话节目从内容的选择到播出时间的控制既有计划性又有灵活性,它要求节目主持人必须身兼数职,承担主持、记者、编辑等项工作。

节目主持人在整个节目播出过程中始终处在主导的地位,由主持人提出话题,引进听众电话,引导电话内容的倾向,参与话题的讨论或组织讨论,控制通话时间等。节目主持人的具体工作为:

(1)开播前策划节目的主题。电话直播节目类型不同,选择的主题也不相同。选择主题时要注意的问题有:

首先,选择那些带有普遍意义或积极意义的并且有讨论价值的话题。电话直播节目的话题有些是不变的,如"股市点评"、教育问题、住房问题、城市建设问题、个人情感问题、家庭问题等。有些是经常变的,如新闻性较强的话题。对后一种类型的话题的讨论,节目主持人要有预见性和目的性。如关于"钓鱼执法"事件的讨论,之所以能够深入下去,原因有二:一是这种现象普遍存在,二是这种现象的出现和人们在一段时间内的观念、心态及社会风气有关。

其二,应该避免在电话直播节目中讨论会引起民事纠纷的问题。这些问题有的不宜在广播中公开讲,有的很难说清楚,有的一时难以定论,搞不好会将节目主持人自己拉入纠纷之中。

其三,要自觉维护社会的公德,禁止低级庸俗的内容进入节目。

(2)开播前要做好案头准备。每次节目开播之前,主持人都应该重温节目的宗旨,温习节目的主要话题,找到本次话题的要点,做到心中有数。还要准备有关的资料,设计好对问题的铺垫、展开和推进的步骤,对参与电话直播的听众要有预测,甚至应该准备用于回答他们可能提出的问题的各种材料,做到有备无患。

(3) 批评要准确,说事要慎重。听众往往把广播电台视为上情下达、下情上达的桥梁,主持人在听众心目中的声音形象是一位热心的、善解人意的、愿意帮助他人的知识渊博者。当听众在生活中碰到一些问题又不知应该如何投诉时,会将广播当作一个能为他们排忧解难的权力机构。主持人在接触到这些问题并对问题做出答复时,一定要明白自己不是权力机构,没有权利直接回答应该如何解决。主持人也不能以冷漠待之,这样会挫伤听众参与的积极性。主持人只能以热情的态度接受听众的各种倾诉,并且帮助听众寻找解决问题的办法。

(4) 处理好与被邀嘉宾的关系。电话直播节目经常邀请嘉宾参与节目的播出。这些嘉宾或是专家学者,或是社会名流,或是部门官员。他们回答听众提出的各种问题,也参加听众的讨论。尽管这些嘉宾通常是某一行业或研究某一问题的专家,但是,他们在节目中的位置只能是主讲人而非主持人。节目真正的主持人只应该是此节目固定的主持人。节目的整个播出过程和中间的每个环节的衔接都由主持人控制掌握。节目主持人应该如何处理与嘉宾的关系呢?

首先,帮助嘉宾尽快适应直播环境,创造出轻松和谐的谈话气氛,使其心态平和,能力得到更好的发挥。

其二,在嘉宾遇到难以直接回答的问题时,要主动为嘉宾解围。

其三,当嘉宾暂时陷入语言困境时,应该及时帮助嘉宾走出困境。如恰当地提示,重复其主要观点,或插入其他有关话题,使其思维得以调整,恢复正常。

2. 导播的工作

导播在电话直播节目中的主要工作是接通听众打来的电话,初步了解电话的内容,将电话切入直播室。导播在电话直播节目中起什么作用呢?

(1) 接待作用。电话直播节目的特点之一就是听众直接打电话参与节目。听众打电话的时间并没有一定的前后顺序,在许多情况下,可能会同时打进来几个电话。导播作为听众的第一个"对话人",既要及时接应听众,又要负责安排听众电话的播出顺序。

(2) "审稿"作用。当听众在电话的另一头叙述自己的谈话内容或要求时,导播凭借自己对事情的判断经验,快速地对电话内容进行选择,并且决定是否切入直播室,让听众与主持人或嘉宾直接交流。

(3) 引导听众尽快进入直播状态。导播在接通电话后,要告诉对方节目的内容、要求和进展情况,让听众心中有数,顺利进入交谈。若遇到情绪特别激动的听众,导播还可以先和这位听众聊聊,使对方的情绪有所控制后,再将电话切入直播室。

3. 主持人—听众

电话直播节目中听众有着双重的身份,一方面他们是节目的收听者,另一方面他们又是节目的传播者。作为听众他们是自觉进入广播热线的,一旦他们成为电话中的听众,他们就与主持人一起充当起传播者,因为他们是在主持人的不断引导下说话的。

作为一般的听众,他们对于节目的兴趣和参与节目的欲望直接关系到节目的收听效果。作为谈话节目的收听者,他们在收听此节目时要比收听其他节目认真得多。他们在接受广播传递的信息的同时,也在为自己即将加入直播作准备,一旦有机会或遇到自己有兴趣的话题时,会马上拨打热线电话。节目主持人在节目的播出过程中,应该对听众的这种状态心中有数。

主持人在主持节目时,从讲话的语气到内容的表述和表述时间上,要给听众创造参与播出的条件,甚至要不断鼓励和帮助他们进入直播过程。

听众作为传播者,他们是被邀请加入电话直播节目的,他们在节目中有提出问题、发表意见、抒发情绪的权利。节目主持人应该保证听众的这种权利不受到侵害(如果听众的言论违规,则另当别论)。

在电话直播节目中,节目主持人与听众直接交流,在这种交流中,主持人要做到以下几点:

(1)以礼相待,不论贵贱。节目主持人对听众要以礼相待,不论贵贱。尤其是对那些属于弱势群体的听众。要认真地倾听他们的谈话,对提出的问题要热情地给予解答,不能敷衍搪塞。

(2)尽量让听众把话说完。即使因为时间的关系需要打断谈话,也要作出善意的解释,不应该产生不耐烦的情绪。不要忘记是你让听众打电话的。

(3)让听众多讲。节目主持人和听众对话时,不要喧宾夺主,应该把时间尽量留给听众,让他们讲话。主持人要有意识地克制自己的表现欲,明白自己的任务是主持节目而不是发表高论。尤其是在讨论具体问题时,如果主持人与听众意见相左,主持人应该先让对方充分发表看法,不要有强加于人的企图。主持人在阐述个人的观点时,要有平等的意识,切忌在电话中嘲弄或攻击对方,或摆出一副恨铁不成钢的样子,教训听众。

(4)引导得当,把握节目节奏。在节目进行过程中,主持人应该对谈话内容加以引导,控制好谈话的节奏。不能够完全听任听众随意闲聊,使节目失去方向,偏离主题。

(5)兼顾直接与间接听众。节目主持人与打进热线的听众交谈时,不要一味地只与其中一个人交谈,甚至就两人意见分歧之处争论不休。节目主持人与一位听众交谈时,不要忘记还有更多的听众在收音机旁,或等待着打进热线的机会,或正在收听广播中的交谈。主持人应该注意照顾他们的情绪,不要使他们产生被冷落的感觉。

第九节　录音—电话采访

电话采访录音既是广播节目制作的一种主要手段,也是一种节目形式。作为记者,你可以将采访录音剪辑后插入节目内,也可以直接将采访录音整理后作为一种节目播放。电话采访为你获得各种消息开辟了一条途径,它在时间与空间上基本不受限制,这是其他传播媒介难以提供的。电话会源源不断地向你提供口语采访"实况",如果把这些实况和文字稿配合到一起,就会使广播内容丰富多彩。如果将采访的内容整理后独立播出,照样能够引起听众的注意。经验丰富的记者,在电话采访结束后,只需要在录音的开头和结尾加上几句说明语,一个完整的节目就编排好了,可以直接播放了。

新闻采访业务课上的各种采访知识,仍然适合于广播。除此之外,广播采访应该是以录音为主要手段,除非被采访者拒绝录他的谈话。录音可以直接作为引言出现在作品中。本章不讲一般性的采访,只涉及具有广播特点的电话录音采访。掌握了电话录音采访的主要技巧后,就可以得心应手于其他形式的录音采访。

对于每一位刚刚从事广播记者职业的人来说,利用电话采访是很难掌握的一种技巧。如何提出问题,如何剪辑"实况",这些问题的解决要靠实践。

一、采访前的准备

和面对面的采访不同,电话访问时不必注意自己的着装和举止,可以避免因为你不习惯对方的直视而出现窘迫,你可以全力以赴准备你的采访内容。但是电话采访也会给对方提供不顾礼节而挂断电话的机会。在电话访问中,如果你在提出下一个问题前稍有犹豫,事务繁忙的对方就会借故把电话挂上,中断采访。而面对面采访时,对方出于礼貌,有时不得不耐心等待你的下一个问题,不至于立即中断采访。所以采访前的准备工作十分重要。在访问之前到底应该做些什么呢? 除了每一次具体访问的特殊要求外,有些准备工作是普遍性的。

1. 尽可能了解采访对象的情况

在你第一次用电话与对方联系之前,一定要弄清楚采访对象的名字(如通过秘书或其他渠道)、他的头衔和办公室分机的电话号码。掌握那些可能会成为你的重要联系人的分机号码、地址是极有价值的。是否掌握内部分机电话号码决定着你能否与重要人物接上头,取得联系,实施采访计划。

如果你准备采访的对象已经向总机下了命令,他不接新闻单位打来的任何电话,你就可以直接报出分机号码,大多数总机接线员会毫不犹豫地给你转过去;如果你指名道姓,要求总机转某某的电话时,总机接线员会以各种借口拒绝为你转分机。

除了掌握重要人物的基本情况(名字的正确写法、地址、电话等)外,对于他的秘书也不应该轻视。秘书会比你想象的要重要得多,因为秘书往往最清楚一些材料。如果秘书是你所熟悉的人的话,他会主动告诉你如何与他的上司取得联系,上司目前在什么地方等。

2. 记住你的问题

你必须在打电话之前,写下所有你要求对方回答的问题,即使你在采访时从来不去看它,这样做也是值得的,写下来会帮助你理清思路。应该尽可能地将这些问题烂熟于心,至少也应该脱口而出。同时,你还应该明确提出这些问题的目的是什么,这个问题与上一个问题有什么关系,要对问题有一个清晰的思路。只有这样,才能确保采访中不会发生尴尬的停顿,给那种不情愿接受采访的人一个因沉默而挂上电话的借口。

你准备提出的任何问题都应该切中采访纲领,即问题与提纲要求的长度和角度相符。那些题外话虽然有趣,但与你的采访目标不一致,只好舍去,应当尽快将谈话引入正题。

3. 材料准备充足

要充分利用图书馆和一切能为你提供资料的地方,补充你所提问题的背景,准备得越详细越好。事件的浅显,不应该成为记者无知的借口。如果你要了解正在举行的"哥本哈根会议"的情况,那么,你需要了解关于气候问题的国际背景,与会国家原来的立场,这次会议的主题以及人们对这次会议的期望等。

4. 利用电话拓展采访空间

电话的普及和使用的方便,已经形成一个与世界各国相联系的系统,只要需要,你拨通对方的号码,就可以通过电话进行采访,只要他在有电话的地方。空间的距离对于电话采访来说可以忽略不计。电话使记者的采访获得了没有限制的空间。

二、提问的艺术

电话录音访问过程中的提问,就是与他人对话。虽然你有很强的目的性,但是你应该明白,他人接受你的采访,就是在支持你的工作。要使访谈能够顺利进行下去,你应该尽可能了解对方回答提问时的处境和对这个话题敏感的原因。了解对方的感受,你的提问才容易被接受。电话录音采访的技巧也适用于其他形式的录音采访。

电话访问也要遵循关于提问的一般原则,如应该提出一个直接的问题,不要兜圈子,应设法得到你所需要的一切具体情况等。除此之外,电话访问仍有它不同于面对面采访的特别之处,下面提供几种电话采访的技巧:

1. 主动介绍自己

你必须向对方(采访对象)说明你是谁:"我是×××电台新闻部的×××";接下来向对方说明打电话的原因:"我想知道您对城市修建地铁的具体意见","最近家长们都十分关心学校减负的问题,您作为校长请给我们谈一谈校方对这个问题的看法。"

2. 不要隐瞒录音

你应该向对方说明,你将录下他的谈话,如果对方犹豫,可向他说明这样做对他有好处,这样不会把他的话引错或曲解。如果他拒绝,那就把录音机关上,继续采访,把他的讲话记下来。

3. 打消对方的顾虑

如果对方对某一有争执的问题是否发表意见表示迟疑,那你可以向他说明,你不过是想知道这方面的意见:"我们已经了解到其他方面的一些看法……我们想做出较全面的报道……"不要使对方产生思想负担。如果你请某人对某事提供情况遭到拒绝时,那你还可以向他说明,你已从另一渠道得到情况,你现在不过是想听听他的说法,以便弄清那些混乱不清的地方。

4. 继续追问

如果对方仍然拒绝回答你提出的问题,你可以问他为什么拒绝发表意见,他的回答本身可能成为一篇有趣的报道。当然,继续追问过头的话,可能会引起对方的反感,适可而止也是很必要的。但不要一次谈不拢,就断绝今后的交往。

如果对方对你提出的一个直截了当的问题作出"是"或"不是"的回答,那你应该接着问"为什么"。

5. 提活问题

如果对方同意你的采访,接下来就是你自己要考虑的问题——"问些什么",你最好不要问仅仅用"是"或"不是"就可以回答的问题。可以问:"如果法案通过,你认为将会有什么影响?"诸如此类的问话将能引出比所谓"死"的问题有趣得多和内容丰富得多的回答。提出的问题是否有质量,是节目成功与否的重要因素。

6. 注意倾听

倾听是广播记者的基本素质,尤其是在电话采访时。在你提出问题后,按下录音机按钮,仔细倾听对方的回答,要让对方把话说完,即使他说的这些话在你看来是多余的,或者是你知晓的内容,你也要让他说完。倾听不仅是一种礼貌,而且会给你提供新的信息。正确的做法是仔细地听对方的意见,以便从中得到启发,提出下一个问题。

现在普遍使用电话连线"前方记者"的方法获得事件现场的最新情况。这种连线采访采用直播形式立即传送,没有给主持人事先准备的时间。主持人要做的是认真听对方说,迅速地判断哪些重要的细节需要记者重复或者解释。不要以为对方是同行,可以随意打断他的介绍。在突发性事件发生时,听众最有兴趣的是听"前方记者"说些什么。

7. 不要插入你的口头语

当对方回答问题时你不要插进"是""对"这些口头语,这会给你在采访结束后的录音剪辑带来困难。对方讲话一开始,就等于向你发出了保持安静的信号。假如对方在表达某一个观点时,一时找不出合适的词,你可以帮助他,替他说出他想说的这个词,使他能够将谈话继续下去。但不要过多,喧宾夺主。

8. 不要制造紧张

如果对方谈了一些你认为是惊人的、不寻常的话,不要问他是否同意使用这些话,因为你在事先已经向他说明了你要录音,并且已征得他的同意了。你的这种追问,会给对方造成心理上的紧张,他会因此对自己的讲话将公布于众是否合适产生疑问。本来他谈这些话是自愿的,你不自然的激动(惊奇),会使他多虑。

9. 打开录音机

在整个采访过程中,都要把录音机打开,因为你无法知道对方的讲话什么时候有用。

10. 记住说"谢谢"

在采访结束时,可以简单地说:"我认为我已经得到了足够的材料,谢谢您"。然后把电话挂上。

请看下面这个例子:

某一小镇发生了一起失火事件。一开始关于失火的报道混乱不清,一位记者从这些报道中得知一位目击者的名字,于是便通过电话与他取得联系,并向他说明想就失火事件对他进行采访:

记者:听说你是亲眼看见大火燃烧起来的,对吧?(向目击者试探他是否真的看到现场的情景。)

目击者:是的,但是我想,我能告诉你的不多,对你没有什么用处。

记者:为什么没有用处呢?（紧接着问他,否则他会把电话挂上。）

目击者:真的,我看到的不多。

记者:那你看到些什么呢?

目击者:我想不谈了吧!

记者:为什么不谈呢?

目击者:报道很混乱,我怕我会增加这种混乱。

记者:××先生,我已经得到了关于这次失火事件的许多报道,但我被这些报道完全弄糊涂了。因为你是目击者,所以我想你也许能够帮助我把它弄清楚……（请求他的帮助,会使他的情绪平稳下来。）

目击者:好吧,不过真的,我看到的并不多。请你提出具体的问题,看我能否帮助你。

记者:好。当你向窗外看时,你看到了什么?

目击者:我正在办公桌前工作的时候,听到一声爆炸的巨响。我向窗外望去,看见大火从窗口喷出……

如果设法使对方谈下去,可以称为采访的基本原则的话,那么记者希望对方帮助的诚恳态度,是使对方愿意谈话的基础,因为人们不会轻易拒绝一位真心希望得到某种帮助的人的各种要求。

记者提问与考官提问不同。考官提问是为了考察对方某一方面的专业知识水平或对专业的了解程度,答案在考官的掌握之中。记者提问是想了解自己不知道或想弄清楚的事情,一般情况下记者并不知道答案,所以每个提问都包含一种期待。

另一种情况是,记者在提问前对自己想要搞清楚的人或事情已经做了背景调查,记者提问是想借助当事人说出他想告诉听众的内容,因为请当事人说要比记者自己说更有吸引力。在这种类型的提问中记者应该给对方以适当的帮助,如果当事者一时不知道用什么样的词来表达自己的意思时,记者应该及时根据对方的意思选择一个词接上去,避免对方因找不到合适的词而陷入紧张的情绪中,使提问中断。

三、剪辑合成

有了一个关于某个事件的五分钟（或者十分钟）的报道后,编辑告诉你,这一报道他只需要两分钟,于是你就面临着改编这一报道的任务。下面是剪辑合成的主要步骤:

1. 记录录音

你首先要做的工作是听录音,记笔记。你一边听录音,一边将录音内容分成几个较小的段落,在笔记本上记下每一个段落的主要内容和开头与末尾的全部语言,并为每一个段落计算时间。

2. 剪辑录音

你接下来要根据记录材料进行剪辑工作(注意还应该为自己留下一定的时间来介绍这篇报道,或将各段串联起来)。如果必须删除部分内容的话,你能做的应该是先删去自己向对方提出的全部问题,因为播送对方的讲话比播送你的提问重要。删去的部分可以合并在一起写成文字稿,以便与对方的谈话衔接,因为播文字稿比播放采访录音要节省时间。

3. 设计引言

在文字稿中介绍"录音"的引言一定要灵活,避免使用"下面播送录音"这样的话。这句话会破坏报道的整体感,使人感觉到文字稿与"录音"衔接不自然。另外,如果你的机器突然发生了故障,致使录音带不能转动,你就会被动。你可以用这样一些话把"录音"介绍出来:

"在录音访问中,你将听到……"

"在下面的录音访问中,××先生说……"

"当天晚上,我们在穆大妈的家里录下了楼下歌舞厅传出的噪音。"(出录音)

写录音引言最常用的手法,是把录音内容用一两句话概括,但要避免使用与播出的录音相同的语言。例:

(1)……凌晨零点刚过,沪杭客运专线特大桥墩模板突然坍塌,正在施工的数名工作人员被压……记者从当地警方和消防部门了解到,当时施工现场人员比较多,事发后施工方已经组织自救,接警后他们也立即赶到现场,所有伤员都被送到当地一家医院治疗。目前了解到的情况是事故中一人死亡,其余五名伤者正在接受治疗。离事故现场不到一百米有一户人家的主人向记者讲述了当时的情况。(播放录音):昨天十二点左右吧,嘭的一声响,我家房子有点震动。我起来看了一下,那时天空中还下着雪,灯光下看到不少人在那儿跑来跑去,当时看到工地上大概有十来个人……

(2)……大火突然烧起……警察说是有人故意放火……在一小时前把莫伯利的伦道夫饭店的底层餐厅内部全部烧毁,有十二人死亡。到目前为止,尚未公布死亡名单。目击者×××目睹大火燃起的情景,说大火随着爆炸的闪光,立即燃烧起来。(播放录音):我正在办公室前工作的时候……大火霎时间随即燃起(录音结束)。×××说,大火燃起后,他没有看见有人从餐厅出来。(播放录音):没有人活着出来。……餐厅像一堵巨大的火墙(录音结束)。关于这场大火,警察局正在审问一个嫌疑犯。他们说大火燃起后,此人自动投案。

　　从上面的报道中我们发现,即使没有录音,文字稿也能使听众明白整个事件。这应该成为你写引言的目标。

　　一般说来,每段录音限制在一分钟以内最好,超过一分钟,听众的兴趣就会迅速下降。有经验的记者能够把任何讲话分成简短而引人入胜的若干小段。把一个五分钟的讲话编成三四小段,用过渡的话串联起来,要比把五分钟的讲话一次播完效果好得多。

　　请看"美国之音"的《今日美国》节目中播送的"电话访盲人"。

　　(开始曲)

　　"美国之音"现在播送《今日美国》。

　　葛森(节目主持人,以下简称葛):这个星期一,我们在这个节目里边报道了三位盲人,就是三位失明的人在华盛顿领奖的事情。星期二呢,我们就接到了一位听众从美国的科罗拉多打来的长途电话,告诉我们他听了那个节目之后很感动,因为他自个儿也是一位盲人,一位双目失明的人。我们征得了他的同意之后呢,就把他的谈话录了音,等会儿就播送给您听。

　　(这段开头语用了30秒钟,就是为了引出后面的电话访问录音。)

　　(下面是电话访问。)

　　葛:甘先生,您好!

　　甘:啊,您好!

　　葛:我谢谢您打电话来。很抱歉,您第一次打电话来的时候我不在。

　　甘:是的。

　　葛:所以我给您回电话。我现在跟您在电话里头谈话。我们在录音。

　　(礼节性地互相致以问候,同时突出了访谈的一个重要细节——电话。)

　　甘:是的。

　　葛:您不会反对吧?

　　甘:不会。

　　(征得对方的同意以后才开始录音。)

　　葛:好的。

　　甘:很高兴。

　　葛:我更高兴! 因为我们做广播的人,最喜欢听众写信或打电话来了。

　　(给对方以信任和鼓励,并且缩短沟通距离。)

　　甘:我经常收听您的节目。

　　葛:是呀,谢谢您。

　　甘:你这次节目受到许多听众的欢迎。

　　葛:谢谢,我们收到的信虽然很多,可是电话毕竟不太多,尤其是长途电话。

您怎么会想起来打长途电话给我的?

（第一个问题很重要。它后来就成了电话采访全过程的一条线索。对方是位盲人,盲人写信比较困难,嘴巴和耳朵是他们与外界进行交流的主要器官。记者这样提出问题,既突出了采访对象的特点,也自然引出盲人介绍自己的生活情况以及对广播电台的这一节目的由衷感激。）

甘:因为经常收听您的节目,而且这一项节目所谈的问题是相当广泛的。最近在美国,我所听到的一些消息,就是有关盲人在大学毕业以后,在社会上找到了相当好的工作机会,这些新闻对我来说产生了许多感想。尤其是今天早上收听到您的节目,谈到三位盲人青年在华盛顿一所大学毕业。他们分别就读于电器工程、政治社会学和法律专业。他们都能够有很好的就业机会。所以我才想到再打电话跟您聊聊有关这方面的情况。

葛:好的,能不能请您向我们的听众介绍您自己。

（主持人提出第二个问题:甘先生个人情况和如何来到美国。）

甘:我本身是来自台湾,我在十二岁的时候才双目失明,去年3月19日才刚来到美国,还不过一年多一点的时间。目前是在科罗拉多州的温泉城胡安西埃的健身治疗中心,从事中国按摩指压的物理治疗。

葛:啊,请您不要怪我问得太多,我想问问您,您怎么会想到来美国的?

甘:过去在台湾的时候,我本来是在一所盲人高中教书。

葛:啊!

甘:在教书之后,我来到台北,从事按摩的工作和针灸。那里有一位美国朋友,他过去犯了腰痛的病,一直未能治疗好,后来由我的针灸把他的病治好以后,他便向得克萨斯州的一个……推荐我,那么我就来到得克萨斯州,9个月以前我才来到科罗拉多州。

葛:昨天早上我播完了那个节目之后,我自己做个实验,我在马路上走路的时候,我故意闭着眼睛走,真是好困难,我觉得走几步就忍不住要睁开眼睛。

甘:哈哈……

葛:那么您自己一个人,身在异国,生活上怎么样呢?

（第二个问题——如何到美国,得到回答后,接下来进入第三个问题——在异国如何生活。主持人此时插入一段自己体验盲人生活的感觉,有两个作用:从自己的体验谈盲人生活的困难,为第三个问题做准备;走进甘先生的生活,以切身体验与甘先生产生共鸣,并引起听众对甘先生的关心。）

甘:啊,不过目前对我来说已经习惯了,9个月以前我曾到过加利福尼亚州的一所国际盲人种狗训练学校受过训,那么就是说这条狗可以带着我走路,无论是穿过十字路口,或者是到餐厅,到任何地方,它都可以带着我走,转弯,任何一种信号它都会通知我。所以在美国有种情形,就是一般人不能带狗到餐厅或者政府机构,但是盲人可以特殊,狗可以带领我走路,到任何地方。

葛:哎,说起来真的很惭愧呀,在我们播送那个节目以前,我真的很少很少注意到盲人的生活情形、工作情形。那么,您既然这么熟悉,能不能请您告诉我们一下美国的盲人福利或者盲人教育方面的情形?

(涉及第四个问题。)

甘:好的。我来到美国一年多来,让我觉得印象最深刻的就是,在美国生活的一般盲人,他们可以说是最幸福的。因为平常除了在福利、社会工作方面,政府和社会人士对他们有着相当的照顾和协助之外,而且在教育制度方面,他们可以和一般人一样,读到大学学业,甚至得到硕士学位或者是博士学位。他们获得这些学位以后,可以在政府机构以及一些商业公司从事重要工作。

葛:好,我们谢谢您,可惜我们时间真是很少,不过以后要是您觉得有什么地方我们可以为盲人做一点事情,或者您能够告诉我们盲人心里想知道什么,希望知道什么,能不能请您随时告诉我们?

甘:是的,我很高兴!

葛:比方说要是您用书面不方便的话,您可以用录音带寄给我们,我们可以听。

甘:好的。而且用录音带寄给您的话,在美国,盲人在邮寄方面是免费的。

葛:噢。

甘:这也是一个相当好的方法。

(前面我们已经从盲人甘先生口中,了解到了美国盲人在社会福利和工作、教育等方面受到的优待;后面关于盲人在美国邮寄方面的情况,更加巧妙地通过甘先生之口说出,虽说是由主持人引出来的,但没有留下任何故意诱导对方谈这个情况的痕迹。)

葛:好极了!好极了!我再谢谢您打电话来,我们希望您常常听我们的节目,常常提出意见来,好不好?

甘:很高兴在这个节目中跟您谈话。

葛:就这样,我就结束了跟这位从来没有见过面的朋友甘先生的谈话。可是我也觉得,见面不见面真的有那么重要吗?我是一个做广播的人,他是一个双目失明的人,我在工作里边培养出来的习惯和他在日常生活里边培养出来的习惯,应该让我们有自信,见面不见面实在没有那么重要。中国的俗话说"知人知面不知心",可见,"知心"比"见面"重要得多了。(音乐)

(最后一句话既是说给甘先生的,也是说给收音机前的听众的。)

关于在新闻报道中正确使用录音资料,增加报道的证据价值的问题,在具体介绍各种节目的特点和制作要求时,还会涉及。

第十节　广播评论节目制作

本章所涉"评论"是指大众传播媒介各种言论的总称。它包括本台评论、短评、述评、编后话、言论和以本台评论员名义发表的文章等。评论的主要任务是及时分析社会生活中的问题和直接阐明广播电台编辑部的观点、主张。广播评论是广播新闻节目的主要内容之一。它是广播电台的旗帜,鲜明地表达了广播电台对各种新闻事实的立场和态度。

一、评论的价值

评论是近代报纸的产物,报纸一直称之为"首席文字",由此可见评论的地位。中国报刊的评论源于政论文体,王韬可以说是中国最早的新闻评论家,他创办的《循环日报》开了中国新闻评论的先河。

基于报纸的传统,评论主要有新闻性和政论性两种。新闻性评论关注人们当前的问题,针砭时弊,倡导良序。政论性评论服务于政治利益,用鲜明的政治立场阐释道理,解读事件的意义。

为什么要有评论? 评论的价值是什么? 好的评论属于精心构思的分析性文章,它为人们解读、评价一个事件或公众关心的问题。因此,评论的价值在于:

其一,它给媒介一个表明自己立场和信念的机会。如果媒介认为"钓鱼执法"是违法的,应该对涉及此事件的所有行政人员展开问责,就可以利用评论的机会引起人们对这个问题的关注,让事件真相水落石出,促进问题的合理解决。媒介也通过这些有分量的、得到人们普遍认可的评论获得公信力。

其二,人们可以从"博学多才的社会学学者对热点事件的权威解释和观点中受益"[1]。评论家应该是训练有素的思想家、关注社会问题的公共知识分子和媒介知识分子。他们的言论受到社会的信赖和尊重。

其三,评论作者替一般受众研究复杂的政治问题和社会事件,他们利用自己的知识告诉受众事件产生的根本原因,提供背景材料,为受众提供判断是非的标准。

二、广播评论的特点

广播评论与其他新闻评论一样,具有新闻性。听众感兴趣的是新闻,不是历

---

[1]　凯利·莱特尔等:《全能记者必备》,宋铁军译,中国人民大学出版社2005年版,第510页。

史或者知识,除非是与今天的新闻相关的历史和知识。评论的题材是由事件引发的社会热点问题,不是事件本身。评论也总是事出有因的观点,依据事实说明道理。

广播评论的新闻性包括两个方面的因素:一是时效性。广播评论所言及的内容应该是当前的,人们正在关注的事情和社会问题。即便是论古,其目的也在于以古喻今。二是及时性。这个"时"不仅仅是指时间,而是指时宜、时势、时机。这就是说广播评论不仅要抓住"第一播出"的时间,也要善于掌握最佳的播出时机。这个时机主要是指火候,也就是最有效的播出时间。这两个方面可以同时兼顾,也可以各有侧重,一切由内容而定。

广播评论与其他媒介(报纸、杂志)的评论相比较,主要有以下三个特点。

1. 短小精悍,一事一议

广播评论因媒介本身的性质要求,一般都要比文字评论短小。广播评论以五六百字为宜,切忌长篇大论。因此,广播评论说事论理要简洁明了,条理宜少不宜多,一事一议,一题一说即可。过长的评论和太复杂的论说都不适合于听觉习惯。评论的作者一般只解释一个事件,不会对受众的行为提出建议,只是使受众对事物有深入了解,增长知识。

2. 说理深入浅出,适合于听

广播评论在议事论理时,从结构安排到句式、词语的选择都要适合于听,使听众一听就明白。另外用说话的方式向听众论理,比较平易近人,没有一般理论的架势,听众也容易接受。

3. 播出方式多样,不拘一格

广播评论的形式多种多样,除采用报纸已有的评论形式外,还有谈话、口头评论、电话评论等。广播评论的播报方式也是多样的,有播音员念文字稿,有记者口述的评述,还可以运用音响作评论的由头、证据,增加说服力。如广播评论《马路风波》一开始播放记者在街头采制的音响:两位骑自行车的人在互相撞车之后,彼此相骂的声音。这段音响就是这篇评论的由头。在正文中记者的论说并不多,这段录音本身就已经说明了这是一种不文明的现象,听众只要接受这种认定,对此现象的评说就已经包含于其中了。

三、广播评论的样式

广播评论的体裁是随着广播评论的发展变化而逐渐多样化的,其命名也有所不同。本节介绍的是已被广泛采用的几种主要方式。

1. 本台评论

这是直接表明电台的立场、观点的一种评论体裁。它通常用来论述重大的新闻事件和对全局性的问题发表意见、表明态度。这类评论在我国有明显的政论性质,阐述党的路线、方针和政策,发挥着党的宣传和喉舌作用。

2. 本台评论员文章

这是以个人的名义发表的言论。本台评论员文章一般就人们普遍关心的社会问题发表个人的观点,或倡导某种社会风尚,对一些影响社会意识的思潮或倾向进行分析,并提出个人的看法。特约评论员文章也属于此类。

3. 记者述评

这是以记者的名义发表的言论。它以议事为主,论理为次,夹叙夹议,边述边评,新闻性较强。记者述评有用文字成文的,也有直接口述成文的。这种形式在新闻性节目中采用较多。

4. 短评

短评一般分析、评论事物的某个侧面,或就事论事。短评论述问题比较单一,表述形式自由活泼。它经常针对具体的新闻事件而发,对事件作出解释或评论。

5. 编后话

编后话是放在消息之后,就事件而发的言论,它与事件构成一体。这是广播评论中最简短的一种形式。往往三言两语,点明事情的本质,提出问题,引发思考,或提醒人们注意。

6. 广播谈话

广播谈话是公共论坛的一种形式,它以谈话的方式论述对问题的看法。广播谈话参加的人数可多可少,既可以安排专家与听众谈论,也可以由记者与听众谈话。有些广播谈话围绕一个话题,设计几种人物,以这些角色的身份讨论问题。

四、广播评论写作要求

广播评论与其他论说文一样,要具备论点、论据、论证这三个基本要素,其语言特点也要适合于听觉习惯。广播评论的写作要求建立在以下两个基础上。

1. 论说的基本要素

(1)论点。论点也叫主论或论断,它是评论所要阐述的观点和见解。论点是评论的核心,是评论首先要解决的问题。广播评论作为新闻类节目,论点的设立都是针对新闻事件或具体的社会问题的,不是谈论纯理论性的问题。这种论点是从事件中提炼出来的。

(2)论据。论据是用来证明评论的依据。它分为理论依据和事实依据两种。广播评论主要是以事实为依据,它需要有真实的事实材料作为论点的支柱,如果离开了材料的准确真实,广播评论也就失去了价值。立论有大有小,但立论的大小,并不是根据材料所述事件的大小来决定的。可以从大的事件中找到具体的较单一的理论视点,也可以以小见大,从具体的事件中找出带有普遍意义的问题,加以评说。

(3)论证。论证就是证明中心论题和论据之间的逻辑联系。它通过推理进行,必须遵守推理的规则。论证的主要方法有:

归纳法。归纳法是用特殊事实证明一般原理的一种证明方法。论题是一般原理,论据是特殊事实。

演绎法。演绎法是用一般原理证明特殊事实的一种证明方法。论题是特殊事实,论据是一般原理。如用一家企业环境污染严重,职工健康每况愈下,经济效益逐年下降的事实,来演绎环境也是效益这个道理。

比较法。比较法有两种:类比、对比。类比,是由此及彼的推理过程,用这种方法能够以比较简单的事理来说明比较复杂的道理;对比,是用两种性质相反的事物比较,或者同一类事物在不同条件下的比较。

反证法。反证法是间接证明的一种方法。由证明反论题之假来确定正论题之真的证明方法。

归谬法。归谬法是反驳论题的一种方法。即先假定被反驳论题为真,并由此导出错误的推断,然后证明被反驳论题的假。如稚子的评论"安民何须锁头硬"一文,开头先提出关于"安民须用锁头"的论题,然后一一列举在这种意识支配下,锁头生产的发展:从"将军不下马"锁到链条锁、电子锁、双保险、三保险,再加之"猫眼""警铃"之类。实际上锁越来越坚固,门也越来越厚实,盗贼也是越来越有本事。文章从错误的论题出发,列出的一系列事实反驳了"安民须用锁头"的荒谬之处。最后作者指出这个论题的要害处在于面对盗贼步步退让,反而助长盗风。正确的做法是发动民众,强化治安,主动出击,才能有真正的安全。

不论作者采用何种方法表达自己的论点,评论的效果应该是:"吸引读者、激起他们的兴趣,并使他们感到愉悦。必须给他们留下这样的印象:我们对所谈论的事情了如指掌,而且我们的建议与他们自己的利益息息相关……一个好的社论作者不是一把战斧,而是一把长剑。它不置人于死地,它既刺出又有所回避,而且点到为止。"①

---

① 凯利·莱特尔等:《全能记者必备》,宋铁军译,中国人民大学出版社2005年版,第512页。

2. 广播评论的写作要求

（1）选题。广播评论的创作首先在于选题。选择合适的题材要凭记者的职业责任和敏感，记者要能够准确地判断出哪些题材会引起受众的兴趣，唤起他们的共鸣。例如徐迅雷的评论文章《对群体性事件第一步要做到"脱敏"》，主要是讲执政者不要对连续发生的群体性事件过敏，应该及时报道，积极应对。

题材确定后，接下来要考虑的问题是如何切入。广播评论因为篇幅有限，又要求有深度，切入口宜小不宜大。从小切口入题，小中见大，把一点说深说透，文章仍然不失其力度。反之，切口过大，没有足够的篇幅供你铺叙论说，只能对所涉问题蜻蜓点水，结果会大而不当。

例如：一场普通的车祸发生了，一位行人不幸丧生。你发现这次车祸与其他车祸的不同处在于，司机用一块塑料布做车前的挡风玻璃，导致其视线模糊，造成一位行人死亡。你很想就此事发表评论，以引起司机的注意。应该如何动手写呢？就从这块塑料布与人的生命的关系写起，揭示司机仅用一块塑料布就使一个人丧命的荒谬，说明司机的任何一个行为都关系到人命大事，万万马虎不得。

（2）结构。广播评论的结构与篇幅有关，500 字的篇幅一般只能处理一个主题，没有展开副题的余地。评论开头是导论，开宗明义，解释题目，然后是阐释和论说。听众只有在了解了事情的来龙去脉之后，才有可能理解评论的观点。交代事件和发表评论是两个相关的部分，事实和论点应该按照逻辑方式组织，才会有说服力。广播评论线索单一，紧凑连贯。开头最好是开门见山，直奔主题。论述部分主线清晰，不要横生枝杈。段落过渡要注意连续性，衔接流畅。转折要顺理，不要太唐突。结尾要干脆利落。

（3）标题。广播评论的标题应该是片言居要，写实传神。标题要有创新，制造陌生的效果，吸引听众的注意。中国的语言丰富多彩，许多成语、歇后语和谚语含义隽永，充满智慧。有许多优秀的评论标题，深受传统文化的影响，并且富有新的创意。如"穷庙里跑出富方丈""巧妇也要做无米之炊""新官上任先添柴"等，这些标题就是对"穷庙里跑不出富方丈""巧妇难为无米之炊""新官上任三把火"这样一些传统的俗语进行新的思考，在熟悉中制造陌生，很容易引起听众的兴趣。这种标题不需要很多理论，借助于原来的俗语已被人熟知这个事实，讲出新的道理，很容易被人理解。广播评论的标题应该充分考虑到听众的收听状态，要尽量地将论题形象化、具体化，不要太抽象。

标题要求直截了当，不要在标题上打引号，导致误听。例如：

从"高格"遭冷遇说起

"审改"还需深改

"飞标"为何变"废标"

以上三条标题都有引号出现,"高格"是一种饮料的名字,"审改"是指审批制度的改革,"飞标"与"废标"谐音。"高格"作为饮料并不是有名气的,所以人们不会把它与饮料联系起来。"审改"使用了大家不熟悉的简称,造成理解上的困难。"飞标"与"废标"的谐音关系在书面语言中是一目了然的,但听起来比较吃力,不适合用于广播。

请看下面这篇评论:

天然气荒背后是否有"逼宫"涨价(余丰慧)①

曾经充斥着城区的出租车难觅踪迹——重庆的两万多辆出租车中,相当大的一部分都在排队加气。即便这里是中国最大的天然气产地,也无法对车辆加气实行敞开供应。而在武汉、杭州、合肥等多个南方城市,这种情况都已发生。

(这一段根据广播稿的要求改为:重庆作为中国最大的天然气产地,出租车也要排队加气了。这种情况在武汉、杭州、合肥等城市也已经发生。这就是天然气荒造成的。)

其实,这股如天气突变一样的天然气"荒"已经波及中原和北方城市,看看郑州出租车排队加气长龙,一点也不比南方城市逊色。突如其来的天然气"荒",让人觉得非常蹊跷。

首先,来得非常突然。在过去很多年间,中国都没有出现过如此规模的天然气供应缺口,就是在一个月之前,也没有听到关于我国天然气供应紧张的任何预测和传言。突然冒出个天然气供应缺口非常大,供应开始紧张,确实让人无论从行动上还是思想上都猝不及防。

其次,天然气"荒"恰巧发生在我国南北天气突变、大雪大风来临当口。2008年初南方那场雪灾后,各个部门和地方都向中央表态、向百姓承诺,将进一步建立健全应急预案机制,切实应对各种自然灾害。今年南方的第一场寒流袭来,却突然发生了气"荒",供应缺口又这么大。实在不知道有关管理部门和垄断企业是如何落实表态和承诺的。

原因到底何在?是否真正发生了气荒?中石油的官方解释是,今年中国北部地区遭遇了罕见的大雪和冰冻,由于北方天然气需求量急剧上升,不得不对长江以南的部分城市减供。而事实是,北方一些城市供气也开始紧张。同时,市场

---

① 凤凰网 http://news.ifeng.com/opinion/economics/200911/1120_6437_1444116.shtml

传闻却与中石油的解释迥异,"石油巨头觊觎市场供应紧张的有利时机,想获得更高的市场出售价格"的说法已经在市场中广为流传。"对于中石化、中石油来说,目前在尽快扩大天然气供应上并不很积极,这实际上是在与市场博弈。"一位不愿透露姓名的专家说:

"中国国内天然气价格过低,两大垄断企业赔钱"的声音频频出现,两大集团要求改革天然气价格形成机制(其实就是涨价)也从来没停止过。再加上一些专家遥相呼应,给人的印象是,中国消费者比美国消费者幸福得多,一直享受着福利性用气。然而,仅从天然气价格上来说,事实并非如此。据了解,目前美国的天然气价格大概是每百万英热5美元左右,折算下来相当于每立方米0.2美元左右。而目前我国南方一些地方,天然气价格已经达到了每立方米3元多人民币了。

不可否认,由于开采和输气技术水平低、成本高导致中国天然气价格高于美国。这个问题的根源在于垄断,垄断的高额利润使企业缺乏技术创新的动力。能源专家韩晓平一语中的:"一个重要的原因是我们勘探开发的主体太单一了,没有建立起一个多元化的供应渠道。有竞争,企业才有降低成本的内在动力,只由一个企业来经营的话,价格永远会不够高。"

由此,就不能排除垄断企业蓄意制造气"荒",进而"逼宫"涨价的嫌疑。果真如此的话,两大石油集团实在太不厚道。

下例的广播评论是以问题为标题的。以问题为标题,首先要求评论的事件本身具有新闻价值,事件本身具有不可思议或者说质疑的要素。养老院大火包含两个主要的信息,在这里居住的都是老人,老人行动不便,大火中逃生有困难;养老院应该是安全措施一流的地方,否则难言养老。

评论第一段简述事情发生的基本情况。接下来从正面讲述"老吾老以及人之老"的道理。接着从正面的道理转到反面的实例,一正一反,把问题推到不容忽视的地方。

三问一是问养老院的建筑材料,引用《社会福利机构管理暂行办法》中的规定,指出养老院建筑材料不合格;二问民政部门对养老院监管的缺失;三问社会对养老的支持和重视程度。养老是一个严峻的社会问题,一方面社会老龄化,另一方面养老的社会化不够完善,养老院创办门槛过低,不具备基本养老条件。养老作为一项有明显公益色彩的机构,如何得到应有的重视,采取具体的措施。这三问,层层深入,直接的和深层的原因都涉及了。

鲁山养老院大火烧出了哪些问题?

5月25号20时左右,平顶山市鲁山县城西琴台办事处三里河村一老年康复中心发生火灾。截至26日凌晨4时30分,抢险人员共抢救出44人,其中38

人死亡、4人轻伤、2人重伤,伤者已送医院救治。记者现场走访发现,出事的房屋均为"铁皮泡沫屋"。

"老吾老以及人之老""老有所养",这是文明社会的应有之义。但是,近年来,作为老人安身立命之所的养老院却频频出事,不但没让老人安享晚年,反而要了老人性命。

比如2013年,黑龙江海伦市联合敬老院发生火灾致11人死亡,就是血案夺命,比如在今年的大年初一,湖南双峰县永丰镇一民办养老院发生护工恶性伤害事件,致使3人死亡、15人受伤。每一起养老院事故的发生,原因不尽相同。在这起鲁山养老院大火事件中,直接原因可能是电工房引发火灾。但是,鲁山养老院大火造成如此巨大的伤亡,主要原因是养老院以易燃烧的铁皮板房当住房,导致发生火灾后,老人来不及逃跑。

根据《社会福利机构管理暂行办法》规定,养老院建筑应符合《老年人建筑设计规范》:居室不应采用易燃、易碎、化纤及散发有害有毒气味的装修材料,应使用砖混或混凝土结构的永久性建筑。换句话说,发生火灾的养老院用铁皮板房当老人住房,不符合规定,属于违规操作,这是鲁山火灾烧出的第一大问题。

其次,面对当地一家证照齐全的正规养老院,而且还是一家知名的民办养老院,使用铁皮板房当住房的违规行为,当地民政主管部门并没有予以制止和纠正。或许是当地民政部门监管不力,根本不了解养老院违规使用铁皮板房当住房,又或者是民政部门收受了好处,对于这种违规行为睁一只眼闭一只眼,默许养老院违规使用铁皮板房当住房。但不管是哪一种原因,都表明当地民政部门在养老院的监管上出了问题,必须追究监管失职乃至渎职责任,这是鲁山火灾烧出的第二大问题。

再者,从深层次角度说,鲁山火灾实质上烧出了当下民办养老院低门槛的现实,这也是很多地方民办养老院普遍存在的共同问题,这是鲁山火灾烧出的第三大问题。

政府财政在养老事业上的投入力度比较小,公办养老机构数量较少,导致公办养老机构一床难求,满足不了老人的养老居住需求。在养老床铺供不应求的现状下,一些收费低廉的民办养老院成为重要补充。由于养老院投入回报时间过长,而地方政府又没有财政能力提供扶持政策,没有财政补贴不说,有的地方连土地优惠政策都享受不到,但又为了方便民办养老院早日建起来,不少地方就不断地降低门槛,只要能住人就行,至于安全不安全、有没有专业的护工都不重要。

让老人们能够在养老院中安享晚年,避免悲剧重演,除了要求民政部门加强对养老院的监管这一老生常谈之外,政府必须加大对养老事业的投入力度和对民办养老院的扶持力度,减轻民办养老院的投入负担。同时,提高养老院的准入门槛,既要求有达标的硬件设施,又需要有专业的护工等软件配套,不能为了增加养老院床铺就降低养老院的准入门槛,不顾老人的死活和安全。

上海广播电视台制作的广播评论《严禁酒驾带给社会的启示》获得 2012 年中国新闻奖一等奖,作者在其创作体会中谈到,她带着一系列的疑问采访并完成"启示"篇,这些问题是:为什么严禁酒驾在全国取得如此一致的好效果?深层次的原因是什么?为什么食品安全、环保、动迁等领域,顽疾久治不愈,有的甚至愈演愈烈?特别是与"醉酒驾车"同时入刑的食品安全问题层出不穷。就在记者发稿的当天,又爆出蒙牛纯牛奶检出强致癌物——黄曲霉毒素 M1 事件等。评论不是先入为主地认定一切皆好,只要讲评即可。同时,记者也希望从严禁酒驾的效果中,能够举一反三,深刻思考社会治理关乎民生形象的问题,寻找可以借鉴之处。

《严禁酒驾带给社会的启示》(摘录)

《传递思想的声音——严禁酒驾带给社会的启示》写作体会(摘录)

第十一节　广播新闻节目策划

为听众提供新闻信息是广播电台的社会责任,是广播媒介存在的基本理由,也是听众获知信息的权利的具体实施。对新闻信息加工,使之适合于受众的需求也是合理的,它体现了媒介的职业性质。不同的电台或者频道,服务对象不同,传播的内容有别。一家播放流行音乐的电台,听众比较年轻,作为流行音乐台的编辑,就会选择相对更吸引年轻人的新闻,其写作风格也与年轻人轻松、随意的个性比较一致。如果是古典音乐电台,要选择适合中年以及有较高收入和稳定家庭生活的人需要的新闻。如果是面向农村的电台,天气预报和农作物市场预测是农民关心的新闻。在城市生活的人群会对交通、房价感兴趣。

当然,对一条重要的新闻(例如汶川地震,习近平出席 APEC 会议,美国总统访华,中国货轮在印度洋被海盗劫持,海啸使 15 万人丧生等),无论是哪种类型的电台都应该当作头条处理。

新闻节目策划的合理性是贯穿策划始终并且支持策划的依据。节目策划是否合理,除了广播作为一项社会事业必须遵循的法律条文和职业规则外,至关重要的就是节目对受众的吸引力。你对准备策划的一档节目可能拥有的受众关注度有了论证后,接下来要做的就是文案策划和实施节目的各种细节安排。

一、听众趣味与媒介引导

节目要获得听众的认可,有两个重要的因素:节目内容的价值(关于新闻价值本节之前已有详细论述)和节目的播出效果。对于具体的节目而言,感染力与听众的收听兴趣是互动的,感染力是在节目播出后由听众参与收听产生的。听众的收听兴趣来自于他的收听习惯和收听状态,所以,听众反应是节目策划的重要依据。当我们决定制作某一类新闻节目时,最初的动机应该来自对这类节目的感染力的预测。

新闻节目能够引发感染力的要素包括重要性、及时性、相关性、趣味性、戏剧性、娱乐性、紧急事件等。

听众对于节目的需要犹如人的口味一样——"众口难调",听众趣味形成的原因是很难解释清楚的。仅就音乐节目而言,有听众喜欢经典音乐、轻音乐,有听众喜欢民族音乐、宗教音乐、流行音乐等;有听众喜欢一种音乐,还有些听众喜欢多种类型的音乐。但是,我们也看到听众喜欢的节目可以在收听率的图表中表现出来,可以根据这个图表归纳出听众的大致趣味。节目制作人员经常会模仿某个已经成功的节目,因为他们认为节目的成功至少证明了听众的喜欢程度,这就形成了听众的趣味对节目的未来发展的影响。大众传播媒介在满足听众的需求的同时,也通过节目的播放影响大众趣味的生成,甚至改变它。这也是新闻策划有可能到达理想的传播面的一种依据。

1. 大众传播媒介对大众的影响力

从大众传播媒介对大众的影响力看,首先是传播媒介的公共性促成了社会的共同性。媒介是舆论的"发言人",尤其是国家性质的媒介,拥有发表国家方针、政策的优先权,促使社会言论形成标准,能够及时、广泛地使受众知道公众的问题和流行的思想。

其次,由于媒介和其他机构在大众教育中承担提高教育水平和增进知识的工作,它要为大众提供多种知识并且培养他们判断、选择和评价各种文化的能力。

其三,数字技术是容纳更多频道和节目的平台,也使大众获得接触多元文化的机会。有多种声音才能够保证彼此的制约,以达到平衡。正是有了这种多元文化的诉求,才有了大众的多样口味和口味的变化。

其四,由于媒介自然的公共性:为大众提供信息服务,使一条新闻立即被众人知晓,为公众提供舆论表达平台等,大众中的个人喜欢利用媒介发表个人观点,以引起他人的注意。同时,大众也是媒介经济利益的保证。①

2. 大众行为对媒介的影响

大众行为对媒介的影响包括个人行为影响和公共行为影响。

(1)个人行为。个人行为包括个人的生活习惯、社交圈子、喜好等。有些个人行为也会有滚雪球效应,原因比较复杂,例如个人行为的代表性、个人的影响力、个人行为的社会意义等。

(2)公共行为。这是个人作为大众的一分子,在公共组织或者团体中维护组织利益的行为,这种行动试图影响媒介以达到目标。在互联网的平台上,这种影响比较明显。

但是我们还看到,大众中的个人普遍具有从众心理,尤其是在对公共事物的态度方面。媒介凭借其影响面大的优势,经常充当公共利益的代言人,媒介行为的公共性比较突出。从众心理会导致大众把媒介行为认作公共行为,跟从媒介。

二、广播听众的收听特点

当节目的制作者和经营者产生制作新节目的动议和冲动时,必须非常仔细地了解受众行为的各种复杂情况。听众调查报告会提供这样的数据:听众在哪个时间段收听广播,这个时间段收听哪一类广播节目的听众最多。由此可以证明听众的形成是有一定的预知性的。(可参阅本书第六章的相关论述。)

1. 听众每天的收听走势有可预知性

预知听众的收听走势可以从自然原因和社会原因两个方面解释。自然原因造成的收听走势,反映出听众各时段的生活规律。它表明听众利用广播这种媒介的可能性。在一天里,广播与电视的收视听走势有明显的不同。白天广播的有利时段是上午 6 点到 10 点之间,这个时段广播收听者的比例较高,这个时段以后比例逐渐下降。整个下午,下降是缓慢的。晚上 9 点至 12 点,又会出现小的高潮。零点以后,看电视的观众很少,听众比观众多,这些听众可以称作广播的忠实听众,他们往往坚持收听,而且比较认真。当然专业电台的情况略有区别,如以中老年人为主的健康与医疗保健电台等。

广播听众除了保持在家里收听的时间外,在路上——户外收听广播的时间在增加,类似交通电台播出的适合于旅途、野餐、露营收听的节目被广泛看好。

社会原因造成的收听走势比较复杂,在一个地区范围内,收听群体会因为其生活环境、所处地位、经济收入等差异分成不同类型。例如城市与农村,本地人

---

① 参阅李岩:《广播学导论》,浙江大学出版社 2005 年版,第 179—180 页。

与外来人,富有阶层与贫困阶层,接受良好教育与接受一般教育、未接受教育等。这些群体在社会结构未发生重大变化时,群体特征相对稳定,便于对其价值取向、认知风格和生活喜好进行深入调查和分析。在收听调查的项目设计中,可以体现对这些区别的关注,以便获得理想的参考数据。

2. 季节变化、环境改变对收听的影响

广播传播会受到节假日、四季变化和所在地区的各种大型活动和全国甚至世界发生的大事件的影响。在冬天,收听广播的人比较多,因为这个季节白天的时间较短,适宜晨练的指数等级低,户外活动的人明显减少。春季和夏季,白天时间较长,气候宜人,人们的户外活动明显增加。夏天纳凉的人有时在户外待到21点或22点才回家。在户外纳凉的人,看电视并不方便,听广播则是可以的。国家实行一年放两次长假并实施小长假的规定,大大增加了户外的流动人口,这时候,乘坐出租车的人数猛增,交通电台的收听人数随之增加。

除了季节的因素外,一些社会活动也会影响到收听率。如果户外正在举行体育比赛(奥运会、足球联赛等)、精彩演出、节庆活动(世博会、艺术节等),对于地方电台来说,收听率会受到明显的影响。当然,如果利用这种机会,及时推出与此项活动有关的节目来,也不失为明智的做法,如运动场外的花絮报道、听众对比赛的反映等。

3. 专栏性节目与定向的听众

广播电台不同的频道有不同的听众,每个栏目也有自己的诉求对象。频道的增加自然带来栏目种类的繁多,于是竞争落实到每一个栏目的"比拼"中。正如专业性的出版物增多,使杂志变得高度专业化那样,广播已经演变成类别增加、范围较窄、吸引力定向发散的模式。专栏性节目犹如为听众的特殊需要量身定做的"衣服",因此,专栏性节目的定位与诉求和听众有直接的关系。专栏性节目需要在栏目包装——宣传带设计、节目特征、内容选择、播出方式等方面与定向听众的特征取得基本一致。

4. 听众挑选节目的方式

听众挑选节目一般有三种主要方式:习惯性挑选、随意性挑选、有目的的挑选。

(1)习惯性挑选。许多人在一次选定某个频道并对此产生好感后,在接下来的时段里继续把频道锁定在此处,只要接下来的节目让他们比较满意。

(2)随意性挑选。这种挑选通常是在毫无目标和收听兴趣不大时出现的,有时候也会在听完一个有意义的节目后出现。挑选一直到出现了下列满意的情况为止:发现了有兴趣的节目;选到了还算过得去的节目;寻来觅去,没有令人满意的节目,只好关闭收音机。

（3）有目的的挑选。听众主要是通过以往对各台栏目的了解有目的地选择广播节目，他们也许会喜欢某个节目的风格、节奏或是播放音乐、体育、交通、天气等新闻的方式，也可能是节目的某个独特内容使他们感兴趣，也许是某个节目提供了参与方式——打热线参与讨论，也许只是因为节目主持人让他们感到亲切、快乐、友好等等。当他对一个节目有了好感后，就会有目的地按时收听这个节目。所以，追求节目的多样化而不是同质化，是节目赢得听众忠诚度的要旨。

三、节目的定位与播出形式

节目的策划也是一场头脑风暴。首先出自于策划者的想象，在策划者的头脑中形成节目的基本形态或者大概的轮廓，然后策划者要对实施这个想象中的节目进行论证，论证的结果成为节目策划的标准。策划者必须紧紧把握住他们所处的媒介环境——电台与电台、电台与电视台、电台与报纸以及其他媒介之间的关系，自己所处的位置，才能够努力地策划出富有成效的节目来。

1. 节目定位

节目定位是对节目的服务对象、节目的主要内容、节目的播出形式和风格等的界定。有的播出机构还会根据主持人量身定做节目。例如，某频道决定开办一档经济类的节目，他们研究了在本地已经有的各种类型的财经节目之后，为了突出自己节目的特色，避免撞车，最后确定开办一档由经商者解读财经新闻的节目。节目的设计者很快物色到一位在本地颇有名气的商厦女经理担任本节目的主持人（嘉宾主持）。接下来考虑节目播出方式时，设计者决定突出这位主持人善于直言、刨根问底、细致干练的处事风格，认为节目内容和播出形式应该以主持人访谈、交流为主，由主持人自己设计访谈选题、具体问题、提问方式。在综合以上因素后，节目便定位为：面向经营者，从成功经营者视角解读经济事件的访谈节目。

2. 节目播出形式

节目的播出形式与节目内容有关，在内容已经确定的情况下需要考虑即将推出的节目是新闻信息类、咨询类还是服务类、谈话类（访谈式、论坛式、聊天式、独语式）等。以上各种类型的节目都可以根据频道定位有不同的侧重面。例如新闻频道侧重综合类新闻，经济频道侧重经济类，都市频道侧重城市生活，少儿频道侧重儿童新闻等。如果频道定位准确，一般不会出现节目重复设置。总编室要协调各个频道节目设置，力求资源整合利用，避免撞车，造成内耗。上述类型也可以作为纯粹的形式出现在一档节目中。

节目的质量直接取决于创作者、制作者和演播者。对于广播节目来说，所有的内容都是通过演播者表达的，演播者是广播节目的灵魂。

四、文案设计

节目的文案主要有两种形式:栏目的文案和一次性播出的节目文案。

栏目作为在固定的时间里播放给听众的节目的集合,包括了每一个栏目的基本单位——节目单元,栏目展示全过程的每一个环节:开头曲、宣传词、开场白、正文、过渡、衔接部分、结尾部分、结束音乐等。

1. 栏目文案主要内容

一个栏目文案包括如下内容:栏目的名称、栏目所要实现的目标(提供资讯还是消费、娱乐)、目标概要、潜在听众、栏目的播出时间、栏目的播出方式(包括主持人的设定)、栏目运作流程等。具体的文本因设计者的个性和电台的要求有别。

栏目名称要与整个栏目的基本目标相一致,听众能够立即从名称中知晓栏目的类型。名称要尽量避免雷同,尤其是不要模仿有明显个性的栏目名称或已有一定知名度的名称。如果那样的话,听众可能会因为你的名称缺少创意而失去对栏目的兴趣。有些栏目的名称概括性很强,如《新闻联播》《晚间新闻》《时事报道》等,拿来使用也是可以的。

栏目要与电台定位相一致。例如,交通电台所设的栏目与行走、道路、汽车有关:十字街头、街心花园、路边咖啡屋、路况信息、导航热线、夜归人、一路平安等。

2. 新闻栏目策划文案格式

(1) 栏目设计论证。栏目设置意义分析:满足听众的何种需求,相比其他同类栏目的优势竞争力在何处,栏目的回报估算——目标听众群,有多少人会听节目;有什么商家会愿意在节目中投放广告等;节目的近期、中期、长期目标预测。

(2) 栏目样式。栏目名称(栏目名称要符合栏目内容,同时要考虑栏目播出的时间、面向的听众);栏目播出时段(栏目播出时段要考虑栏目面向的听众群的作息时间,即可能收听的自然时间);栏目内容;栏目播出形式(播出方式与栏目名称、内容、播出时间、目标听众等有关);栏目流程:固定宣传带×秒+主持人开场白+本次栏目的提要(选择各节目单元的一句话组成)+正文+下次节目预告+结尾宣传带;节目单元一、二、三……

文本范例:

栏目名称:菁菁校园

栏目定位:关注学校发生的各种事件,关注大学生关注的问题,反映大学的学习和生活。倾听大学生的心声,反映大学教育改革的动向。

栏目潜在听众:本校大学生。

栏目时间:每天17点播出,播出时间15分钟。

栏目宗旨:激发学生积极向上的兴趣,提高学生的团队意识,培养学生校园主人观念。

栏目特色:由学生自己说自己的事情,节目主要由同期声组成,采访记者直接参加播出,将自己对事情的感觉融入报道中。

栏目播出形式:除主持人在演播室进行串联外,其余内容均在现场完成,届时插入播出即可。

栏目流程:固定宣传带10秒+主持人开场白+本次栏目的提要(选择各节目单元的一句话组成)+正文+下次节目预告+结尾宣传带

五、突发性新闻报道策划

新闻播报内容不能策划,但是如何报道和怎样报道是可以策划的。突发性新闻虽然是难以预知的,尤其是突发性灾难的发生,造成的悲剧各不相同。但是,报道一个事件尤其是灾难性事件首先是针对人们对生命的关心,人员的伤亡情况永远是我们牵肠挂肚的,令我们惋惜、悲伤;其次要说明财产损失,财产是赖以生存的物质基础;顷刻间因为突然而至的灾难导致受难者流离失所,也是新闻报道需要关注的重要事件。因此,即使是突发性事件的报道,也有可以策划的空间。

1. 制定基础样本

突发性新闻主要是关于事故与灾难事件的报道,包括车祸、飞机失事、风暴、洪水、地震等灾难。

新闻报道的策划要在事发前根据灾难性事件共同的特征,根据人们对于这些事件的关注点制定出基本报道公式。例如,像台风这样的突发性事件往往会给台风登陆的地方带来人员和财产的伤害。因此台风登陆情况是听众十分关注的。虽然台风的等级不同,造成的损失有别,但是台风登陆有许多相似之处,所以对于台风袭击的报道可以制定较详细的方案,以便随时启用。

突发性事件各不相同,但是,也可以归入不同的类型,类型有基础的报道样本与关键的节点,也包括与事件相关的权威部门的信息核实等。例如,"7·23甬温线特别重大铁路交通事故",基本事实是时间:2011年7月23日20时30分05秒;地点:甬温线浙江省温州市境内;事故详情:由北京南站开往福州站的D301次列车与杭州站开往福州南站的D3115次列车发生动车组列车追尾事故;损失:已确认共有7节车厢脱轨,即D301次列车第1至5位,D3115次列车第15、16位。造成40人死亡、172人受伤,中断行车32小时35分,直接经济损失

19371.65 万元。这样的突发性事件,除了第一时间赶赴第一现场,获得尽可能多的一手资料外,现场的救援措施、医院的急救情况、相关部门的解释、目击者、幸存者、家属联系等,都可以事先做出应急采访方案,甚至落实负责具体采访的记者。犹如地震演戏、火灾演习一样,熟悉常规的路数,以应对突发性事件。其中的关节点后面详述。

2. 根据预报级别决定报道模式

台风的级别以及登陆地点决定了其造成损失的程度,电台可以根据以往的报道经验,也可以根据天气预报的不同风球(浙江气象台根据天气的恶劣程度用不同颜色的球做标志,通过媒介发布;香港挂不同颜色的风球表示台风等级,市民也根据风球决定出行,届时不再另行通知)制定不同等级的报道方案。电台设置应急报道小组,直接采用分级别的报道模式。

3. 明确报道要点

报道要点是根据新闻报道的写作原则和突发性事件的具体情况概括的,这些要点是策划报道的最主要的依据。

车祸报道要点:①

——事故的受害者:死者和伤者的姓名和身份

——有关机动车车型

——时间、地点

——原因(官方解释)

——其他驾车者和乘客的姓名及身份

——受伤者的死亡原因与死亡发生的地点

——受伤者现状、受伤程度

——英雄行为与救援

——重伤者的最新情况

——葬礼的安排(如果有的话)

——车辆受损情况

——警方的逮捕行动或传讯

——不寻常的天气或路况

——目击者及负责处理事故的官员的陈述

——遇难或受伤者家属的意见(如果有的话)

风暴、洪水与其他灾难报道要点:②

---

① 参阅梅尔文·门彻:《新闻报道与写作》,展江主译,华夏出版社 2003 年版,第 446—447 页。

② 参阅梅尔文·门彻:《新闻报道与写作》,展江主译,华夏出版社 2003 年版,第 452—453 页。

——死者

——伤者

——受影响的或处在危险中的人数

——死亡原因

——估计伤亡人数

——目击者陈述

——财产损失

——住宅

——土地

——公共设施

——永久性破坏

——救援和救济行动

——疏散

——英雄行为

——使用不寻常的装备或独一无二的救援技巧

——政府职员和志愿者的人数

——警告:卫生部、警方和公路交通部门的声明

——抢劫

——保险

——起诉

——调查

——清理行动

4. 布置采访点

仍以台风报道为例,与台风经过的水域和登陆点有关的内容包括:海上船只是否安全入港,海上大桥有没有行人,登陆点可能受灾区的人员有没有疏散,电力、交通、通讯是否受到影响,影响有多大,采取了哪些临时措施等。记者一般布点在省城或者当地气象部门、海上救护队、交通指挥中心等。

记者在突发性事件报道中发挥的作用是很重要的。因为,在突发性事件发生时,大众对于媒介的依赖程度最高,尤其是广播媒介。任何一位称职的记者都能够在突发性事件的报道中表现自己的十八般武艺。电台应该选派优秀记者完成报道任务。除了直接派出记者采访外,还可以与当地媒体联合,请当地记者提供信息。地方台也同样可以与省城记者或中央台记者合作。

如果电台采取滚动播出最新动态的报道方式,记者可以通过手提卫星电话或者手机保持与直播间的热线联系,口述台风登陆的情况。与其他媒介相比较,

广播电台可以利用所有尚在运行的通信设备,把各种信息及时汇总并且播放给听众。

在 2008 年汶川地震发生后,"中国之声"将广播的优势发挥到极致,不仅传递最新的灾情,还提供救灾的信息,帮助人们寻找亲人,也安慰处在灾区中心的人们。

5. 安全措施

突发性事件有许多不可测因素,对于参与报道的记者来说也有潜在的危险。电台要关照每一位身临"前线"的记者注意把自身安全放在首位,警惕各种危险。如果记者平日接受过各种自救训练那是再好不过的了。

思考与练习

1. 广播新闻的音响主要有哪些类型?

2. 广播节目单元编排要考虑哪些要素?

3. 连续报道和系列报道各自的特点是什么?

4. 广播特写的主要创作要求是什么?

5. 举例分析广播谈话节目中,主持人、嘉宾与听众之间的互动关系的基本要素有哪些?

6. 电话采访要注意哪些细节?

7. 广播评论的写作要求是什么?

8. 广播文案设计的主要样式与内容是什么?

下　编

电视新闻理论与实务

第十一章　电视新闻的语言符号系统

学习电视新闻理论与技法,离不开以前人累积的经典案例为比较、参照。本书第十一章至第十七章采用了缘起于 20 世纪 80 年代(1983 年)至当今(2018 年)的电视节目图文案例,旨在让读者对比各时期电视新闻节目形式的发展与变化规律,进而从宏观上把握电视新闻节目制作的要义。

电视新闻,图文相织且声画并茂,具有丰富的符号形式,从符号学的角度入手研究电视新闻语言的构成,有助于电视新闻从业者全面把握电视新闻中的多类符号现象。学会用符号学研究、制作、传播电视新闻不再是几个学者的异想天开,而是现代社会的必然要求。如果脱离符号学系统,就电视新闻现象研究电视新闻规律,就会陷入只鳞片爪、瞎子摸象之类的经验性泥潭而无言以论。

第一节　电视新闻语言符号的构成

学习、研究符号学的理论与应用价值,我们不能不关注卡西尔、索绪尔、罗兰·巴尔特、施拉姆等人的研究成果,是他们的研究成果为当今大众传播的语言驾驭奠定了厚实的理论基础,指明了应用方向。

一、恩斯特·卡西尔等学者的符号学成果

德国哲学家恩斯特·卡西尔说:"我们应当把人定义为符号的动物(animal symbolicum)……符号化的思维和符号化的行为是人类生活中最富于代表性的特征,并且人类文化的全部发展都依赖于这些条件,这一点是无可争辩的。"①

美国传播学者施拉姆说:"符号是人类传播的要素,单独存在于传播关系参加者之间——这些要素在一方思想中代表某个意思,如果被另一方接受,也就在另一方的思想中代表这个意思。有些学者称之为记号或有意义的记号,不管叫

---

① ［德］恩斯特·卡西尔:《人论》,甘阳译,上海译文出版社 1985 年版,第 34—35 页。该书根据美国耶鲁大学 1944 年版译出。

什么,它们都是传播中可以还原成'意思'的要素。"①

施拉姆强调符号是"揭示""还原"人类活动"意思"的传播中介,从人类传播层面为卡西尔的符号思想做了应用性的阐释。

近代权威的符号分类来源于索绪尔,他实际上是把符号分为语言符号与非语言符号——文字、聋哑人的字母、象征仪式、礼节形式、军用信号、习惯等②。语言符号是信息传播的主要载体,是人类进行传播和展开思维活动的有效工具。从哲学层面看,语言是思维的"外壳",思维是语言的"内核",语言符号的最大特征体现为在线性的演绎过程中形成推理模式,使人们的思想得以进行完整的逻辑表述。语言符号的表述是明晰的,但往往又是抽象的,是一种推理性符号,语言符号包括文字语言与有声语言两大系统。非语言符号是一种表象的符号,施拉姆认为:"传播不是全部(甚至大部分不是)通过言词进行的。一个姿势,一种面部表情、声调类型、响亮程度、一个强调语气,一次接吻、把手搭在肩上、理发或不理发、八角形的停车标志牌,这一切都携带着信息。"③爱德华·萨皮尔称非语言传播是"一种不见诸文字,没有人知道,但大家全都理解的精心设计的代码"。④非语言传播包括传播情境中除却语言刺激之外的一切由人类和环境所产生的刺激,这些刺激对于信息发出者和信息接受者具有潜在的信息价值⑤。非语言符号的含义是"无穷尽性的",并不能完全等同于语言复述,这是拥有大量非语言符号的电视媒介较之其他媒介的突出优势。

二、电视新闻语言系统结构模型的建立

基于上述符号学原理,1990 年出版的《电视新闻学》⑥为我们创建了一个学理思路清晰、解构引导性强的"电视新闻符号双主体结构模型",将可视性的语言子系统和可听性的语言子系统解构、组合为一对平行结构的声画系统,为后来平息我国电视界持续 10 年(1980 年至 1990 年)之久的"声画主次之争"提供了

①　[美]威尔伯·施拉姆、威廉·波特:《传播学概论》,陈亮、周立方、李启译,新华出版社 1984 年版第 67 页。
②　俞建章、叶舒宪:《符号:语言与艺术》,上海人民出版社 1988 年版,第 24 页。
③　[美]威尔伯·施拉姆、威廉·波特:《传播学概论》,陈亮、周立方、李启译,新华出版社 1984 年版,第 4 页。
④　[美]威尔伯·施拉姆、威廉·波特:《传播学概论》,陈亮、周立方、李启译,新华出版社 1984 年版,第 76 页。
⑤　[美]拉里·A.萨姆瓦、理查德·E.波特、雷米·C.简恩:《跨文化传通》,陈南等译,生活·读书·新知三联书店 1988 年版,第 203 页。
⑥　黄匡宇:《电视新闻学》,华东师范大学出版社 1990 年版。该书被《中国新闻年鉴》(1991 年版)认定为我国第一部电视新闻理论专著。

理论依据。"电视新闻符号双主体结构模型"问世二十多年来,经多次修订完善,最终形成了更具应用性的电视新闻语言符号系统结构模型(图11-1)。

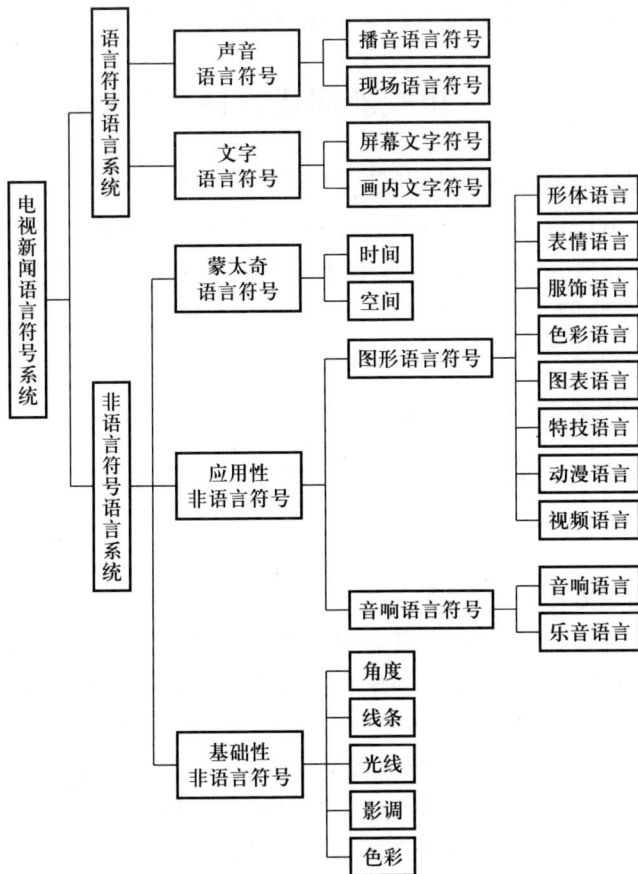

图 11-1　电视新闻语言符号系统结构模型

　　在图 11-1 中,对抽象语言与具象语言的区别,读者一目了然。需要解释的是客观性具象语言和主观性具象语言。在电视新闻中,客观性具象语言是指由所有被摄人物的体态语言及其环境因素所构成的非语言符号。体态语言主要指形体动作、面部表情、服饰穿着等,环境因素包括空间、音响、色彩等。这类符号所具有的最大特点就是"客观性",它是必须被尊重的客观存在,记者只能在新闻现场去捕捉、发现和选择,而不应加以任何主观干涉,其中的特技语言、动漫语言、图表语言则是对视觉事实的缺失进行有效的间接补充。主观性具象语言是指运用镜头驾驭与造型语言密切相关的线条、光线、色彩、影调、角度诸基础元素与蒙太奇语言的逻辑性整合,所形成的隐形表达方式。所谓隐形表达,是说线条、色彩等基础主观性语言符号所传递的信息都是隐含在人形物状的具象之中,受众视觉首先是触及具体的人与事物,之后解读(或曰深层解读)才会轮及线条、光影等基础细节元素。

第二节　电视新闻语言符号的类别

言及电视新闻的传播符号,不仅广大观众青睐图像的魅力,许多电视从业人员心目中也仅有图像的位置。其实,电视新闻自诞生之日起,它的语言构成就拥有丰富的符号内容,非语言符号(具象语言符号)与语言符号(抽象语言符号)一起,组成视听兼备的完美传播样式。在研究非语言符号系统的同时,语言符号系统的作用亦应引起高度重视。

一、声音语言符号的类别及作用

声音语言符号是指电视新闻中能准确传达新闻内容的声音语言,包括播音语言和现场语言。

1. 播音语言

这是指专职播音人员用以传播新闻内容的声音语言。它是构成电视新闻的主体要素之一,长期以来,被人们称为解说、解说词,其实这是早期(20 世纪 50 年代)电视新闻从业者对电影画外解说的误用。正确的称谓应该是"电视新闻播音(稿)"。

(1)播音语言功能地位辨析。语言是思维的直接反映。有研究表明,1985 年 6 月 11 日至 30 日,中央电视台《新闻联播》节目播送的 322 条国内新闻中,"绝大多数(92.2%)解说词是独立成章的,是与报纸广播无异的简明新闻"。[①] 笔者 20 年前也曾做过这样的试验统计:1989 年 3 月的前 15 天,连续用电视机(不看图像)收"听"中央台《新闻联播》播出的 528 条国内、国际新闻,其中除一条关于"僧乐"的消息不知所云外(只一句地点、事件导语的播报,僧乐音响贯穿这条消息的始终),其他诸条都能传递完整的信息。没听懂的一条,经查对录像资料,有关僧乐的介绍全是分句的屏幕文字,这是特殊传播样式。接着在 3 月的后 16 天连续收"看"《新闻联播》播出的 543 条国内、国际新闻,这次关掉了声音,只留画面(屏幕文字也遮掉),结果没有一条消息能看懂,能猜中大致内容的新闻也仅有 9 条。为了验证这一论题的通用性,笔者 20 年前还对 4 家境外电视台(香港播出、广州收录)的晚间新闻进行了量化分析,分析结果见表 11-1。

---

① 北京广播学院新闻研究所编:《新闻广播电视研究》,1986 年第 2 期。

表 11-1 电视新闻文字稿完整情况统计

（1996 年 5 月 1 日至 15 日）

电视台及新闻节目名称	总条数	文字稿完整条数	画面能够叙述内容的条数
CBS-TV EVENINGNEWS	255 条	254 条	无
TVBS 无线晚报	248 条	248 条	无
翡翠台新闻报道	234 条	234 条	无
CNBC 商业报道	211 条	210 条	无

表 11-1 的统计,证明了播音语言在电视新闻中的主体构成地位。为了进一步验证《电视新闻学》中提出的"播音语言在电视新闻中占主体地位、完整传播新闻内容"这一论题的正确性,笔者曾随机对《新闻联播》2009 年 6 月全月近 9000 条新闻的播音文字稿本进行检索、阅读,条条结构完整,无一残缺①。表 11-2 是 2009 年 6 月 25 日《新闻联播》一条新闻播音稿与《南方日报》同日同事件文字稿件的对照。

表 11-2 电视、报纸同事件报道的文字稿对照

中央电视台《新闻联播》播出稿	《南方日报》刊发稿
标题:我国华北黄淮地区再遭热浪袭击	标题:高温"烘烤"北方
今天上午,河北、山东继续发布高温红色预警信号,其中石家庄、邢台、邯郸最高气温达到41℃以上。虽然天津今天的最高气温比昨天降了 3 度,达到37℃,但由于湿度增加,闷热的感觉更加明显,一些市民选择到游泳馆消暑纳凉。 针对连日来的高温天气,天津的各建筑工地调整了施工作业时间,山东济宁市园林部门还打开了城区所有的喷泉景观,西安则从今天下午 1 点半开始,提前半个月开放了纳凉防空洞。 据中央气象台预计,从 26 号夜间开始,将有一次冷空气过程影响我国北方各地,持续高温闷热天气将有所好转。（231 个字）	北京、天津、河北、河南、山东、山西、陕西、江苏、安徽、湖北、宁夏、新疆、内蒙古等 13 省区日前遭受高温热浪席卷,局地最高气温超过 40℃,中央气象台已拉响高温橙色警报。据中国气象局网站消息,中国华北、黄淮等地出现今年首次大范围高温天气,石家庄、郑州的最高气温甚至超过41℃。 消息指出,气象部门监测到的温度是在一个距离地面 1.5 米高的百叶箱里测到的,实际上是避开了太阳的直接辐射,而公众感觉到的地面温度还要更高一些。此外,受到城市热岛效应影响,市区温度也往往会比郊区更高。所以,身居高楼林立市区的居民酷热感会更加强烈。 据中央气象台报道,受到南下冷空气的影响,河北中北部、北京、天津地区的酷热天气有望在 26 日以后结束,不过其余地区高温还将持续一段时间。（313 个字）

---

① 统计资料来自央视网站《新闻联播》逐日播音文稿资料。

从表 11-2 中不难看出，同事件报道的文字长短虽略有不同，但各自的文字稿都准确、清晰地报道了华北、黄淮地区遭受热浪袭击的情形，读者亦不难理解电视新闻播音文本叙事结构的完整性。

中央电视台《新闻联播》每天播出新闻的条数，在不同的年代各有不同。在强调短新闻的 20 世纪 90 年代中期，《新闻联播》很长时间是一期播出 30 条左右；进入 21 世纪初，新闻传播讲求深度，《新闻联播》则一期播出 25 条左右，其中的"国内联播快讯"和"国际联播快讯"两组短新闻虽短小，但结构、内容依然完整。表 11-3 展示了 2016 年 9 月 2 日《新闻联播》的"国内联播快讯"的相关数据。紧接其后的表 11-4 则展示了 2016 年 8 月 21 日新闻联播一期的完整内容，不难看出"电视新闻播音稿本无一不是独立完整的文字语言消息"。

表 11-3　中央电视台 2016 年 9 月 2 日《新闻联播》"国内联播快讯"播报数据

标题与播音稿	文字数	画面数	时间长度
8月中国物流业景气指数为 54.3% 　今天公布的 8 月中国物流业景气指数为 54.3%，保持在较高景气区间。钢铁、建材、机械设备等行业物流仓储业务量保持在高位，显示出上游制造业企业订单增加，物流业务活动保持活跃。	81 个	7 个	19 秒
我国免除普通高中建档立卡学生学杂费 　记者从财政部了解到，从 2016 年秋季学期起，免除普通高中建档立卡家庭经济困难学生学杂费。为确保政策顺利实施，中央财政已预拨补助资金 4.4 亿元。	68 个	5 个	15 秒
各地开展"护苗 2016"专项行动 　近日，全国"扫黄打非"办公室部署各地深入开展"护苗 2016"专项行动，对校园周边书店、复印店、报刊亭等全面开展集中检查，确保非法有害少儿出版物不流入校园。	75 个	6 个	17 秒
农业部加大绿色食品产品抽检比例 　农业部今天发布，今年 1 到 8 月，共撤销 64 个绿色食品产品标志使用权。目前，我国绿色食品企业已经达到 10306 家，产品接近 2.5 万个。	60 个	5 个	14 秒
第九届"中华慈善奖"评选出炉 　由民政部主办的第九届"中华慈善奖"评选颁奖仪式，9 月 1 号在江苏南通举办，它是我国慈善领域政府最高奖。49 个在 2013 至 2014 年度为我国慈善事业做出突出贡献的个人、企业和慈善项目获奖。	86 个	8 个	20 秒

表 11-4　中央电视台 2016 年 8 月 21 日《新闻联播》目录

序号	新闻标题	时间长度
0	栏目开始曲、本期节目内容提要	1 分 15 秒
1	中央军委主席习近平日前签署命令通令,给 2 个单位授予荣誉称号,给 4 个单位、15 名个人记功	1 分 4 秒
2	描绘健康中国蓝图 总书记讲话反响热烈	2 分 24 秒
3	女排精神永不言败 时隔 12 年再夺奥运金牌	3 分 22 秒
4	亿万国人为中国女排点赞	2 分 58 秒
5	本台短评:像中国女排一样去拼搏	29 秒
6	【里约奥运会第十五比赛日】中国队收获四金一铜	1 分 44 秒
7	中共中央办公厅 国务院办公厅印发《关于改革社会组织管理制度 促进社会组织健康有序发展的意见》	3 分 18 秒
8	人民日报评论员文章:把解决问题贯穿始终(二论"两学一做")	11 秒
9	【"两学一做"重在实效】廊坊富智康:"红色细胞"充满活力	53 秒
10	推动国际税务协调 深化"一带一路"合作	2 分 6 秒
11	江西:园区升级 打造现代农业样板	1 分 13 秒
12	山东:清理收费助企业降成本	1 分 1 秒
13	国内联播快讯:(本行时间长度为以下 4 条联播快讯时间总和)	1 分 18 秒
	(1) 2016 全国异地扶贫搬迁项目全面启动	21 秒
	(2) 我国研制成功微小型自主水下航行器	23 秒
	(3) 海军组织轰炸机进行超远程打击演练	16 秒
	(4) 青岛海关破获 2.3 亿元海鲜走私大案	18 秒
14	土耳其东南部爆炸 至少 50 人死亡:土对巴沙尔去留态度发生变化	1 分 39 秒
15	澳多名运动员因篡改奥运证件被拘	1 分钟
16	国际联播快讯:(本行时间长度为以下 4 条联播快讯时间总和)	2 分 9 秒
	(1) 俄罗斯军队在克里米亚举行军演	33 秒
	(2) 斯诺登证实美网络攻击全球目标	33 秒
	(3) 日本政府基本决定出资为福岛"去污"	44 秒
	(4) 越南:台风"电母"致至少 7 人死亡	19 秒
17	印度遭遇强降雨至少 27 人死亡	28 秒
00	结束,编播人员字幕滚动走码	26 秒
000	本日节目总长度	29 分 58 秒

（2）播音语言的作用。发挥语言的传播作用,首先要考虑语言环境对于语言的限制和要求,视不同情况分别对待。在单条电视新闻里,由于时间与画面所限,播音语言承担着陈述全部新闻内容的任务,应充分发挥准确传播各个新闻要素的作用;在连续系列报道或专题新闻中,播音语言仍然起着传播大部分内容的作用,进而视画面情况,或阐述新闻诸要素,或传播新闻的背景材料,或揭示新闻的主题思想,或评论新闻的社会价值和意义。

2. 现场语言

这是指新闻现场有实质内容的语言声音(音响)。这类声音包括新闻人物的讲话、发言、与新闻记者的对话,以及记者的现场叙述等。现场语言的成功运用,可以形成与观众面对面交流的亲切感,从而提高观众对于新闻传播的参与性(心理参与)。现场语言的运用,不仅加强了新闻的空间感、真实感,而且可以防止因随意挪动画面而产生的失实现象。

现场语言的运用要注意"度"的把握,控制好时间节奏。电视播音速度以每分钟播报 200 至 220 个字为好(广播电台的播报速度每分钟约 180 个字)。而新闻人物每分钟约能讲 120 至 150 个字。如果现场语言用得太长、太滥,势必使节目节奏变得缓慢、拖沓,以至影响传播效果。

现场语言的采录少不了记者的提问与启发,在最终编辑时应将记者的"问题"一一删去,将被采访人的讲话与播音稿融为一个叙述整体,以求简练。

二、文字语言符号的类别及作用

文字语言符号是指出现在屏幕上的文字。这类文字出现有两种情况:一是画面内的文字,一是编辑制作时叠加上去的屏幕文字。文字语言是超历时性的(抽象音响语言是历时性的,顺时传播的),具有空间上的广延性,可以补充抽象音响语言的不足。

1. 画内文字

这是指出现在画幅内的文字(如会标、标语等)。这类文字靠拍摄时的构思捕捉,用得好,可以使播音语言更为简明(如有的会标可以交代清楚几个新闻要素),有的还可起到画龙点睛、突出报道中心的作用。这类文字因画幅所限和镜头流动等因素影响,常常是不完整的,要注意防止出现"歧义"。

2. 屏幕文字

这是指根据新闻内容需要,后期制作时迭加在屏幕上的文字。

随着人们对电视画面"看"的观念的变化,其兴趣不再是锁定在单一的图像上,对出现在新闻画面上的文字有了新的认识与需求;新闻从业者则在屏幕文字运用中使尽招术,从新闻标题、新闻内容提要、口播新闻文字、随时插播动态新闻等多个方面发掘它的功能,为广大观众提供既形象又清晰的信息享受。据统计,屏幕文字在电视新闻中的使用率,90年代初约占新闻总条数的60%,到1996年已达100%,不用好屏幕文字的电视新闻,已被人们视为制作粗糙的新闻。

屏幕文字在新闻传播中有着不可忽视的功能,总体来说有以下四方面:

(1)文字提要,"视、听、读"三位一体,加强信息记忆深度。电视新闻节目"声画结合、视听兼备"的双通道传播形式,比单通道传播的报纸(看的通道)和广播(听的通道),具有明显的记忆优势。

(2)插入告知,保持了新闻的时效性、节目的完整性和传受双方的融洽关系。在信息密集的当今,重大新闻层出不穷,电视台视不同情况,或要立即在节目中插入播出,或要预告播出时间,或要预报节目更改计划……如何避免节目临时中断现象,又能及时将有关内容传递给观众?途中插入告知的屏幕文字是最理想的方式。其功能表现为:即时预告节目播放程序的更改,可以消除观众无端等待耗费的时间;即时预报重要节目的播出,提高了节目的收视率;随时插播重要新闻,争得优于其他新闻媒介的第一时效。

(3)整屏文字,形成听读一体的轻易性。每逢播发重要会议公报、政令、名单等,电视台采用"声画合一"手法,声音、文字同步播出,观众且听且读(心读),很是轻松,比起聚神的"听"(广播)和费力的"看"(报纸),整屏文字听读一体的轻易性显而易见。

(4)当代报纸超大标题给电视新闻的启迪与借鉴。随着人们生活节奏的提速、报纸白热化竞争引发的厚报时代的到来,报纸版面杂志化、报纸内容分叠化、新闻标题大字化等方便受众选择、阅读的版面形式随之出现。其中标题大字化又推动了读者"标题阅读、形式阅读、选择阅读"习惯的养成。一份几十版的报纸,有的读者十几分钟就可"扫描"完毕,通过十几个标题,一天中国内外的重要信息尽收眼底,在大字标题带来的注目性、呼唤性、驱动性等一系列视觉心理快感演绎下,读者的信息享受甚是惬意。图11-2为三家报纸对2018年4月7日对"美方考虑再对中国1000亿美元出口商品加征关税　中方将大力度反击"这一事件进行报道,其中以广州《南方都市报》头版最具视觉冲击力,《北京晚报》的版位和标题的冲击力尚可。而《新民晚报》报道这一重大事件的版位和标题不够突出,缺乏视觉吸引力。读者可在三报的对比中体味大字标题的视觉魅力和版面结构价值。报纸的大字号标题形式,同样可应用于电视屏幕文字的制作。

(5)形式是金,变体大字号屏幕文字为提升画面信息吸引力和穿透力添金加彩。进入新世纪以来,大众媒体白热化竞争由最初的内容比拼跃升到内容与形式并重的角力,笔者 2005 年初曾就此态势发表文章《形式是金,电视语言模型的寻找》,提出了"内容为王,形式是金"的论断。"内容为王"是前人对事物核心内容的强调,"形式是金"是笔者对电视外在传播样式的强调,两"强"合一,便化解了传播过程中"画面与声音孰重孰轻"的争执。"内容为王,形式是金"是电视节目制作、分析、评价应有的双重价值标准,它可以解决电视节目制作过程中的一系列观念性、操作性难题。

图 11-2　同一新闻事件的标题字号视觉冲击力比较

实践表明,"好看""好听"的节目必须具备话题的针对性、内容的深刻性、形式的醒目性三个方面的要素。其中"形式的醒目性"涉及的"形式"就是大字标题和导语画面,它们带来了电视新闻画面的整体性变化。图 11-3 是台湾与大陆四家电视台对 2009 年 8 月 8 日至 10 日"莫拉克台风"过境的报道,通过对比可以看出,表述准确的大字标题及导语文字,无疑给了观众准确的信息,而文字跟进缓慢或画面不到位,必然加高了受众的视听门槛。

新闻标题醒目,背景文字信息清晰　　　　　导语画面信息准确,新闻标题指向到位

导语画面具象但信息模糊,标题文字缺位　　　　导语画面信息概括,标题文字时间模糊

图 11-3　电视新闻同题材报道的标题运用界面

第三节　电视新闻的非语言符号系统

电视新闻的语言系统即"文字叙述系统";新闻事实的物理性图景隶属于电视新闻的非语言符号,它是"物质现实复原"的画面,是事实的证实主体,画面文本在电视新闻传播实践中被称为"画面证实系统"。电视新闻若要走出画面信息量贫乏的低谷,必须以熟悉非语言符号的构成要素为起点,这是掌握电视新闻的非语言符号系统的关键。

一、电视新闻的非语言符号的类别及作用

电视新闻的非语言符号要求有准确的内容和精确的形式,新闻现场拍摄采访的过程,是新闻内容形象化证实的过程,也是非语言符号要素被采集的过程,这些要素分别是:

1. 形体语言

所谓形体语言,系指人们蕴意明确的形体动作。在图像语言的所有要素中,形(形体、形状)是一个最基本的要素。人们对客观事物的感知,首先开始于对形体的发现,即对新闻人物活动的注意与记录。诚如卡西尔强调的,"人作为符号的动物,其文化的全部发展依靠的唯有符号,符号条件的唯一性无可争辩"。

毛泽东将"以姿势助说话"列为教育方法的重要内容。美国传播学者多伊奇认为,每个人都有一种基本的行为特征的静止姿势,一偏离这种姿势马上就会恢复。雷·伯德惠斯特尔说:"绝不能把身体的动作或姿势看作是一种普遍的符号。用手指指点着什么,应该说是接近于普遍性的,但所指的东西会根据情况的变化而变化,所以,实际上还必须注意这个动作所传递的特殊的信息。"

　　1994 年 5 月 15 日台湾"华视新闻"播出了国民党代表和民进党代表为选举席位而引发的争论。第一个画面是两双相互指责的手的特写,第二个画面拉开至中景,依然是强调手的动作,表现双方激昂的情绪,接下来的几个画面还是双方用手指责对方,一反以往电视报道常用的播音叙述的手法,使新闻画面颇具新意(图 11-4)。

争论从双方手势的特写开始　　　　　　从特写拉至中景镜头表现双方人物

双方代表的手势拒对方于千里之外　　　　国民党代表伸手据理力争

图 11-4　电视新闻中的形体语言

　　形体语言还涵括眼神接触所产生的语言,可表达困窘、敌视、猜疑、镇静、命令等多个信息;还有人们熟知的哑语,也是一种形体语言。这诸多形体语言,都是电视新闻采访时需要致力去发现和记录的内容。

　　2. 表情语言

　　人是新闻事件的主体,表情语言是人展现出的精神风貌。表情语言很难同新闻事件的背景区分开来。人类面部的运动和表情是人类传播的重要内容之一。电视新闻无疑应该用好各种表情语言,真切的感情传播,可以使新闻现场的真实性得以最充分的展示。有这样一个镜头:艰苦的劳动场面中劳动者满脸微笑。显然,人物的表情语言和背景发生矛盾,这是记者摆布造成的失真。表情语言是细节,细节运用靠捕捉,再高明的"导演",也往往因细节失实而致"马脚"毕露。一颦一笑看似微不足道,可容不得半点做作与虚假,新闻现场细节的真实,直接决定着新闻事实本质的真实,这便是表情语言的功力。

3. 服饰语言

服饰因色彩、款式等元素构成个性语言。不同场合、不同民族、不同职业、不同性别、不同年龄、不同个性、不同气质等差异,使人们的穿着打扮各不相同。从某种意义上说,任何一种穿着打扮,都有意无意地传播着某种情绪和意图。电视新闻镜头注意对不同服饰语言的选择和运用,可使画面中的人物个性更加突出,使现场气氛更加浓厚,画面的信息含量也因此更加充盈。

4. 色彩语言①

自古以来,色彩就被当作表述人们思想情感的非语言符号。色彩可以使画面具有更强烈的现实感。在电视新闻画面里,色彩的任务与功能是准确记录和描摹新闻现场,借色彩集中传达、渲染某些气氛与情绪,使新闻信息传播具有更强的穿透力。例如,《大兴安岭发生特大森林火灾》的新闻画面,铺天盖地的红色烈焰,不仅准确地反映了火场的危难情景,还以其色彩所传递的焦灼感,激起了全国上下对事态发展的高度关注,为灭火救灾营造了广泛的舆论。这种直观的视觉冲击力是文字描述所无法比拟的。

所谓的色彩把握的文化层面,是指人们在使用色彩时,对色别、明度、饱和度等因素的选择,会充分显露出他们的文化教养与生活经历所铸成的心理动因。一般来说,文化程度低的人,自身文化积累量不够,易于被外界强烈的文化因素(如鲜艳的色彩)吸引而比较偏好鲜艳的色彩;文化程度高的人,因文化积累量大,参照比较系数多,对于来自外界的冲击抵御、选择能力强,则比较喜欢淡雅、灰和的色调。经历对于人的色彩观念也极有影响,一些来自农村的人,他们自幼生活在色彩鲜艳的山村田野,大红、大绿、金黄等自然色彩长期陶冶,使他们的色彩观念形成心理定式,很难因高等教育的文化积累而改变。这些色彩文化现象,对于电视新闻传播来说,需要记者的准确把握,该俗时,不畏重色浓彩,该雅时,力求淡恬幽然。

5. 图表语言

在电视新闻中,当需要展现历史时,除了影像资料外,留存的图表资料也是十分可贵的造型语言,它们是历史的见证。这类图表有时失之于粗陋,但比之"重演",有着无可比拟的佐证价值。

6. 特技语言

①　在本书第十四章《电视新闻画面构成的基础元素》第二节《画面构图的色彩控制》还将对色彩应用的"社会意义"有更深入阐述,请读者前后联系阅读。

这里的特技特指电视新闻镜头延时转换技巧。因事物发展变化的连贯性、事物间的相似性,不宜瞬间转换镜头,而存在一个延时的过程。常见的手法有:

(1)淡入淡出,也叫渐隐渐显。两段画面相接时,在前一个镜头的结尾,画面从有到无的过程叫渐隐,在后一个镜头的开头,画面从无到有的过程叫渐显。两段画面最初相接时有一段黑场(黑画面)。淡入淡出属于明显的转场设计,用于大段落转换,指明时间连贯性上有一个大的中断。

(2)化入化出。两段画面相接时,前一个镜头以渐隐结束,后一个镜头以渐显开始,两段画面是在重叠的情况下完成交接的。效果是后一个镜头溶化前一个镜头,速度可快可慢。化入化出在较长的新闻专题片中,主要用于较小段落的转场,或表示一个在时间或空间上的较小转变,或表示在两个地方同时发生的事情。

(3)叠化和叠印。叠化是指用一幅新出现的画面叠在即将消失的画面上来转换镜头的方式。与化入化出的区别是有渐隐但没有渐显。叠化主要用于表明时间转移,通常描述同一人物或事物在不同时间内的表现。叠化的另一个作用是在需要连续采用表现同一主体的一系列镜头时,为避免过于跳跃而用它代替直接分切。

这里要注意区分叠化与叠印的区别。叠印是将两幅或两幅以上不同画面叠合在一起,通过一个镜头可以看到其他镜头,用以表现回忆、想象、梦幻以及时间流逝,能使观众产生联想。它没有渐隐的过程,也没有渐显的过程。

以上三种过渡技巧只适用于时间节奏较慢的新闻专题片、纪录片。

(4)划变。这种技巧转换是指将一幅新的画面逐渐划过屏幕,以取代原有的画面,两个画面之间存在一条明显的界线,当新的画面完全取代原有画面时,划变的过程结束,界线消失。

相对而言,划变是人工痕迹最明显的一种转换方式,当电视新闻节目需要唤起人们对转换的注意时,划变是很有用的,很容易吸引观众的注意力。

(5)定格。定格就是画面静止,从视觉效果上看是摄像机镜头不动,被摄对象也不动。在电视新闻纪录片中由动而静的定格用于段尾和片尾,由静而动的定格则用于段头和片头。也有用于段落中间的定格形式,如静止的相片变活,可引出回忆或进行倒叙。

(6)翻转。就是画面在屏幕上进行旋转,旋转中换成新的镜头。这一转换技巧在电视片中十分常见。翻转适宜连接对比画面和变换时空。

7. 动漫语言

新闻事发第一时间,记者大多不在现场,当今电视新闻中空镜头多、重复镜头多、虚假扮演镜头多、准确叙事镜头少,能指、所指严重脱节(甚至背离)的"三多一少"现象与此不无关系。如何化解这一尴尬局面？当代电视新闻业者在新闻漫画文化的基础上,通过计算机制作动画或漫画,开创了电视新闻节目运用"动漫"图形叙事,以虚拟情境还原新闻事件全过程的新格局。动漫作为一种有别于传统新闻叙事的叙事形式被引入到电视新闻当中,其信息含量和叙事模式都呈现出崭新的传播叙事价值。从内容上看,讲述时政经济科技大事、描摹市井民众生活情态、凸显突发事件关节要点等无所不包;从形式上看,有真人头像漫画、漫画描摹、漫画文字组合、动画连环叙事等多种组合。图11-5的电视动漫截图描述的是我国神舟七号载人飞船升空过程及出舱活动的情景,给观众极其具象的视觉享受。

图 11-5　电视动漫截图①

　　画面中,载人飞船与火箭脱离、飞船绕行地球的轨迹、航天员出舱活动等过程因摄像机无法捕获图像,通过动漫的动态描绘一一还原,视觉信息准确、突出。

　　8. 视频语言②

　　随着视频科技的发展和电视信息采集观念的变化,视频监视系统的图像逐步进入电视新闻领域。近年来,视频监视系统开始遍布街头、社区,担当起守护市民安全的重任。基于街区视频所拥有的丰富的原始事实图景资料,电视从业者同时转变观念,以真实为第一要义,不计较视频影像像素的低劣,用其所记录的突发事件的影像,做出了备受观众欢迎、专家认可的新闻。事件突发时记者不

---

① 动漫截图及说明由黄雅堃博士提供。

② "视频语言"一节的图文由黄雅堃博士提供。

在场的尴尬、电视新闻无法传播事发过程的被动,终于因监控视频的普及而得以缓解,监视视频影像为电视新闻的能指影像的真实提供了原始保证。

在新闻资讯传播竞争激烈的当代,视频新闻的开发已经十分成熟,大至突发刑事案件,小至家长里短,凡有视频资料的,记者都拿来为我所用,尽力为观众奉献视觉信息盛宴。2007 年 7 月 15 日香港翡翠台报道播出的《上海地铁一号线安全门出命案》就是这样一条好新闻(图 11-6)。

图 11-6　《上海地铁一号线安全门出命案》新闻动漫

上海地铁一号线安全门出命案(播音稿)

上海一个男人坐地铁的时候,被夹在月台安全门同列车中间,之后跌落路轨死亡。事发在昨日下午三时许,一名男乘客在上海体育馆站企图逼入地铁,不过当时车厢太多人,他无法入内,被夹在月台安全门和正开动的列车之间,当列车启动时,这名男乘客从月台的缝隙跌落路轨,身受重伤,工作人员及时将伤者由路轨救上月台,不过他在送抵医院之前已经死亡。

再看 2007 年 6 月 3 日 CCTV-2 播出的视频新闻《闯红灯 三起车祸三条人命》分镜头文字稿本（见表 11-5）。

表 11-5 《闯红灯 三起车祸三条人命》分镜头文字稿本

播音稿内容	视频画面
近日我国南方大部分地区暴雨,北方部分地区也遭遇了雷雨、大风等极端天气,交通事故有上升的趋势,最近浙江平湖的交警监控探头拍到三起致人死亡的车祸。	夜色茫茫,雨纷纷,交通信号灯显得特别耀眼。
这是监控探头拍摄到的画面,当时是晚上 7 点 24 分,在十字路口的绿灯闪烁着变成红灯之后,一辆轿车强行闯红灯,结果将一辆正在过马路的电瓶车撞飞出去,造成电瓶车驾驶员死亡。	绿灯正转红灯,轿车抢灯加速,将车右侧的电瓶车撞翻在地。
不久之后的一天早晨,还是在这个路口,一辆大型槽罐车肆无忌惮地闯红灯,结果将一辆正常行驶的自行车撞飞,致使骑车人死亡。	斑马线上,自行车正常行走,被疾驶的汽车左车头撞飞十几米。
这是另外一个监控探头拍摄到的画面,当时是晚上 22 点 48 分,一名行人正通过人行横道过马路,结果被一辆急速驶来的轿车撞倒,弹出去一百多米,最后经抢救无效死亡。	行人走斑马线行至路中,轿车正面将行人撞倒,拖行几十米。

视频影像重现了三次闯红灯造成血案的瞬间过程,所谓"宁等三分,不抢一秒"的意义在三次血案的图景中触目惊心地得以还原,电视新闻的真实性因视频影像的加入而得到保证。

以上八大类应用性（具象性）语言符号,是画面语言构成的细节因素。丰富好看的非语言符号信息就是实实在在地用画面说话,这是电视新闻关于"看"的核心内容之所在。

二、音响语言的类别及作用

音响语言是针对声音语言提出的一个概念。就电视新闻而言,音响语言是指随画面的拍摄同期采录的,对新闻内容不作直接说明的现场声音。这些声音虽然没有什么抽象意义,但是从"听"的知觉维度上具体描述了新闻现场的真实气氛。

1. 音响语言的类别

（1）自然音响:风雨声、雷鸣、浪涛呼啸等;

（2）动物音响:各种动物的鸣啼、行走声等;

（3）机具音响:各种机器、车辆及船只、飞机发动机工作的声音;

（4）人声音响:现场人物的说话声、喊叫声等,这些声音不直接说明新闻内

容,只是以嘈杂的音响形态表明人的存在;

(5) 音乐音响:新闻现场的音乐,不是后期配乐。

2. 音响语言的作用

音响语言在电视新闻中大多数情况是处于"背景"位置,与画面构成"分立"关系,它虽然不像播音员、记者、新闻人物的声音那样突出,其作用却是十分显著的。

(1) 渲染气氛、点染画面,使新闻内容更具真情实感。电视传播的优势是声画兼备,给人以视听完整的信息享受。音响的运用,使原本真实的新闻画面具有了更为丰富的表现力,无论是巨音轰鸣,还是纤声微颤,人们可以从音响的变化中进一步感悟到事实的存在和发展。音响,使观众的心理与新闻贴得更近。人们笑言那些只见动嘴没有声音的新闻人物为"超级哑巴",人们还戏称那些寂无声息的车间、码头是"真空世界"。有些记者也许尚未意识到,音响的丢失,在观众接受心理上会造成严重的逆反情绪。

(2) 突破画面框限,扩大信息容量。电视摄像虽然拥有时空自由,但画面本身的容量总是有限的,音响则可突破画面容量的限制,扩大信息的总体容量,延伸画面,从而带来一个新的空间。浩大的群众场面,因为有了欢呼声、呐喊声,而使新闻拥有更为浩大的心理视像场面,二维画面因音响渗入而具有了多维特质。

(3) 音响可以形成画面之间时间上的联系感,使画面语言更为流畅。新闻画面因受时间限制,不似艺术类画面可以随意地运用过渡镜头。新闻画面多用"切"的方式组接,少有过渡镜头,必然产生"跳跃现象"。音响的加入,可以使画面的跳跃现象大大减弱,背景音响的连续,使断续的画面出现新的时间联系,进而形成视像传播的和谐性和同一性。

(4) 音乐的作用。音乐,在电视新闻节目中和其他音响处于同等地位,发挥同样的作用。我国早期的电视新闻曾仿效纪录电影的手法,专门配乐,但因大大削弱了新闻的真实性而被舍弃。作为背景音响的音乐,除了上述三方面音响功能外,对画面有更为突出的解释、烘托功能。画面所再现的是视觉可及的客观现实,音乐却是"心灵的直接现实"。就两者的性质来说,它们是直接对立的,然而,人们的视觉和心灵并不是毫不相关的对立物。音乐的作用在于能通过音调与旋律创造出"情感的形象",直接打动人心,直接唤起观众思想、感情和心理情绪上的反应和共鸣。正因为此,电视新闻的背景音乐如果录采得当,可以对画面的情感和情绪效果起到重要的辅助作用。诸如盛大节日场面中节奏明快的进行曲、音乐会上经典的协奏曲、追悼会上哀婉低沉的哀乐等现场背景音乐,都能将观众的情绪牢牢地锁定在特定的感情环境之中。1996 年第 26 届奥运会我国运动健儿(不含港、台)夺得 16 块金牌,金牌总数名列第 4。奥运会闭幕时,中央台

《新闻联播》发表综述消息,在历数16位金牌得主名单时,运用大会升国旗的画面逐一"化"出运动员在领奖台上的头像,现场音乐是国歌,旋律贯穿始终。特定的环境、雄壮的乐曲、可喜的战绩、感人的画面,使观众感到格外振奋,充分体现了背景音乐的作用。这一经典编辑手法值得提倡。

顺便提及的是新闻性、纪实性电视专题片的音乐。这类音乐同样是作为背景存在的,必须依附于画面体系,它的作用是使视觉形象原有的感情、情绪力量能够更强、更快地发挥出来。所谓"更强",指的是前文谈到的烘托、揭示作用;所谓"更快",是因为音乐直接拨动心弦,加快了人的视觉对于画面意义的理解速度。这类音乐应该专门谱写,这样才能真正与画面的本义合拍。一些选用"好听"音乐拼凑的背景配乐,往往喧宾夺主,难有理想效果。请记住:好的背景音乐,应该使观众意识不到它的存在。著名电影作曲家赫尔曼说:"音乐实际上为观众提供了一系列无意识的支持。它不总是显露的,而且你也不必知道它,但是它却起到了它的作用。"①这是说,在电影中,"润物无声"的音乐才是最好的音乐。这一观念完全适用于新闻性、纪实性电视专题片。

第四节　电视新闻的声画双主体关系

对电视新闻中声画双主体关系的认知与观众的接受心理特征密切相关。从生理学的角度看,人对电视新闻视听符号的冲击所产生的反应过程,完全是体内生命物质的化学过程,而最显著的是神经电流的传递变化过程。欲研究这一过程,则必先研究人脑的功能。

一、电视新闻声画双主体关系形成的生理基础

人体接收外界信息,主要是通过眼、耳、鼻、皮肤等组织器官。外来的各种信息(光、声、温度、机械等)刺激,首先使眼、耳、鼻、皮肤等部位的神经元产生兴奋。神经每兴奋一次,即产生一次神经冲动,各个器官的神经细胞把刺激部位的信息传递给大脑。大脑相应区域的神经细胞亦受到传递来的兴奋的刺激,驱动大脑物质的相应运动,形成大脑的思维活动。基于此,我们从人脑神经的信息传递路径切入,解析电视新闻声画语言双主体传播的生理基础。

语言随着人类社会的产生而产生,至今已有一两百万年的历史,但对于人脑的神经语言"裂脑"功能的认识,还是近代科学研究的成果(见图11-7)。这里研究的电视新闻声画语言双主体符号结构,以及"电视新闻用语言叙述,用画面

---

① 《电影艺术》,1981年第3期。

证实"的论题,皆来自"裂脑"研究成果的启迪与支撑。

　　"大脑由左右两半球组成"是人们共有的生理常识。但是,长期以来,人们对于大脑结构的"左右分裂"一直迷惑不解。法国医生布洛卡通过 20 多年对特殊失语症的研究,发现了语言障碍与大脑病变的关系,从而把语言中枢定位在左半球,于 1885 年宣布"我们用左大脑半球说话",使得左半球的"语言优势"得以确立,而将右半球视为进化上落后的、从属的、劣势的半球。这种关于左半球唯我独尊的优势概念持续了一个多世纪,终于被大脑两半球功能专门化的新概念"裂脑"取代。

　　这一观念性的转变是通过裂脑研究(split-brain research)实现的。裂脑研究包括裂脑动物与裂脑人的研究,它是用手术方法将大脑联合部(主要是指含有 2 亿根神经纤维的胼胝体)切割开,形成两个相对独立的半球,裂脑研究的显著效果就是中断了正常情况下两半球之间极其有效的、每秒高达 40 亿次的、川流不息的信息传递与脑功能的整体效应,使被掩盖的功能专门展现出来。1981年诺贝尔生理学或医学奖获得者、美国加州理工大学心理生物学教授罗杰·斯佩里关于"裂脑人"的研究由此成为脑研究中最引人瞩目的突破。

　　现代脑科学对"裂脑人"研究的成果已经证实:大脑左半球的功能主要是语言和言语、计算和科学研究,侧重于抽象思维,具有连续性、有序性和分析性的特点;右半球的功能主要是音乐、绘画、舞蹈等艺术活动、空间知觉、发现隐蔽关系、想象和表达情感,侧重于形象思维,具有离散性、弥漫性和整体性的特点。有些左脑损伤的患者导致失语症,不能正常使用语言,但仍能唱歌,这就是因为左半球的语言功能产生障碍,而右半球的音乐功能仍保持正常。

　　图 11-7 所展示的是通过对"裂脑人"研究而获得的大脑两侧半球不同功能的大致情况。

　　大脑两侧半球的功能分化不是绝对的,它们既分工又密切协作。以感知电视节目的叙述信息为例,左半球感知节目的语义和话语叙述的连贯性,右半球感知图像信息、理解图像叙述的意义,两者结合起来就能获得比报纸、广播更为具体、生动、形象的完整信息内涵。两个半球的功能充分发挥出来并密切协作,可提高人的智慧和创造性。① 有人处理信息以左脑半球为主,善于科学思维,称左脑型;有人以右脑半球为主,善于艺术思维,称右脑型;也有人主次不明显,称综合型。

---

　　① 关于大脑两半球信息处理分工的理论依据来自[苏]A.P.卢利亚:《神经语言学》,赵吉生、卫志强译,北京大学出版社 1987 年版,第 202—220 页;王德春、吴本虎、王德林:《神经语言学》,上海外语教育出版社 1997 年版,第 13—14 页。

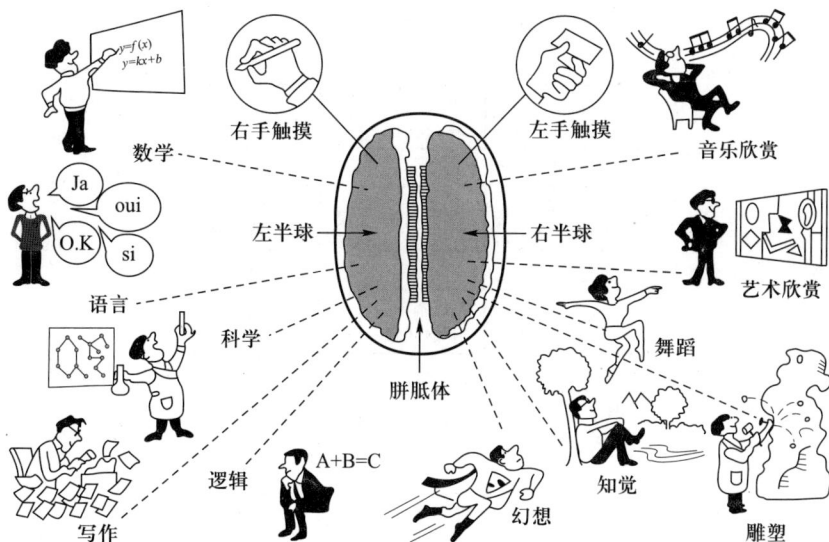

图 11-7　大脑两侧半球的各自优势①

那么,电视新闻的声画语言符号如何从"裂脑"信息传递整合为一个完整信息呢?

据图 11-8 可以作以下分析:

当受众在观看电视新闻时,他的语言信息感知系统"左脑语言优势区"和"右脑图像优势区"同时、平行启动,这既是信息交际的心理条件,又是信息理解(编码)与表述(解码)的起点。"左脑语言区"的信息生成步骤是:播音感知→语义痕迹+字词片段→词语段落→话语成型→语篇连贯→语言叙述→电视新闻信息整体性感知;"右脑图像区"的信息生成步骤是:图像感知→影像辨识+图像片段→图像确认→图文对位→图像解读→图像证实→电视新闻信息整体感知。上述左右脑对两种不同语言符号的整合性加工,跟大脑两半球的中枢部胼胝体神经整合系统相联系。所谓"胼胝体",是位于大脑两半球底部,联合大脑两半球的神经纤维组织,对传入大脑的外部信息具有整合性加工的功能。该部位能把从各(感)知觉通道连续输入的视觉、触觉、听觉信息整合再现为同时呈现的整体形象,以此实现外部信息的共时多维综合,传达的语义信息瞬即沟通了"右

---

① 裂脑图转引自王德春、吴本虎、王德林:《神经语言学》,上海外语教育出版社 1997 年版,第13 页。

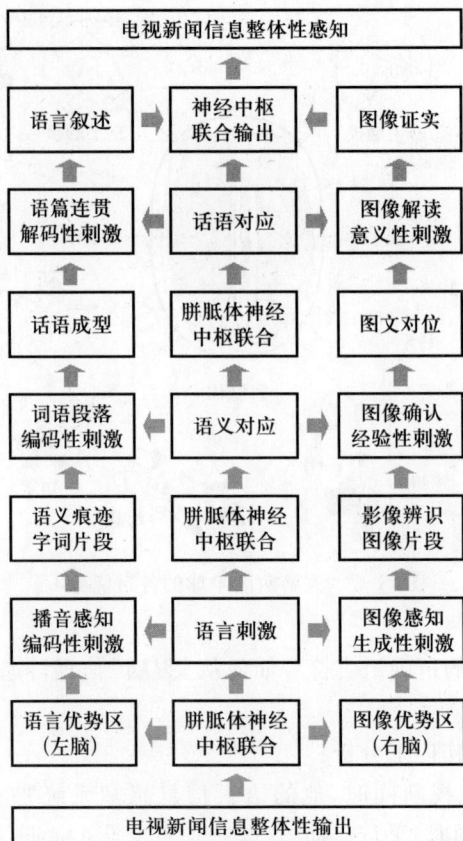

图 11-8　电视新闻声画语言符号整合示意图

脑图像优势区"视觉感知画面所形成的"语义痕迹"。① 语义痕迹只是右脑根据视觉经验积累所形成的模糊语义关系体系,它必须借助词语的引导才能把语义痕迹转为能用话语表达的清晰的思想。在播音语言的指引下,"右脑图像优势区"画面证实的语义也就得以清晰明确。我们说电视新闻画面失去了文字语篇②的连贯叙述其语义模糊的道理也就在此。

———————

　　① "胼胝体"联合大脑两半球底部的神经纤维组织多达 2 亿根,它们如何在瞬息间快速整合传递两半脑的信息,目前尚无明确的成果报告,但不影响我们对大脑左半球的"语言优势"与大脑右半球的"图像优势"这一科学成果的应用。

　　② 语篇是指实际使用的语言单位,是一次交际过程中的一系列连续的话段或句子所构成的语言整体。它包括播音、现场采访、屏幕文字等叙述要素。构成电视新闻语篇的三个基本要素是信息话题、信息语境和信息语义。电视新闻语篇连贯性的基础是意义类因素,即信息相关性和信息意义条理性。其具体表达为声画对应与衔接,它涉及声画语义叙述的逻辑和声画语义贯通两个方面。

为便于理解,左右脑半球的信息对应传递功能还可见图11-9,"胼胝体"的整合功能表示为图中的黑线。

左脑:播音感知→字词片段→词语段落→话语成型→语篇连贯→语言叙述

右脑:图像感知→图像片段→图像确认→图文对位→图像解读→图像证实

图11-9 左右脑半球的信息对应传递功能简图

通过上述左、右半脑整合加工信息的原理我们不难理解电视新闻中声画两种语言符号的融合过程,这个过程是两种语言符号共时的多维综合,两种符号的语义都得到最清晰的表述。语言符号是给观众以逻辑理念的感知,非语言符号则借助文字的启迪,给观众以空间形象信息的实证性满足,从而使观众确认信息准确无误。我们不能视两种符号各自的叙述功能与证实功能有何主次之分,有人一听说画面在电视新闻中是作为"证实主体"而存在,就认为画面处于"次要地位"。其实,这种不同功能的划分是人体生理结构不同使然。以上阐述,就是电视新闻声画语言双主体结构的科学依据,"二元主次"悖论显然不是理解"电视新闻语言总系统"所辖声画子系统"电视新闻用语言叙述,用画面证实"的科学思维方法。

二、电视新闻声画语言双系统结构对电影"画面叙述"观念的颠覆[①]

所谓电视新闻声画语言双系统结构,系指电视新闻的声画这一对物质符号系统,是承载电视新闻全部形式与内容的子系统,声画二者无主次之分。其中语言符号语言是新闻内容逻辑的叙述系统,非语言符号语言是新闻事实视听表征的实证系统。"电视新闻声画语言双系统"构成与"电视新闻声画双主体"构成在本质上没有差异,其表述概念变异的意义在于避免了人们习惯运用电影的声画二元主次思维对"电视新闻声画双主体"本质意义的误读。

1. 电视新闻与电影故事的声画结构系统各有不同

随着电视采访制作设备个性化的研发与应用,20世纪70年代,摄像、录像、录音同步的便携采集设备 ENG(Electronic News Gathering)面世,电视新闻有了属于自己的个性化生产工具,电视新闻的话语方式因个性化工具的出现而逐渐建立,使得电视新闻传播自20世纪80年代初开始摆脱早期电影观念的影响而发生了"质"的变化。图11-10与图11-11分别是电影思维的叙事方式和电视新闻传播特有的声画语言双主体平行结构模式。

画面叙述主体:场面调度意义连续画面+蒙太奇结构下的连续画面

声音补充辅体:连续画面中的人物对白+维持画面情节连续的解说

图11-10 电影(电视)"画面叙述"的声画结构

---

① 本标题下的两个模型内容由黄雅堃博士协助撰写。

画面证实主体:主播画面+现场画面+采访片段画面
声音叙述主体:导语播音+画外播音+现场采访录音

图 11-11　电视新闻声画语言双主体平行结构

解析以上两图可以清楚看到,电影(电视)"画面叙述"的声画结构系以"画面叙述"为主体,声音则是伴随画面中的人物而产生的"对白"和"维持画面情节连续的解说",其作用是保证"画面情节叙述"的意义完整,这一结构符合电影声画结构的实际情况。电视新闻声画语言双主体平行结构体现为声音与画面各成系统,"画面证实主体"是一个片段性的人物、事件等新闻要素的能指图景证实系统,其系统价值与意义在于满足受众对于新闻现场与事实的确认、确信,满足人类接收信息的原始窥视快感的欲求,绝无影视剧中完整"叙述"信息意义的负担;"声音叙述主体"是一个信息意义完整的所指意义叙述系统,其系统价值与意义在于保证信息传播的准确、完整、简练。电视新闻声画语言双主体结构模型是系统思维的完美结晶,"画面证实主体"与"声音叙述主体"是"电视新闻语言符号系统"下两个相对独立又相互补充的平行子系统。

从应用语言学的视角出发,我们认为任何形式语言的应用和研究,都离不开对语言环境的依赖。对于电视新闻语言声画关系的认识,唯有将"多类符号综合传播新闻"置于长度为 1~3 分钟的时间语境中进行分析,才可能得到符合实际需要的结论。至于忘却时间长短、无视叙述主次,用电影故事、纪录片的"声画同构"观念来研究电视新闻声画关系的方法显然是行不通的,这是电视新闻从业者对声画关系应有的清醒认识。

2. 画面的"证实主体"地位的确立和巩固

(1)"证实主体"地位的确立。作为"看"的特定内涵,电视新闻的画面除了像新闻照片那样向人们展示静态的新闻空间外,更主要的是时间上的展开,以时空相兼的特点反映新闻动态(如美国航天飞机"挑战者"号爆炸的经过),使人们从事物的运动中获得直接(眼见为实的)感受,从而构成心理视像与现实的认同,这是报纸的文字符号和广播的声音符号(包括电视新闻的声音)无能为力的。"动",是人们对视像的第一要求,电视新闻的画面正好能够满足人们这一心理欲求。"百闻不如一见",这是确立"画面"在电视新闻中主体地位的根本。

作为"看"的新闻画面,它的任务不是系统叙述——有限的画面大大限制了它系统叙述的能力。它的任务在于以具象符号的色彩、形象、动态、空间等因素与抽象的语言联袂,向人们传播完整的信息,佐证新闻的可信程度。报纸、广播自诩的完整,是理念、抽象意义上的完整,报纸、广播的"完整"替代不了画面的完整。我们不能因"画面"有所短,而动摇了它的地位。

（2）"证实主体"地位的巩固。如何巩固画面在电视新闻中的地位？实践经验的回答是：以细节充实画面内涵。一条电视新闻仅有几个镜头，无法形成情节，其传播魅力的体现全在于对细节的运用。细节，是对人、事、景、物进行具体形象的描绘和刻画，充分发挥非语言因素的特点。电视新闻的画面是新闻事实的见证。所谓真实，就是指画面所记录的细节，能够准确反映实际生活中的事物的特征。丰富的细节，使画面更具吸引力，人物会因为细节而更加生动，事件会因为细节而更加感人。在前几节中涉及的非语言符号的诸多特点，都是构成细节的基础因素，它们与新闻事件所构成的动作细节、形体细节、情态细节、环境细节、事态细节、色彩细节等，都是记者在深入观察（采访）中所应捕获的内容。人们批评一些电视新闻简单、浅薄，往往是因为只有漫不经心"推拉摇移"得来的一般画面，缺乏细节镜头与粗线条画面、声音语言的互补配合，相比完整的声音，缺乏内涵的画面必然会引起观众的不满和否定。

请看画面细节的魅力。2008年8月18日在北京奥运会男子110米栏的预赛中，卫冕冠军刘翔由于脚踝受伤，遗憾地退出比赛，此举四座震惊、举国愕然。中央电视台在报道此事时，用了"赛前热身时表情就显得不适""当现场广播报到刘翔的名字时，近9万名观众对他们的英雄报以雷鸣般的掌声""起跑线后面的刘翔竟痛苦地捂着脚踝""同组对手抢跑之后，刘翔捂着大腿，缓缓走回了起跑点""现场播音员宣布刘翔退出比赛的时候，整个'鸟巢'9万多名现场观众都鸦雀无声"等一系列细节镜头交代了刘翔退赛的具体过程，极具说服力的细节画面安抚了观众的失望情绪。这条消息获得上佳的传播效果，其原因就在于以多个动人的细节画面，对播音语言涉及的、但又无法深入表现的内容做出了准确入微的反映，使人们从声画的"合力"中得到饱满的视与听的信息，这才是电视新闻的完整传播。

"画无细节则空"，著名画家齐白石这一治艺灼见，对于必须以形象说话的电视新闻来说，有着触类旁通的深刻启迪，值得电视新闻从业者汲取。

3. 声音的主体作用

听，是人们认识事物的重要方式之一。"闻其声即知其所在。"[1]闻声及物，听声"见"景，听觉所产生的空间幻觉，可以突破视野和画幅的障碍，使人们仿佛进入广袤的自然空间。尽管听觉对于物象的感知是间接的，但它无指向的多维度立体感受，使人们从远近、轻重的变化中获得明晰的概念。具象性声音使人们感受到世界万物的真切存在，抽象性声音则以历时的逻辑排列，不受时空制约，能够自由地表述人们对世界万物的认识，具有画面所不具备的系统叙述能力。

---

① 班固：《白虎通德论·礼乐》。

电视新闻的声音,正是运用其具象与抽象两方面的特征,通过与画面胶着、互补,形成视听不可分割的新闻空间,从两个感知通道消除人们对事物认识的不确定性,进而获得准确无疑的信息。尽管电视新闻汲取了报纸、广播等媒介单通道语言的精华,但它的声音是在双通道的传播中显示优势的。电视新闻声音的主体作用,在于它的逻辑表述力可以使无序的画面物象形成一个有序的佐证系统,伴随物象的同期声音,则使真实的新闻空间更具可感气氛。电视新闻的声画融合,为人们塑造了一个真正完整(双通道的完整)可感的物质世界,这便是声音在电视新闻中的主体作用。

4. 声画双主体结构的总体认识

基于以上声画双主体结构的简述,我们应该这样看待"声"与"画"的关系:在"新闻"这个特定语境中,每一种声音都影响着观众对所看见的图像的反应,每一个图像都决定着观众对所听到的声音的反应。任何割裂这种"互为反应"的做法,都将使电视新闻的信息含量受到损害。英国电视理论家格林·阿尔金说:"电视不只是一种看的东西,然而也没有必要说音响或图像哪个更重要。在制作一个效果好的电视节目时,两者是相辅相成的。如果说两者中任何一个能独立发挥作用的话,那不是对它的赞扬,相反,却说明这两者还没有很好地结合起来。"①阿尔金这段话虽然泛指整个电视节目而言,但对电视新闻的声画构成具有现实的指导意义。

因此,我们可以说,电视新闻的声画关系,具有声画各尽所长而又相互补充的双主体特点。这种有机融合和默契互证,使新闻报道显得更为确凿、翔实。双通道的理想传播效果,使图像、声音各自的重要性得以充分显现。

三、电视新闻声画关系的形式

电视新闻的声画组合在汲取其他影视声画结构精华的基础上,逐步形成自己独具特色的形式,常见的组合关系有两大类:声画合一和声画对位。

1. 声画合一

这是指声音和画面同时指向一个具体的新闻形象的组合形式。它的特点是,声画同步发生、发展,视听高度统一,使画面和声音具有最高的保真性。

声画合一在电视新闻中又有两种形式:可以是画内音响与视觉空间的统一(如同期声与画面的统一),称之为"画内声画合一";也可以是画面空间与画外音响的统一(如播音语言与画面的统一),但它们必须在时间上同步,也就是说,必须指向同一时间内音响与画面的同一对象,称之为"画外声画合一"。

---

① ［英］格林·阿尔金:《电视音响操作》,熊国新译,中国电影出版社1986年版,第5页。

（1）画内声画合一。这一形式主要表现为画面物象及其声音的合一。各种器物音响作为背景，使新闻现场气氛浓郁；各式人物的声音，使新闻内容更为真实可信。同期声的运用方式大致有：① 新闻人物的声画合一。在新闻某个环节中插（切）入，作为一条新闻内容的组成部分。② 以记者的身份出镜头报道。③ 以记者的身份进行现场采访，记者、被采访者声画合一。这类声画合一的质量取决于记者和被采访者的水平，如果谈话、提问、回答都恰到好处，新闻内容随之增色，报道效果甚佳；如果双方（或一方）语言不得要领，将使传播节奏显得拖沓、内容涣散。考虑到新闻节目的时限，在单条新闻中，同期声要用在"点子"上，切不可过滥。

请看一条成功运用同期声的短新闻《南通市百万市民和中外宾客喜看"日环食"》（表 11-6），这条新闻荣获 1987 年度全国电视新闻特等奖。

这条新闻的背景是，1987 年 9 月 23 日出现 20 世纪最后一次日环食，南通是最佳观察点之一，许多中外来宾、天文工作者云集南通，和南通市民一起观赏这一罕见的天象奇观。这条新闻采用了多种形式的同期声：

其一，播音员出镜头现场播报，强化了观众的参与意识。

其二，画面出现第一个日环食特写镜头时，配以现场群众的喝彩声响，渲染了人们观赏天象奇观的兴奋气氛，营造了万人瞩目的热闹声势。

其三，现场采访外宾，记者、外宾、翻译的同期声同时出现。一问一答，简单明了，真实自然。

三种同期声围绕着"看日食"这一报道中心，内容表现集中，交代清楚，气氛活跃，而且要言不烦，满足了观众求知与欣赏的需要。看得出，记者在采访前作了十分周密的计划，现场同期声运用简洁明快。在一条短新闻中能取得如此效果，实在难能可贵。

表 11-6　南通市百万市民和中外宾客喜看"日环食"

镜号	画面内容	文字稿与同期声
1	日环食（现场全景到太阳特写）	各位观众：这是今天上午十点零三分在江苏南通市，记者拍下的日环食。（同期声：现场喝彩声）
2	众人观看日食（现场全景，摇）	南通市是这次日环食最好的观察点之一，数以千计的市民和许多科技工作者、国外旅游者观看了这次天象奇观。（同期声：现场人声）
3	科技人员在观察	（同期声：现场人声）
4	太阳初亏（太阳特写）	这是太阳初亏后几分钟的样子。（同期声：现场人声）

续表

镜号	画面内容	文字稿与同期声
5	月牙形的太阳	9点25分,太阳出现了月牙形。 (同期声:现场人声)
6	采访日本老人 (中景)	这位专程从日本赶来的老人告诉记者: (同期声:记者采访)
7	日本老人 (中近景,推)	他今年87岁,这是他第二次看到日环食,第一次是在日本的八丈岛。 (同期声:日本老人答问及中文翻译)
8	众人观看(全)	这次日环食是本世纪我国能够观察到的最后一次日环食。
9	日环食(全)	(同期声:现场人声)

（2）画外声画合一。这一形式适合于报道内容严肃、节奏缓慢的新闻。如政治会议会、追悼会等,需要逐一介绍与会的主要人物,画外播报姓名的同时,出现相应的人物图像。有关重要事物、地貌、建筑等介绍亦然。

2. 声画对位

这是指声音和画面围绕着同一个新闻报道中心,在各自独立表现的基础上,又有机地结合起来的表现形式。这一形式在电视新闻中得到广泛使用。

声画对位,指声音与画面不同步显现,不是给人以"看图识字"的简单感知。声画对位传播利用声音和画面不同步产生的信息差距,充分调动人们视听两个感知通道的"注意力",引起声画信息叠加联想,加大感知深度,产生一加一(声加画)大于二(声画)的传播效果。这恰如两张颜色相同的玻璃纸,当它们叠加时,得到的是更深的颜色。

四、电视新闻画面情节的不完整性

欲深刻领悟电视新闻画面语言的主体性证实功能,还必须深入了解电视新闻画面情节的不完整性。所谓电视新闻画面情节的不完整性,是指画面在新闻节目里呈不连贯状态,不具备叙述事情变化过程的能力。众所周知,在情节性影视节目中,即使没有任何声音,画面也能够向人们讲述情节的变化过程。关于画面表述情节的功能,早期的电影"默片"就是最好的证明。电影画面所具有的这种情节表述能力,是拍摄者按照预定的情节思路,将一个个镜头合乎逻辑地组织起来,成为一个完整的"故事"。画面的这种情节,就是"蒙太奇"手法所形成的画面与画面的承继关系。

　　电视新闻则不然。电视新闻是以声音（语言播音和现场语言）这条主线承担着表述"情节"（新闻过程）这一任务的。国内外绝大多数电视新闻，关掉画面，只凭听声音仍然可以得到一条完整的新闻，就是"声音主线"作用的最好说明。基于声音主线的作用，电视新闻的画面没有情节性影视节目的画面所要承担的"叙述"任务，无须符合影视节目镜头组合的逻辑规范，也不用构建画面与画面的承继关系。作为"看"的电视新闻画面，它的任务是体现"照相本性"，以准确的画面内容证实新闻事件中涉及的人、物体、地域等新闻要素的可信性，最大限度地消除信息中的"不确定性"成分，为电视观众提供"一种显而易见的近亲性"（克拉考尔语），以满足受众"百闻不如一见"的心理欲求。上述这种特殊的"声画关系"，是"电视新闻画面情节不完整性"这一特性形成的重要因素。

　　新闻时间因素是形成这一特征的另一重要因素。关于电影、电视的"时间"概念很多，这里是指一条新闻播出时所耗费的实际时间。我们取"1 分钟"作为单条新闻的长度标准进行深入阐述：1 分钟左右的时间，口播语言可以传播一条"五 W 一 H"俱全的新闻，而电视新闻画面却出不了几个镜头，形成不了完整的情节，无法胜任对事理的有效传播。视知觉感知规律告诉我们，感知一个全景画面所包容的景物需要 8 秒钟左右的时间，感知一个中（近）景画面所包容的景物需要 5 秒左右的时间，感知一个特写画面所包容的景物需要 2 秒左右的时间。电视新闻的画面因交代新闻环境的需要，全景、中景（含近景）镜头运用占整个镜头数的 75% 以上。据此计算，1 分钟左右的短新闻，最多有 8 个画面。笔者曾对 500 条 50 秒至 1 分钟长度的新闻进行定量分析，每条新闻平均仅 6.2 个画面，单条短新闻中，文字信息密集。画面时间长度受限制，造成了新闻画面情节的不完整性。对于深度报道、新闻专题等新闻长片来说，其画面情节依然是不完整的，它们的内容叙述仍然依赖于文字和声音，请看表 11–7。

表 11–7　深度报道、新闻专题等新闻长片的声画结构例举

片名	总时长	记者出镜时间长度	演播室画面长度	现场画面时间长度	现场画面镜头个数	每分钟现场画面镜头个数	备注
《小额贷款创业支点》	11 分 1 秒	0	1 分钟	10 分 1 秒	77	7.7	中央电视台 2007 年 11 月 21 日《焦点访谈》

片名	总时长	记者出镜时间长度	演播室画面长度	现场画面时间长度	现场画面镜头个数	每分钟现场画面镜头个数	备注
《老公意外露"富"妻子疑虑重重》	5分26秒	0	14秒	5分12秒	24	4.6	江苏卫视城市频道2005年9月1日《南京零距离·甲方乙方》
《下水道不畅的背后》	11分57秒	3秒	46秒	10分6秒	64	6.3	江苏卫视城市频道2005年9月1日《南京零距离·甲方乙方》
《和平之旅》	38分11秒	6分31秒	10分27秒	15分35秒	99	6.4	中央电视台2005年5月3日《东方时空·连战大陆行特别报道》
《购卖二手房户口不能忘》	13分56秒	29秒	3分42秒	9分17秒	59	6.3	广州电视台2007年12月11日《城市话题》
《阿富汗成为世界海洛因出口最多的国家》	11分27秒	1分48秒	49秒	9分30秒	68	7.1	哥伦比亚广播公司2005年11月《60分钟》

　　由于在长新闻节目中,经常有较长时间的记者出镜或主播在演播室介绍情况,而这两者均依赖的是有声抽象语言,因此,在统计中我们将其剔除,而将现场画面的时长和数量单列出来,单独计算每分钟现场画面长度。计算结果是每分钟现场画面最多的为7.7个,最少的也有4.6个,也就是说,即使按画面个数最少的计算,画面平均停留的时间也不会超过15秒,在这么短的时间里,一个画面显

然是不能进行完整的情节叙述的。

五、电视新闻声画语言"双主体"的互补机制

索绪尔在阐述能指的线条特征时指出,能指属听觉性质,只在时间上展开,而且具有借自时间的特征:一是它体现一个长度,二是长度只能在一个向度上测定——它是一条线。他说:"语言的整个机构都取决于它。它跟视觉的能指(航海信号等等)相反:视觉的能指可以在几个向度上同时并发,而听觉的能指却只有时间上的一条线;它的要素相继出现,构成一个链条。"[1]索绪尔还说,句段关系和联想关系反映了语言结构关系的全部特性——"双重系统"。具体表现为:"一方面,在话语中,各个词,由于它们是连接在一起的,彼此结成了以语言的线条特性为基础的关系,排除了同时发出两个要素的可能性(参看第106页)。这些要素一个挨着一个排列在言语的链条上面"[2],这些以长度为支柱的结合就是句段关系。"另一方面,在话语之外,各个有某种共同点的词会在人们的记忆里联合起来,构成具有各种关系的集合。"[3]这种集合的形成,不是以长度为支柱的,它们的所在地是人们的脑子,是每个人的内部宝藏的一部分,这就是联想关系。

考虑到索绪尔对音响形象的解释:"音响形象作为在一切言语实现之外的潜在语言事实,就是词的最好不过的自然表象。"[4]我们有理由把电视新闻中的"声"看作是听觉的能指,而把电视新闻中的"画"看作是视觉的能指,或是把"声"视作句段关系,"画"视作联想关系。这启示我们从以下角度看待"声画双主体"的互补机制。

所谓语言,就是一整套声音或形状。它本身并不是完全不具备那种被用于同型性再现的结构物质。例如,语言可以为每一个个别概念分配一个独特的符号,把思想和经验描绘成依次进行的连续性事件。原则上说,语言同其所描绘之物间的这种形态对应同绘画是一致的。在一幅线条画中,两只狗被画成两个独立的线条样式;在电影和戏剧中,一个事件的各个阶段也是按照一种适当的次序

---

① [瑞上]索绪尔:《普通语言学教程》,高名凯译,岑麒祥、叶蜚声校注,商务印书馆1980年版,第106页。

② [瑞士]索绪尔:《普通语言学教程》,高名凯译,岑麒祥、叶蜚声校注,商务印书馆1980年版,第170页。

③ [瑞士]索绪尔:《普通语言学教程》,高名凯译,岑麒祥、叶蜚声校注,商务印书馆1980年版,第171页。

④ [瑞士]索绪尔:《普通语言学教程》,高名凯译,岑麒祥、叶蜚声校注,商务印书馆1980年版,第101页注解①。

展现出来。但另一方面,语言本身的结构是极贫乏的,口语中的绝大部分词汇和拼音文字其"能指"与"所指"之间并无自然的诱导性的联系,完全等同于索绪尔所说的任意性符号,所以它的再现就不可能过多地依赖这种形态上的对应。它只能依靠为经验中的各种事实分配"标签"的办法,来完成它的大部分工作。它使用的标签大都是随意选取的,因此,阿恩海姆说:"语言只有同另一种知觉媒介即作为思维之主要工具的意象相互作用时,才不至于沦为思想成形之后为它追加的标签或标记。"①"语言只不过是思维的主要工具(意象)的辅助者,因为只有清晰的意象才能使思维更好地再现有关的物体和关系"②,在电视新闻中,"意象"即为电视画面。

作为"看"的电视画面,它的直觉优势就在于不通过具象与抽象的感觉转换,就能切切实实证明新闻本源的实有状况。诚如施拉姆等人所述:"非语言的符号……首先,它们携带的信息常常不需要任何语言来表达。一幅画是一种完整的传播。"③电视新闻通过对事物的直接视觉特征的记录,可以传达色彩、明暗、形态特征、空间深度等直接的视觉信息;通过视觉的统觉(对当前事物的心理活动同已有知识经验联系、融合,从而更明显地理解事物意义的现象)作用,还可以传递质感(硬度、柔度、湿度)、量感、力感、运动感及听觉、味觉和触觉等信息。通过这若干信息的综合传播,为人们对某一事物的分析、判断提供最直接的依据,这便是现场证实性的心理感知基础。请注意,心理感知是建立在"词"的基础上,图像传递的万千信息最终是靠词和句子进行解读和表述。

这种多向度的迸发,必须依赖线性的语言的引导才能为人所理解。按照阿恩海姆的说法,在大多数情况下,语言会抵消知觉活动把事物看作"纯形式"的倾向。由于语言是按照人类的实际需要创造出来的,所以它总是暗示出事物在功能方面所属的范畴,而不是它们在外形方面的范畴,因此,它总是设法超出纯粹的表象,"语言的功能基本上是保守的和稳定的,因此,它往往起一种消极作用——使人的认识活动趋于保守和静止。"但是这正好是语言和意象形成互相依存关系的基础。意象一旦浮出水面,就必然受到语言的诱惑,并渴盼语言的向导。我们不能把许多幅画或一幅画的许多组成部分收集起来,然后把它们结合在一起,产生出一种新的陈述。但对于语词或表意文字来说,这是一件很容易做到的事。形象蒙太奇会展示出许多裂缝,而由语词产生的各种意象会汇成一个统一的整体。我们可以通过对电视新闻画面叙事的不完整性的论证来加深对这

① [美]鲁道夫·阿恩海姆:《视觉思维》,滕守尧译,光明日报出版社1986年版,第355页。
② [美]鲁道夫·阿恩海姆:《视觉思维》,滕守尧译,光明日报出版社1986年版,第357页。
③ [美]威尔伯·施拉姆、威廉·波特:《传播学概论》,陈亮等译,新华出版社1984年版,第77页。

一对比关系的认识。

思考与练习

1. 举例分析声音语言符号在电视新闻中的作用。

2. 理解裂脑两半球图中的内容,试以一条电视新闻案例做具体分析说明。

3. 卡西尔强调:"人作为符号的动物,其文化的全部发展依靠的唯有符号,符号条件的唯一性无可争辩。"通过新闻案例说说你的认识。

4. 分析黑白两种颜色的传播特性。

5. 分析电视新闻声画语言的双主体特征。

第十二章　电视新闻节目结构系统论

电视事业是一项巨大的系统工程,电视新闻是这个母系统中的一个子系统。按照我国电视界多年来"新闻立台"的理想诉求,用系统论的基本原理研究电视新闻节目的结构,从宏观与微观角度实现对电视新闻节目的整体优化控制,是实现"新闻立台"的重要途径。本章试图对电视新闻节目的结构模式进行分析,将系统论真正贯彻到电视新闻节目的传播过程中去。

第一节　电视新闻节目结构的系统认知

一、电视新闻节目系统构成概说

什么是系统?系统论的创始人贝塔朗菲给出的定义是:"处于一定的相互关系中并与环境发生关系的各组成部分的总体"。① 什么是电视新闻节目系统?其实"节目"便是系统的别称。节者,段落;目者,段落中再分的小段。电视新闻节目是指电视传播的各项目内容组成的最基本单位,不仅仅指单条的消息而言。

1. 电视新闻节目系统构成要素

提起电视新闻节目,不少人认为电视新闻节目仅指消息而言。从节目结构角度讲,电视新闻节目有其更为丰富的成分,其结构如图 12-1 所示,这正是本章阐述的要点所在。

图 12-1　电视新闻节目系统构成要素

图 12-1 告诉我们,一个有效传播的"电视新闻节目",它应该是一个由短消息、深度报道、言论等要素组成的独立系统。怀特海在《过程与实在》(*Process and Reality*)一书的序言中写道:"真正的哲学研究方法,是尽一切努力去构成一

---

① 贝塔朗菲:《普通系统论的历史和现状》,佚名译,《科学学译文集》,科学出版社 1981 年版,第 315 页。

种概念系统（a scheme of ideas），并大胆地用它来探索对经验的新的说明方式。"①单条短消息集合传播虽然给人们信息，但因系统元素的缺失，新闻意义很难得以诠释，努力建构"短消息+深度报道+言论"的电视新闻节目系统，这是当代电视新闻传播的努力方向。

2. 系统意识是优化电视新闻节目结构的起点

系统论认为，系统无处不在，万物皆成系统。贝塔朗菲给"系统"下的定义强调了两点：一是系统是由互相联系的要素（即"各组成部分"）构成；二是系统与环境发生关系，它不是孤立的。由此不难看出要素在系统中的重要地位。要素，是组成系统的"各个部分"，是构成系统的实体，离开要素，系统就不存在。但是系统不是要素的简单相加，它还包括要素间的关系，各个要素有机地组合起来才构成有系统的整体。为什么不少人将我国电视新闻节目的典型——中央台的《新闻联播》完全等同于消息？是因为它每天播出的30多条国内外消息所形成的"要闻总汇"，构成了一个"消息传播系统"，人们形成了看《新闻联播》仅仅是获取某些信息的接受心态。其他要素尚未引起人们注意。

实际上《新闻联播》不仅仅是播出消息，它也间或播出诸如"本台评论"之类的言论，欲以此发挥引导舆论的作用。从《新闻联播》的主观设计和部分客观情况看，它不仅仅是一个"消息传播系统"，而且还想成为"新闻总汇和舆论中心系统"。然而，传播现实与构想严重脱节，以下统计数据表明《新闻联播》因系统要素的残缺，其"舆论中心"的目标历经20多年始终未能形成。《电视业务》1988年第1期刊发的《〈新闻联播〉定量分析比较》一文提供的数字表明，1986年8月头十天里，《新闻联播》播出国内新闻211条，其中只有"评论"3条，占总数的1.4%。2009年5月全月31天里播出国内新闻与评论643条（其中"评论"7条，见表12-1），评论只占播出量的1.08%，平均每天0.2258条。进入新世纪后言论的播出数量基本维持不变。统计比较见表12-1和表12-2。

表 12-1　《新闻联播》评论播出比例统计

播出时间	播出国内新闻	播出评论数量	评论所占比例	每日评论条数
1986年8月头十天	211条	3条	1.4%	0.3条
1987年8月头十天	206条	12条	5.8%	1.2条
2009年5月全月	643条	7条	1.08%	0.2258
2016年8月全月	471条	7条	1.49%	0.2258

---

①　转引自欧文·拉兹洛：《系统、结构和经验》，侠名译，上海译文出版社1987年版，第3页。

表 12-2　《新闻联播》2016 年 8 月全月播出的"评论"

日期	评论标题	相应新闻
8 月 18 日	人民日报评论员文章： 把学习"七一"讲话精神引向深入	一论"两学一做"教育，做合格共产党员相关报道
8 月 21 日	本台短评： 像中国女排一样去拼搏	女排精神永不言败 时隔 12 年里约奥运再夺奥运金牌的报道
8 月 23 日	人民日报评论员文章： 把党支部主体作用发挥好	三论"两学一做"教育，做合格共产党员相关报道
8 月 26 日	人民日报评论员文章： 弘扬体育精神 振奋中国力量	中国精神耀里约 再创体育新辉煌，奥运成果总结性报道
8 月 28 日	人民日报评论员文章： 为国争光 振奋民族自信心	内地奥运精英代表团访港的报道
8 月 30 日	人民日报评论员文章： 顽强拼搏，鼓起奋斗精气神	弘扬女排奋斗精神的报道
8 月 31 日	人民日报评论员文章： 团结奋进 汇聚发展正能量	以女排精神激荡中国力量的相关报道

　　《新闻联播》一次 30 分钟的节目，每次平均播出 30 条左右的新闻（进入新世纪后平均每次播出 18~25 条左右新闻），而"言论"内容平均每天不到一条。与广播、报纸相比，评论在电视新闻节目中的分量、地位长期以来是薄弱的。试想，每天不到一条"言论"，怎么可能与多条新闻组成有机的系统整体？偶尔冒出的几十秒钟"评论"如何在观众的接受心态中形成系统的"舆论攻势"？有人认为新闻节目中的"言论"不受观众重视是因为缺少"言辞犀利、鞭辟入里"的评论。我们认为，这只是系统因素的内在质量的要求，不占主导地位，关键是要增加评论的数量，并使之与消息融合成一个有机整体，进而形成"有消息必有舆论引导"的节目常态。舆论导向类内容与消息的有机外在（形式）的结构，将引起新闻节目内在的质的变化。电视新闻各要素的系统化，将从根本上端正其"浅薄"的形象，这个整体系统的形成，便是电视新闻从业者所追求的节目优化组合。

二、电视新闻系统的建立以结构认知为起点

　　系统论科学认为：结构，直接决定着系统的质。也就是说，事物的性质直接取决于结构控制。金刚石与石墨都是由同一种碳原子构成的，但是它们的原子

排列方式不同,呈现出的物理性质便也各异:金刚石的分子结构紧密,所以坚硬;石墨的分子结构稀松,所以松软。电视新闻节目的消息、言论、深度报道三要素的不同组成比例与结构,同样呈现出类似金刚石与石墨迥然不同的性质。

我国的《新闻联播》之类的新闻节目尚未形成要素完整的系统结构,还属松散型消息单一结构,还不是完整的新闻节目。日后我国的电视新闻节目优化,首要任务是结构改革,因为结构是系统与要素的中介,系统对要素的制约是通过结构起作用的。只要在结构上改变电视新闻的消息、言论、深度报道诸要素的散乱状态,形成一个稳定的综合密集型框架,"石墨"也是可以很快变成"金刚石"的。

值得指出的是,与要素相比,结构在系统中占有更重要的地位。同样有消息、言论、深度报道等要素,由于新闻节目的结构方式不一,得到的便是不同质的传播效果。在现代社会,事物的进步,首先不是通过质料的改进,而是通过结构的更新得以实现。因此,人们的观念应当由重视要素转向首先重视结构,通过结构的中介作用,促进要素的变更。同理,电视新闻节目的优化,首先是结构的优化,随之才会出现系统的优化和要素的优化,电视新闻节目系统的确立,结构这一中介是绝不可忽视的重要因素。

三、电视新闻节目结构的系统控制

如何使电视新闻节目成为"新闻总汇和舆论中心系统"? 这便是电视新闻从业者在确立了节目结构认知之后应致力控制的问题。

所谓控制,哲学家柏拉图认为就是"掌舵术"。控制的本质是"调节",是对"偏离航向"倾向的调节,目的是使事物的运动沿着既定的正确方向正常运行,使事物从"无序"的趋向回到"有序"的航道上来。电视新闻节目结构控制论的本质,就在于通过结构这个中介,克服电视新闻节目的松散单一倾向,形成一个紧固的综合框架,使电视新闻传播按照系统的既定要求进行,使节目制作活动从"无序"倾向回到"有序"的规律上来,使新闻节目系统中的消息、言论、深度报道诸要素得以有机融合,以保证"新闻总汇和舆论中心系统"珠联璧合。

基于这个认识,我国从中央到省级的新闻联播节目也到了改版延时的时刻。基于世界主流电视机构"一小时新闻节目黄金结构"的模型基础,以央视为例,可以这样构想,扩版后的新闻联播 60 分钟模型的内容是:25 分钟国内外新闻+10分钟焦点言论+20 分钟新闻专题+5 分钟气象报告,如此面目一新的新闻信息传播与新闻意义解读,相信会受到观众欢迎。如若是从业者则应该从理论上进一步了解系统控制的伟力:"控制之舵将引导你顺系统之河渡向成功与富有。"

按照本书电视新闻节目系统的理想设计,其内容应包括短新闻、深度报道、言论三大核心板块,核心板块涉及的节目样式如表 12-3 所示。

表 12-3　电视新闻节目子系统核心板块涉及的节目样式

核心板块名称	涉及的节目样式
短新闻	时政(会议)、经济、科教、社会(民生)、文体(娱乐)等新闻
深度报道	连续报道、系列报道、新闻专题、新闻记录等
言论	编前编后、本台评论、焦点访谈、专题谈话等

　　一分钟到三分钟(约 250 至 750 个字)以内的短新闻,是当今从中央到地方电视台新闻节目中的重要组成部分,各个级别的半小时新闻联播中播出的 25 条左右新闻就靠这类短新闻构成传播内容的主体,它们涉及的领域大致有时政(会议)、经济、科教、社会(民生)、文体(娱乐)等新闻。以下择要展开阐述。

第二节　电视时政(会议、会见)新闻

　　美国传播学博士詹姆斯·史提夫在《说服传播》一书中指出:"说服传播是一种有意图地形成、强化,或改变他人反应的信息……在过去的 30 年里,大众传播,特别是电视媒体,已成为对大众进行说服活动中(诸如议会会议资讯、竞选组织会议沟通报告等),传播信息的主要管道"。①

　　从以上引文得知,截止于该书出版的 1996 年,会议新闻报道进入美国的电视已有 30 年时间。电视的时政会议新闻报道,是个跨国界、跨地域的普遍现象,值得认真研究。

一、电视时政(会议、会见)新闻的概念及传播价值

　　电视时政新闻是电视媒体对各种会议、会见动态及相关内容所进行的报道。会议、会见新闻涉及的报道面很宽,从党政部门的政治性会议,到各社会团体、学科门类的专业会议,以及庆祝会、追悼会等,都属于它的报道范围。

　　作为党、政府和人民的喉舌的电视,在新闻节目里进行会议报道,是传达党的路线、方针、政策和上级指示精神的重要渠道,是造成舆论、指导工作的必要手段。美国得克萨斯大学新闻系的传播学家纳·J.塞弗林在《传播学的起源、研究与应用》中阐述大众传播的效力时认为,大众媒介具有"形成议题的功能",能够

---

① 参见[美]詹姆斯·史提夫:《说服传播》,蔡幸佑等译,台湾五南图书出版公司 1996 年版,第 5—25 页。

"选择并突出报道某些问题,从而使这些问题引起公众重视"。会议新闻沟通"会议"与观众间的联系,最直接地向观众传播某一命题并加以强调,最易"引起公众重视"。传播工具的掌管者需要通过传播媒介直接(或间接)传播"命题",广大观众也需要通过传播媒介最直接地明确形势任务、掌握新精神、通晓国家乃至世界大事。这一共同需求点,是会议新闻赖以生存的基础。

时政(会议、会见)新闻是我国各级电视台新闻节目中的一个重要组成部分,许多成功的会议报道的实践表明,它是"选择并突出报道某些问题,从而使这些问题引起公众重视"的最直接的传播形式。2016 年 9 月 4 日至 5 日,中央电视台播出的"G20 杭州峰会特别报道",是一组十分成功的会议系列报道,报道以滚动的方式,多场景、多视角、多轮次报道会议进程,内容涉及"习近平主席主持峰会欢迎仪式、开幕式、五个阶段会议、闭幕式"等十余场活动"习近平主席同有关国家领导人举行双边会见,就峰会议题、双边关系和共同关心的国际和地区问题交换看法"等重大内容。央视新闻频道还在西湖湖畔搭起直播间,邀约与会的中外贵宾前来接受直播访谈。报道使杭州峰会"西湖风光、江南韵味、中国气派、世界大同"的理念得到了完美落实,向世界展示了中国精神、中国力量。

所以,每当我国召开重要会议而又准予公开报道时,中外电视记者总是争相而至。会场上从未少过电视记者的身影,各路电视记者都是分秒必争采制各自的独家新闻。

记者们如此关注各类会议,是在充分运用"大众媒介具有形成议题的功能"这一原理进行传播、宣传,以满足观众对此类信息的需求。理论上的认定和社会实际的需要表明,会议新闻作为一个向人们传播理念、宣传思想、交流信息的重要形式,还将在电视新闻节目中长期存在下去。

时政(会议、会见)会议新闻重要,如何控制其传播效益的发挥,大有文章可做。从现有的状况看,人们对时政(会议、会见)新闻普遍不感兴趣,究其原因大致有二:一是新闻性强,适应面宽的时政(会议、会见)新闻犹如凤毛麟角;二是程式化且信息量少的会议新闻充斥屏幕(尤以地方台甚)。这一"少"一"多",矛盾尖锐,调整好这一对矛盾,是提高会议新闻质量及其在人们心目中地位的关键。

二、电视时政(会议、会见)新闻的传播技巧

传播学原理告诉我们:传播内容和传播方式是制约传播效果的两大关键要素。会议、会见(下文统称"会议")新闻争取最佳效果,就得从以下几方面努力:

1. 立足新闻、寻找角度,发掘观众需要的信息

　　普通观众对于许多会议都是不感兴趣的,因为会议内容往往和观众没有直接的联系,其传达的信息不是观众"欲知而未知"的内容。因此,作为记者就不能立足于会议本身采制动态信息,而应摆脱会议内容对新闻的引导,从大多数观众需要的角度寻找信息,以满足观众的需要。在 G20 峰会召开前,杭州电视台在"2016-G20 杭州会议"系列报道中,就开始向本地观众滚动播出杭州对峰会的准备花絮,并详尽解释了在杭州举办峰会是因为杭州是中国历史风貌和现实发展的缩影。在峰会召开当天,浙江电视台则对会议全部议程和习近平会晤各国元首进行了滚动报道,让观众一睹中外贵宾的风采。中央电视台的重磅报道是在推出 G20 成员近年来经济数据走势图的同时,对本届峰会的成果进行展望,引领观众看到本届峰会将为全球经济发展注入新的动力并确立新的规则,世界经济发展的新模式或在杭州诞生。三家电视台报道同一个世界级大会,内容各有侧重,为各类观众提供了丰富的信息,亦为电视同行提供了会议报道的参照思路。

　　2. 深入采访,积累素材,夯实报道基础

　　成功的会议新闻报道,一半功夫在会外,一半功夫在会内。通过采访,了解会议准备情况,了解会议主持者对会议的期待,以便制订自己的采访要点,有的还须积累素材画面。中央电视台播送的钱学森遗体告别仪式,在介绍钱学森的卓越事迹时,除了现场镜头,还用了钱学森携家眷回国、1956 年钱学森在北京与法国原子核物理学家居里夫人的女儿交谈、1960 年钱学森在某导弹基地指导工作、20 世纪 80 年代钱学森在讲台上等资料画面。中央电视台报道《解放军英模代表会今天举行大会发言》,在由现场镜头交代导语后,接着是发言者在部队训练、学习、劳动的镜头,最后又回到主席台上来。这些镜头,有的是从资料片中剪辑的,有的是根据报道计划先行采访拍摄的,所费精力,不亚于一条非事件性新闻的采访。一半功夫在会内,是说除了常规性的推拉摇移摄足画面长度外,还应根据会场的情绪,随时捕捉细节与典型镜头。我们不妨称会外功夫为"前期积累",称会内功夫为"现场积累",凭这两种积累制作出的"会议新闻"往往备受观众喜爱。

　　3. 精心编辑、突破模式,创造个性各异的"会议新闻"

　　编辑是会议新闻质量的"把关人",控制新闻的结构形式和信息流量,是把关人沟通和协调的重点。传播学认为"把关人的沟通协调行为包括抑制与疏导两个方面,对某些新闻准予流通的便是疏导行为,对另一些不让流通或暂时搁置的便是抑制行为"。① 根据这一原理,对于会议新闻的编辑控制,可以形成这样

---

① ［美］威尔伯·施拉姆:《传播学概论》,新华出版社 1987 年版,第 2 页。

三类样式:一是"精编精报",采取会内会外结合的方式,传播饱满的信息量,这是重要会议的报道;二是"精编简报",采用典型镜头,口播为主,控制信息流量,不报会议程序,只报会议要义,这是一般会议的报道;三是"精编合报",三五条"会议新闻"合编口播,或配以各会的定格镜头,或配以屏幕文字,或采用有关会议照片,两三句话一条,突出一个报道中心,这往往是有新闻价值,但又可暂时搁置的、时效性不强的行业性会议报道。这几大类结构样式可形成"会议新闻"的外结构框架,视不同情况交叉运用,模式化概念就不易形成,会议新闻的传播效益将得到明显提高。

4. 不乏趣味,关注与会成员的细节特征

细节是电视新闻传播的趣味性之所在,会议新闻同样不可或缺。央视报道"G20 杭州峰会"时,有个花絮报道就很感人:央视记者在街头见到几个市民边走边练习英语口语,一打听,为了迎接 G20 峰会,在杭州市流行起学用外语的热潮。有杭州市民说:"我们要是在大街上遇到远道而来的国际友人,得能和他们问个好,至少也得说个'欢迎来杭州'嘛!"这就是感人至深的会议细节报道。

有几组会场布置的细节镜头,就能为会议的隆重造势;有几个开会打瞌睡的细节镜头就足以品评会风问题;有几个同样的习惯动作镜头,就可以形象反映与会者情绪,等等。这些都涉及会议的趣味传播。广州电视台的《黎市长推广普通话获大奖》报道就很出彩。1995 年 7 月 31 日,广州市推广普通话委员会召开会议纪念广州"普委会"成立 10 周年,会议除了总结工作,还表彰了一批推广普通话的积极分子,获奖者中有广州市市长黎子流。广州电视台记者基于对黎市长的了解,知道这位农民出身的市长在学讲普通话的过程中闹过许多笑话,而这些笑话在广州市民中都成为美谈,老百姓十分赞赏黎市长的"广州普通话"。于是以会议为由头制作了新闻《黎市长推广普通话获大奖》,新闻中的现场采访再一次让观众看到、听到市长的风采和乡音浓重的普通话,新闻播出后,观众们拍手称好。

几年前,会议新闻在电视屏幕上一度泛滥,导致观众普遍不满。2012 年 12 月 4 日习近平主持中共中央政治局会议,会议一致同意关于改进工作作风、密切联系群众的八项规定。该规定要求,要精简会议活动,切实改进会风,严格控制以中央名义召开的各类全国性会议和举行的重大活动,不开泛泛部署工作和提要求的会,未经中央批准一律不出席各类剪彩、奠基活动和庆祝会、纪念会、表彰会、博览会、研讨会及各类论坛;提高会议实效,开短会、讲短话,力戒空话、套话。中央明令且自身做出表率,使得我国各级电视台的会议新闻播出得到良好的控制,也为电视会议报道指明了方向。

第三节　电视经济新闻

自地球上有人类活动开始,便有了经济交往和经济信息的流动。从以物换物到货币交易,因为经济活动的频繁和经济信息流通的顺畅,生产才得以发展,社会才得以进步,人类生存、生活的质量才得以提高。由此不难见出经济信息和人类社会有着密切且重要的关系。甚至社会新闻、民生新闻也都与经济有着千丝万缕的关联,为此,我们基于社会、民生与经济的关系来研究电视新闻中的经济新闻。

一、电视经济新闻的概念及传播价值

电视经济新闻是电视媒体对国家、群体、个体的重要经济活动的及时报道。

从国家的宏观经济事态到群体单位的经济动态再到"主妇开门七件事,油盐柴米酱醋茶",经济活动可谓无处不在。面对人们丰富多彩的经济活动,哪些信息应该进入电视新闻的报道范围呢?"由于人类的经济活动,相互间关系的错综复杂,扩大了经济知识的领域;又由于分工专业的精细,使得每一个经济单位,增加其相互依赖的程度,任何细微的经济变动,都可能直接或间接影响到个人、影响到公私经济发展的动向与成败"。[①] 上述诸多关系必然引发多方位、多视角的变动事实,及时报道其中重要的事实,是电视经济新闻内容构成的基础。在我国,有关国民经济、生产建设和人民日常的经济生活等都是经济新闻报道的重要方面。

在我国,经济新闻报道的传播价值表现为:传播经济成果,推动社会发展。

经济新闻在我国的各种新闻传播媒介中都占有十分显著的位置,这是由于我国的社会主义建设需要经历一个漫长的历史时期这一特定条件所决定的。早在 1954 年 7 月,中共中央在关于报纸工作的决议中就有过明确的要求:"经济宣传所占的篇幅,不应少于报纸版面的百分之四十。"

几十年来,我国新闻事业一直把经济报道作为宣传重点。随着改革开放新形势的发展,经济领域里出现了大量新鲜事物,传播这些信息,推动经济生活和引导民众从经济发展中展望美好的生活,已成为新闻单位的重要任务。作为时效快、覆盖面宽的电视新闻,对于经济新闻的报道,更是重任在肩,各电视机构除了有经济频道、经济新闻专栏外,主流综合性新闻节目里,经济新闻也占有 20% 至 30% 的比重。

---

① 郑贞铭:《新闻采访的理论与实际》,台湾商务印书馆 1966 年版,第 173 页。

1995 年度中国新闻奖中获一等奖的长消息、短消息、评论、系列报道,共有 27 条,其中《农机千里走中原》(河南台)、《广东:农民成了现代农业投资的主体》(广东台)、《保护和发展国产名牌迫在眉睫》(海南台)等 13 条都是具有典型意义的经济新闻,占比接近半数。这么多关于经济的新闻报道能够进入中国新闻奖的榜首,表明电视经济新闻报道开始摆脱"讲措施、讲功效、摆成绩"的"汇报片"模式,将镜头的焦点从单一的向上级汇报,转向为社会、为人民、为上级提供全方位信息服务。

特别值得一提的是《农机千里走中原》,它所报道的生动信息,除了沟通了农机富裕与紧缺地区的经济联系,为那些还来不及沟通的地区提供了启发,也向决策层提出如何引导、组织农机大面积流动的问题。当年中宣部在 199 期的《新闻舆论动向》中高度评价这条新闻:"看后令人耳目一新,思想大开,它使人看到了我国农业现代化的质的飞跃。这条新闻以其丰富的思想内涵,反映了农业战线在社会主义市场经济的推动下发生的深刻变化。"小小一条消息除了所产生的经济效益无可估量外,还为中国农村生产机械化、为全国跨区麦收提出了思路,做出了示范。即便现在,《农机千里走中原》《广东:农民成了现代农业投资的主体》等依然是我国电视经济新闻报道的优秀典范。

二、电视经济新闻的发展

经济新闻在电视新闻结构中的地位是稳固的,如何提供精品满足各方面观众的要求,促进电视经济新闻的发展,是个不可忽视的课题。对此,本书提出三方面的思考:

1. 关注政策,坚持舆论导向,推动生产发展

经济新闻必须有指导性是无可置疑的,其对经济发展模式的指导,需要从以程式化反映指导具体业务,转移为思想和政策指导,在党和政府的政策与人民群众的生活实际相结合上下功夫。人民群众是社会经济的主体,我们党制定路线、政策和方针的出发点和归宿,就是反映人民的利益,发挥他们的积极性和创造性,让他们投入到经济建设的洪流中去。经济新闻首先要反映好这个结合,充分发挥电视新闻的导向和沟通作用。谁也不曾料到,《农机千里走中原》的舆论导向影响竟然长达多年,已经成为中国农村麦产区高效、经济的模式。2009 年 5 月 26 日河南《大河报》发表《全国小麦跨区机收大会战——河南打响全国"第一枪"》,报道"2009 年全国小麦跨区机收启动仪式"在驻马店市驿城区顺河乡刘竹园村隆重举行。农业部部长孙政才在启动仪式上说:"这标志着今年全国小麦主产区跨区机收作业已全面启动,……已检修各类机具 60 多万台,机具准备已经到位;引进外来机具作业的省份已经成立接待服务站 500 多个,为农机跨区

作业奠定了良好基础。"像《农机千里走中原》这样的报道才真正发挥了舆论力量,并推动社会生产力的发展。

2. 关注社会,改变思维方式,沟通社会信息

经济报道模式化,根子在于记者思维方式单一。在以往的报道中,不少记者只注意政策宣传和成就反映,眼睛向上,单一地跑领导机关、主管厅局,要数字,要经验,然后拍几个印证式画面,很少有从社会生活入手去研究经济问题,将政策和社会现象紧密结合起来的。我们的经济报道宣传政策,不能仅仅告诉人们政策是什么,有什么重要性,更重要的是要反映人民群众如何创造性地贯彻执行政策,要用生动具体的典型指导人们的生产生活。跑上层,传指令,这是浅层次的政策宣传,只有深入基层、深入社会,实实在在报道人的活动,经济新闻才可能有根本性的突破。《广东:农民成了现代农业投资的主体》报道的就是在改革开放深入发展的新形势下,广东的农民企业家如何在"三高农业"决策指引下,走出小农经济的生产模式,取得现代农业发展成就。这条新闻的重要意义不在于几位农民企业家取得了什么成绩,而在于消息涉及的科学养殖、科学种田等具体事实,为广大农民提供了实施农业"三高"政策的启发与参照,将政府的"三高"政策实实在在地交给了广大农民,进而引发出更大的经济效益。无疑,这样眼见为实的经济新闻农民兄弟是拍手欢迎的。对于不务农的观众来说,也是一种鼓舞和启发,他们会从新闻信息中联想到"三高农业"将带来的成果,还会从农业的"三高"政策想到本行业的新一轮改革与奋斗。

3. 关注民生,瞄准市场流通,维护公众利益

市场流通是经济发展的重要环节,也是公众利益公平、健康的体现,正因为此,市场流通领域又是经济矛盾最尖锐的场所。始于远古的市场流通,其中流通的不仅仅是物品与金钱,智慧、道德、风俗、人情都会在这个舞台上得到充分的表演。无论是变幻难测的期货、股票市场,还是丰富具体的肉食菜蔬摊点,对于如何维护"君子谋财,取之有道"的市场赢利道德,都有采撷不尽的镜头。《生猪私屠滥宰贻害无穷》(1995年中国新闻奖一等奖)通过一组组人们因吃囊虫猪肉而患病的镜头,告知人们囊虫猪肉之害的同时,也告知人们要自觉抵制购买未经检疫(验印)的猪肉,以实际行动打击无良商贩的不法经济行为。这种由经济新闻所产生的宣传效应,远远胜出有关管理部门的监管力量。电视经济新闻在市场流通领域对于促进市场的发育、抑制不法经济行为,促进经济发展大有文章可做。市场,是电视经济新闻关注社会、体恤民生、走近观众的重要渠道。

第四节　电视新闻深度报道

一、深度报道的缘起、概念和优势

1. 深度报道的缘起

深度报道这一体裁形式诞生于 20 世纪 40 年代。随着社会的进步与发展，短消息已不能满足社会对深层信息的需求，人们渴望新闻媒介在报道重大新闻事件和社会问题时，阐释背景，提供分析，对事态发展进行预测。同时，报纸为了应对来自广播和电视新闻的竞争，被迫寻找新的出路。在这之前，报纸也只有"幼稚型"的纯新闻（动态新闻），和广播、电视新闻处于同一水准，敌不过电子媒介的传播频次和范围。在报纸摆脱了纯新闻的"幼稚"，显出一些"高深"时，广播、电视又步其后尘紧追不舍，亮出了焦点新闻、新闻透视、新闻会客厅之类的深度节目。报纸与电子媒介这样几经较量，终于逐步孕育了你中有我、我中有你的深度报道。

2. 深度报道的概念

什么是深度报道？《新闻学简明词典》（余家宏主编）中认为：深度报道是"一种阐明事件因果关系、预测事件发展趋向的报道形式，""是新闻的'五个 W 和一个 H'的进一步深入的报道方式"。[①] 从这一概念内涵不难对深度报道的主要特征作进一步阐述，即：深度报道是对新闻事件中的"五个 W 和一个 H"等新闻要素作立体的、全方位的反映，不仅仅报道发生了什么事，而且要针对事件的发生进行分析和预测，达到"以今日之事态，核对昨日之背景，从而说明明日的意义来"的传播目的。深度报道的"深度"，是一种全方位的，蕴涵着事与理的思辨"深度"，并非一般性的背景介绍、分析和解释。在深度报道孕育发展的进程中，人们探索完善这一报道形式时，对它有过多种的称谓，诸如大标题后报道、大报道、解释性报道、分析性报道、阐释性报道、背景性报道等。这些称谓表达了这一报道形式在一定时期的特征，在今日看来，都失之于片面。随着事物的演进和人们认识的趋向一致，深度报道这一相对比较准确的概念已为国内外新闻界所认可。请看央视播出的部分深度报道节目简介（表 12-4）

---

① 《新闻学简明词典》，浙江人民出版社 1984 年版，第 172 页。

表 12-4　央视播出的部分深度报道节目简介

节目播出时间	节目主要内容与特色
1999 年 12 月 20 日澳门回归祖国的报道	中央电视台第一套节目从 12 月 19 日 9 时至 21 日 9 时,连续 48 小时对澳门回归庆典及相关活动进行全程直播报道,全面、立体地报道了这一历史性重大事件。
2001 年 7 月北京申奥成功报道	忠实再现了申奥成功后万民欢呼、群情激动的难忘瞬间,强烈地激发了全国人民的爱国热情,极大地振奋了民族精神。
2003 年 5 月珠峰登顶直播节目	在人类登上世界最高峰珠穆朗玛峰 50 年之后,中央电视台克服种种困难进行了长达 26 小时的珠峰登顶直播节目,开创人类历史上首次直播珠峰登顶过程的纪录。
2005 年"神舟六号"载人航天飞行直播特别报道	抢占了舆论引导的制高点,有效地扩大了中国载人航天事业在海外的影响。
2005 年 4 月 26 日至 5 月 13 日"连战大陆行"和"宋楚瑜大陆行"特别报道	中国国民党党主席连战和亲民党党主席宋楚瑜应中央委员会总书记胡锦涛邀请,先后率团访问大陆,中央电视台对"连、宋大陆行"进行了全程跟踪报道,推出历时 18 天的"连战大陆行"和"宋楚瑜大陆行"特别报道。
2006 年 7 月青藏铁路全线通车的报道	中央电视台 6 个频道在从青海格尔木至西藏拉萨 1142 公里铁路沿线设了五处直播报道点,见证并报道了这一重大历史时刻。
2016 年 9 月 21 日焦点访谈报道新疆莎车农村阿西木姐妹"走出贫困,寻找未来"	在新疆莎车农村,女孩子一般二十多岁就嫁人了,平时的生活就是养孩子,干农活。但是二十出头的阿西木姐妹俩却没有走寻常路,而是在母亲的支持下走出家门,远赴青岛打工。这一走,不仅给家里的经济条件带来了改变,也改变了姐妹俩的眼界和心气儿。节目较强的故事性,是吸引观众的亮点。

3. 深度报道的优势

(1) 事与理的有机结合,教化作用生动、深刻。新闻报道的宣传教化目的是毋庸置疑的,深度报道事理结合,融理于事之中,告诉人们新闻事实,还告诉人们"新闻的发生意味着什么",以事携理,教化启迪。中央电视台在《新闻联播》中播出《改革在你身边》系列报道,其中《知青插队成历史》这一集从 1978 年到 1987 年"我国城镇解决了近 7 000 万人的就业问题,数目之大超过了法国人口的总和"这一事实入手,概述了十年浩劫给城镇人口就业带来的困难,最终只有上山下乡一条路,报道分析说:"世界上凡是能够引起社会生产力大发展的人口转移,都是从农业转向非农业,我国农村劳动力大量富裕,在这种情况下,又让大批城镇知识青年从事农业劳动,并不能促进生产力的发展。"阐述时的屏幕画面是:我国城镇知识青年大批下乡从事农业劳动;美、日等经济发达国家发射通信卫星,高速列车运行,电子计算机工作。对比性镜头十分形象而概括地为"说理"作了铺垫,使人们深刻认识到改革开放解决了城镇人口就业问题的意义。有观众赞扬这一报道说:"其观点新颖独到,分析透彻,不亚于一篇博士论文。然而报道却在三分钟之内说清了、说透了"。观众的这一意见不仅说明"深度报道"易于被人们接受,还体现另一个道理:深度报道并非要既"长"又"深",关键是事与理的有机结合,结合得好,"短"未必等于"浅"。这一认识,对电视的深度报道尤为重要。

（2）时间、空间跨度大,涉及面宽,能满足人们对多个信息进行对比、综合的欲求。深度报道一般都涉及不同时间与空间,将今日、昨日的事情连成一条线,供人们在对比中加深认知,这一优势是一般消息所没有的。2013 年 9 月和 10月,中国国家主席习近平在出访中亚和东南亚国家期间,先后提出共建"丝绸之路经济带"和"21 世纪海上丝绸之路"（以下简称"一带一路"）的重大倡议,得到国际社会的高度关注。"一带一路"倡议提出以来,进展和成果都远超预期。为了记录历史、凝聚力量,中央电视台倾力打造的 6 集大型纪录片《一带一路》,2016 年 9 月 5 日在央视综合频道首播。一方面,纪录片深挖故事富矿,用小故事阐述大决定。摄制组累计行程 20 万公里,足迹跨越亚、非、欧、美四大洲,对"一带一路"沿线 30 多个国家和国内新疆、福建等 20 多个省市自治区的建设工作进行深度拍摄,记录了国内外 60 多个普通人物的生动故事。另一方面,采访多国政要,用多维视角凝聚国际共识。50 余位具有国际影响力的各界人士,从历史、政治、经济、社会、文化等不同角度积极评价中国"一带一路"倡议,凝聚起"一带一路"对实现人类利益共同体、责任共同体和命运共同体有重大作用的国际共识。

（3）多侧面、多角度的报道,为报道本身提供了极大的自由度,能够充分发挥编采人员的智慧。深度报道在报道主要人或事的同时,为了介绍背景或深化解释,必然会涉及旁人旁事,这些旁人旁事作为参照系,不必与主线上的人与事有直接的内在联系。旁人旁事选择的自由度,为展示记者和编辑们广博的知识创造了最佳条件。如 39 集大型电视系列片《大京九》,全方位反映了 20 世纪我国最大的一项工程,多角度地采撷了全长 2536 公里铁路沿线的自然风光、历史文化、民风民俗,涉及数百个景点、现场,上千位采访对象,通过讴歌京九人的奉献,展示了时代的精神风貌。

二、深度报道的结构

深度报道是一个"大体裁",它是对若干个具有深度特性的"小体裁"的集合,前文介绍的"新闻分析""连续报道""系列报道"都是深度报道这个大家庭的重要成员。对于"连续报道"和"系列报道"这两个主角,后面还将专节介绍。此外,透视性的单篇新闻也是深度报道结构中不可缺少的轻武器,中央台1996年开设的《新闻调查》栏目便是单篇深度报道的代表作。单篇的新闻短小且时效性强,也是可以用于进行深度报道的。这类独立成篇的报道,要求以主要的事实揭示事物的本质,使人很快就能抓住问题的中心,既告诉人们"是什么",又告诉人们"为什么"和"怎么样"。在电视新闻节目里,不可能天天搞"连续"和"系列",然而单篇的深度消息却可以天天亮相,加强单篇独立新闻的采编,对于优化节目结构、提高节目整体传播效益具有十分重大的意义。

深度报道的结构,是个不稳定结构,只要是具有综合性深度的新闻报道,都可以成为这个系列里的成员,随着人们对世界认识的不断深化,深度报道的结构系统中,还将不断增加新的组成要素。

三、连续报道和系列报道

人们批评电视新闻"浅""薄",很重要的原因是新闻之间缺少必要的连续性。一档30分钟左右的电视新闻节目里,一般要播出30条左右的新闻,这些新闻彼此独立,形成一股"信息流",在五花八门的信息冲击下,人们只感受到了信息的运动,而无法品味信息的意义。连续报道和系列报道的介入,除了可以在新闻节目里建立起"纵"的(单个新闻节目内部的)连续,也即在单个节目中播出两条以上的有连续性质的新闻,还可以在新闻节目之间建立起"横"的连续,也即连续性新闻节目在若干天内出现在同一档新闻节目里。这种"纵"与"横"的连续报道,在传播新闻信息的同时,给人们以思索和领悟,从而使新闻节目变得"高深"起来。

1. 电视新闻的"连续报道"

(1)定义

电视新闻的连续报道,是指对同一新闻事件或新闻人物在一个阶段内的有关情况的发生、发展、结局的持续性报道。这类报道中各个独立报道因素的联结紧密,常常互为因果关系。它所具有的连续性,使报道内容更能突出事件实质,形成舆论力量,引起广泛关注。连续报道是电视新闻节目保证报道深度的重要形式之一。

(2)特点

第一，报道连续、及时，吸引力大。连续报道的总体特性是"连续"，这一特性为报道事件发展的各个阶段，提供了化整为零的方便，记者不必等待事情的结局，就可以沿事物的发展进程随采随报，有效地保证了信息传播的时效。由于随采随报，报道呈现出事件阶段的不完整性，因而形成悬念，引起人们探究缘由的向往，使节目具有强烈的吸引力。维斯新闻社推出的《美国航天飞机"挑战者"号升空爆炸》的连续报道，从爆炸事件发生开始，连续报道了美国人民、宇航员的亲人和学生、白宫要员、世界各国对这一事件所表现出来的痛惜和关切，报道中插播新闻背景材料，分析事态的产生、后果及发展趋势，融人情、科学于一体，使人们在痛惜同时看到宇航员们为科学献身的可贵精神，也使人们从现时的挫折中看到宇航事业的辉煌前景。这种事理相织的传播效果，是一般单条新闻无法胜任的。

第二，报道连续紧凑，报道与分析相间，舆论力量集中，震慑力强。新闻的舆论监督，是在公开反映客观事实的前提下，通过公众的评价所形成的舆论力量的牵制来实现的。连续报道对新闻事件进行多方位、多层面的客观记录，具有很高的透明度，有关言论、思想都可以在报道过程中得到反映，从而加深了报道本身的力度，使之产生扶正压邪的震慑力量。江西电视台推出的 19 集连续报道《烟霸的出现说明了什么?》，从南昌市卷烟市场混乱的状况开拍，报道了市烟草公司负责人的搪塞，烟霸的被捕，省委、省政府和全国人大代表南昌视察组对这一事态的关注，以及市民的街头议论。报道有事实说明，有言论交锋，在江西境内产生了"轰动效应"，不管是吸烟的还是不吸烟的都拭目以待，关注报道的持续深入，对烟霸及其幕后人物最终落网而拍手称快，赞扬电视台为人民伸张了正义。舆论效果远远超越了卷烟市场，震慑了其他商业市场，为稳定人民的生活起了很大的作用。这个节目取得如此良好的效果，正是发挥了连续报道事与理两大要素有机融合所显示出来的传播优势。

第三，报道的事件因果连续，从多角度综合事因，信息量大，事件本质易于突出。连续报道的主体对象(人或事)单一集中，事态的发展、人物的命运、事件的结局，很能抓住人们的"注意"。连续报道是报道正在发展的事态，而这种发展又不以人的意志为转移，使得报道呈现多角度的变异性和随意性。这种无法预料的不稳定状态，往往使连续报道具有很大的信息量，在大量的前因后果的信息对比映衬下，事情的本质可以得到充分揭示，从而使人们获得信息需求与理念追寻的双重满足。中央电视台 1987 年摄制的《大兴安岭发生特大森林火灾》是个十分经典的连续报道，一开播就受到中央领导同志和全国人民的密切关注和高度赞扬。在当时没有卫星传送电视信号的情况下，随第一批灭火部队出发的记者辗转相托将录像带送到沈阳，由辽宁电视台传回北京。1987 年 5 月 11 日全国观众看到图像新闻,此后每天用电话向北京传送当天的火情动态,口播、图像交织播出,赢得了时效。该连续报道既有每天的火情动态、部队的战报,也有记者评述和灭火知识,使观众不仅了解灭火进程,也知道大火的起因、预防措施,以及世界各地森林大火的发生情况和扑救办法,丰富的报道内容把观众紧紧地吸引在电视机前。为了便于从结构内容上作进一步分析,先看该报道的各条新闻标题及播出安排(表 12-5)。

表 12-5 《大兴安岭发生特大森林火灾》新闻标题及播出时间

播出时间	消息、评论标题
5 月 11 日	1. 大兴安岭发生火灾
5 月 12 日	2. 某师保卫塔河立战功
	3. 大兴安岭当日火情(口播)
5 月 13 日	4. 李鹏总理赴灾区视察
	5. 大兴安岭当日火情(口播)
	6. 沈阳军区作战部部长谈火情
5 月 14 日	7. 李鹏看望扑火部队
	8. 首批扑火大军斗志旺盛
5 月 15 日	9. 沈阳军区全力以赴支援灾区
	10. 火灾后漠河第一列火车开通
5 月 16 日	11. 大兴安岭当日新闻
	12. 大兴安岭火灾给人们的启示(观众论坛,口播)
5 月 17 日	13. 漠河驻军全力保护群众
	14. 某部腾出食堂做灾区学生的教室
5 月 18 日	15. 共产党员在灭火中勇当先锋
	16. 军区后勤部积极支援灾区
	17. 灾区人民支持灭火大军
5 月 19 日	18. 转业干部仓库主任在大火中继续奉献
	19. 大火中诞生的女婴
	20. 大兴安岭当日新闻(口播)
	21. 烈火中见真情(本台述评)

续表

播出时间	消息、评论标题
5 月 20 日	22. 森林警察灭火打先锋
	23. 漠河县军事设施完好无损
	24. 大胡子师长在灭火前线
	25. 民航、空军数百架飞机投入灭火
5 月 21 日	26. 大兴安岭当日新闻(口播)
	27. 某部奋力扑灭进入原始森林的大火
5 月 22 日	28. 塔河兵站为前线供应物资
5 月 24 日	29. 大兴安岭当日新闻(口播)
	30. 医疗队热心为灾区服务
5 月 25 日	31. 大胡子师长带部队植树
5 月 26 日	32. 某集团军扑灭西线所有明火
5 月 27 日	33. 田纪云副总理到灾区看望部队
	34. 铁军在扑火中立大功
	35. 某部帮助灾区重建家园
5 月 28 日	36. 大兴安岭当日新闻(口播)
	37. 万余名儿童庆祝"六·一"
5 月 31 日	38. 大兴安岭当日新闻(口播)
	39. 扑火部队转入救灾
6 月 8 日	40. 大火给人们的思考(问题分析)
6 月 9 日	41. 大火给人们的思考(问题分析,编后话)

从表 12-5 中可以看出,这个连续报道从火情报道到对灭火军队、军人的报道,从军、警、民联合战斗到对灾区人民重建家园的报道,从大火中诞生的女婴到对食堂改为教室、万余名儿童庆祝"六·一"的报道,以开阔的视野记录,使人们既获知了火灾的进展情况,又透过灾情看到了党、政府和军队的英明伟大。该报道以完整的结构和饱满的内容,显现了连续报道的定义及其特点涉及的全部要素,使新闻实践和新闻基础理论完全吻合,是中国电视新闻史上不可多得的佳作,也是对深入研究连续报道具有典型意义的代表作。

（3）控制

从系统的角度考虑,一个连续报道的前后内容是一个完整系统。由于连续报道往往是在事态发展的过程中进行报道,系统中各个要素异常活跃,呈现出复杂的无序状态,如何使之有序? 其控制要义是:

第一,连续报道的题材必须重大,或者被社会广泛关注。选择好报道题材,是控制报道深度的关键。从结构形式上讲,任何一个新闻事件都可以作连续报道,但并非运用了这一结构形式就可以产生深度。《大兴安岭发生特大森林火灾》和某居民区发生的一场火灾,同是事件性新闻,前者国人关注、世界瞩目,事态因果间隐藏着许多具有典型意义的新闻,所以连续报道近一个月,观众丝毫不感到厌倦,这是事件本身的重大性赋予的可供发掘的"深度"。而后者就受灾户来说,涉及身家性命,可以说是"重大事件",但对整个社会而言影响力是有限的,对于这类事件性新闻,人们往往只求获知主要动态,再怎么连续报道也出不了深度。同样的道理,对于非事件性新闻的连续报道,能否有深度,亦取决于题材的选择。《烟霸的出现说明了什么?》反映的不是什么轰动性大事,但涉及百姓痛恨的"官倒"和"私倒"现象,即便是不吸烟者,也可从烟霸锒铛入狱及其"后台"曝光的结局中宣泄心中的不满情绪。这个连续报道的深度根基是,报道内容为社会所广泛关注,使新闻充分体现了"人民的喉舌"的作用。北京电视台曾经推出一组反映群众"乘车难"的连续报道,下情得以上达,有关方面几经努力,很快使局面得以扭转,百姓为之称快,市委领导也感谢电视台及时反映民情,加速了问题的解决。"乘车难"这个连续报道成功的原因也在于题材选择恰当,反映了民众的普遍需求。综上所述,我们可以说,报道内容的选择,是实现连续报道的深度的关键。

第二,把握报道节奏,控制各次独立报道的有序联系,努力体现事件发展的因果关系。由于连续报道的事件处于瞬息即变的状态之中,记者无法预料今后将出现什么情况,因此连续报道往往采取追踪式顺时报道的方法,根据新闻事件的发展变化,以发稿时间为限,分段持续报道事态的新情况、新变化、新发展。"新"是时效的反映,也是把握节奏的依据之一,这是时间节奏。另一个是内容节奏,一个连续报道中往往有许多可供报道的内容,且大部分都呈现出因果关系,这就需要记者根据报道中心筛选出各个阶段中的"重大情况"和见微知著的典型事件,使得每一阶段的报道都是上一阶段报道的"果"和下一阶段报道的"因"。只有这样环环扣紧,才可能形成连续报道整体的"因果链",保证连续报道的深度。

第三,言论,是连续报道中的旗帜。言论控制妥当与否,直接影响深度的形成。连续报道的多阶段传播特性,使得各个阶段呈现出一定的断裂状,"编前话""报道预告"之类的言论使阶段报道连成整体;评论之类的言论,则可以直接表述立场观点,推动舆论的形成,使人们知道"新闻意味着什么",使整个报道充实、深刻、有力度。《大兴安岭发生特大森林火灾》里先后有《烈火中见真情》《大火给人们的思考》等五则评论,阐述了加强资源保护的重要性和人间真情的可贵,使报道的意义远远超出了报道的内容。言论犹如画龙点睛,是连续报道中重要的一笔。

2. 电视新闻"系列报道"

（1）定义

电视新闻的系列报道,是指对某一新闻主题,从不同角度、不同侧面所进行的多次报道。系列报道由多个独立的报道单元组成,单元之间没有内在的必然联系,它们各自是一条完整、独立的新闻(单一的或综合性的),集合在一个大主题下,使观众通过多个独立报道的内容,对一个时期的某一问题有比较系统、全面、深刻的了解和认识。为帮助人们了解改革开放十年来所取得的成绩和仍须致力解决的问题,中央电视台1988年播出的25集系列报道《改革在你身边》就是这一形式的代表作。请看这个系列报道的部分标题:《餐桌上的变化》《从服装改革看变化》《城乡盖房热》《知青插队成历史》《旅游业的兴起与发展》《特区改革的缩影》《全民文化潮》《可以说心里话了》,面对这些标题,不必深究内容便可看出,它们各自反映着一个方面的事,事情之间虽然没有内在联系,但都是指向同一个主题:反映改革开放的成就。由此不难看出,系列报道中,集合在同一主题下的各个独立报道,呈现的是主题性的松散型连续。

（2）连续报道和系列报道的比较

在一年一度的中国新闻奖评奖活动中,连续报道、系列报道是作为两种体裁进行评选的,这说明我国电视新闻界根据电视传播的特点,对这两种体裁是有明确的界定的。这两种体裁涵括的各个单篇新闻,具有单条消息的全部特点,然而它们各自组成一个联合体时,则呈现出较大差异,其比较见表12-6。

表 12-6　连续报道和系列报道的综合比较

比较	连续报道	系列报道
题材结构性质	题材性连续,是对同一新闻事件或新闻人物的报道。	主题性连续,是围绕着同一主题,从不同角度、不同侧面对主题作本质性的报道。
	所报道的事件沿着一条"发生、发展、高潮、结局、反响"的轴线发展,多集报道,每集报道之间互为因果关系。	所报道的事或人,只遵循主题所提出的共性要求,反映有普遍意义的状况与趋势,多集报道,每集报道之间呈平行关系。
	内在结构联系紧密。	各集内在结构联系松散。

比较	连续报道	系列报道
事件性性质	报道影响面大的事件性新闻。	报道社会关注的非事件性新闻。
	报道具有典型意义的非事件性新闻。	
传播时效	时效性强,时空范围集中。	时效性弱,时空跨度大。
	事件连续,以发稿时间要求划分报道段落,以争取新闻时效。	事件不连续,发稿视主题要求有计划地组织,无时效要求。报道在特定时间内进行。
传播安排	报道按事件发展时间进行,是顺时性传播。	报道侧重反映事物的空间关系(平行),没有时序上的承接关系,是人为安排的随意性传播。
	各报道顺序不能颠倒。	各报道顺序可随主观要求颠倒。
舆论导向	舆论导向随着报道的深入逐步形成。	舆论导向随报道系列的形成而逐步加强。
	无法事前制定(因无法预料事态的发展与走向)。	事先按主题要求制定(按主题要求组织选择材料)。

表 12-6 的比较表明,连续报道和系列报道有显著的差异,如果说它们之间有一些共同性的话,其相似处有二:一是都遵循消息、评论结构要求组织每一个报道和言论的内容;二是总体结构都是多集阔纳,连续播出。将系列报道混同于连续报道者,显然是只注意了它们在外部形式上的相似,而忽视了结构内部各要素的本质区别。清醒地认识二者的差异,是做好连续报道和系列报道的起点。

第五节　电视新闻言论

电视新闻言论是电视新闻机构的旗帜和喉舌。电视新闻机构要引导观众进一步理解新闻信息的意义时,往往通过各种形式的言论来实现。因此,言论作为电视新闻机构传播的意见性信息,集中体现了电视媒体的立场和观点,同时也间接反映了电视媒体所处社会环境的政治话语空间。

一、电视新闻言论的内涵

在我国,人们是这样认识电视新闻言论的:"电视新闻言论,是评论者、评论集体或电视机构对当前具有普遍意义的事件、问题或社会现象表示的意见和态度。"①

在台湾地区,将电视新闻言论统称为"新闻评论":"新闻评论系新闻报道的延伸,可说是新闻事件的解释说明,必须是具有评述价值,也就是'为最大多数人的最大利益'的事件,才足以作为评论的题材。除了比较分析外,更综合各项可能意见,再加上自己的见解,较具主观成分"。②

在美国,《哥伦比亚广播公司(CBS)1993 年年鉴》这样定义"言论":"要有适度的言论,告诉他们(观众)在重大新闻中还有什么新闻,这样我们的工作才显得更有意义。"

《美国全国广播公司 NBC 的新闻报道政策》中就评论、述评对记者提出要求:"记者有权展望事态的前景,可以进行解说和分析。这既是一种权利,也是他们的职责。因为,对任何业已发生的事件只作简单报道,不把它和周围局势联系起来,可能会使观众得出错误的认识。NBC 新闻中心准许有经验、负责任的记者从事这一工作。他们可以越出当天新闻事实报道的范围,提供和这些事实有关的其他情况,并对这些事实进行解说,作出评述。当然,这不是在劝导或强迫观众接受记者的意见,而是为了使观众能了解到比官方的宣布,比报刊通讯社的新闻公报或社会活动家的声明更多的情况。"③

英国广播公司世界电视节目部主任休·威廉斯说:"BBC 国际新闻台与 CNN 国际台的另一个重要区别是在节目性质上。CNN 国际台已经形成一种模式,即一般只报道事件的中心内容,很少有背景报道和分析(言论)。因为它不能满足观众对整个事件进行分析和作深度报道的要求。我们的新闻则不同,它将提供事件的背景并对事件本身进行分析。"④

以上引述表明不同国度、地区,不同政治、文化背景的电视机构对电视新闻言论的共识,即:电视台在报道新闻的同时,应该有适量的言论,对事件进行分析,说明其社会意义和影响、个人或机构对这一事件的看法等,以期帮助观众更好地理解新闻所传播的信息的深层含义。因此,言论不仅仅是新闻机构的官方意志,它还是新闻传播本身对记者的要求。作为记者,报道新闻是第一层面的工作,第二层面还有"新闻意义"的发掘与传播。

二、电视新闻言论的外延

电视新闻言论是一种意见性信息,对这一内涵的确定似乎比较统一,但究竟

---

①　《电视新闻分类目录》,《电视研究》1992 年第 2 期。

②　谢章富:《电视节目设计研究》,台湾艺专广播电视学会 1994 年版,第 58 页。

③　《世界广播电视参考》1995 年第 8 期。

④　佚名:《英国广播公司大力加强国际电视》,《世界广播电视参考》1995 年第 7 期。

什么样的节目属于言论节目范畴,界定却并不那么清晰。在国外,并没有专门的言论节目分类,而在我国,电视新闻评论长期以来被作为以表现形式分类的新闻体裁和消息、深度报道等并列,导致了对电视新闻评论外延认识的争论。

中央电视台新闻评论部 1994 年创办评论栏目《焦点访谈》,栏目定位是:"时事追踪报道,新闻背景分析,社会热点透视,大众话题评说。"1995 年第一次参加中国新闻奖评选时,有不少专家提出异议,认为《焦点访谈》不是评论性节目,表现的是深度报道的特征,"访多于谈",节目中的言论缺乏或乏力。进入新世纪后"访多于谈"的状况发生反转,对比情况见表 12-7。

表 12-7 《焦点访谈》统计与分析

标题和播出时间	内容提要	访谈形式
真情凝聚团队(2009.06.29)	今年是大庆油田发现 50 周年。50 年来,以铁人王进喜为代表的一代又一代大庆创业者,以为国争光、为民族争气的胸怀,不仅为国家贡献了大量石油产品,还培育了"爱国、创业、求实、奉献"的大庆精神。报道了大庆精神如何在员工身上巩固和流传。	访多于谈。
长天映我报国心(2009.06.30)	吴大观,被誉为"中国航空发动机之父"。他倾尽毕生心血,为中国的战机赋予了"中国心";他品德高尚、报国有成,把毕生精力、才华和心血都奉献给了党和人民。	访多于谈。
做时代先锋,为党旗添彩(2009.07.01)	在中国共产党成立 88 周年之际,全国优秀共产党员代表座谈会在北京召开。优秀党员的发言代表着千千万万党员的心声。	访多于谈。
郭里西村的"小支书"(2009.07.02)	全国现任大学生村官总数已达到 13 万人以上,这些大学生村官给农村建设带来了改变,而在农村的经历也在改变着他们。徐科科是一个在河南省安阳市郭里西村担任党支部副书记的大学生村官,2007 年 2 月,她大学毕业后通过考试并经岗前培训,正式来到郭里西村走马上任。	访多于谈。
上班的感觉真好(2009.07.03)	今天上午,第四次全国自强模范暨扶残助残先进集体和个人表彰大会在人民大会堂举行,150 位全国自强模范受到表彰,他们身残志坚、自强不息、积极工作,令人感动。贵州省天柱县公安局民警张秀昊就是其中一位。	访多于谈。

续表

标题和播出时间	内容提要	访谈形式
国家审计:把好关 促发展(2016.06.29.)	每年 6 月底,审计署都会按照法律规定,受国务院委托向全国人大常委会报告上一年度的中央预算执行和其他财政收支的审计情况。今天下午,2015 年度的审计工作报告新鲜出炉。和往年相比,这份报告有哪些新的亮点? 又披露了哪些问题和情况呢。	谈多于访。
你的权益有人管(2016.06.30)	现在老百姓的权利意识、公平意识、民主意识、法治意识越来越强,对促进社会公平正义、实现安居乐业的要求也越来越高。面对人民群众的新期待、新要求,十八大以来,党中央高度重视和始终维护人民群众的根本利益,解决群众合理合法的利益诉求。节目通过三个案例,表达了党中央维护每一个公民的合法权益,包括特殊群体的合法权益的决心和举措。	谈多于访。
不忘初心 继续前进(2016.07.01)	今天,庆祝中国共产党成立 95 周年大会在北京举行,习近平总书记发表了重要讲话,其中反复强调了这八个字:不忘初心,继续前进。回顾历史不是为了躺在功劳簿上,而是为了增加开拓前进的勇气和力量。	谈多于访。
自身硬,就能交出圆满答卷(2016.07.02)	吴金程是福建省晋江市大埔村的党委书记,2009 年带领村干部为村里的老人建起了敬老院,村里 65 岁以上的老人都食宿免费,在里面安度晚年。现在这个敬老院已经快要满员了,吴金程和村干部们正在筹划一个更大的敬老院。	谈多于访。
不忘初心 勇立潮头(2016.07.03)	在庆祝中国共产党成立 95 周年大会上,有 100 名全国优秀共产党员、100 名全国优秀党务工作者,300 个"全国先进基层党组织",受到了表彰。他们的先进事迹和崇高精神,昭示了党的性质和宗旨,继承发扬了党的优良传统和作风,反映了近些年来党的建设成果;他们的故事,就发生在我们身边。	谈多于访。

三、电视新闻言论的常见形态

1. 评论员评论

评论员评论是电视评论员或特约评论员,就当前群众普遍关心的问题或重大新闻事件、社会现象,直接面向观众表达的意见、看法、立场和态度。

电视评论员是代表电视台表明态度的,所以,评论员评论在电视新闻评论诸形式中是最重要和最具权威性的。世界上一些大电视网都有自己的评论员,他们有丰富的新闻工作经历和很高的专业素养(都有传播、新闻专业的硕士、博士学位),而且都坚持在一线工作,有些属于学者型记者与评论员。评论员评论这种形式在国外被普遍采用,我国一些电视台也设有专职评论员,已经能够娴熟地运用这种评论形式。评论员评论可以办成相对独立的节目,例如凤凰卫视的《时事开讲》,也可以成为其他节目的组成部分,例如上海东方卫视《东方夜新闻》中15分钟的小板块"今日新观察"等。

2. 谈话型言论

这类言论的主要形态是新闻谈话节目,分为论坛型和座谈型两种。

论坛型言论是权威人士在电视论坛中发表的意见、看法、认识或态度。这种论坛是由电视评论员或主播,针对当前国内外重大事件或群众关注的问题,邀请有关权威人士参加的活动。此类节目的代表有中央电视台新闻频道的《央视论坛》《国际观察》。由于参与评论的都是有关方面的权威人士,而人们的态度、观点容易受具有专家身份的人的影响,所以这种言论的说服力因评论者的权威性而增强。因为评论者往往从不同的角度、侧面、层次去分析问题,所以意见可能一致,也可能出现分歧。如果对问题有不同看法,就会形成"双面传播",没有强加于人的感觉,对有一定文化程度和阅历较丰富的观众说服力反而更大。

座谈型言论是由电视评论员或主播就当前社会所关注的问题召开座谈会,邀请社会上有代表性的人士在座谈会上发表言论。作为言论阐述者,参加座谈会的人士可以包括社会各个阶层以及各种职业、年龄、性别的人,故而座谈型言论可以反映社会舆论的各个方面。参加者因无问答之分,故亦无主次之别,他们围绕明确的主题,各抒己见,并不强求一律。这种座谈一般也允许相互提问,但以阐述己见为主。如发展成相互质疑、批驳、辩论,即成为一种辩论型节目。

这一类型节目办得成功且有相当影响的要数香港电台电视部1980年创设的《城市话题》,该节目曾选择核电忧虑、禽畜废料污染、菲佣现象、越南难民遣返、新机场建设、香港回归祖国等香港市民关心的热门话题展开座谈,嘉宾各抒己见,自创办以来深受市民好评。受这档节目影响,广州电视台也创办了《城市话题》,曾就广州的住房、就业、交通、小学教育等问题请有关专家、行政官员和市民一起讨论分析,收到过较好的传播效果。也许是信息来源问题,这档节目1995年起逐渐转向,开始注意由纪实性报道引出言论,到1996年就完全以纪录片加言论的方式播出,座谈型模式完全消失。

3. 述评型言论

述评型言论是一种包括"述"与"评"两部分的评论形式。它既报道事实的具体情况，又对事实进行分析评价；既可夹叙夹议，也可集中表明观点与态度。主播、记者可以作为报道者，向观众展示对事件或问题所作的深入调查；同时又可以作为评论者，向观众直抒自己的亲身感受，表明自己的观点与态度。这种评论形式由事阐理，以理评事，事理相连，易于接受。中央台《焦点访谈》《新闻调查》两个栏目播出的部分节目属于这一类。在同一时期，各地方台也都有了这一类型的节目，如浙江台的《新世纪论坛》、河南台的《中原焦点》、北京台的《今日话题》、新疆台的《今日访谈》、海南台的《电视焦点》等。

4. 点评型言论

这种形式的言论萌芽于 20 世纪 90 年代末的"说"新闻栏目，而在"民生新闻"栏目中成为常规化的言论方式。这种方式的新闻评论与新闻报道结合紧密，短小精练，有时甚至是一句话，主要通过主播对新闻的点评表达媒体的观点。其特点是夹叙夹议、语言生动、切中时弊、一事一议。江苏电视台的《南京零距离》、广州电视台的《新闻日日睇》、广东电视台的《今日关注》等节目中主播穿插的即兴评论都是这类言论的代表。虽然这类言论一般不事先写出完整稿件，而由主播即兴说出，但仍是媒介话语，大众传播影响巨大，因此仍然应该做好准备，做到言之有理、言之有度、言之有益。

5. 集纳型言论

这种形式的言论是通过采访、热线电话、读报、短信互动、网络调查或互动等方式收集有代表性的言论，在电视新闻节目中播出。这种方式的言论具有广泛参与性、视角多元化、观点自由开放的特点，是电视媒体适应数字时代传媒话语"渠道霸权"终结的产物，体现了电视媒体作为公共话语平台的性质。值得注意的是，虽然这种方式提供了一个看似全方位的视角，但记者、编辑仍然能够通过巧妙的采访提问、剪辑编排形成某种导向，发挥新闻言论舆论导向的作用。

四、电视新闻言论节目优势

1. 电视言论使具象信息与抽象信息高度统一

传播学认为，符号是人类传播的要素。电视新闻评论的主体是说理，如何使抽象的逻辑思维信息具象化？如何使深奥的哲学道理浅显化？如何使枯燥的术语趣味化？在化解这些传播难题时，电视言论借助电子技术等手段，通过语言符号和非语言符号表述系统的建构，显示出了具象信息与抽象信息高度统一的传播优势。

电视评论既可以像报纸评论那样诉诸文字语言，又可以像广播那样诉诸听觉，还可以广泛运用图像符号，使受众可看（画面）、可听（论述语言和实况音响)、可读(字幕),有利于受众更好地理解评论的内容。图像的直观效应,使得语言的抽象述评有具象的印证;图像间的蒙太奇效应,使得逻辑推理有形象的联想;图像与文字声音的交融,最终使深奥的哲理得以升浮。电视言论以其独有的"深入浅出"将思想理论传播的"智力门槛"的高度降到最低点,从而保证了言论的吸引力和说服力。

2. 电视言论使主体观点和客体认识高度融合

传播学认为,由共同物质条件相互联系起来的人群,直接影响传播效果。电视记者的访谈、各种形式的座谈,使得传播主体的记者和接受客体的观众代表组合成一个平等的"社会语境",在这个社会语境中,主体的观念能否为客体所接受,客体的行为规范是否为主体的劝说(言论的目的就是劝说)所牵动,在同一个语境中,反馈时间为零。主体客体双方可以进行有效而且及时的调节,这便是人们通常所论的电视现场优势。

"一般来说,人们总是试图追求或保持内心的平衡、和谐和愉快,在传播过程中,受传者一旦形成愉快的心理环境,他不仅能反过来给外在环境添上一层瑰丽的主观色彩,而且会使这种活动强化"。[1] 实践证明,当受众被邀请到电视座谈会上,当记者来到受众生活当中,双方面对面地共同探讨某一个议题时,总能够水到渠成、主客合流,取得良好的传播效益。这便是主体观点和客体认识的高度融合。

五、电视新闻言论的调控

任何大众媒介都具有政治喉舌的特性,任何国家(地区)的首领都需要通过大众媒介宣导他的施政主张以教化民众,美国唯一连任四届总统的富兰克林·罗斯福在其 12 年任期内,通过广播网共做了 30 次言论交谈式的"炉边谈话"[2],由此足见,媒介是喉舌、言论是媒介的旗帜并非虚妄之言,亦为媒介从业者的清醒共识。由于各国(地区)经济状况差异所造成的国民教育水准的差异,不同国家(地区)对媒介言论的调控力度各不相同。经济发达国家(地区)大都普及大

---

① 戴元光等编:《传播学原理与应用》,兰州大学出版社 1988 年版,第 331 页。
② "炉边谈话"是罗斯福当选总统后一种联系群众的方式。1933 年 3 月 12 日即罗斯福就职总统后的第 8 天,他在总统府楼下外宾接待室的壁炉前接受美国广播公司、哥伦比亚广播公司和共同广播公司的录音采访,工作人员在壁炉旁装置扩音器。总统说:希望这次讲话亲切些,免去官场那一套排场,就像坐在自己的家里,双方随意交谈。哥伦比亚广播公司华盛顿办事处经理哈里·布彻说:既然如此,那就叫"炉边谈话"吧,于是就此定名。罗斯福在其 12 年总统任期内,共做了 30 次炉边谈话,每当美国面临重大事件之时,总统都用这种方式与美国人民沟通。在罗斯福上任后雷厉风行地推动第一次新政时,这种方法的作用表现得最为突出。

学教育,各种法规(如新闻法)齐全完整,国民(居民)守法意识强烈,社会是非判断能力准确,不易为媒介偏颇言论所蛊惑,而媒介本身也清醒铭记"媒介表达自由不能损害国家和社会公共利益,应谨慎处理社会敏感问题",因此这些国家(地区)的媒介言论活跃、尖锐、多元,且多是社会焦点和政党利益话题。发展中国家(地区)或经济欠发达国家(地区),它们共同面对的难题是因经济的落后而导致国民教育程度低下,社会动乱因素相对复杂,因此这些国家(地区)媒介言论的首要职责是宣导民众遵纪守法、寻求社会和谐,以推动经济发展。一些研究文论无视国情、社情、民情的差异,一味鼓吹媒介言论的"从政治传声筒向沟通各方意见的公共平台转变,而只有在这种百花齐放,百家争鸣的氛围下,电视新闻言论才呈现出推陈出新,千姿百态的魅力",显然不利于经济欠发达地区媒介言论的渐进发展。只有辩证地从实际出发,才有可能实现对电视新闻言论的有效调控。

思考与练习

1. 简述你对电视新闻节目系统构成要素的认识。

2. 结合典型案例阐述电视时政会议新闻的传播价值。

3. 分析《广东:农民成了现代农业投资的主体》这条片例的经济传播价值。

4. 结合最新片例阐述电视新闻连续报道的传播意义。

5. 比较连续报道与系列报道的异同。

6. 分析一条新闻言论的结构。

第十三章　电视新闻的采访、写作、编辑

在电视新闻的采访、写作与编辑中,文稿与画面是血肉统一、不可分割的整体。但在整体形成之前的采访、写作、编辑等环节,大多数情况下还是"文稿思维"引领在先。基于电视新闻制作的现实程序,本章从"文稿思维"切入,作为统领。电视新闻画面的生成后文有专门章节呈现。

第一节　电视新闻的采访

所谓采访,是记者深入社会生活实际发现新闻,并为解释、阐明这些新闻所进行的调查研究活动。它是一切新闻报道的基础、依据与起点。采访对于电视新闻来说,不仅仅是收集材料的准备过程,有时还是向观众直接解释、阐明、传播新闻的方式。由于电视新闻传播的特殊性(如现场性、声画综合性、对象的参与性),采访质量的高低,直接影响着传播效果。采访是电视新闻生产的第一个具体环节,有了好的新闻线索或是好的选题,还得通过采访付诸实施,无法付诸采访环节的创意,大都难以制成理想的节目。

一、电视新闻采访的形式

电视新闻采访囊括诸新闻媒介采访使用的全部手段:笔记、录音、摄像等。在具体的采访过程中,常用的形式有:

1. 按照采访线索,进行现场采录

记者根据事前掌握的新闻线索,深入新闻现场进行采访拍摄,这是电视新闻最主要的采访形式。这类采访形式涉及非事件性新闻。从信息线索的来源上看,又分为两种形式:

(1)记者主动获取式

记者出于职业使命感,按照工作任务,依靠网络、依靠群众、深入实际,从有关会议、有关文件、材料和基层的调研中,主动获取报道线索或"由头"。

(2)记者被动获知式

电视传播的辐射面大,社会各界都想通过它来传播信息,因此,许多有新闻

价值和无新闻价值的"线索"会主动送上门。作者对湖北、江西、广东等地近百家电视台的调查表明,这种带有预约性的"线索",占各级电视台线索来源的40%左右。这类线索对于记者的采访工作来说,利弊并存。说利,是大量的"约请"为记者提供了选择、发掘新闻的机会,只要记者潜心采集、拓宽视野、广开思路,往往从平庸中可以获得新奇。像前文的片例《黎市长推广普通话获大奖》便是挖掘会议新闻新奇角度的成功之作。说弊,是大量的"约请"线索严重束缚了记者的手脚,影响了采访内容的开拓,一些不受观众欢迎的专业性会议新闻,在地方电视台的屏幕上长盛不衰,便是"约请"线索带来的不良后果。

2. 抓住机遇性线索,现场突击采访

所谓机遇性线索,是指突发事件性新闻,这类新闻大多是在记者猝不及防的情况下出现的,其来势猛,结束也快,如空难、车祸等,要求记者以快速反应能力和敏锐的洞察力尽量抢拍现场画面,而后进行新闻背景、事态起因、进展等方面内容的追踪采访(或文字或录音或摄像),以保证新闻内容的准确、充实和积极的社会效果。1996年7月的一天,中央电视台记者采访归来,在京郊的高速公路发现多处有路人翻过封闭栏杆横穿高速公路的现象,马上觉察到问题的严重性,于是停车作随机守候的客观采录:一组两个小孩穿越的镜头,正好车流稀疏,平安无事;又一组数位成人奔过马路的镜头,没有险情;第三组两个男子穿越的镜头真可谓惊心动魄:两个男子正一前一后不紧不慢横穿马路时,只见一辆急驶而来的小汽车将走在前头的男子撞得抛向空中,而后摔死在路上……这个长镜头抓住了横穿马路者致死的全过程。记者在编发《高速公路没有人行横道》的新闻中指出了高速公路的城郊段没有人行横道的危险性,提醒有关方面要妥善解决安全过马路的问题,也告诫横穿马路者要汲取血的教训。这种新闻的社会效果不言而喻。

机遇线索虽不是时刻都有,但无处不在,只要记者时刻保持着高度的新闻敏感,总是有获取精品的机遇来临的。

二、电视新闻采访的要点

实践经验表明,掌握媒介传播特性是保证采访顺利的关键。电视新闻所具有的"现场证实性""新闻要素忌干涉性""画面情节的不完整性"等传播特性造就了电视新闻采访的四大特点。

1. 巧取画面角度,保证信息容量

以看为主的电视新闻,画面形象无疑是传播信息的重要载体。记者在拍摄中应尽量突出画面信息的三个特色:明确、饱满、生动。

(1) 明确

　　新闻画面具有明确的语言目的,让人一看就知道是在说什么。一条新闻1~
2分钟,所运用的画面数量有限,画面本身无法形成蒙太奇式的表述能力,画面
片段不可能完整叙事。这就要求单个镜头以开门见山的简洁画面突出新闻现场
的主体,借助巧妙的角度(景别、距离、高度)获取典型形象信息,用固定镜头紧
扣、丰富并解释主题。切忌任意"推拉摇移"玩"漂流",镜头漂,内容必然漂,观
众会不知所云。当然,也不要求每一个画面都必须有明确的信息涵义,但在一组
画面的三五个镜头里,必得有一两个叫人为之聚神的镜头,这样信息才有依托。

　　(2)饱满

　　画面语言的多义性,是求得画面信息饱满的优势。以报道两国国家元首的
会晤为例,"会见"是主体信息,气氛、情绪、规格、反应等次要信息,其他媒介语
焉不详,而电视新闻反映这些信息则轻而易举。仍以"元首会见"为例,电视记
者可以将林立的摄影机、摄像机、高举的话筒、录音机呈现出来,观众由此可获知
"会见规模""新闻界重视"等涵义,这些涵义与主体信息涵义同构,使画面信息
得以饱满。画面的次要信息往往表现为主体信息的环境、仪表、动作、情绪、服
饰、活动过程等内容,是烘托、说明、解释主体信息的有机组成部分。

　　(3)生动

　　生动的画面,是指充满活力、感人至深的画面,这样的画面往往最能反映事
情的本质。生动的画面内容,可以充分发挥电视"看"的优势,丰富与之并存的
声音内涵,提高电视新闻的整体魅力。生动的画面可以是一个场面、一个表情,
也可以是一段情节、一个动作,它们的出现,往往使新闻事件更具感染力。"刘
翔退赛"的新闻抓住了刘翔起跑后脚伤疼痛的表情、退赛后独自面壁踢墙的痛
苦,以生动的画面述说了刘翔因伤退赛的真实境况。

　　2.坚持现场采访,保证时空一致

　　现场纪实报道是电视新闻采访的命脉。记者必须亲临现场报道事态发展的
进程。

　　记者在落后于事实发生的情况下,绝不可以为了"完整"而"补拍",如补拍
抢救食物中毒者的过程,补拍公安干警破案前的案情研究会议等。面对突发事
件记者在场的可能性极小,如何提高事发后的采访能力才是关键。

　　大凡突发事件都有明显的事发中、事发后的现场,电视新闻画面的魅力在于
以准确的时间、确切的空间、生动的细节、真实的过程展示记者在现场的所见所
闻,带给观众面对面的、不容置疑的信息。画面中的时空因素一旦有所偏移(如
对时过境迁的事态的补拍),画面本质的真实则消失殆尽。电视新闻必须坚决
摒除假定性观念造成的补拍手法,以严格的现场空间、时间限制构成电视新闻画
面的时空个性,应是每个电视新闻从业者致力追求的采访标准。以"时过境迁"

为补拍借口,是已过时的陈腐观念,追踪事件"热点",及时赶到现场,坚持现场采访,保证时空一致,是信息时代对电视新闻工作者提出的基本工作要求。

3. 尊重采访对象,保证过程真实

电视新闻(包括新闻纪录片)所记录的必须是生活中真实事物的发生、发展过程,记者不导演、不摆布,让事态客观、正常地发生和发展,以保证记录过程的真实。

电视新闻肩负的历史使命是记录社会现实与历史过程,真实反映各历史阶段的矛盾与斗争,以正确的舆论推动社会的进步。所以,干涉采访对象,按记者的主观想象指挥新闻事态的发展变化,只会弄巧成拙,破坏事情的发展节奏、破坏现场的真实气氛、破坏人物的真实感情,最终结果是造成对历史过程的虚假记录。

4. 小组协同出击,保证配合默契

电视新闻采访拍摄,绝大多数情况下都是记者、摄像、录音、灯光等数人并肩出击,要求在做好各自本职工作的同时,团结协作、默契配合,相互出主意、当参谋,记者更要为摄像师的拍摄物色机位、留足时间,以保证采访工作的顺利进行。

三、电视新闻采访的方法

电视新闻的采访本无定法,应根据不同的报道内容、采访对象的不同特点,采取不同的方法和步骤。

1. 扣紧报道思想,确立新闻主题

宣传报道的每一个阶段都会有明确的报道思想,包括宣传目的、范围、内容及重点。报道思想是指导记者进行采访工作的依据。有了报道思想还必须有明确的新闻主题,方能有具体的报道产生。只有主题明确的报道,才能解释、阐明某一事物并揭示其思想内涵。正确提炼主题的方法是:

(1)透过事物的表象,发掘事物的内涵

采访,是一种创造性劳动,采访的过程是一个发现材料、发现角度、发现主题的过程。其目的在于通过事物的表面现象,去揭示事物的本质、规律,造成有影响的舆论,推动社会的发展。获得 1988 年全国优秀电视新闻评选一等奖的《长江三峡自然景观遭破坏》(湖北台),记者最初得到的是"乱开采影响航行安全"的线索,实地采访拍摄时,记者感到"沿江开山取石有碍观瞻",后又感到还不仅仅是"安全"与"观瞻"的问题,联系起三峡是万里长江风光的精华所在,精华受损,将导致万里长江的景观整体性遭到破坏,于是就突出"三峡自然景观遭破坏,必须尽快制止"这样一个主题。这个主题内容不是贴在事物表象上的标签,而是深刻地揭示了环境保护的意义。

（2）从实际出发，保持主题与客观事物的一致性

所谓一致性，是指提炼的主题必须和新闻的基本材料有内在的统一性，不能脱离实际，任意拔高，超出基本材料所能表达的意义范围，因为这样才能真实而自然地发挥新闻传播信息、影响舆论的作用。

强调提炼主题，保持与客观的一致性，实际上是防止宏观失实的重要内容。鉴于客观事物的多面性，主题也可以从不同角度呈现出不同的内涵。

（3）去异存同，集合事物本质，提炼主题内涵

主题的提炼，在综合性消息中显得十分重要。综合性消息集合了多个事物信息反映一个中心思想，这个中心就是新闻的主题。该主题是集中各个事物内涵的"相同"成分而形成的。吉林电视台的《青年人出现追求生活用品高档化倾向》就是记者在采访中，既看到改革开放给人民带来了富裕的生活，又看到了青年人追求高消费的现象，以及老年人简朴的生活情景，这些现象通过主题的"集合"，去异存同，提出了"抑制超前消费、提倡节俭生活"这个中心。如果没有这个中心，很难设想"改革开放的成果—高消费—节俭"几个内容能有机地统一在一起。

2. 扬弃"摆、导、补"，坚持"挑、等、抢"

在电视新闻的采访拍摄中，最忌讳的是摆布、导演、补拍等手法，而是要求记者从新闻现场中，选择最能表明事物本质的事实材料。采访拍摄过程中要注意挑、等、抢三种拍摄方法的配合运用。

（1）挑

挑，是指记者在新闻现场进行观察、分析、综合、抽绎，将那些最能体现事物本质的、最能阐明事理且又适合拍摄的素材挑选出来。

"挑"的内涵十分丰富：拍摄前，挑表现为记者对素材进行的理性选择，是主题确立与主题物化（为画面）的内容挑选；拍摄中，是记者对新闻现场中的事件、人物、环境、时机、光线、过程（节奏）等因素的综合挑选；拍摄后，是记者对画面综合组接（编辑）内容的挑选。

其实，"挑"是个综合性过程，它贯穿于电视新闻结构成型的始终。"挑"在拍摄过程中，兼有"等"与"抢"的内容。既是"挑"，就必须等待时机的出现，等到稍纵即逝的时机出现时又必须"抢"，方能实现"挑"的目的。

（2）等

等，是指记者以坚韧的态度耐心等待拍摄时机的到来。

等，首先是采访作风的体现。一些记者来到新闻现场没有耐心等待最佳拍摄时机，往往以主观的假定性手法摆布、导演"典型时机""典型场面"，以"摆"与"导"的方式替代"等"的过程。

等,还是记者业务修养的体现。新闻现场事态的发展进程,是不以记者的意志为转移的,最富于表现力的时机,可以出现在事件发展进程中的任何一个阶段,在这个时机出现之前,要求记者克服急躁、盲目等消极心态,在观察、分析的基础上,准确把握事物发展的脉络与走向,进行预见性等候,以便能拍摄到典型画面。

（3）抢

抢,是指记者以忠于职守的职业道德和纯熟的拍摄技巧,不失时机地抓取事件发展过程中最富于表现力的场面与细节。

电视报道的魅力在于能忠实地记录事物运动过程中的若干高潮,抢拍这些稍纵即逝的画面。这不但要求记者在千变万化的新闻现场全身心投入,还要求记者有勇于奉献的精神。战场上摄影记者为了抢拍而捐躯的事件时有发生。突发事件,如地震、泥石流、洪水、火灾等现场也是危机四伏,随时可能威胁到记者的生命安全。然而,为了抢拍到关键画面,记者应当以不惜献身的精神"抢点到位",以强烈的使命感迎难而上,只有这样,才有可能获得最富于表现力的画面。

3. 现场报道及采访提问的方法

现场报道是电视新闻的一种新的报道形式。所谓电视新闻的现场报道,是指电视记者直接进入画面（即新闻现场）,对发展过程中的新闻事件作直接描述、评论,并对有关新闻人物进行访问的报道形式。

现场报道的最大特点是从采访开始到结束,采访者（记者）和被采访者的一切活动均在新闻现场,具有无可比拟的真实性。

现场报道所要表现的内容,多以记者对新闻事件直接描述和与新闻人物交谈、询问的方式出现。对于新闻现场的描述,如果事前充分准备,不会有多少困难,难的是后者,现场的交谈与询问。现场报道"交谈"的方法有四:

（1）选择适当的采访对象

现场报道的采访对象,是记者与之交谈的主体人物,他与记者所要采访的事情应该有最密切的关系,或对之有最深的了解。有了适当的对象,才会有真正的对话基础,才可能有对答如流、生动真切的采访效果。职务对口、专业对口、表述流利是选择采访对象的重要标准。

（2）让采访对象在特定环境中发言

环境,是交代新闻发生场合的重要因素,也是体现采访报道"现场性"的决定性条件。被采访者只有在符合身份的特定环境中,他的发言才具有最大的权威性和真实感。如将车间主任带离车间到一片花木前就工作侃侃而谈,现场感因此丢失殆尽。电视新闻的现场报道,本应是以它特有的现场缩短观众与新闻事件之间的"空间距离和心理距离"。记者在一个假定性的环境里演出新闻,得到的只是时空距离与心理距离的扩大。环境,是电视新闻现场报道赖以存在的空间,新闻人物必须活跃在特定的环境中,所行所言才会产生应有的传播魅力。

（3）围绕报道主题,将交谈引向深入

现场报道的交谈、提问讲求自然导入、逐步深入,以达到有节奏地叙事、说理、抒情的目的。请看一个现场报道的交谈片段:

美国 NBC 记者采制《变化中的中国》(1987),访问青年农民、油漆工沈云岳。

记:你为什么选择油漆工这个工作?

沈:因为我喜欢色彩,干油漆工又赚钱,每天收入十多元。

记:你的业余爱好是什么?

沈:轻音乐。

记:你喜欢流行歌曲吗?

沈:也爱听。

记:你对前途怎么看?

沈:我很乐观。

记:乐观的根据是什么?

沈:党的改革政策好,这几年生活开始富裕了。

记:你的未婚妻干什么工作?

沈:在农村做缝纫。

记:你哥哥结婚让妻子带彩电来,你结婚时,准备让妻子带什么来呢?

沈:我不要求女方带什么,这要看条件。经济条件好,就多带一点,到时候再商量。

记:你父亲有两个儿子,你结婚要几个孩子?

沈:生一个就够了。

记:你的目标是什么?

沈:前几年父亲盖了六间平房,我准备积蓄二三万元,盖一幢楼房。

记:你还有什么目标?

沈:我们要超过西方,不能落在他们后面。

记:你见过西方人吗?

沈:见过。

记:你希望中国超过西方,请告诉我西方哪些东西值得你学习?

沈:接受好的东西,不要坏的东西。

记:西方有哪些好的东西你能接受,哪些不能接受?

沈:西方的油漆技术我就要学习,黄色录像,我们就不能接受。

……

这段交谈,从拉家常引入,围绕着一个青年农民所从事的油漆职业展开交谈,记者按照"变化中的中国"这一报道主题的需要,选择了颇有代表意义(农民阶层的一分子)的人物,向他提出深入浅出的问题。这些问题的特点是让对方有话可答,而且回答得质朴自然。报道以逐步深入的交谈,生动地反映了中国新一代农民的精神面貌,这完全有别于西方人心目中"中国农民愚昧、贫穷"的形象,展示了中国在改革开放过程中不断发展变化的一个侧面。

值得指出的是,这段采访发生在1987年,对当时的农民来说,与外国记者打交道的机会极少,而沈云岳回答问题没有一点木讷约束也没有半句政治口号,这完全得益于记者提问善于切近被访人物的生活与思想。

(4)把握被访对象的心理情绪

"情绪,是一种侦察机制,体现信息流动的脉搏。情绪既是一种客观表现,又是一种主观体验。情感体验所构成的恒常心理背景和临场的心理状态,都对当前进行的信息加工起组织与协调作用。"①这段话告诉我们,采访对象的情绪,对当前进行的信息加工有很大影响,应注意把握被访者恒常心理背景与临场的心理状态的一致性,当这两种心理状态一致时,采访容易成功,否则多会失败。

请看一个失败的案例:1996年第26届亚特兰大奥运会上,我国著名体操运动员莫慧兰的女子体操(个人项目)夺金实力最强,呼声也最高,就她自己来说,夺这块金牌已是她的"恒常心理背景",谁知她因动作失误与金牌无缘,此刻莫慧兰的临场心理状态肯定与心理背景矛盾,从而产生万分沮丧的痛苦情绪。记者不懂这个原理,在休息区追着莫慧兰问:"你现在心里在想什么?"面对这种无异于残酷的"拷问",莫慧兰泣不成声,断断续续:"我……我很难过……我没有什么说的……"。

第二节　电视新闻的写作

从前文阐述中得知,电视新闻文字稿本身就是一条独立的新闻,主题的确立、形式结构与报纸消息、广播消息的要求大同小异。关于主题确立,在采访方法中已有论述,不再赘叙。对于形式结构,文字稿大致也是分为导语、主体和结尾三个部分。有些短新闻则是导语、主体合一,没有明显的结尾段落。

① [美]K.T.斯托曼:《情绪心理学》,张燕云译,孟昭兰审校,辽宁人民出版社1986年版,第4页。

一、电视新闻导语的写作

对于以短著称的电视新闻来说,导语就是消息开头的一两句或一段话,它把整条消息的中心内容,提纲挈领地作集中表述,传达给观众鲜明的概念,吸引观众看完这条消息,同时帮助观众理解这条消息的主题,这便是导语的价值所在。

1. 导语的作用

在电视新闻中,导语的突出作用有三点:

(1) 引起注意。注意,是人的心理活动对一定对象的指向和集中。在媒介如林、资讯万千的信息时代,导语的信息驾驭作用尤为重要。在电视新闻中,饱含信息要旨的导语,是集中心理注意的首要因素,一条电视新闻能否引起观众的兴趣,能否抓住观众的注意力,导语往往起着决定性作用。请看中央电视台2016 年 9 月 26 日《新闻联播》的一条国际新闻:

美夏洛特民众连续第六天抗议示威

25 号,美国北卡罗来纳州夏洛特市的大批居民连续第六天走上街头,抗议警察枪杀黑人男子斯科特。当天,美国全国橄榄球联盟的一场比赛在夏洛特开赛,大批示威者聚集在赛场外,高喊"黑人生命同样重要"等口号,表达愤怒的情绪。

这条新闻的导语开门见山,指出美国警察枪杀黑人男子斯科特的事实,导语"5 个 W 和 1 个 H"齐全,叙事清晰,引人注意。

(2) 揭示主题。主题,是记者在采访中对所涉及的事件、问题持有的观点及评价。新闻质量的高低、价值的大小,取决于记者结合材料确立的主题是否正确、深刻,是否切合事件(问题)的实际情况。在短小的新闻中,导语就负有揭示主题的责任。

请看下面这条消息(《新闻联播》1989 年 8 月 16 日播出):

曾在人民解放军行列中立过功勋的一批英雄模范人物,转业分配到辽宁复兴地区后,体谅国家困难,自愿申请到条件艰苦的基层企事业单位工作。

1983 年以来,先后有 80 多名分别在历次战斗和抢险救灾中立功受奖的军队干部,转业分配到复兴后,谢绝地方政府的优厚照顾,主动请缨到条件较差的27 家单位工作。

……

转业干部有功不居,来到条件差的单位工作,为了什么? 导语中对此作了明确的回答:"体谅国家困难"。这短短六个字,点明了转业干部精神动力之所在,既是对转业干部主动请缨这一行为的颂扬,又通过颂扬向广大人民提倡吃苦耐劳的奉献精神。这样,主题的内涵得以深化,精神与行为融为一体,便得到了应有的宣传效果。如果没有导语点化,主题内涵模糊,转业干部到条件差的单位工作的意义也就发掘不出来了。

（3）确立基调。消息怎么写,涉及哪些内容,都是在导语的引导下确定的。导语以其简约的笔墨勾勒出新闻的轮廓及要点,为消息主体的写作确立基调。一条消息的导语,可以有几十种不同的写法,但相比之下,最合适的写法只有一种,衡量选择的标准"一是要抓住事情的核心,二是要能吸引读者看下去"。① 有了满意的导语,消息也就有了准确的基调。请看关于青岛黄岛油库火灾消息的导语(《新闻联播》1989 年 8 月 16 日播出)：

在扑救黄岛火灾的过程中,各级领导、广大党团员奋不顾身为扑灭大火做出贡献。

扑救黄岛油库火灾是谁在发挥核心作用？消息主体在导语的引导下,着力报道在各级领导带领下,广大党团员奋不顾身的英勇行为。消息主体按照导语所定下的颂扬"党团员奋不顾身"这个基调,谱写了一曲灭火的壮歌。这条导语所确立的基调是完全符合实际的,以后的报道也说明了基调的正确。1989 年 8 月 25 日《新闻联播》报道了在黄岛油库烈火扑救中牺牲的 19 名烈士,全都是共产党员和共青团员这一消息就是很好的说明。

2. 导语的形式

电视新闻导语的形式,从其写作手法上来划分,大致有三个类别：

（1）叙述式导语。根据叙述方式,分为概括式、摘要式、结果式三种形式。例：

经国务院批准,国家首次建立普通高中家庭经济困难学生资助制度。至此,我国已建立从小学、初中、高中到大学的完整的家庭经济困难学生资助体系。

中央电视台 2007 年 12 月 21 日《新闻联播》

（2）描述式导语。根据描述对象,分为人物描述、事物描述、现场描述三类。

在 8 月 13 日下午的狂风暴雨中,位于镇江市东郊附近的石桥镇 3 座 50 万伏铁塔猛然倒塌,致使这条华东电网最大输电线路全线停电。

中央电视台 1989 年 8 月 16 日《新闻联播》

（3）议论式导语。根据议论方式,分为结论式议论、评论式议论和提问式

---

① ［美］梅尔文·门彻：《新闻报道与写作》,艾丰等编译,中国广播电视出版社 1996 年版,第 105 页。

议论。

美国发生次贷危机以来,由于交不起每月按揭而被没收房产的美国家庭与日俱增,那么失去了自己的住宅的人们去哪里住了呢? 昨天美国媒体在加州安大略市的市郊发现了一座住满了失去房屋家庭的帐篷城。

中央电视台 2007 年 12 月 23 日《全球资讯榜》

3. 导语写作要点

(1)开门见山触及新闻主体内容,揭示新闻主题,以引发观看兴趣。导语"立片言以居要",应开篇直奔新闻主体内容,显示出可看的价值来。请看中央电视台 1989 年 8 月 16 日《新闻联播》一条新闻的导语:

前天,美国新墨西哥州的一只熊,为寻找它的失踪幼子,闯入阿尔伯克基的一个居民区。(画面:熊在屋顶上奔跑)

这是一条事件性新闻的导语,由于事件本身就十分引人关注,不用多费笔墨就会引起人们的观看兴趣,导语写得十分简约。

(2)贴紧画面,力求简明扼要。电视新闻以画面的现场性证明文字稿内容的真实性,导语与画面的关系是相互补充、共同完善的关系。由于有画面的保证,五个 W 已不必全靠文字导语来表述,有的可让位于导语性画面。单要素导语已是电视新闻导语写作的特色与要求,文字导语只突出一两个至关重要的要素(如何人、何事、何地等),使得新闻内容简明扼要,十分突出。这里所要求的简明扼要,是指对五个 W 的突破,根据不同的新闻内容,择要确立必不可少的要素。请看中央台 1989 年 8 月 16 日《新闻联播》两条新闻的导语:

黎巴嫩境内的大规模战斗仍在继续。

这是一条反映黎巴嫩局势的新闻,导语仅用 15 个字,出现了何地、何事两个要素,简明扼要说清了事态及规模。与导语相配合的画面是"战地救护车鸣笛通过市区",补充说明了导语中所称"大规模"的程度。

安徽宿县地区最近连续破获 125 起利用非法出版学生复习资料进行诈骗的案件。

这是一条"叙述结果"的导语,只有何地、何事两个要素,将事态交代得要言不烦。与导语相配的画面是查抄到的成堆印刷资料及印刷工具,以实物证实了导语说明的结果。

二、电视新闻文字稿主体的写作

一篇电视新闻文字稿,继开头的导语之后,紧接着的就是主体部分。

主体的作用一是解释导语,将导语中所涉及的事实作进一步的充实与丰富,给观众以更加清楚、明晰的印象;二是补充导语,将导语未能涉及的若干因素作交代说明,使观众对所报新闻事实有更为完整、客观的印象。主体是电视新闻结构中不可缺少的部分。

1. 主体写作的总体要求

主体因注释、补充导语而存在,写作中须围绕着"注释、补充"四个字来做文章。主体伸展所涉及的内容,是导语内容的深化、补充,而不是乏味的重复;一条一分钟时间的电视新闻仅能容纳 270 个字左右,其补充说明必须充实,切不可夹杂进半句空话。凡画面能够在有限时间内表现的内容,应尽量让位于画面。主体内容不必学报纸、广播的"视觉描写",凡可描写的内容,都应赋重任于"细节镜头",电视新闻的主体内容需要既紧扣主题又恰到好处的叙述与议论。

2. 主体结构的五种形式

(1)"倒金字塔"式结构

这一结构形式的特点是,按照各个新闻事实的重要程度,依次进行结构安排,最重要的事实放在导语中(导语中的各因素又可按先后主次原则排列),次要的事实放在导语以后的段落里,再接着是更次要的事实。由于材料结构依据事实的重要程度呈倒置状态,故称之为"倒金字塔"或"倒三角",它是各类新闻报道中常用的结构方式,电视新闻亦不例外。请看《台湾同胞回青岛探亲》分镜头头稿(1995 年山东电视台摄)。

表 13-1　《台湾同胞回青岛探亲》(分镜头稿)

画面内容	文字稿内容
台胞走下飞机	进入 11 月份以来,一批批台湾同胞从青岛入境回家乡探亲访友。截至 11 月中旬,已有 50 多位,其中 12 对是夫妻双归。他们当中有军界退休人员、经济界人士,也有家庭妇女。(导语)
记者采访一对台胞夫妇	青岛市是大陆去台人员较多的城市之一。为了接待好台胞回家乡探亲,青岛市和山东省有关部门做了大量准备工作,使他们一踏上故土,就能感受到家乡的亲切。(主体)
一台胞擦泪 台胞接受采访 宋兆培 宋的老父到村头迎接,父子见面	宋兆培先生是青岛市西副镇辛村人,他离别家乡 38 年,如今已满头霜雪。当他见到依然健在的 90 多岁的老父亲时,父子两人都眼泪纵横,泣不成声。(主体)

续表

画面内容	文字稿内容
宋孝志来到母亲身边 宋孝志哭泣 母亲哭泣	与宋兆培同时去台的宋孝志先生这次又互相结伴回到了家乡。88岁高龄的宋孝志的母亲多年为盼儿子哭瞎了双眼。今天她老人家虽然看不见儿子的面孔,却听到了儿子亲切的声音,多么感人的情景啊!(主体、结尾)

这条消息文字稿第一段是导语,交代了主要事实,最为重要。第一段中第一句又最重要,它交代了关键信息,这表明在导语中的主次之分。以后各段都是围绕着导语进行补充说明,其中第二段比三、四段又显得重要。这些段落依次从后往前删减,只剩下第一段,乃至第一段的第一句,仍可把握新闻的主要内容。

这条新闻头重脚轻,呈倒三角形。画面是围绕着文字稿的需要剪辑编排的,加上同期声的运用,生动地表现了"骨肉情深不可离,海峡两岸盼统一"的深刻主题。

(2)"金字塔"式结构

又叫编年体结构。这一结构形式完全按照事件发生的时间顺序来写,事件的开头就是消息的开头,事件的结束就是消息的结尾。这一结构形式的特点是层次清楚,保持了新闻事件的完整性,它将事态步步推进,事件高潮在后面出现。这一形式适合内容单一、现场感强的新闻事件。与"倒金字塔"式相比,它的开头不能交代全篇新闻的主要内容,故吸引力稍差。请看《武术擂台赛父子对擂爆冷门》分镜头稿(中央电视台摄制)。

表 13-2　《武术擂台赛父子对擂爆冷门》(分镜头稿)

画面内容	文字稿内容
父子对赛(全景) 父子对赛(近景) 父子对赛(近景) 父子对赛(全景)	在四川"保险杯"全国武术擂台赛的比赛中,爆出一件令人捧腹的事:大会仲裁委员、中国人民警官大学副教授杜仲勋在比赛快结束时,同儿子跳上擂台较量起来。年过半百的杜教授经验丰富,他的儿子也武艺不凡,两人你来我往,斗得难解难分。
父亲被摔倒 (全景) 父亲摔倒裁判 (全景,定格) 父亲被罚下场 (全景)	父亲虽然技艺精湛,无奈年事已高,体力不支,被儿子反击摔倒,待爬起来时一个猛扑,直攻对方下盘,可惜弄错目标,将裁判摔倒,裁判无奈,只好苦笑着将对方罚下场去。

消息从父子对赛写起,继而赛得难分难解,接着儿子将父亲摔倒,再接着是

摔昏了头的父亲竟将裁判摔倒,最后父亲被罚下场,事情即告结束。事情步步逼近,引人入胜,在高潮中结束,妙趣横生。画面抓住了事件发展进程的各个典型场面,父亲摔倒裁判,这是冷门中爆冷门,画面定格,可看性极强。这类格式的消息用"长镜头"拍摄,时空关系可表现得更完整。

（3）自由叙述式结构

这一结构形式适宜表现记者的自由思维产生的观点,画面也不受事件发展进程的约束,采访完全可按观点的需要进行。记者所提出的观点必须与社会关注的热点吻合,方有价值。这类结构形式适合写长消息,读者可关注类似节目,试做针对性解读。

（4）背景介绍式结构

这类新闻的结构特点是导语出现之后,针对导语中涉及的新闻事实作背景性报道,其主体部分或是人物背景介绍,或是事态背景介绍,与其他结构形式的新闻所涉的背景材料的不同之处是,它以详尽介绍背景为己任。请看《阅兵村里访步兵》分镜头稿(中央电视台摄制)。

表 13-3　《阅兵村里访步兵》(分镜头稿)

画面内容	文字稿内容
沙河阅兵村(全景) 徒步方队(全景)	各位观众,我们在北京沙河阅兵村为你报道,今天采访的是来自北京军区某集团军特种兵大队的特种徒步兵方队。步兵曾经是人民军队唯一的兵种,也是革命战争中贡献最大、牺牲最大的兵种。
1949 年天安门前阅兵资料 (全景) 1999 年阅兵资料(全景)	1949 年的开国大典上,有 12 个步兵方队,接近全部受阅部队的一半。随着解放军各兵种的丰富和发展,在 1999 年的全部 52 个受阅方队中,只有 2 个步兵徒步方队。
特种徒步兵方队(全景) 特种徒步兵方队(近景) 特种徒步兵方队(特景)	此次 60 周年国庆大阅兵,陆军的徒步方队只有 3 个,分别是陆军学员方队、步兵方队和特种兵方队,其中特种兵方队在国庆阅兵中是第一次亮相。
高建国少将(近景-特景) 高建国少将(特景-近景) 特种徒步兵方队(近景) 特种徒步兵方队(全景) 沙河阅兵村(大全景)	阅兵联合指挥部新闻发言人高建国少将称,这次阅兵与以往阅兵最大的不同就是减少了陆军方队和徒步方队,增加了军兵种方队和装备方队,提高了装备的科技含量,装备类型更加多样,具有很强的联合性。他说,这次参阅的装备有 52 型,都是国产的装备,近 90% 是首次参阅。

这条新闻的导语从步兵的历史讲起,主体第一段承导语切入背景介绍,继而循背景资料讲发展与现状,凸显了步兵发展变化的风采。

背景介绍式新闻是电视新闻中常用的一种形式。当推出一位新人,或报道名人逝世时,在导语之后要用大量篇幅介绍其人其事;当报道一项重大的科技成果时,要介绍它的研制过程及其对人类社会的作用;还有出土文物、名胜古迹的报道等,都是要通过背景介绍带给人们新闻与知识。

（5）问答式结构

这是记者就观众所关心的对象（人或事）提出问题,通过采访报道,用事实做出回答。这一形式成败的关键是"问题"的选择,切中热点才可能引发观众参与的兴趣,收到良好的传播效果。

这类报道的方式有两种:一是记者根据所提出的问题,通过多个事实的报道进行回答,如在"导语写作"中"议论式"所举的例子就是如此;二是记者出镜现场采访报道。现场报道的问与答,主动权掌握在记者手中,采访前要充分调研,掌握各方面情况,编写好几套采访"问题",届时灵活运用。现场报道的问答写作,关键在"问","问"写好了,"答"也就在其中了。本书在论及"现场报道及其采访提问的方法"时所举的案例"美国 NBC 记者采制《变化中的中国》"就是"问答式结构"。

三、电视新闻文字稿结尾的写作

为文虽无定法,但都讲究启、承、转、合。一条消息有了好的导语和主体,还应有个或回应导语或留下思索的结尾,以强化全篇的传播效果。

就电视新闻来说,它的结尾应与导语一样,要具有鼓动性和启发性。消息结尾的写作亦无定规,可以是叙述总结式的,也可以是述评议论式的,可以是含蓄启发式的,也可以是展望引导式的,当然也可以是水到渠成,自然作结。不管用什么方式收尾,皆应顺势而成,其目的在于紧扣导语,突出主题,加深印象。

一些强扭角度、任意拔高的写法,似乎获得了一个辉煌的结尾,但往往给人以狗尾续貂、画蛇添足的印象,这是结尾写作中应防范和避免的。

导语文字往往有导语画面辅佐,结尾的文字亦然,要注意与最后一个画面相互配合,以获得"画中有话""话中有画"的深刻隽永的意蕴。

请看一些电视新闻的结尾:

1.《大瑶山隧道胜利贯通》（中央电视台、广东电视台摄）

大瑶山隧道的全面贯通,是我国铁路建设事业的一座里程碑,它对于加快衡广复线建设,促进华南地区经济发展具有重要意义。（画面:隧道外景、全景）

导语称大瑶山隧道贯通是举国瞩目的大事,意义何在,导语、主体都没有说,结尾紧扣导语,以下结论的方式作了简明阐述,既无重复之赘,又补充了导语和主体,使信息显得更有价值。

2.《抢救塌方遇险民工》（大连电视台摄）

下午 1 点 50 分,最后一名被埋民工抬上地面,立即被早已等候在那儿的医

护人员送往医院。(画面:众人抬伤员上救护车)

消息已报道在险境中舍己救人、未留姓名的人们,所以结尾没有再作述评式的颂歌,而是顺事件的结束作结,让观众们的心绪跟随被最后抬到地面的民工继续发展。观众此刻更关心人物命运,而不是说教,这个自然式结尾给人们留下悬念。

3.《天津出售商品房》(天津电视台摄)

据了解,天津市的商品房建设将进一步推开。(画面:建设中的住房,近景拉至全景)

消息报道了天津市第一批商品房出售的情况,势必引起广大市民的关注,以后还会有吗?结尾透露了相关信息,这是个展望叙述式的结尾。

4.《长沙工商银行金库被盗》(湖南电视台摄)

这是一个从案发开始就投入拍摄的连续报道,突破了"结案才报"的老规矩,故新闻的信息量大、现场感强,加上使用了"且听下回分解"式的结尾,造成了悬念,使报道的吸引力倍增。

结尾一:目前,这一特大案件仍在侦察之中。(画面:作案工具特写)(案发第一天)

结尾五:……被盗的27万元人民币绝大部分被追回,现在此案正在审理中。(画面:公安人员搜查罪犯的身体)(案发第九天)

结尾六:(在介绍案犯的有关情况及省委负责同志的指示后结尾)此案的详情,本台将在明天报道。(画面:共同研究案情)(案发第十天)

结尾七:(在报道了开庭审判的情况后结尾)今天下午,张勇武已收到法庭的判决书,他如不服法庭判决,可在三日之内,向省高级法院提出上诉。(画面:法庭实况)(案发第十一天)

结尾八:(在报道了刑前验明正身、签字、宣判、押赴刑场的情况后结尾)宣判大会以后,张勇武被押解到离县城10多公里的太平桥乡执行枪决。一点半钟,这个轰动一时的金库大盗结束了他的生命。(画面:罪犯被押上审判台)(案发第十三天)

5.《哈尔滨市有些单位年终突击花钱严重》(黑龙江电视台摄)

希望有关主管部门对此引起高度重视,立即采取措施,终止年终突击花钱现象的再度发生。要教育广大干部和职工继续发扬党的艰苦奋斗、勤俭办一切事业的优良传统。(画面:审计部门进行审计监督)

这是一个议论引导式的结尾,在导语和主体准确、透彻报道(并分析)年终突击花钱原因的基础上发出议论,针对性强,较好地发挥了电视媒体的舆论引导作用。

电视新闻结尾形式变化不胜枚举,以上所举数例,仅是稍有特点的结尾,然而也未必就是范例,更精彩的结尾,还有待从业者本着文无定法的精神,切合新闻实际去努力寻求。

四、新闻纪录(专题)片文字稿的写作

新闻纪录(专题)片的文字稿,不像短新闻文字稿那样有相对稳定的结构框架,它的表述形式有着更强的可塑性,因而其文字稿的写作也就有诸多有别于短新闻稿的要求。

1. 要有完整充实的内容

文字稿承担着叙述主线、组织画面的任务,它必须以完整充实的内容表述所反映的对象。消息一般都是比较简洁、概括地报道一个事实,是一种概略性的完整。新闻纪录(专题)片更为具体地反映事情的"全过程",对某些细节部分加以放大,给观众以更加深刻的印象。新闻纪录(专题)片文字稿内容的完整充实,并非要极尽描写、叙述之能事,而是要求以恰到好处的铺陈,突出关键场面和气氛,使得画面有所依附。铺叙的文字能充分调动画面的描绘能力,这是最成功的"充实"。

2. 要有准确、朴实、生动的语言

文字稿最终要化为声音作用于观众的听觉,与画面融合进行完整的传播。所谓准确,是应以明晰、合乎语言规范和听觉习惯的语言突出事物特点、事态进程、人物个性、思想内核。准确的语言得益于作者对表现对象的深刻了解,只有充分了解对象,才有可能浓缩内容,产生准确的语言。所谓朴实,是要有画面意识,不追求华丽的词藻,将流畅的叙述让给画面,一个精当的镜头,本身就是一段绘形绘声的描写。所谓生动,主要是通过句子的组合排列,借助画面的作用启迪观众的形象思维。比如排比、对偶等富于节奏性、韵律感强的修辞手法,往往使新闻纪录(专题)片的整体传播呈现出和谐的音乐性。请看专题片《万里长征第一步》中对红军离开于都城迈开长征第一步的表述。三段文字组成两组富于抒情性的排比句:

路旁的小草,曾牵动战士的衣衫,也牵动战士的心。河畔的小花,曾欢笑着为英雄开放,也曾含泪为英雄送行。(画面是路旁小草、河畔小花在轻风中微微摇曳的特写镜头)

沿河的古树啊,可曾记得,那母送子,妻送郎的绵绵话语?

岸边的山石啊,可曾记得,那紧相随,长相送的悲壮场面?(画面是古树和山石的特写镜头)

这三段文字,通过物化了的花草树石特写镜头的映衬,准确而生动地抒发了长征的红军和根据地人民依依惜别的情怀。从那空无一人的古树、山石旁,我们似乎看到了"母子紧相随、夫妻长相送"的动人场面。三段文字没有华丽的词藻,能够获得感人心魄的传播效果,主要得力于对语言准确、朴实、生动这一要求的适度把握。

请读《万里长征第一步》全文,从文字稿内容、画面内容两方面对专题片进行总体把握。

表 13-4　《万里长征第一步》分镜头文本

画面内容	文字稿内容	画面内容	文字稿内容
赣江 田园 "八一"纪念碑 黄洋界纪念碑	江西,是一块充满革命传奇的土地。 　在这里,曾有八一起义军旗红; 　在这里,曾有黄洋界上炮声隆;	云海 瀑布 群山	还是在这里,中央红军迈出了万里长征第一步。铁流滚滚,震撼了中国大地,震惊了全世界。 　（叠印片名《万里长征第一步》）
水波 江流 树叶 山峦 瑞金城 革命纪念馆 浮雕	粼粼碧波,闪耀着万般憧憬;悠悠绵江,流淌着千种思情。这里是生机勃勃的所在,这里是革命故都瑞金。 　肃穆的革命纪念馆里,有壮观的历史画卷;宁静的烈士像前,有宏伟的英雄乐章。那峥嵘岁月,令人心驰神往。	叶坪村 樟树林 大樟树下 樟林和草地 草坪上的检阅台 谢氏宗祠 飞檐 会场 木凳	叶坪村,景色宜人。参天的古樟树下,曾聚集着一批中华民族的优秀儿女;如茵的芳草地上,毛泽东、朱德等领导人曾检阅过胜利归来的红军士兵。 　1931 年 11 月 7 日至 20 日,就在这里召开了第一次中华苏维埃代表大会,产生了中华苏维埃共和国临时中央政府,通过了《中华苏维埃共和国宪法大纲》。毛泽东同志当选为中央执行委员会主席。
毛泽覃塑像 蝶恋花 山花 野果	1929 年初,毛泽东、朱德等同志率领红军从井冈山革命根据地向赣南、闽西进军,经过艰苦卓绝的斗争,创建了以瑞金为中心的中央革命根据地。它包括 21 个县,面积达 5 万平方公里,拥有 250 万人口,是当时全国最大的红色区域。	座钟 蓝天白云 临时中央政府 大礼堂 红井 沙洲坝村 树上大钟	这陈旧的座钟,记下了那些令人难忘的时刻。 　瑞金的山水田园,到处留下了革命前辈的踪迹。
田园村庄 农民荷锄上工 农妇河边浣衣 草地牧牛 水中泛舟 收割早稻 莲花	面对今日的田园景象,人们联想到当年土地革命的风云;是革命先驱前赴后继的英勇斗争,换来了今天的稻谷飘香、荷花争艳。	毛泽东旧居 书桌和马灯 毛泽东著作	在沙洲坝,在激烈的战争环境里,毛泽东同志对经济建设表现了极大的关注。 　他写下的《必须注意经济工作》《关心群众生活,注意工作方法》等著作,至今仍闪耀着思想的光辉。

续表

画面内容	文字稿内容	画面内容	文字稿内容
乌石垄村 朱德居室 周恩来居室 茅棚 "印刷所"木牌 《红星报》 木桌 木橱 棚内木桌和木橱 乌石垄村大树 水面、雨点 竹叶竹枝 下肖村 临时中央局	乌石垄村,曾经是中华苏维埃共和国中央军事委员会所在地,也是朱德、周恩来等领导人工作和生活过的地方。 　　这是当年中央军委的印刷所,这里印刷了军委总政治部的《红星报》。 　　在这小小的木桌上,曾撰写出一篇篇战斗檄文;在这简陋的木橱中,曾装过开创新时代的宣言。 　　当时受到王明路线迫害,身处逆境的邓小平同志,就在《红星报》工作。 　　潇潇风雨,洗尽了下肖村的轻尘,增添了它几分新绿。 　　1933年初,中共临时中央局被迫迁入瑞金,这里成了临时中央局机关所在地。从此,王明"左"倾错误路线在中央根据地全面执行。	大门和院墙 李德住处 飞瀑 浪花 急流山林 群山 山头白云 浓云密布 乌云压顶 广昌城 山岗 山峰	沉默的院墙啊,你可是在静思,可是在作历史的回顾? 　　当时从共产国际来的军事顾问李德就住在下肖村附近,那座房子早已荡然无存。 　　这里奔泻的水流,都曾有过鲜血流淌;这里美丽的山林,都曾经过炮火洗礼。 　　1933年9月,蒋介石调集100万军队向革命根据地发动了第五次"围剿"。王明"左"倾冒险主义者一再拒绝了毛泽东等同志的正确主张,使红军背离了原来的军事原则。 　　广昌,当时中央苏区的北大门。这里,曾进行过一场殊死决战。 　　这昔日战场,引人凝神遐思。当年,这里到处陈兵布阵,刀光剑影。 　　高虎脑主峰,你是红军战士浴血奋战的见证。
博古住屋	博古同志当年就住在这里。		

续表

画面内容	文字稿内容	画面内容	文字稿内容
山头战壕	万年亭壕堑,你是革命先烈顽强意志的象征。	云石山	瑞金县云石山,山势逶迤,草木青翠,这里是当时中央机关长征出发地。
曾家排村	曾家排村,曾经是红三军团的战斗司令部,你留下了对彭德怀同志的多少怀念与深情。		
峭壁		于都	于都城依山傍水,沐浴在灿烂晨曦中。当年红军渡河突围前就在这里集结。
竹林			
山坳			
草坡	这雄峻的峭壁下,曾有过一场生死搏斗;这茂密的竹林中,曾有过几番呼喊冲杀;这深幽的山坳里,曾硝烟弥漫;这秀美的草坡上,曾血溅山花。烈士的鲜血,化作满山杜鹃,化作满天红云。这天地间仿佛回荡着壮歌一曲,歌颂红军精神,永世长存。		
山花			
红杜鹃			于都古田村,红军领导人曾在这里作出了突围的最后部署。行军作战的计划,曾在这农舍中制订。
满天红云		古田村	
如血残阳			
高山路口			
关隘			于都城北门外何屋,这古朴的院落,是毛泽东同志长征前夕的旧居。当时,毛泽东同志正受到"左"倾错误领导的排挤。毛泽东同志从这里迈出了长征的第一步。
路口		何屋	
关隘			
田野	1934年4月,广昌终于失守。敌人兵分六路,大举进攻。半年后,兴国、宁都、石城相继陷落。中央红军在派出抗日先遣队北上以后,撤离中央根据地,突围转移。1934年10月,中央机关和红一方面军主力8万多人,从江西的瑞金、于都和福建长汀、宁化等地出发,开始了万里长征。		
武阳桥			
石桥		小路	河岸边这条狭窄的小路,当年中央红军的千军万马曾从这里走向新的征程。
拱桥			
浮桥			
		于水	于水河坦坦荡荡,奔流不息。难忘那几个日暮黄昏,这里到处架起了浮桥,摆好了渡船。河岸边,
		渡口	
		沙滩	

续表

画面内容	文字稿内容	画面内容	文字稿内容
	沙滩上，车辚辚，马萧萧。于都城内外的男女老少，纷纷赶到了渡口，赶到了桥头，送上一杯杯茶水，一双双草鞋，一顶顶斗笠，送不尽对红军的无限情意。	于都东门渡口 河水	阳光照耀的田园和山岗啊，可曾记得，是在于都东门渡口，迎着深秋的冷风，毛泽东同志和大家一道过了浮桥。
路旁小草	路旁的小草，曾牵动战士的衣衫，也牵动战士的心。		过了河，毛泽东同志深情地回首遥望闽山赣水。这是他生活战斗了五年零九个月的地方，这是根据地军民历尽艰辛，用鲜血开创的天地。啊，至今这天地间仍回响着红军战士的心声："再见了，中央苏区！再见了，同甘共苦的父老乡亲！我们一定会胜利！"
河畔小花	河畔的小花，曾欢笑着为英雄开放，也曾含泪为英雄送行。	远山近水 芦苇青山 阳光灿烂 朝阳 橙红色的天地	
古树	沿河的古树啊，可曾记得，那母送子、妻送郎的绵绵话语？		
山石	岸边山石啊，可曾记得，那紧相随、长相送的悲壮场面？		

3. 要区别不同类别的题材

纪录（专题）片因题材内容的不同，对文字稿写作有着不同的要求。

（1）新闻性纪录（专题）片的写作。这类专题片有较强的时效性和较突出的新闻根据，写作时要准确地交代时间及新闻背景，以中心事件、典型场面和特定气氛来体现新闻主题。写人时，要以先进的事迹反映先进的思想，使先进人物的精神得到充分发扬；写事时，要抓住典型的、有普遍教育意义的新闻事件，概括叙述事件过程时要注意突出重点。要善于用大中取小、小中见大的方法来选择和反映事件，这些事件应是观众喜闻乐见的。

（2）纪实性纪录（专题）片的写作。纪实性纪录片没有强烈的时效色彩，以介绍知识、传递情趣见长，它的文字稿可说是比散文更散，既叙述又抒情，一般采用多段落、多层次的结构方式来重现完整的场景。人们熟悉的《话说长江》《丝绸之路》《再说长江》《青藏铁路》就是纪实性专题片的代表作。

（3）理喻性纪录（专题）片的写作。理喻性纪录片，是随着人们文化水平的提高,在电视文化中出现的一种崭新的体裁,它以传达思想、表现理念与情趣为特点,受到具有一定文化修养的观众的欢迎。这类专题片的文字稿,主要采用叙述与议论相结合的手法进行写作。它的叙述,多是大时间跨度、大空间跨度的概略性叙述,叙述的目的是为议论作铺垫,为了引出妙语惊人的议论。它的议论精心锤炼、饱含哲理,给人以启迪。我国第一部电视文化评论片《横断的启示》(湖北电视台摄制)就是其中的代表作。

理喻性(专题)纪录片文字稿的另一表述形式是全说理性的,全篇文字围绕着一个中心论点进行论证,各个论据以说理为主,辅以叙述性论据。这类文字稿往往是精巧的评论或杂文。武汉电视台的电视杂文《假如真有位置学》在全国电视新闻(专题)评奖会上曾引起专家们的广泛关注。该专题片的文字稿就是杂志上刊登的一篇杂文,制作者运用声画对位的手法,紧扣文字内容,精心摄制和选用(资料)画面,形成别具一格的"思维蒙太奇",向人们形象地阐述了正确对待"社会位置"的道理。

理喻性(专题)纪录片是一种最直接的"形象化政论",特别是进入90年代后,电视界偏好浅文化层次的现场采访(比如中央台的《焦点访谈》),在一定程度上抑制了电视新闻文化向更深层面的掘进。但是可以相信,随着社会的发展和进步,随着信息高速公路普及,随着报纸、通讯社介入电视新闻传播运作,电视新闻的图像文化将会吸收更多抽象文化的精华,电视新闻终将会有融抽象与具象于一体,以表达抽象理念为主的作品出现,届时理喻性(专题)纪录片将会受到更广泛的欢迎,如何写好这一类纪录片的文字稿,还有待电视新闻界作更为精深的探索。

4. 控制文字与画面的结合距离

什么样的距离是文字与画面结合的最佳距离?声画合一,画面与声音的距离消失为零,这是"看图识字"式的低层次组合,绝大多数情况下是不受欢迎的,因为这种胶着式的声画关系扼杀了人们想象的快乐,使观众感到厌烦;声画对位,声音与画面若即若离,各自独立发展,但又彼此照应,最能突出声音与画面的双主体特征。文字稿写作,要充分发挥双通道的感知优势,控制好合与离的程度。当文字与画面相合时,不是一对一的生硬纠缠,而应该是一个段落中文字内涵在画面中悄然显现,使观众看到一个双方俱在的有机整体;当文字与画面分离时,不是各奔东西的离异,而应该是各自寻找一个奔向同一主题的最佳角度。声画分离的目的是使传播内容充分扩张,使文字稿的段落间有些跳跃、间断,这间断空间正是画面填入的最佳位置,因为画面的介入,电视节目就一气呵成,给观众以完整饱满的信息享受。

文字与画面应该有距离,这是声画综合传播对文字稿写作的基本要求,纯文学性手法的文字稿读来也许很美,但这不是成功的文字稿;一些观众抱怨文字稿离开了画面便索然无味,正说明了文字稿应当具有画面意识。文字写作的画面意识,不是直露于笔端的描绘,而是蕴含在声画撞击的无形空间的潜在思维。

5. 要注意播音稿和现场采访的有机结合

近几年,现场采访成为纪录片充分体现电视声画结合的一个重要方法。现场采访质量的高低,有赖于记者对被采访事件与对象的了解。进入实际采访摄录之前,应该在初次采访的基础上编拟出摄录提纲及提问要点。摄录之前的文字提纲准备,应排除可能造成重拍、补拍的成分,所有文字准备都是为了"现在进行时"的采访。

摄录前对采访对象的了解亦很重要,他的文化水准、思想境界、语言表达能力、回答问题的应变能力都应提前了解,这样才能保证现场采访内容充实、节奏流畅,为后期编辑合成用的文字稿写作打下良好的基础。

有些事件没有二次采访机会,记者要根据主题的需要临场发挥,尽可能多地为后期撰稿及编辑积累有效素材。

第三节　电视新闻节目的编辑

电视新闻节目的编辑(又称"后期制作"),系指根据新闻文本的需要将前期采访拍摄的素材合成单条的新闻。如何保证制作合成的质量? 在内容既定的前提下,制作组合过程中涉及的诸如声画组合的数量程度、模式的运用、多类符号的优化综合等因素显得尤为重要,没有好的形式,内容再好也难得"无远勿届"。"皮之不存毛将焉附",有了声画组合的"皮",才会有内容丰盈的"毛"的根植之地。

一、对声画的组合要实行控制

模式是事物发展运行的标准形式。模式的确立,可以规范编辑、记者的采编行为。一条新闻按什么方式进行采录? 记者为后期合成提供哪些素材? 编辑应按什么思路组合素材? 这一系列问题都应按模式的规范运作,以便克服采编播任何一个环节可能出现的随机性行为,确保新闻传播质量的稳定。

1. 对声画的组合,要实行"量"的控制

声画合一的新闻成品,画的含"量"直接影响着"声"的有效传播。

短新闻是当代电视新闻传播的主流形式,1分钟的电视新闻播音的文字量是240个字至270个字,依据不同景别画面停留时间估算,可容纳远、全、中、近、特各类镜头10个左右。

根据上述数据,后期制作时不妨考问自己:

(1)画面不足的原因。你1分钟用到了几个镜头? 除去推拉摇移的镜头,凸显新闻对象的细节镜头有多少? 实践表明,精品新闻在1分钟内有8个以上的镜头,而其中的细节镜头不少于3个,如果达不到起码的镜头量,就该有"三怀疑":一是记者采访尚不深入,二是记者现场把握能力欠缺,三是新闻事件本身缺乏视觉因素,而后再对症解决问题。

(2)出镜采访是否成功。记者出镜采访,有几次成功的问答? 后期编辑时有几次问答是"哑巴"? 记者出镜采访不是多多益善,不能用出镜采访的简单方式替代新闻现场拍摄。后期编辑的记者出镜不提问的"哑巴采访"画面,表明前期采访质量不高:一是提问质量不高,二是没拍到有价值的问答画面。

2. 对声画的组合,要实行"模式"控制

经过人们近半个世纪的实践总结,电视新闻编辑相对稳定的使用模式大致有两大类,一是"演播室新闻声画组合模式"(图13-1),一是"现场采访新闻声画组合模式"(图13-2)。

声音:导语+画外播音+访问录音+画外播音
画面:主播+新闻画面+新闻人物+新闻画面

图 13-1　演播室新闻声画组合模式

声音:导言+旁白+访问+转场+访问+现场结语
画面:主播+画面+人物+记者+人物+记者

图 13-2　现场采访新闻声画组合模式

以上两个声画组合模式,是电视新闻制作组合理论的简化形式,是从大量编辑实践中发现和总结出的规律。各种电视节目都有自己相对稳定的制作模式,它们也在不断发展和创新,上述两个模式,根据实际需要,变换其中对应的选项,还可生发出新模式。创造力隐含在模式的发展变化之中。

二、电视新闻画面编辑

电视画面编辑是电视新闻节目制作中的一个重要方面,是电视节目后期加工的主要任务之一。电视画面编辑的具体内容涉及镜头的选择、镜头的组接、镜头长度的确定、镜头间的转换,以及画面与声音的组合等。

1. 镜头的选择要有利于完整、准确地交代新闻内容和新闻主题

电视画面编辑可以理解成一个镜头的选择与排列(组接)的过程,也就是选择最好的镜头的最好部分,按照最有利于叙事、表达思想的原则组接成一个完整的电视节目。镜头的选择是画面编辑的第一步,也是具有头等重要意义的一步。

它不是简单、随意的，而是一个复杂的、有意识的取舍过程，不同的编辑（只要他不是完全照本编辑，而是具有创作权）可能由于编辑思想、创作意图、审美观念、编辑条件等主客观因素各异而对镜头的价值做出不同的判断，对镜头的取舍做出不同的决定。

表 13-5 是一则关于美国前总统小布什在总统大选获胜后发表胜利演讲的新闻，香港的两家电视台均作了报道，文字稿内容大致相同，但镜头的选取却各有侧重。

表 13-5　翡翠台、本港台同题新闻编辑比较

翡翠台（新闻稿 368 字）	景别	本港台（新闻稿 334 字）	景别
小布什夫妇正走进州议会大厦	全景	小布什夫妇步入会场 小布什与演讲台上的有关人员握手	中景
小布什夫妇携手步入会场 向众人挥手致意，台下听众鼓掌欢迎	全景	小布什演讲	近景
小布什演讲	近景	会场情况	全景
会场情景	俯远	小布什演讲	近景
小布什演讲	近景	会场情况	中景
小布什夫人劳拉在讲台的另一边静听演讲，讲台下的议员们也在认真听讲	中景	小布什演讲	中景
小布什演讲	近景	会场情况 小布什夫人劳拉静听演讲	中景
会场情景	俯全	小布什演讲	中景
小布什演讲	近景	小布什在竞选集会上的情景	全景
台下听众鼓掌、做胜利手势 小布什与夫人在台上相互亲吻 离去前同众人握手致意	全景 中景 全景		

显然，新闻的主要场景在小布什发表演讲的会场内，因此，两家电视台在画面编辑上都重点交代了小布什演讲及当时会场的情况。对于这样简单的对象，仍然可以用不同的镜头加以表现。比如，对会场的情况就可以分别用远景、全景、中景、俯拍、平拍、正面、侧面等镜头来表现，而小布什夫妇进入会场这一动作

也可用固定镜头或者摇、跟等镜头来表现。从各自的新闻报道中,我们不难发现其中的区别。

上面的例子,可以说明镜头的选择对于画面编辑的重要意义。事实上,镜头的取舍并没有具体的模式,编辑可以根据自己的风格、喜好等做出不同的选择,但它也不是任意的、随机的,而必须有利于完整、准确地交代节目内容和表现新闻的主题。"小布什发表演说"的例子里,本港台将小布什在竞选集会上的情景用作资料性镜头,则明显与新闻的主题不符。

2. 镜头的组接要符合观众视听习惯

镜头组接操作本身并不困难,只需将选择好的镜头用"快切"方式连接起来就行了。稍长的新闻专题则要考虑连贯流畅、条理清晰,让观众看得清楚明白,这就必须遵循下述原则。

(1) 人类思维规律和视觉习惯

镜头组接首先应该遵循人的思维逻辑和视觉原理。电视反映的是生活,但它不可能也没必要把现实生活原原本本、事无巨细地搬上屏幕,它必须对现实时间和空间重新组合。这种重新组合要想被观众理解、接受,就必须符合人们的视觉规律及思维逻辑。

① 人们具有将两个相邻事物联系起来考虑的倾向。客观事物之间本来就存在广泛的联系,这种联系既包括外部特征上的明显相关,也包括内部逻辑上的相互贯通,这些逻辑关系是:

A. 因果关系。这是事物间最常见的逻辑关系。一定的原因会引起相应的后果,这是事物发展的规律,也是观众欣赏节目时的思维逻辑趋向。当人们看到一个动作建立时,通常会下意识地想知道这一动作有什么结果;反过来,当人们看到一件事的结果时,也会希望了解造成这一结果的原因。

B. 并列关系。生活中常常会出现相互关联的两件事或几件事同一时间在不同地点发生,或者某一时间内,某一事件在不同范围内产生相互联系的反应等情况,通过镜头组接并列表现两条或两条以上的情节线索,揭示诸多现象之间的联系,有助于表现事物的广度和深度,增加信息容量。

C. 对应关系。在生活中,一个动作或事件往往会引起某些反应,例如舞台上的演员与台下的观众,就形成一种对应关系。利用这种关系在表现演出的过程中适当插入观众的反应镜头,既合乎逻辑,也能满足观众的欣赏需求。反应镜头要捕捉全神贯注、落泪忘情等信息量饱满的神态。

D. 对比关系。生活中充满了矛盾和冲突,这本身就是生活的逻辑。因此,镜头组接时可以不以叙述的顺接关联而以其对比(冲突)关系为依据,将不具时空连续性的镜头组接在一起。通过镜头(或场面、段落)之间在内容或形式上的强烈对比,来制造出特定的意义效果。

② 人们在观察客观事物时具有忽略次要情节的倾向。这是人类思维,尤其是视觉思维和形象思维的一个重要特点。现实生活中人们不会对周围的东西事事关心,而通常只关注那些主要的、能够引起自己兴趣的事物。电视画面编辑所做的正是选取那些最能引起观众注意的、对叙事表意最具重要作用的镜头,将它们组接在一起;舍弃那些次要的(包括观众不看就能知道的、带有必然性的)、不影响叙事表意的、无关紧要的情节,以免造成观众注意力的分散,或引发观众的厌烦情绪。

③ 人们对客观事物的观察是渐进式的。在现实生活中,人们的观察是连贯的,或由粗到细、由远及近,或由近推及整体形象。这种视觉规律和思维方式决定了镜头组接的前进式(将景别按由远到近变化的方式进行组接)、后退式(与前进式相反的句型)、循环式句子(前进式和后退式两种句型结合起来,景别的变化或为全景—中景—近景—特写—近景—中景—全景,或为特写—近景—中景、全景—中景—近景—特写,造成景别及观众的情绪、循环往复的发展)。这三种句子对观众所造成的影响既有视觉上的,也有心理上的,它们的一个共同要求是,景别的变化要循序渐进,但是电视新闻由于时间有限,常采用景别相差较大的镜头组接,借助文字稿播音,这种组接一般并不影响观众对新闻的理解。

④ 在一定的时间内,人们对事物的观察具有一致性。人的思维具有一定的逻辑性,事物发展的客观规律和人的生活经验决定了人们在同一时间内观察事物总会带有一致的眼光,那种混乱或自相矛盾的判断、描述是不被接受的。由于电视通常是分镜头拍摄的,不同镜头的拍摄时间、地点往往也会有所不同,这就更要求我们在组接镜头时要合乎逻辑、合乎情理,保持前后镜头的连贯、一致。

镜头组接只有充分尊重人们的思维逻辑和视觉规律,才能获得真实、可信的效果。

(2) 人们对电视新闻的审美需求

新闻的美就在于其真实性,人们在收看电视新闻时的审美需求,就是清楚地了解新闻的内容,满足"眼见为实"的欲望。对电视新闻而言,画面主要起一个证实作用。因此在编辑时,应采用较平稳的镜头组接方式,即应以清晰展示画面内容,确保画面内容的真实、客观为目的,而避免过多的人为效果,如特技切换、刻意制造紧张情绪等。把娱乐节目、电视剧等其他节目的镜头组接方式用在电视新闻中显然不合适。

三、消息类电视新闻的编辑

单个的电视消息一般比较短小,常常编成栏目集中播出,因此,电视新闻业务所指的消息类电视新闻编辑包括了单条新闻的编辑和栏目编排两方面的内容。

1. 消息类电视新闻的编辑要点

正如文章的遣词造句要遵循一定的章法一样,电视新闻画面的组接也要遵循自身特有的规则。电视新闻时间限制所带来的画面叙述不完整这一传播特性,决定了电视新闻具有有别于影视剧的组接规律,主要体现在:

(1)不必拘泥于镜头组接的一般规律。在影视剧中,镜头组接很讲究上一个镜头与下一个镜头组接的"景别"关系,认为从全景镜头到特写镜头的组接,中间应用中、近景镜头过渡,以免太"跳";又认为同一景别的镜头不宜相接,因为"无变化、平缓"。但这些规律对于电视新闻并不适用。电视新闻时间短,画面个数有限,不可过多地使用"过渡"镜头,单个画面信息含量是否饱满,是传者和受者所关心的。在已有的电视新闻节目中,同一景别的镜头相接、两级镜头相接的现象普遍存在。

(2)强化细节、充实画面的信息含量,给观众更丰富的内容和想象的空间。一条电视新闻仅凭几个画面无法形成情节,其传播魅力的体现全在于对细节的运用。靠细节对人、事、物进行具体形象的描绘和刻画,发挥非语言符号的诸多特点,充实画面内涵。在编辑时,要有单位时间(长度)中的"细节数量观"(比如限定在一分钟之内一定要有多少个可看画面),通过数量的控制,达到质量的完美。

因此,在进行画面编辑时,要熟悉素材、把握总体,体现新闻主题及记者的采摄构思,必须从熟悉素材入手,了解新闻主题和文字稿,熟悉相关画面中的语言符号和非语言符号。不仅能从众多图像材料中剪出"一分钟"的画面对应于文字,还应该在熟悉文字和画面素材的基础上,把握新闻总体内容的逻辑规律,从对素材的感性认识上升到理性认识,提炼出典型的画面细节。在一篇有关湖南省扶贫办挪用、摊派扶贫资金盖家属楼的报道中,编辑用一组贫困地区小学生赤脚走在泥泞的山路里上学的镜头,与新盖的家属楼形成对比,画中之"话"油然而生。编辑总体把握得法,使得素材为之生辉,一些看起来没有价值的画面内容也具有了意义。

(3)强化固定镜头意识、少用运动镜头。电视镜头一般分为两类:固定镜头和运动镜头,固定镜头包括远、中、近、特,运动镜头包括推、拉、摇、移、升、降、甩、跟。运动镜头在纪录片和电视剧中运用较多,在纪录片和电视剧中,运动镜头起到叙述故事情节、营造氛围情趣、提供转场视角,揭示人物心态等作用。电视新闻中镜头的作用在于在有限的时间里,尽可能多地向观众传播新闻信息,消除信息的不确定性,生动具体地证实新闻的可信性。镜头语言应该简练、清晰、准确。因此,在消息类电视新闻报道中,受传播符号特性、时间长度的限制,就需要多用固定镜头,少用运动镜头。电视新闻消息一般只有一两分钟,甚至不足 60 秒,如果用上几个运动镜头,观众会感到画面动来动去,停不下来,从而分散了对新闻内容本身的注意力。心理学研究表明,对于移动目标和固定目标,人的注意力往往易于关注前者。比如,推镜头时人们便将注意力逐渐集中到拍摄主体的局部特征上,这种情况下观众会不自觉地减少对新闻事件本身的关注。此外,新闻报道中运动镜头太多,还会造成画面与画面之间的衔接、画面与声音之间的衔接不畅。往往播音或同期声已经结束,某个摇镜头尚未完毕,只好草草收场,成了半拉子镜头。新闻节目中完整的运动镜头应该有起幅、落幅和中间的摇移过程,做到自然流畅。

(4)运用好同期声,力求真实、生动、精确。同期声作为同步记录下的现场声音,有助于直接、客观、准确、生动地反映事件原貌,增加新闻的准确性和权威性,也能够渲染气氛、点染画面内容,使新闻更具真情实感。因此,电视新闻的同期声编辑也非常重要。编辑时应注意:

同期声不是一种点缀,也不是所有的同期声都是必需的。如某位领导人大段介绍本地政策或本地区、本部门所取得的成绩,最后表决心的同期声应该删掉,用言简意赅的旁白取而代之。在记者的实际采访中,会遇到不善于表达的被采访者,其答话可能会词不达意或答非所问,对于这种情况,后期编辑则无须保留同期声。

同期声应忌冗长与杂乱。从目前国内电视台播出的时间看,除《新闻联播》外,主档新闻一般是 10~15 分钟,在这段时间里一般发稿都在 15~20 条,即每条新闻平均长度不超过 1 分钟。若想在 1 分钟左右的时间运用好同期声,就要避免拖沓冗长的讲话,把握好同期声的长度,删去废话、废镜头,尽量剪掉带"啊、吗、呢"等语气词的句子。

淡化记者的上镜意识。删除记者的提问过程,只将被采访者的同期声编入播出稿,可有效压缩单条新闻所占时间,提高传播质量。这种省略记者提问的同期声组合样式如图 13-3 所示:

图像(文字):播音员+新闻人物+新闻现场
播音(同期声):播音稿+同期声+播音稿

图 13-3　省略记者提问的同期声组合样式

(5)不用资料镜头,保证时空真实。电视新闻是否失实,镜头"此时此地"的时空元素是重要检验标准。电视新闻失实,多表现为时空元素的挪位。摆拍、导演是时空挪位失实,过时资料同样是时空相异失实,二者失实本质无异。

几十年来,我国电视业界大都用相关、相似的"资料镜头"来解决因采访不到位带来的新闻素材匮缺的窘境,诸如用春夏秋冬的田野镜头为农业报道"补白"、用车间厂房为工业报道"凑份"、用高校课堂实验室为科教报道"张目"等等,使用这种资料镜头已是从中央到地方各级电视台的惯例。

鉴于资料镜头多是用交代环境的过渡片段里,因时空不合时宜而导致报道明显失实的事故往往难以查对,但是中央电视台在报道 2009 年高考的新闻时就出现自我"穿帮"。2009 年 6 月 7 日,《新闻联播》报道当日的高考新闻,当报道说到"全国各地交警当日都提前上岗,保证高考交通顺畅"时,画面上一辆公交车在镜头前驶过,一幅红底白字写有"距 2008 奥运会开幕还有 63 天"的横幅赫然挂在车头。对此,央视的公开调查结果这样解释:

"这条新闻是各地方台传送的高考画面汇编而成,其中误编的新闻画面采用自江西电视台上传的新闻《江西南昌:交警部门为高考考生提供便利做好服务》。当天,江西电视台准备拍摄一条南昌交警专门为高考开辟临时停车绿色通道的新闻,在节目制作过程中,江西台记者进行了实地采访,但由于在完成大部分画面拍摄后,南昌下起了阵雨,同时因为传送新闻时间紧张,记者商请南昌市交警部门的通讯员协助补充部分画面。在交警通讯员将画面送来后,江西台值班编辑未能发现此画面为去年高考时拍摄的资料画面,将其直接编入新闻中并上传到中央电视台。当天下午约有 20 多个地方台陆续传来了大量相关新闻,制作时间很紧,《新闻联播》栏目的编辑也未能发现画面中的问题,在没有对画面细致把关的情况下,节目在《新闻联播》中播出。"

央视的解释让我们看到的是,从基层通讯员到地方台、到中央台,使用资料镜头是一脉相承的,尽管使用资料镜头有种种原因,但归根于"忠于真实"这一新闻从业基本标准时,任何解释都变得苍白无力。

我们一定要认清用"彼时彼地"替代"此时此地"的谬误,资料镜头的本质是时空挪位的新闻失实。

2. 消息类电视新闻编辑的常用方法

(1)根据新闻事件的时空顺序

任何一条新闻所报道的事件、人物,总是在一定的时间和空间内活动的。因此,要按照生活中事物发展的前后顺序和空间位置来编辑,并将重复、啰唆、信息量不大的内容剪掉。这样做,可以体现出事物的发展过程,比较适合完整的新闻事件。

（2）根据新闻事实之间的横向联系

事物和事物之间总存在着千丝万缕的联系，这种联系体现为世界的统一性，各种事物总是相比较而存在，相对立而发展。新闻事实有自己内在的联系和规律。在后期编辑时，要注意发现素材中这种具有内在关系的画面，然后将其组接在一起，共同完成对新闻事实的阐述和再现。

例如湖北电视台在一则有关减轻农民负担的报道中（表 13-6），介绍背景资料时，分别采用了几组乡政府减员、农民交粮、农民种田的镜头，把基层政府的工作、农民的劳动状况和生活水平、农民上缴提留的现实用画面语言交代得清清楚楚。

表 13-6 《天门市着力减轻农民负担》（部分分镜头稿）

画面	播音、同期声
被减员的原乡干部甘茂雄打开自己开办的小店	在天门市干部减员工作中，甘茂雄两次被精简，自己开小店
甘茂雄和记者来到他原来工作的办公室，办公室空空如也	甘茂雄介绍他原来的工作情况（每月工作只有十几天）
采访镇党委书记乡镇干部的工作场景	谈基层政府因人设事乡政府减员的情况（由 85 人减至 42 人）
采访乡党委书记	谈乡政府减轻农民负担情况（减 20 多万元）
农民交粮（一组）农民修水利（一组）农民种田（一组）	全市干部严重超编与农民负担的关系
采访天门市委书记	谈全市减少基层干部的具体做法全市 170 个村，因精简干部而减轻农民负担 2000 多万元
农民种田（一组）采访农民	农民谈减负的实际情况和带来的好处

（3）根据新闻事件的叙述方式

在现场报道中，记者根据现场采访掌握的情况和对新闻事实的判断向观众讲述新闻事实，编辑可以根据记者的叙述方式决定后期的画面组接，注意画面和文字的对应。请看中央电视台 2001 年 1 月 28 日的一条报道（表 13-7）。

表 13-7　《月光女孩阿依努尔今天接受造血干细胞移植手术》

画面	播音、同期声
播音台、播音员播送导语	阿依努尔在哈萨克语中是月光的意思,南开大学的学生阿依努尔被诊断患上白血病后,全国掀起了一场挽救月光女孩的爱心行动。今天早上和阿依努尔配型成功的志愿者李勇在北京 307 医院顺利进行了造血干细胞的采集,并于今天下午在天津完成移植手术。
记者出现场,李勇在病床上等待采集手术	这次采集通过静脉采集外周血的办法经过血液分离机提取出造血干细胞,其他的血液同步送回志愿者体内。
主治医生在李勇病床前接受记者采访采集机器运转镜头	专家表示,这种方法不会对捐献者健康造成什么影响。
列车动漫示意图:城际列车从北京驶向天津	下午 2 点 10 分,中华骨髓库的工作人员从北京出发,带着装有造血干细胞的保温箱,登上了京津城际列车。
接受造血干细胞的保温箱仪式	下午 3 点 10 分,装有造血干细胞的保温箱运抵血液病研究所。
透过玻璃窗看到阿依努尔的病房	下午 4 点 35 分顺利完成造血干细胞移植手术。
阿依努尔的病房旁采访主治医生透过玻璃窗看到阿依努尔的笑容	据了解,阿依努尔目前的各项生命体征均为正常,接下来,她将进入为期两周的重点观察期,如果顺利,20 天后,阿依努尔就能转入普通病房,接受后续治疗。

（4）根据新闻事实主题的要求

一条新闻有自己的主题,主题所反映的内容一般都比较抽象,如某种观点、某种现象,或者某个社会问题。这时,画面编辑要服从主题的需要,平行展现若干新闻内容,解释和说明主题。综述新闻常采用这种方式。如一则综述农业丰收的新闻,一般都是交替出现各种农作物良好长势的镜头,以及各处农民忙于收获的镜头。

3. 消息类电视新闻的编排

新闻的集合播出谓为栏目编排。消息类电视新闻的特点是短小明快,是新闻板块节目不可缺少的成分,常以"快讯""简讯"的面目示人。它的结构功能有二:一是调节栏目的时间节奏,二是增加新闻板块单位时间的信息数量。

消息类电视新闻 10 秒到 20 秒一条,简明扼要。快讯栏目主要是来自四面八方的最新动态,编排讲求时效性,不拘泥于内容的相近性;主体性的集合编排则要求消息内容主题的切近。当然,这类消息编排也可不考虑时效及主题的限制,只满足栏目时长的要求和新闻的基本特性。中央电视台的《新闻联播》中就设有"国际简讯""国内简讯"栏目。请看《新闻联播》2016 年 9 月 26 日"国内简讯"播出的 6 条消息,总共耗时 1 分 48 秒(表 13-8)。

表 13-8　2016 年 9 月 26 日《新闻联播》中"国内简讯"文字稿

序号	简讯文字	时间
1	标题:全国森林旅游综合产值达 7800 亿元(14 个字) 　　记者从中国森林旅游节了解到,2015 年,全国森林旅游游客量达 10.5 亿人次,创造社会综合产值 7800 亿元。(40 个字)	13 秒
2	标题:中国第七次北极科考队今天凯旋(14 个字) 　　今天,中国第七次北极考察队圆满完成任务,乘坐"雪龙"号极地考察船,返回上海基地码头。此次考察经由白令海、楚科奇海、加拿大海盆等海域,历时 78 天,累计总航程 13000 多海里。(70 个字)	16 秒
3	标题:第三届"创青春"大赛闭幕(10 个字) 　　第三届"创青春"中国青年创新创业大赛今天在上海闭幕,由大学生们研发的智能节能遮阳产品等五个创意项目获金奖。本次大赛共吸引全国 8 万多个创业项目、30 多万人参与。(72 字)	15 秒
4	标题:"精彩人生 女性终身学习计划"启动(14 个字) 　　由全国妇联等发起的"精彩人生 女性终身学习计划"今天在北京启动,该计划依托互联网平台,内容涵盖文化修养、健康生活、婚姻家庭、亲子教育 4 大板块。(62 个字)	12 秒
5	标题:首届国际青年儒学论坛开幕(12 个字) 　　首届国际青年儒学论坛日前在孟子故里——山东邹城举行,来自德国、英国等国家和地区的 50 多位青年学者,就当代儒学学术研究与价值传承等进行深入探讨与交流。(67 个字)	12 秒
6	标题:台风"鲇鱼"逼近 将登陆台湾及闽粤沿海(16 个字) 　　今年第 17 号台风"鲇鱼"今天加强为强台风级,逐渐逼近我国台湾,中央气象台预计将于 27 号下午登陆台湾台东到花莲一带沿海,随后移入台湾海峡,逐渐向闽粤沿海靠近,并将于 28 号凌晨至上午在福建福清到漳浦一带沿海再次登陆。受台风"鲇鱼"影响,台湾、福建、广东等地将有大到暴雨,提醒相关海域船只和人员及时回港避风,并加固港口设施。(140 个字)	29 秒

以上 6 条短讯,标题加正稿总共 531 个字,播音耗时 97 秒,平均每秒播出 5.443个字,体现出电视新闻短讯播报的快节奏特点。

思考与练习

1. 针对电视新闻采访的两种形式,各举一条片例进行分析。
2. 阐释"扣紧报道思想确立新闻主题"的采访方法。
3. 阐释现场采访提问的方法。
4. 阐述电视新闻导语的作用和形式。
5. 结合一个片例阐释新闻纪录(专题)片的写作要求。
6. 阐述电视新闻节目后期制作三个模式的结构特点。

第十四章　电视新闻画面构成的基础元素

电视新闻画面基础元素大都为容易被忽视的隐形元素,犹如不显山露水的房基、桥桩埋藏深土、承重万千,成就了屋顶、桥面的无限风光。电视画面的"基础构成""基础元素",是电视新闻节目生产走向完美的起点;光、影、声、色等技术标准的规范,是电视传播的基础。

第一节　光线——形、影、色的基础渊源

有光才有线、有光才有影、有光才有色,电视节目的美就源于"光"与"线"的完美结合。

一、光线的构图作用

光线是电视画面构成的重要条件,没有光线根本谈不上成像。光线的构图作用主要体现在光的相对强度、光的方向和光的性质三个方面。

1. 光的相对强度

某一个画面富于视觉冲击力,归根结底是运用好光的结果。不同强度的光,使画面产生多维纵深效果。大反差照明,往往能创造出比均匀照明更富于魅力的影像,图14-1因光照强度明暗有致,室内布设便显得层次分明,纵深感强。

图14-1　光照强度明暗有致,布设层次分明

2. 光的方向

光的方向非常重要,因为光的方向能产生一定的情绪效果。一些电视新闻画面多是正面照明,画面情绪显得平淡、冷静,从头顶上照下来的光则使场面产生呆滞、单调的感觉,而45度侧光照明,影像层次分明,有利于提高电视画面的表现力。光线的方向对色彩饱和度也有着重要的影响,用顺光照明可获得最大的饱和度,逆光照明可降低饱和度。所以,顺光拍蓝天,蓝色浓郁深厚,逆光拍蓝天则灰而欠透。

3. 光的性质

光从性质上大体可分为硬光和柔光。硬光固有的高照度使光的阴影很清晰、很明显,硬光的方向性很强,它一般是从很小的光源发出的。柔光是指光的阴影逐渐形成(图14-2)。柔光有更淡、更柔和的浅表阴影,柔光比硬光的照度低,没有硬光的方向性强,这便是环绕整体的"无向"的漫射光。

图 14-2　柔光下,浅表阴影逐渐形成

二、画面构图的用光控制

电视画面拍摄用光的控制主要包括色温控制(含白平衡控制)、强度控制和方向控制三个方面。

1. 色温与白平衡的控制

电视画面能否准确反映物体的颜色,取决于在各种色温条件下对摄像机"白平衡"的正确调节。控制色温,调整好白平衡,是用光控制的基础。

色温,是表示光源的光谱成分的概念,色温是光线颜色的一种取值标度,不是指光线照射的实际温度。各种不同光源之所以能呈现不同的颜色,就是因为光谱频率不同。据测定,纯正的白光(5500K),所包含的红光、绿光、蓝光的量大致相等（以白光为 1＝红光含量 0.33＋绿光含量 0.34＋蓝光含量 0.33）。如果某一光源的色温低于 5500K，那它所含的红光成分就多；如果某一光源高于 5500K，那它所含蓝光成分就多。所谓色温控制，实际上就是光源中红、蓝成分互变的控制。在日常拍摄现场所涉及的光源色温如表 14-1 所示。

表 14-1　常见光源色温表

光源类别		色温（K）
人造光源	蜡烛光（含油灯）	1800K～2000K
	25W～200W 各种民用钨丝灯	2200K～2800K
	500W～1300W 各种卤钨、碘钨灯	3200K～3400K
	5W～40W 日光灯（高色温型）	4400K～6000K
	电焊弧光、碳棒弧光灯	5000K～5500K
自然光源	日出、日落（太阳刚刚升起、落下）	1800K～2000K
	日出后、日落前（半小时）	2000K～2400K
	上午 10 时至下午 3 时的阳光	5000K～
	阴天、薄云的散射光	5000K～5500K
	蓝天、晴雪天的天空光	7000K～10000K

白平衡又称白色平衡，或称彩色平衡。摄像系统的白平衡是通过调整滤光片和摄像机的相关电路参数（手动和半自动、全自动）来实现的。具体调节方法可按各式摄像机的说明书逐步操作，初学者读懂说明书，是进入实际操作的第一步。

2. 光线强度的控制

摄像机对光照强度的控制是通过光圈的变化实现的。摄像机设有自动光圈电路，为拍摄者抢拍各种照度的画面提供了极大的方便。在被摄体照度均匀、主体与背景明暗反差不大的情况下，自动光圈能适应从 100 勒克斯到 100 000 勒克斯照度的变化，能够较好地保证图像的质量，但是在主体与背景明暗照度不均、反差过大的情况下，光圈虽然能根据照度的变化迅速进行自动调节，但这一调节过程仍会影响图像质量（如主体在室内、背景是室外天空，便会造成大反差而淹没主体的面目），这时则应改用手动光圈（或对主体测光后将光圈锁定）进行拍摄。当拍摄须使用大光圈缩小景深范围而光照强度超标时，可使用灰镜降低光照强度（专业摄像机多有 ND1/4、ND1/8 等档次的灰镜供选用），以保证正确曝光。

3. 光线方向的控制

电视画面摄制中的光线一般有主光、辅光、背景光、轮廓光（含发光）、眼神光等。一般的标准像是这样的：主光在前侧 45 度（人像正面为 0 度）将左脸照亮，灯光越过鼻梁在右脸下眼睑处投射下三角光，将右脸部分照亮，这是国际人像三角光的经典配光样式。主光是影响拍摄的最关键的光源，它确立了照明的方向和光源的创意，并决定面部阴影的位置。这种前向照明最小化了脸部皱纹、线条和其他标记的影响。前侧主光尽量不用直射光，以柔光效果最好。

辅光（或光照强度小于主光、或灯位距离远于主光）处于人像右前侧 60 度左右，将右脸稍稍照亮，降低左右脸的反差，以消除"阴阳脸"的大反差现象。为控制泛光，辅光大多采用直射光。

背景光加上轮廓光（发光），人物与背景就得以区隔而形成微弱的立体效果。背景光多为反射光，轮廓光多为直射光，这类光的控制以不干涉主光与辅光的布光效果为标准。

眼神光是赋予人物精气神的"点睛之笔"，眼神光源是位于相机镜头下方（或上方）的直射弱光（以不干涉主光与辅光的布光效果为准），光源高度与被摄人物的眼睛齐平。布光后，可明显看到人眼眼珠上有 1~2 个光斑（图 14-3）。需要提醒的是，眼神光的光斑只能有 1~2 个点，有时主光也可能在眼珠上形成多个光斑，导致眼神光的杂乱，这时可通过适当调节灯位予以消除。图 14-4 生动表明了人像三角光的魅力，这是我们在学习用光控制时不可忽视的要素。

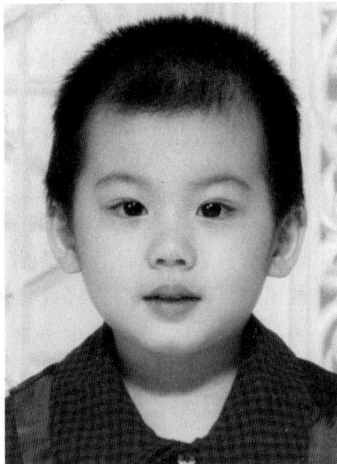

图 14-3　人像不可或缺的眼神光

图 14-4　20 世纪 40 年代
拍摄的人像三角光①

---

① 照片摄自 1940 年新加坡子原照相馆，本书作者收藏。

基于上述人像三角光的解析,有关光线方向的控制可用表 14-2 归纳如下。

表 14-2　光线方向的控制表解

光位名称	主要内涵	应用指引
主光	主光是影响拍摄的最关键的光源,它确立了照明的方向和光源的创意,并决定面部阴影的位置。主光大都从物体正面方向或正侧方向照亮主体,也可从物体背面方向照亮主体,用辅助光照亮物体正面方向,这就是主光的逆向(逆光)应用。	主光从物体正面移至物体背面方向,共有正面 0 度至 60 度、正侧面 90 度、背面 60 度至 0 度等多个用光方向。正面光灯位低于人的头部,由下朝上照射时会产生"恐怖光"效果,人像主光照明的高度不宜高于额头,否则鼻影会压在嘴唇上形成破坏性阴影。正面照明不强调景深,单纯、直白,适用于拍摄幼儿和少女。
辅光	辅光是调剂主光阴影的平衡光。它调节画面影调反差,以消除主光造成的不必要的阴影为宗旨,确立画面影调的和谐程度。辅光还是伴随主光确立画面影调"高调"或"低调"的决定性要素。辅光的强度应该远低于主光的强度。	辅光的效能通过改变灯位方向、距离和灯光的强度得以实现。它一般放在以下三个位置中的一处:(1) 被摄体的前向位置,并稍微高于摄像机高度;(2) 与主光相反的侧向,以产生更好的立体效果;(3) 人像脸部的非关键侧向,这时要特别小心不要产生新的阴影,尤其是鼻影。
背景光	背景光是分隔影像和背景之间影调的区隔光,使二维画面初具三维视像效果。顺向光照亮背景墙,逆向光则照亮被摄体背面。	背景光顺向光照亮背景墙,形成"高调";逆向光则照亮被摄体背面,勾勒出主体轮廓,形成"低调"。逆向背景光与镜头指向相逆,要提防光线窜入镜头。
轮廓光	轮廓光指来自被摄体后方且有一定角度并能"提取"或勾画出被摄体的整个或部分轮廓的光。与背景光有相似的描述功能。	轮廓光是自被摄体的正后方且通常是从被摄体背面上方照射下来,常被用来照亮头发和脸颊(或物体)的边缘,营造主体从背景中分离的立体效果。
眼神光	眼神光是照射人物眼球形成微小光斑的提神光,是确立人物内在精神的重要笔触。	除专门布设的眼神光之外,主光、辅助光都有可能形成眼神光,总体而言,眼神光光斑单眼控制在 1~2 点为佳。

第二节　画面构图的色彩控制

有光才有色。人类的生活充满着色彩,色彩给人带来各种各样的联想和感情,同时,色彩也是电视画面构成中一个非常重要的元素和表现手段。

一、色彩的象征寓意

我们在生活中无时无刻不与色彩发生密切的联系,色彩的自然属性是生活中客观对象的一种表象和标记,比如中国人的头发是黑色的、皮肤是黄色的,树叶是绿的,天空是蓝的等等。色彩学认为,色彩本身并无什么抽象含义,但当色彩进入到人类社会就被打上时代、阶级、宗教、伦理等烙印,产生一种约定俗成的社会寓意,例如中国封建社会中明黄色是帝王的"专用色",五星红旗就会让我们联想到革命先辈抛头颅、洒热血的悲壮情怀。人们对色彩的运用,就是致力发掘它的象征寓意,常见颜色象征寓意如表 14-3 所示。

表 14-3　常见颜色象征寓意①

色　别	象　征　寓　意	色　别	象　征　寓　意
红色	热烈、喜悦、勇敢、斗争	紫色	柔和、优婉、华贵、娴静
黄色	醒目、庄重、高贵、光辉	蓝色	安静、深远、幽清、阴郁
品红	秀丽、鲜艳、飘逸、悦目	绿色	生命、健康、活泼、平和
白色	清洁、坦率,朴素、单调	灰色	和谐、浑厚、静止、大方

色彩,作为一种物质现象,其本身的色相特质几乎是恒定不变的。色彩所形成的感觉多变性,实质上是反映色彩与自然现象、生理现象、人为现象和社会现象的复杂关系。图 14-5—图 14-7,表明了红、绿、蓝三色与自然、生理、人为、社会四类现象的变量关系(即色彩的所指意义),概括性地说明了色彩形成诸多感觉的依据和规律。

综上所述,我们认为:人们对于色彩的感觉源于自然现象与生理现象的有机融合,色彩感觉的发展则与人为现象、社会现象有着千丝万缕的联系,只有准确地理解这一关系,才能使色彩语言进入"意义"的文化层面。

---

①　根据朱静编写的《电影摄影师的创作》(中国电影出版社 1964 年版)相关内容制表。

光明　喜庆　活跃　温暖　幸福　高温　恐怖　崇拜　高压

美好　富贵　娇艳　→　能指对应的所指意义　→　红花红霞

能指对应的所指意义

火与火灾

人为现象的能指

名贵　→　所指意义　→　红宝石

自然现象的能指

红

鲜血　→　能指对应的所指意义　→　亲近　友好　赤诚　事故　伤亡　痛苦

生理现象的能指

视觉注目

社会现象的能指

战斗与武斗

能指对应的所指意义

鲜甜　甘美　成熟　营养　→　能指对应的所指意义　→　硕果

残酷　愤怒　力量　革命　鼓舞　威武　光荣　胜利

能指对应的所指意义　→　危险　停止　警戒　紧张

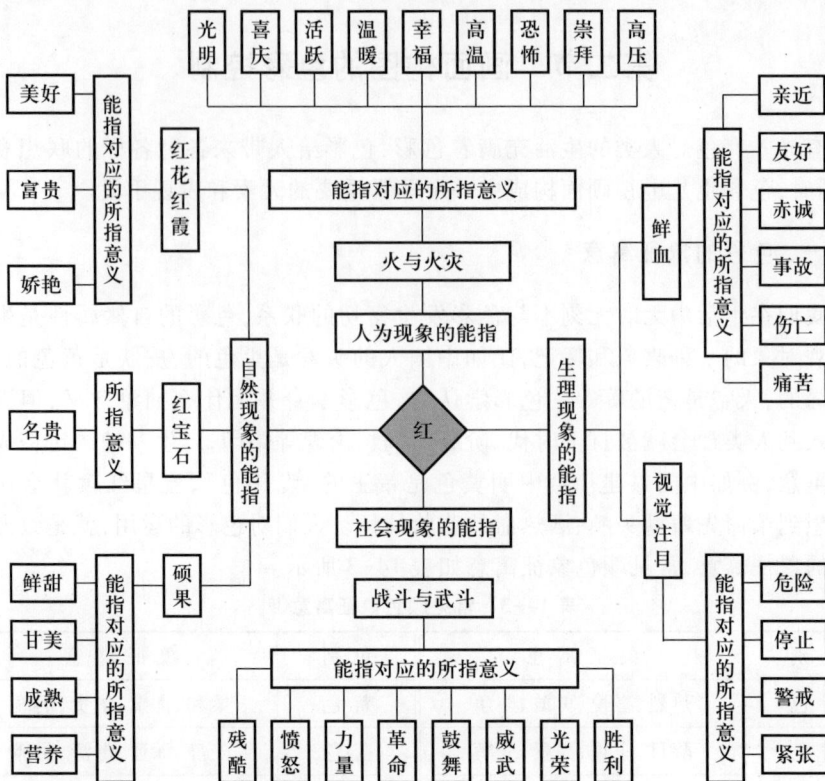

图 14-5　红色相象征意义图示

二、色彩语言在电视画面中的运用

电视画面色彩构图包括色调的冷暖、色度的明暗,色彩的变化、对比、和谐、渐变以及画面上的色块分布等。

1. 色彩的基调与主题

色调是画面中呈现的总的色彩感觉,也就是画面的整体色彩效果。色调犹如音乐中的音调一样,和谐的音调给人以深刻的感染(传播效力),每一幅画面都是根据节目主题的需要确定色彩基调的。暖色调画面表现为红黄基调,冷色调画面则以蓝色为基调。比如在一个篝火晚会的大环境下,当要表现众人的欢乐时,应以篝火的暖色调为基调,当要表现篝火圈外人们小聚低语时,应以如水的月色形成冷色基调。

2. 色彩的对比与和谐

自然界的景物具有丰富多彩的色调关系,它们互相联系、互相影响,形成多样而统一的整体。这种多样性的对比,称为色彩反差;这种多样性的统一,称为

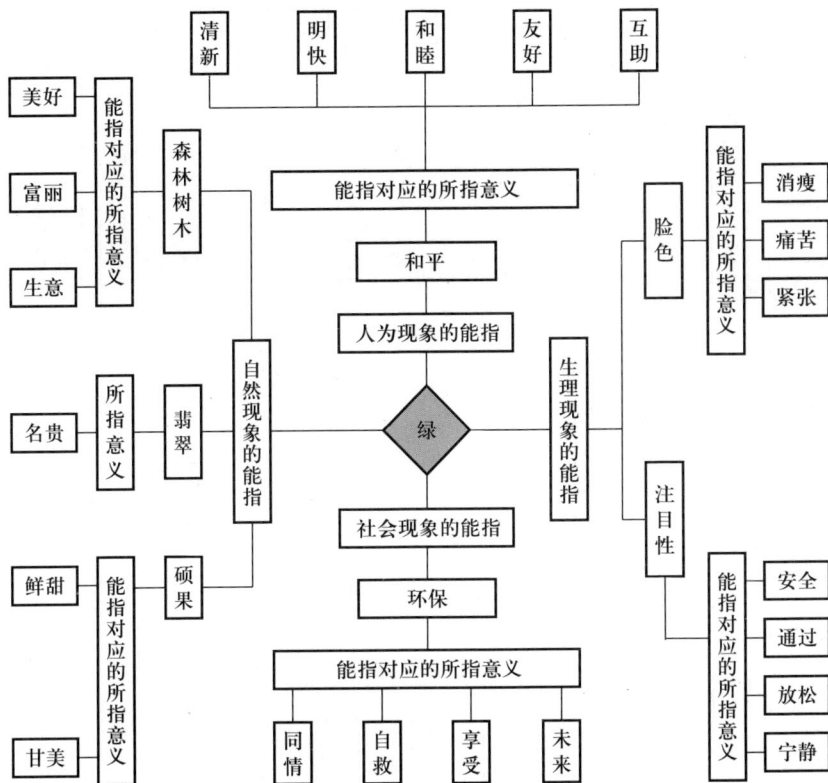

图 14-6　绿色相象征意义图示

色彩和谐。在处理色彩的反差关系时,必须考虑到色彩的和谐;在色彩和谐的前提下,又要充分考虑色彩的多样性。

3. 色彩的渐变与分布

自然界景物的色彩给人的感觉是,近处景色要比远处的景色鲜艳、饱和,画面更富于变化,我们将这一现象称为色彩渐变效应。颜色在画面上的分布大都成块状,我们称为色块。色块分布表现出不同颜色在画面上的组合、穿插。构图时,要注意观察被摄对象是由哪几种色块组成,而后决定取舍,应使近景中有较大面积的饱和色块,给人以强烈的视觉印象。

4. 色彩与光的配合

色彩的表现与光的亮度、色温及环境色光的反射有着密切关系,彩色构图必须注意光的配合。实践表明,各种类型的光线,会表现出种种不同的色相。例如顺光色彩饱和度、透明度高,但缺乏阴影,色调平和,适宜于表现色形丰富的题材(如花卉展览);侧光色彩阴暗对比强,应加补充光,以降低反差;斜射光能表现

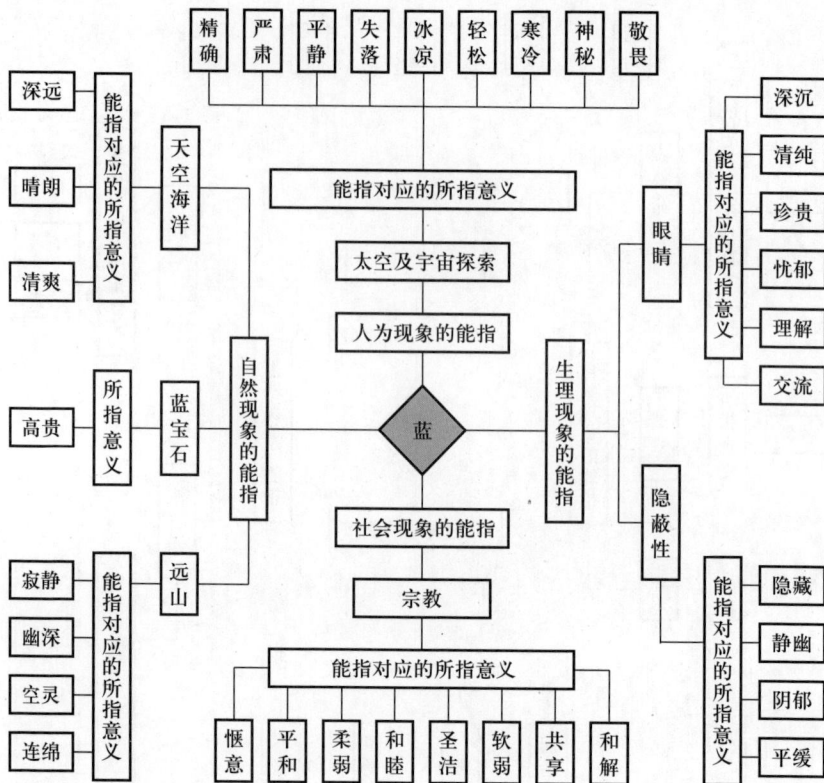

图 14-7　蓝色相象征意义图示

景物的丰富色彩,富有质感、立体感,而逆光则使色彩大量失落。

总之,色彩构图就是要做到色彩饱和、明快,色调统一,色块组合和谐,邻色过渡柔和,给人以鲜明舒畅的感受,以提高画面内容的有效传播为最终目的。

第三节　电视新闻画面的线条

千变万化的形态,无不发端于线条。电视画面的构成,首先需要拍摄者发现线条和捕捉线条。在实际生活中,人们对各类线条已形成抽象认识定势,认为各种线条均具有某种普遍的象征联想意义。

一、线条是画面构成中的基础元素

画面中的任何形体轮廓最基本的形态都表现为线条。在绘画作品中,线条是绘画者对客观事物抽象化的产物;在电视画面中,线条则是事物客体经镜头复制所形成的轮廓层次,并体现出某种思维定式,如:高楼大厦高耸、雄伟的气势,一望无际的草原和浩瀚大海的辽阔情怀,羊肠小道的细腻心绪等。

电视画面造型中的线条是创作者对现实生活中的事物通过视觉进行提炼、简化和抽象后形成的相对独立的有一定属性的视觉形象,并和其他造型元素相结合来实现画面的审美价值(图14-8)。

图14-8　画面中桥梁护栏的弧线、远处建筑物的垂直线构成优美的画面

二、线条是形成电视画面透视的主要元素

线条透视可以构成画面的纵深感,确定物体的远近空间关系,其主要特征是,在画中物象以线条的形式按规律排列,它所产生的视觉效果近大远小,即近处物象大、远处物象小,向远处伸展的平行线趋向于接近,最后汇合成一个点。线条透视是造型艺术中表现空间的一种很有效的手段,形成深远的视觉效果,如我们在电视画面中经常可以见到向远处延伸的高速公路、铁轨,人行道两旁的树木等就体现出这种效果(图14-9)。

图14-9　线条产生了近大远小的透视效果

三、线条的象征意义

尽管从理论上说抽象的线条没有具体含义,但是在实际生活中,人们对各类线条还是形成了抽象认知定势,认为各种线条具有某种象征联想作用。

1. 垂直线条。一般是自下而上地运用垂直线条,给人以庄严、高大、昂扬、岿然不动、严肃、端庄的感觉,有代表尊严、永恒、权力的意味;也有自上而下地运用垂直线条的,造成深不可测、飞流直下之势(图 14-10)。

图 14-10　垂直线条的使用

2. 水平线条。平行的线条,引导人们的目光向左右两边延拓,形成宽广开阔的气势。水平线缺少动势,可以表现大海的平静、会场的开阔、大地与天空的寂静宽广等,常给人以平静安宁的感觉。水平线条还是诸多线条生发的根基,诸如表现为垂直线条的树木、房屋等就是植根于大地的水平线上。图 14-11 中水平线条由会标、座椅构成,会场的庄严气氛与画面的水平线式构图密不可分。

3. 斜线条。斜线在画面中可产生动势,对角线构图有最大的物体包容量(图 14-12)。由于人的眼睛看着斜线的一侧极度缩小或是极度扩张,画面空间有了或大或小的变化,瞬间就产生一种动势。如果结合物体的运动姿态,斜线更有助于强化运动。斜线还意味着危险、行动、崩溃和无法控制的感情,产生跳跃的感觉。

4. 放射形线条。太阳从云隙中放出光芒,产生光芒万丈的感觉;喷薄而出的喷泉,产生奔放、豪迈的感觉,这些都是放射形线条的作用。图 14-13 为上海世博会开幕式上的激光表演,美轮美奂的放射形线条令人目不暇接。

5. 弯曲线条。它可以造成柔和优美、迂回曲折之感,使画面构图变化多姿。如火车在直线上奔驰,和在一条曲线上奔驰会产生两种不同的动态、不同的景深

图 14-11　水平线条的使用

图 14-12　对角斜线构图

图 14-13　放射形线条的使用

和不同的情趣。图 14-14 运用隐喻的手法,借助 4 架飞机特技表演拉出的"白烟"隐喻企业的快速发展、飞扬向上的进取精神。画面采取"V"形曲线构图,曲线虚实有序,简练而意味深长。

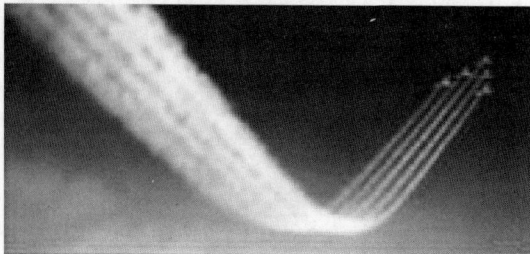

图 14-14　电视画面中的曲线构图

6. 锯齿形线条。大都由连续起伏的波峰波谷构成,诸如延绵不断的山脉、波涛拍岸的海浪、湍急跳腾的河水,都会使人的视线随之忽高忽低地游移,因而产生不安定、不均匀和动摇的感觉(图 14-15)。

图 14-15　延绵不断的山脉构成锯齿形线条

四、线条本身的形式美

当电视画面中出现大雁南飞时"人"字的形状,就会给人一种美的享受,这是因为物象自身就具有优美的轮廓线特征。再如蜿蜒的长城、女性优美的身体曲线等都是美的呈现。

线条的重复排列可以形成一种节奏,这也是线条的一种形式美。图 14-16以平行线和曲线的搭配,勾勒了一幅山水、路桥、列车和谐吟唱的小调。画面中路桥的水平线条、列车的动感、垂直的桥墩与大山曲线的呼应,产生宁静、敦实、稳定的感受。图 14-17 中人物的眉线、眼线、鼻线、唇线描绘了人物的精神面貌,使画中人物产生美感。

图 14-16　平行线与曲线的和谐构成

图 14-17　人物脸部线条柔和

线条本身不可能单独在画面中产生主导作用,只有当它和画面内容及构图中其他因素有机结合,才表现出一定的功能。电视画面摄制中的线条组合要达到两个目的:

一是从形式上,要通过画面的线条构成将分散的影像、零散的线条联系起来,构成画面的整体性,避免画面中的线条杂乱无章,从而有效地表现画面的主体,准确再现影像的轮廓和空间构成。

二是从内容上,通过生动的线条构成,可以表达创作者的思想情感,表述节目的主题,让观众通过美好的构图去领会节目的思想内涵。

五、画面中的破坏性线条

所谓破坏性线条,是指在镜头运动时画面背景线条与主体叠加所产生的干扰视觉美感的线条,其破坏性视觉效果主要表现为线条紧贴在画面人物肩部、颈部、头部。诸如电线杆、树木从主体人物的头顶伸出来,纵横交错的窗框、铁杠贴在主体人物背上等等(图14-18)。

现实生活中各种线条纵横交错、无处不在,在画面摄制过程中避让其破坏性的方法有二:一是离画面主体远的线条,可以通过场面调度避让,或是通过景深调节使其虚幻、模糊;二是贴近画面主体的线条,可以通过镜头升降将它降到人物肩部以下的位置。

图14-18　破坏性背景线条给观众造成视觉压迫感

第四节 影调是线条的具象表达

影调在电视画面中的作用至关重要。那么什么是影调呢？不同亮度的景物会形成有明亮差别的影像，这些明暗差异所产生的黑白灰级差就是影调，它是线条的具象呈现。

所谓有光才有影，可以说光的线条和影的板块是一对孪生兄弟。所有的阴影都是不同强度的光造成的，但是它们产生的具体原因则有所差异。大体上可分为投影区和阴影区两大类。

一、投影区是入射光线被物体遮蔽的结果

投影是指入射光线被物体遮蔽所形成的阴影。投影按照所投下阴影的范围一般又可分为一级投影、二级投影、三级投影。

1. 一级投影

一级投影是指在被摄体表面留下的自身某一部分的投影，它是由于被摄体的突出部分遮断了入射光线而形成的（如人脸上的鼻影系由突出的鼻子投影所致）。它对表现物体的立体形状和视觉质感有重要作用。

2. 二级投影

二级投影是指被摄体整体在附近地面或墙上的投影。图 14-19 是美国电影《沙漠之花》中由人影构成的二级投影镜头。二级投影是画面构成的重要元素，美化画面（如沙漠上驼队留下的投影）、协调构图诸元素的平衡都离不开它。

图 14-19 电影《沙漠之花》中的人影构成二级投影

3. 三级投影

三级投影是指被摄体周围的物体在被摄体上投下的阴影。如树枝投在人身上的阴影,或是被摄体站在建筑物的阴影里,构成三级投影(图 14-20)。

图 14-20   树荫在人物脸部、帽檐下构成三级投影

二、阴影区是入射光线不足而形成的结果

阴影区的形成不是由于物体的遮蔽造成的,而是因为光源(阳光或人造光)发出的入射光线的范围或能量不足而形成的,确切地说这是一种阴暗区,而不是一种投影(图 14-21)。

图 14-21   阴暗区中的主体人物

阴影和明亮部之间还有一个重要的关系就是它们之间的光比。从理论上说,没有光线照到的地方应该是完全黑的,然而事实上,由于空气中有折射光,周围物体有反射光,所以阴影部分也是有亮度的。明亮部与阴影在亮度上的比例或比值就叫做光比。光比的大小决定着画面的明暗反差、造型效果和传播气氛。

三、影调在电视画面构成中的作用

为了保证电视画面的影像质量,电视制作人要明确影调在其中所起的关键作用。电视图像的色彩是以"大面积着色"形式出现的,色彩层次全靠影调来表现。影调的控制,实质是电视画面像质的控制。影调在电视画面构成中的作用有五点:

1. 影调是构成电视画面形象的基础

有光才有影,有影才有形,有形才有线。在电视画面中(包括电影、摄影画面),线条并不是以它在绘画中所表现出来的那种形态而存在的。线条并不是构成画面的首要因素,而是作为轮廓线,作为影调的界线,由影调派生出来的。在构成电视画面的各种要素中,明和暗具有特殊的重要性。因为有了明和暗,画面中各种物体才能成为看得见的影像,所有其他要素,包括形状、线条、质感和立体感等,实际上都是在明和暗的影调基础上产生的。图 14-22 中,黑、白、灰阶调相宜的影调,使各种物体的影像得以清晰显现。影调是构成画面的第一要素,这是与绘画理论决然相悖的认识。一切以绘画的线条与影调理论左右电视画面构成的观念必须彻底摒弃。

图 14-22 电视画面中影调的运用

2. 影调可以突出重点

根据画面内容的要求,运用影调明暗对比映衬的方法,可以突出表现对象。突出亮的物像,一般采用暗影调背景;突出暗的物像,则采用较亮的影调为背景,图 14-23 正是利用影调把剧中的人物从舞台稍暗的背景中凸显出来。

图 14-23　利用影调突出表现对象

3. 影调可以增强画面的透视感

要在二维的屏幕中获得多维的主体效果,除了线条的几何透视作用外,浓淡不一的影调也可以形成层次丰富的空气透视(又称影调透视或阶调透视)。自然景物是由许多浓淡不一的阶调组成的。由于光线照射的情况不同,距离远近不同,以及物体固有的色彩所表现的明度不同,各种物体之间就有了明暗差别,画面的二维空间就呈现出多维的立体效果。图 14-24 中,城际列车的影调连续延伸,加上两旁房屋的衬托,画面透视感毕现。

图 14-24　利用影调增强透视感

4. 影调可以增强画面的质感

所谓质感,是指物体所具有的质地,质感是物体最鲜明的外部特征。是粗糙还是光滑,是柔软还是坚实,影调能够充分表现这些特征,使物体细节更加突出。光洁的玻璃器皿或柔软的毛绒织物,都因为有恰到好处的影调控制才会生动逼真。图 14-25 中,轻柔、飘逸、顺滑的发质特征因影调而得以凸显。

图 14-25　利用影调增强画面质感

5. 影调可以加强画面的气氛

画面的气氛可以深化主题,加强感情色彩。浓淡阶调的配置,使画面因黑、白、灰所占的面积大小而形成各种"调子"。画面上白色(或浅色)影调占的面积大,称为"高调"。高调宜于表现明朗、欢快等情绪内容,也适于表现女性、儿童恬静的性情(图 14-26)。画面上黑色影调占的面积大,称为"低调",低调往往宜于表现力量、深沉、苍劲、忧郁、沉重等情绪内容。如图 14-27 中,茶壶与茶杯古朴敦厚,杯内小面积的浅色调构成了影调的对比,形成低调。如果黑、白、灰各影调参差过渡,配置和谐,中间层次丰富,称为正常调子(如前图 14-20)。各种"调子"的选择均以画面内容的需要及拍摄对象的特征为依据。

四、控制影调的方法

在绝大多数情况下,被摄对象的影调不大可能随拍摄者的主观意愿进行配置。在某种意义上说,电视画面上的影调虽是"自然"呈现,但电视制作者还可以通过照明光线对被摄对象的影调和层次加以区分,比如,使被摄主体受光,形成亮调,而使背景保持暗调,体现出主体与背景的影调差别;使主体保持暗调,背景形成亮调,用亮调的背景衬托出暗调的主体,也能使主体突出,等等。这些处理影调的方法,在室内用灯光照明或从窗户投射进来的阳光照明时较易做到;在

图 14-26　高调画面

图 14-27　低调画面

室外就要通过对太阳这个光源进行巧妙利用,或者通过仔细选择背景的影调来实现。

1. 利用虚实区分影调

这是指通过控制景深,使被摄主体和背景(或前景)形成不同的清晰度,区分开前后的层次,表现出空间深度感。尤其在背景或前景距离与被摄主体比较近而容易导致主体不突出的场合下,这种控制景深,利用虚实区分层次的方法是经常用到的。如图 14-28,画面中清晰的是早春含苞的杨柳,模糊的背景是青松上的积雪。这是专题片《诗人毛泽东》里隐喻青年毛泽东到北京谋求革命思想的画面。被摄对象前后的虚实关系不同,给观众的视觉效果是不一样的。如在拍摄一个游行队伍的场面时,如果前面领头的人是虚的,而后面人群清晰,给观众的视觉感受是强调整个队形或壮观场面;反之,则给人以强调整个队伍的领导者或核心人物的效果。虚实的控制,与光圈的大小、摄像机镜头的焦距、对焦的距离有直接关系。欲得虚实变化明显的效果,宜选用较大的光圈、较长的焦距及较近的对焦距离,否则虚实对比的效果往往不够明显。

图 14-28　虚实影调便于突出主体

2. 通过曝光选择形成影调

电视画面的影调表现大都直接受曝光的影响。倘若被摄对象从最亮到最暗的影调差别不大,对电视画面摄像来说,曝光虽略有差异,只要影调中最亮的和最暗的部分不超出曝光的范围,画面便能很好地再现被摄对象原有的影调变化。但是,在被摄对象影调的明暗变化较大的情况下,不同的曝光量则直接影响画面影调的再现:照顾明亮部分,暗部会损失一些层次;照顾阴影部分,亮部也会损失一些层次。这就要求我们在拍摄之前对画幅中被摄对象的明暗影调进行详细的观察,特别是对于最亮的和最暗的影调要做一番分析,明确什么是重要的,什么是较为次要的,通过曝光保留主要的影调,舍弃一部分次要的影调。如图14-29,运用黄昏时天空亮度不大的特征,以天空亮度为曝光标准,舍弃灯柱细节,将黑色影调(低调)的灯柱的剪影衬托在灰色天空的中性影调上,夕阳西下的意蕴格外浓厚。

图 14-29 曝光对画面影调的影响

思考与练习

1. 简述光线的构图作用。

2. 画面中的破坏性线条是如何形成的?

3. 自寻 3~5 个电视新闻画面,阐述影调在电视画面构成中的作用。

4. 为什么说色彩表达了人们对大千世界的情感体悟?

第十五章　电视新闻画面构成的实体元素

所谓实体元素,是指画面中有视觉叙述功能的显性元素,包括主体、陪体、前景、背景等。

画面语言的运用表现为对社会、自然对象的取舍与安排,使之组成一个可以理解的整体。那些被取舍、组织的对象是画面构成的实体元素。无论是绘画还是照相,无论是电影还是电视,它们的画面构成都离不开实体元素的支撑。

第一节　主体——画面构成的灵魂

一、主体是电视画面的主要表现对象

主体是电视画面中的主要表现对象。它可以是一个对象,也可以是一组对象;可以是人,也可以是物;可以是事件的主角,也可以是配角。画面主体要符合表达内容的需要,上下镜头的衔接,以及构图形式的规律。如图15-1,画面中的白塔是主体,对画中的山、水、树起着统领与组合作用,此谓"画面构成的灵魂"。图15-2中,画面为无主体的"准"空镜头,高远的天空、辽阔的水面,为主体的出现准备空间。当然,画面中的陆地也可视为主体。

图 15-1　主体是画面构成的灵魂

图 15-2　无主体的"准"空镜头

　　主体是画面构成的重点,应使用各种表现手段使主体突出,给人以鲜明的印象。我们以图 15-1 为例做出阐释:画面中的白塔之所以是主体,是因为白色的塔身突兀于深色的山、水、树的群体之中,将诸多景物归顺、统一为一幅风景画,这便是"画面构成的灵魂"之含义。由于白塔处于画面的视觉强点上,抢眼于山、水、树诸物,因此,"白塔"又是"画面内容的主要表达对象"。由于电视具有"动"的本性,电视画面的主体总是上一镜头的主体与下一镜头的主体交替出现,其典型方式如表 15-1 所示。

表 15-1　电视画面主体转换典型例举

典型事件	上一镜头的主体对象	下一镜头的主体对象	镜头方式
国庆阅兵	天安门为主体的广场全景	天安门前行进的队伍	均以全景至中近景至特写(或相反)的景别交替构成画面主体
国庆阅兵	天安门城楼上的领导人近景	天安门前行进队伍的近景	
各种会议	主席台上的发言人	会场里认真聆听或鼓掌的与会者	
文娱晚会	舞台上的演员或主持人	观看演出或鼓掌的观众群体、个体	
访谈座谈	嘉宾或主持人	现场观众群体或个体	
新闻采访	新闻现场的出镜记者	受访人物或新闻环境	

二、突出主体的方法

　　电视画面摄制中突出主体的方法有很多,常见的方式有:

　　1. 主体的构图处理

　　按照人们心理注意的规律,处理构图时,将主体安排在观众视线最易集中的画面位置。实践表明,在 4∶3 和 16∶9 的电视屏幕方框中,运用"黄金分割"原理,可以得到四个接近画面 1/3 处的视知觉强点,这四个点的视知觉强度按照左上 1/3、右上 1/3、左下 1/3、右下 1/3 的顺序依次递减。只要留意一下电视新闻画面中主播所在的位置就可以发现这个规律。在图 15-3 中,火车为主体由右 1/3 处向左运动,画面构成均衡,动势明确。下一镜头的主体可以是行进中的车厢或是车厢内的乘客。在构图处理时,将主体尽可能安排在视知觉强点和注意优势区域,可以获得最佳视觉效果。这一规律对于电视画面抓取活动对象,进行动态构图有很高的指导价值。当然,这一规律的运用是以内容表达的需要为依据的,关于电视画面构图的内容在本书第十六章会详细论及。

　　2. 主体的光影布置

　　这种方法主要是通过用光控制,形成不同程度的反差对比,使主体获得突出效果。一般来说,主体的光线比非主体要明亮一些,这样符合观众的观看习惯。

图 15-3　主体构图图例

大部分电视画面的用光都是遵循这个原则的。但也不是千篇一律,有时候,主体的光线亮度低于画面的其他部分也能取得意想不到的效果。如中央电视台《焦点访谈》开头的主体光影处理就令人耳目一新。片头过后,出演播室全景画面,明亮的背景画面前衬托着尚未被灯光照亮的节目主持人。此时,观众看到的只是主持人的昏暗模糊的轮廓,明显区别于背景的亮色。接着运用了一个推镜头,把主持人拉近,伴随这个过程,主持人由暗变亮,最后以正面呈现在观众面前。这样的处理,在节目一开始就把观众的注意力集中在主持人这个画面主体上,起到了突出主体的效果(图 15-4)。

图 15-4　主体光影布置图例

3. 主体的色彩配置

色彩配置主要是运用"对比"与"和谐"的手法突出主体。色彩的对比关系可以产生强烈的视觉反差效果。在现实生活中进行拍摄时,会有千差万别的色彩和多种多样的对比关系可以去提炼、选择、搭配和表现,蓝天白云、青山绿水、金黄的麦子、火红的太阳等,无一不显示着自然造化的神妙。如图 15-5,画面以黄昏的天空为曝光标准,作为主体的人与马成为黑色的剪影,映衬在火红的天空背景上,主体分外突出。电视制作人只有善于观察、发现和提炼生活中的色彩,才能创作出主体明确、构成合理的电视画面。

4. 主体的焦点虚实

通过调焦控制景深范围,在虚实对比中,突出主体的"实"像(前实后虚或后实前虚)。所谓实,就是画面影像清晰度好,能被眼睛迅速、准确地捕捉到,即画面内望之可及的实体。所谓虚,就是指画面的影像清晰度比较差,难以辨认其面貌。在电视画面的摄制过程中,可以通过控制景深的手段使焦点上的物象清晰,而焦点外的物象虚化,从而做到以虚衬实的画面效果。也就是说,将画面中的主体安排在焦点上,使它清晰;而前景、背景则处于焦点的清晰度以外,影像虚化,由此达到突出主体的目的(图 15-6)。电视制作人常常利用大光圈和长焦距、长镜头等技术手段形成画面的虚实对比关系。

5. 主体的动静对比

电视画面中,大多数构图元素都处于连续运动状态,即便是静止的山峦,因为机位在行驶的车船上,山峦也显得飞奔起来,相对静止的是车船内的乘客。这

图 15-5　主体色彩配置图例

图 15-6　在虚实对比中突出主体

就要求电视制作人找出相应的动或静的参照因素,在动或静的对比下,通过调节拍摄距离和拍摄角度,达到突出主体的目的。图 15-7 是在行驶的车辆内拍摄的天安门画面。天安门城楼作为画面主体与行驶的车辆产生相对运动,静止的天安门因车辆的行驶产生扑面而来的视觉印象,为保证天安门城楼(主体)的清晰度,拍摄距离和拍摄角度都要恰到好处。图左下角的小车距拍摄车最近、镜头最正,影像更显模糊,距拍摄车稍远(镜头也更斜)的车辆形貌则相对清晰很多。

图 15-7　主体动静对比图例

第二节　陪体——凸显主体的绿叶

陪体是相对于主体而言的,它与拍摄主体有紧密联系,是画面中陪衬说明主体景物或人物的元素。

一、陪体的构图意义

陪体主要是陪衬、烘托、突出、解释、说明主体。形象地说,陪体就是凸显"红花"的"绿叶",它在画面中的构图意义有五个方面:

1. 帮助主体说明、揭示画面所要表现的中心含义

在电视画面中,人与人之间、人与物之间、物与物之间都具有主体与陪体的关系。如在拍摄一个演讲的场面时,演讲者就是画面的主体,听众就是画面的陪体;在拍摄一个人给花浇水的画面时,浇花者就是主体,被浇的花就是陪体;在拍摄火车进站的场面时,鸣着汽笛、徐徐开进火车站的火车就是主体,而铁轨、站台就是陪体。陪体也是画面的重要组成部分和画面构图的重要内容。虽然主体对表达画面内容起主导作用,但缺少了陪体的映衬,画面的意义在流动的节奏中就难以充分显示,以致影响内容的充分表达。如图 15-8,画面中人是主体,船是陪体,船前的鸭群是陪体,同时又是前景,具体说明了主体人物的行为内容。

2. 帮助突出主体

主体虽然反映画面的主要内容,但如果只是表现主体而没有陪体,画面往往显得单调、贫乏,如若有适当的陪体加以陪衬,则画面内容会更加丰满,使主体更加突出,所谓"红花还要绿叶扶",就是作为构成画面主体的花,因为有绿叶相伴而显得鲜明、突出。如图 15-9,坐轮椅的老人是主体,旱冰小孩是陪体,小孩的活力生动衬托了老人的安详与宁静。但是这里要注意过犹不及的问题。如记者

图 15-8　陪体映衬主体

对人物进行采访时,有些记者喜欢和新闻人物一起出现在镜头里。这种陪体不仅不能突出主体,反而会分散观众接收信息时的注意力。要知道观众想得到的是纯粹的信息享受,而不是记者的面貌。记者的"出镜瘾"是需要努力戒除的。对陪体进行选择时,必须要有一定的目的,使它在画面中起到应有的作用,凡是内容不需要的,就应通过镜头的运动、机位的变化及时将其"清除"出画面。陪体只能处于与主体相对的次要位置,既要与主体相呼应,又不能分散观众的注意力,更不能喧宾夺主。一些电视画面的语言模糊,看了叫人不知所云,比如说的是某模范的个人事迹,而画面中却有一群人,这就没有区分主次关系。

图 15-9　陪体突出主体

3. 均衡色彩、渲染气氛和美化画面

通过陪体的画面配置可以丰富影调层次，均衡色彩和构图，加强画面的空间感和纵深感，增强画面的感染力和表现力。如图 15-10 中，少女步履款款走上拱桥，身前阳光明丽，身后绿树成荫，成串的大红灯笼与绿树相映填补了少女身后的空白，动静均衡、明暗得体、红绿相融，空间立体的美学效应跃然于画面中。

图 15-10　陪体美化画面

4. 处于画幅之外的陪体给人以联想，为镜头转场提供方便

有的画面中仅有主体，但主体的目光或运动方向朝向画外某处，这是陪体在画外的"间接"作用。在图 15-11 中，人物群体构成画面主体，主体目光一致投向直升机窗外，这一构图形式称为陪体在画外，运动镜头随目光转场至下一个镜头。从图 15-11 的视点出发，图 15-12 既是上一镜头的画外陪体，也是上一镜头的反应镜头，但其本身又是独立的画面，从现有画面看，绿地和洪水物像关系模糊，影调缺乏层次，不易确立有力量的主体元素，该画面称为空镜头更合适。

5. 主体无陪体画面渐成潮流

值得指出的是，因为电视画面的"流动性"，电视制作人在画面构图时，还可以"反客为主"，颠倒主体、陪体的关系以适应内容表达的需要。这种颠倒关系一般出现在主体、陪体同处一个画面的条件下，这与双主体、多主体画面有所区别。近些年来，随着画面构成观念的变化，镜头的景别有特写化趋向，许多谈话节目、电视剧中过肩镜头的比例愈来愈多，较好地帮助观众通过人物特写洞察人物心理活动，无陪体、单主体（图 15-13），双主体、多主体（图 15-14）镜头随之增多，这一现象在广告片中尤为多见。

图 15-11 陪体在画外

图 15-12 既是画外陪体,又是独立画面

图 15-13 婴儿用品广告无陪体、单主体特写

图 15-14　文具广告的多主体画面

二、陪体的画面布局

在分析绘画和照片的画面构成时,都是采用单幅和静止的思维方式。一般来说,一张照片或绘画的主体和陪体是同时出现的;而作为活动的电视画面,它的主体和陪体是可以同时出现在同一个(段)画面中,也可以出现在两个(段)画面中。在许多情况下,为适应内容表达的需要,主体、陪体关系还可以是颠倒的,即先出现陪体画面,再出现主体画面。值得提醒的是,从静态的画面观念看,先出现的陪体画面中的"陪体"又是该画面中的主体,为保证画面构图的完美,拍摄时要认真安排好这个"陪体",再现这段"陪体"画面中的主体地位。如何处理安排,下面逐一分析。

1. 主体和陪体出现在同一画面上

在这种情况下,主体和陪体共同完成传递信息、表达内容、表现主题的任务。但是,要牢记陪体只是"陪"体,只能是在画面构图中作陪衬的对象,只能处于相对主体来说的次要位置。陪体要既能与主体构成呼应关系,又不至于分散观众的视觉注意力,更切忌喧宾夺主,这时要与双主体或多主体区分开来。如图 15-15,画面中的杠铃是陪体,具体说明了主体的活动;图 15-16,因为有了鞍马作陪体,体操动作就不会被误读为自由体操。

2. 主体和陪体出现在不同画面上

这在电视画面中是经常出现的构图现象,按照主体与陪体出现的先后关系,我们把它分为先有主体后有陪体,先有陪体后有主体两种情况。

(1) 先有主体后有陪体

这时候,主体出现在上一个画面中,根据主体的暗示或呼应情况可以预想和推测到陪体的内容,接着在下一个画面中出现陪体,前面说到的"处于画幅之外

图 15-15　陪体与主体处于同一画面

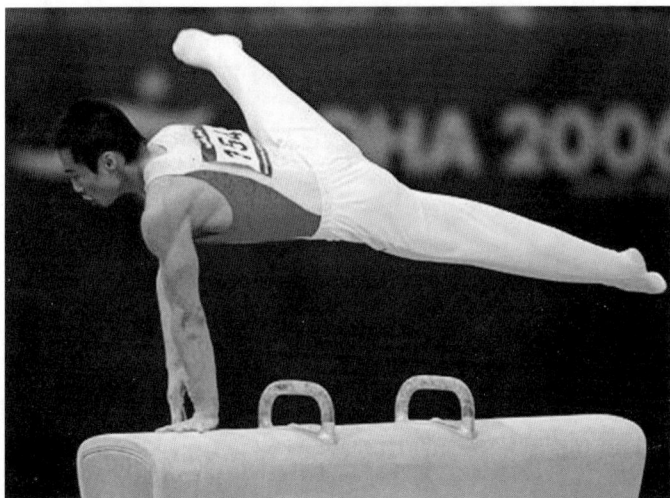

图 15-16　陪体与主体处于同一画面

的陪体给人以联想,为镜头转场提供方便"也属于同类情况。在射击竞赛中,运动员和靶的传统画面关系也是这样安排的:先有运动员射击的主体画面,再有射击靶面的陪体画面,主体、陪体画面这样依次出现可以向观众传达竞赛中的悬念与紧张气氛。

　　图 15-17 中,运动员是主体,手中的枪是第一陪体,第二陪体(靶环)出现在

下一画面中,这是单主体、双陪体的特例。现代电视技术发展很快,一些电视体育直播节目为了及时传达赛况,充分发挥电视压缩空间、时间的特性,将本不可能出现在同一画面中的主体、陪体,运用双视窗的手法完美地组合在一起(图15-18),使得现场的每个场景都能同步传播。但这种蒙太奇的组合手法只是特例,在直播节目、纪录节目中要慎重使用。

图 15-17　单主体双陪体画面

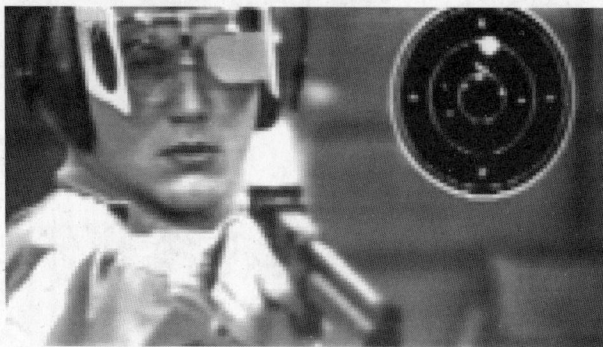

图 15-18　双视窗手法完美地将主陪体合一

　　值得指出的是,有些电视台为追求同时空效应,在做所谓的"连线节目"时,主体和陪体并未相隔千里之遥,只是主体(主持人)和陪体(受访嘉宾)分别在两个相邻的房间里演绎欺骗观众的"假连线",这种有伤职业道德的做法实不可取。

　　(2)先有陪体后有主体

　　这是影视画面摄制中的常用摄制手法,而照片和绘画等静止性画面中无法运用。在电视画面中,根据内容传达的需要,用变化的、连续的画面语言来表现主体和陪体是凸显陪体细节、丰富主体内涵的重要方式。镜头次序是,让陪体先在前一画面中出现,然后随着镜头的运动,与其具有情节呼应关系的真正主体出现在下一个画面中。主体、陪体的关系也就在画面语言的运动中得以诠释,陪体也体现了其陪衬的性质和作用。先出现陪体,然后在接下来的画面中展现主体,一方面可以交代下一个画面中的细节或情节重点,并在镜头间进行场景转换;另一方面也能够丰富画面语言,避免主体一览无余地直露和堆砌,从而加强画面的表现力。2016 年 7 月 1 日《新闻联播》栏目播出的新闻《庆祝中国共产党成立95 周年大会》中,镜头先从会场灯光等陪体饰物开始渲染气氛,然后摇镜头最终落在大会会场和主席台上,用固定全景画面营造出会场主体的热烈、肃穆情景(图 15-19)。

图 15-19　新闻《庆祝中国共产党成立 95 周年大会》截图

很多电视节目在表现某人发生了意外,在医院进行急救时,一般是先给出一个陪体性的镜头,如急诊室外写着"手术进行中"的提示牌或焦急等待的病人家属,然后才是主体性画面,医生和护士推开急诊室的门,众人围上去向他们打探病人的情况等。

需要特别注意的是,我们在运用各种方法来表现主体和陪体的关系时一定要把握好分寸,避免主体不"主"、陪体不"陪"的平庸构图。也就是说,陪体应当始终与主体紧密配合,而不能削弱甚至妨碍主体的表现力。

第三节　前景、背景——主体生存的环境

前景是指在主体前面或靠近镜头位置的人物或景物。前景可以是主体也可以是陪体,但多数情况下是环境的组成部分。前景在电视画面中有着重要的构图作用。

一、前景的构图意义

1. 烘托主体或帮助表达主题

有些画面内容,单靠主体很难完整表现,甚至可能产生歧义,给观众造成误解。而前景就能在一定程度上与主体互相结合,帮助主体表达画面内涵。如在会议新闻报道中,一般拍摄在主席台就座的参会者画面时,会把他们桌子前面的姓名牌也拍进画面,这样观众就知道画面中的人物是谁,避免张冠李戴。在电视新闻节目中,也会在播音员(主体)前方设置相应的资料牌(陪体)。这类介绍牌就是画面中的前景,这是前景在表现主题、烘托主体方面的最简单的运用(图15-20)。

图 15-20　电视新闻节目前景构图

2. 增加画面的层次,表现空间深度

电视画面本质上是一个二维的画面,但在制作过程中我们能够运用一些画面创作技巧,使其具有三维的性质。前景的运用就是其中的一种手法。在电视画面的构图过程中,通过有意识地选择一些前景,能够在画面中表现出三维立体空间的透视感和距离感,从而形成一种生活化的真实感。如图15-21,拱形前景拉开了人群与天安门广场上的纪念碑与纪念堂(主体)的距离,使画面富有层次。

3. 均衡美化画面,使构图增加变化

在电视画面的拍摄过程中,如果孤立地去拍摄一个景物,在视觉上往往会感到画面构成缺乏变化。如果我们善于在拍摄现场选择一些景物作为前景,使它

图 15-21　前景增加画面层次

与画面主体相呼应,就能使构图富于变化,并且达到视觉上的和谐与均衡。一些富有特色、美感和装饰效果的前景,能够给主体提供展现空间,使画面更具有视觉美感,从而更好地表现主体。如图 15-22,颐和园昆明湖上的十七孔桥上空由下垂的柳条构成前景,画面均衡秀美。

图 15-22　前景均衡画面

4. "框"起主体,具有装饰趣味

拍摄中有时会遇到一些物体本身具有框架形状,我们可以利用它把要表现的被摄主体"框"起来,使画面的构图紧凑,富有装饰趣味,增强画面的形式美。这种构图方法,使画面具有"向心"的特点,很容易把观众的注意力引导到框架之内的被摄主体上,使主体成为视觉趣味中心。图 15-23 中的主体是岳麓书院大门及对联匾额,前景是院内曝光不足的廊檐、立柱形成的凝重、对称的黑色框架,有效地引导观众的视线关注主体。

5. 有利于影调和色彩的对比

前景能够丰富画面的影调和色彩,增强与主体、背景的对比,使平淡的景物

图 15-23　框架式前景

更有生气。如在拍摄雾天、阴雨天中的景物或者另外一些明暗反差低、画面影调平淡的景物时,如果能够适当地在画幅内安排一点暗影调的前景,就能增加画面的影调变化,扩展影调之间的对比,使画面显得更加生动。同样,也可以利用前景的色彩去丰富画面的色彩构成,使其具有多样性。甚至可以强调前景的某种色彩,给观众一种特定的色彩印象。如图 15-24,画面中大面积的绿树构成前景,与画内右侧的主体影调映衬对比,引人瞩目。

图 15-24　前景利于色彩对比

6. 在运动拍摄中能增强节奏感

在拍摄行驶着的汽车时,摄像机与汽车运动速度同步,路边的建筑或树木等从镜头前一一掠过,这时主体汽车是相对"静止"、清晰的,掠过镜头的树木(前景与背景)显现出快速横向运动的影子,主体汽车在树木前景的影子中时隐时现,从而增强了画面的运动节奏感(图 15-25)。

前景的运用在构图中的积极作用毋庸多言,必须强调的是:运用要得当,否则会适得其反。首先,前景与画面所展现的环境应该具有内在的联系,应显得协

图 15-25　前景使画面具有动感

调、自然。如在写字台上摆放一盏台灯,则和谐自然,但若换为一件玩具,恐怕就很不协调。其次,前景的形状宜美。前景处在画面的最前沿,在视觉上相当醒目,它本身的构成线条(形状)美不美就十分重要,不美观的前景不如不用。如前图 15-22,颐和园昆明湖上的十七孔桥以轻扬的垂柳枝叶作为前景最为恰当,如果是以一个粗笨的物体作为前景则大煞风景。再者,一般说来,前景的影调比后景暗一些为好,这样有利于表现空间深度,也不至于因为前景的影调太亮而分散观众的注意力。构成前景的对象可以是任何物体,但是要有助于内容的表达,还应与画面的情绪、气氛相吻合。总之,由于前景处于靠近镜头的位置,在画面上成像大,如果处理不当,容易破坏画面的完整,甚至淹没主体。

二、背景的构图意义

背景是指画面中主体背后的景物。背景可以是后景、远景中的人物、建筑、山峦、大地、天空等,也可以仅仅是人物、景物的衬底,一面墙、一方台面、一块布幔或只是色底。

背景有动态背景、静态背景;有绘制的、幻灯照明的、搭建的以及由虚拟特技合成的各种背景。总体可归纳为有像背景与无像背景两种。有像背景应注意选择典型环境,确定恰当的景物范围以及处理好影调、色调;无像背景可利用影调明暗、面积大小以及光影的变化,来凸显主体、烘托气氛,也可作装饰性处理。

电视创作中的虚拟演播室是一种新兴的技术,它可以通过背景画面的变化或者背景保持不变而主体不断改变来表现节目内容。

背景的作用大致有四个方面:

1. 能表现主体所处的时空环境

用花朵、柳絮、枫叶、冰雪等季节特征来表现主体所处的时间环境;用有鲜明特点的建筑、景物来表明主体所处的空间环境。美国国家地理频道播出的系列电视纪录片《企鹅的命运》中记录了一群企鹅为躲避海狮、海豹的袭击,在冰雪中迁徙的艰苦过程,背景就是一望无际的皑皑白雪和冰原,这些画面就很好地表现了企鹅生存环境的艰难(图15-26)。

图 15-26　纪录片《企鹅的命运》截图

2. 能表现主体所处的空间大小

背景紧靠被摄主体,显得空间小,背景远离主体,显得空间大,在电视画面中常常可以利用这一点来表现被摄主体所处的空间大小。比如,利用长焦距镜头,把城市街道上的车辆拍得很拥挤,背景中的建筑物离车辆很近(压缩效应),显得城市格外繁华。也可利用短焦距镜头使背景的成像缩小,显得离被摄主体更远(扩散效应),夸大主体所处的空间(图15-27、图15-28)。

图 15-27　镜头的压缩效应

图 15-28　镜头的扩散效应

3. 能烘托主体,突出其形状及轮廓

我们在观看电视画面的时候,总是希望画面中主要的被摄主体形状鲜明突出,而不喜欢它被湮没在纷杂的背景之中。那么,在拍摄时就要注意把被摄主体与背景区分开来。图 15-29 把主体人物安排在道路两边的树木所形成的透视线的交汇点上,可突出主体。

图 15-29　背景突出主体轮廓

4. 能营造画面气氛、情调,帮助解释内容

　　某些背景,或具有一种特定的含义,或富有一定的造型特征,如果把它作为一种画面的构成因素包含在画幅之中,不仅有利于构图,也能对烘托主题起到一定的作用。图 15-30 中远处的山水优雅地映衬着画面中的主体——轻舟,和谐的配景,充满诗情画意。

图 15-30　背景映衬主体

三、背景为主体营造最佳生存空间

　　在电视画面构成中,背景与前景是主体生存的环境,二者对于突出与表现主体都有着重要的作用,处理好它们与主体的构成关系,将有效地提升画面质量。前文在阐述"前景的作用"时已经一并涉及处理安排的基本方法,相对而言,处理背景的难度更大。主体与背景是"图"与"底"的构成关系,作为"底"的背景,可以衬托主体,表现空间深度。为了保证主体形象鲜明,处理背景时,必须注意主体与背景的影调、色彩、动静、虚实关系,形成相互对比,以达到突出主体的目的。其要义有五:

　　1. 注意影调的深浅。与被摄体的亮暗影调互相衬托,将被摄主体的形状及轮廓交代清楚。例如,亮主体衬托在暗背景上,暗主体衬托在亮背景上,或者利用中间调的背景分别衬托主体的亮部和暗部。总之,主体与背景的影调要有区别。

　　2. 注意色彩的变化。利用被摄主体与背景颜色上的差别,把它们区分开来。如冷色调的背景衬托出暖色调的主体,晦暗的背景衬托出鲜艳的主体,甚至同等色调的物体因颜色不同也能区别开来。

　　3. 注意虚实的对比。利用清晰与模糊的差别,将主体与背景区分开来。可

以利用大光圈及长焦距镜头景深小的特点,使背景的影像变模糊,以此突出主体。在拍摄现场难免要遇到背景杂乱、不合人意的情况,这时可利用影调的明暗和使背景变虚去掩盖那些杂乱的背景,使它们不那么刺目,达到使主体鲜明的目的。如可利用薄雾所形成的亮影调,把远处杂乱的背景掩盖起来,使主体的形状和轮廓突出。有时也可利用大片的阴影掩盖背景,使主体处在亮光下,形成较亮的调子突出主体。

4. 注意动静变化。动中有静或者静中有动都能突出主体。川流不息的人群中一个站立不动的人就能吸引住观众的注意力。

5. 警惕背景的破坏性。电视画面是二维平面,当记录现实生活场景时,它会将三维的立体空间按透视关系压缩为二维平面空间,这样一来就会出现远处物体与近处物体相叠的现象。如果百米之外的电线杆正好与主体人物相叠,就会出现"后脑勺上长杆子"的尴尬画面,这就是背景对主体的破坏。由于电视画面的流动性,短暂的破坏性重叠是难以避免的,需要注意的是起始镜头、结束镜头、固定镜头的拍摄,这些镜头除了要有完整的构图外,绝对不能有破坏性线条出现,因为这些镜头大多用于转场连接,停留时间较长,容易引起关注。优秀的摄影师通常具有"瞻前顾后"的习惯,他们在关注眼前主体的同时,绝不会忘记周围的背景,如图15-31,画面中主体人物被横七竖八的背景线条所包围,摄影者巧妙规避了它们对主体的破坏性。①

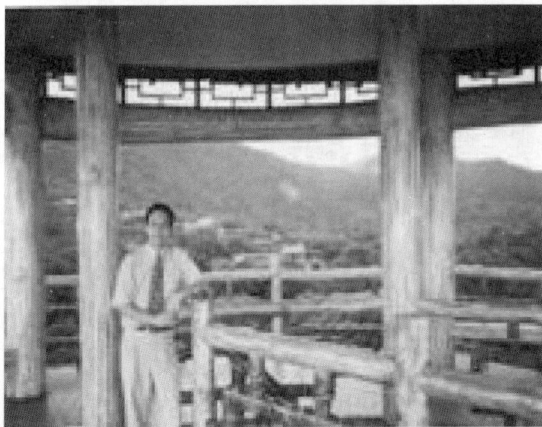

图 15-31　避免背景线条的破坏性图例

①　此图系作者1996年夏应邀访问台湾大学期间,在阿里山脚一景点架设三脚架自拍而得。拍摄时就想到这是难得的线条纵横交错的范例图景。

四、后景——背景、主体间的活跃元素

后景的作用表现为：可以丰富画面主体形象，揭示内容，交代画面内容的背景性材料，可以使画面产生多层景物的造型效果，增强空间深度感。

画面中的后景与背景相比，后景更贴近于主体和陪体，以俯角拍摄的效果最佳。后景在一定条件下亦称背景。

不过，背景与后景虽然位置接近、功能相似，但拍摄者不能混淆概念。从概念上来看，背景有时可以包括后景，与后景一起构成"图—底"关系的"底"。但是，从严格意义上说，后景与背景还是有一些区别的。后景位于主体之后，是与前景相对而言的，因为场面调度和摄像机机位的多向变化，后景也有可能转换位置而成为画面中的前景。背景则属于距镜头最远端的"大环境"的组成部分，只能起到主体背后的"衬底"作用。之所以在这里特别指出后景、背景的区别，是为了进一步提醒读者，虽然电视画面是二维的"平面造型艺术"，但是我们必须具有三维的立体造型观念，应该运用各种摄像技巧在画面上表现出三维空间的纵深感和透视感。其中，合理地安排画面中的前景、后景和背景，是表现空间深度、塑造立体空间的有效途径之一。如图15-32，画面中主持人正在采访，他身后的观众就是"后景"，随着主持人再采访"后景"中的某一位观众，"后景"中的人物又成为主体了。

图15-32　电视画面中后景的安排

以上所说的前景、背景、后景统称为环境，在电视画面的拍摄中，环境除了突出主体，还有下述不可忽视的作用：说明事件发生的时代，表明人物活动的季节、

时间和地点,帮助刻画人物的性格以及营造一定的气氛。这些作用都是电视画面拍摄者在实际拍摄中不可忽视的。

总之,要想表现好画面的主体,要想取得满意的构图,处理好环境因素是非常重要的一个环节。既要让环境发挥其补充说明、客观交代和阐释内容等作用,也要注意对进入画面的环境严加选择,那些与主体无关的"杂乱"景物一概要排除出画面,否则环境因素所形成的"包围圈"就会淹没主体,最终妨碍电视画面的内容与主题思想的表现。

第四节　电视画面构成的特殊元素——空白

《辞海》中谓"空"为"虚",为"中无所有"①。本书取其义,阐释为:在电视新闻画面中没有具体视觉形象的那些对象谓为"空白",具体指画面中处于背景位置、实体对象之间的单一色调的空间。

中国画讲究信息联想,讲究给画面留有空白,给人留有信息想象余地,以使信息"虚实相生,无画处皆成妙境",画中之白虽然没有确定的信息含义,却可以使人浮想联翩。

宋代画家张择端的作品《清明上河图》(图 15-33)的主题是描绘北宋首都汴京(今河南开封),清明节那天从城郊到城内街市的繁华热闹景象。它以全景式的构图,细致、生动、广阔、详尽地展示出当时各阶层人物的生活信息,其中汴河以空白的形态贯穿城乡。尤其是画面中段,以"虹桥"为中轴的汴河两岸热闹非凡,汴河作为空白元素穿流画面中心,使人产生繁华中蕴涵着宁静的信息联想。《清明上河图》不失为画面大胆留白的典型之作。②

图 15-33　《清明上河图》(局部)③

① 《辞海》缩印本,上海辞书出版社 1999 年版,第 5080 页。
② 《清明上河图》评介文字据国画院网的文本改写。
③ 图片来源于中国画院网。

　　空白同样是电视新闻画面摄制中的一个十分重要而又特殊的因素。在电视画面中，落在清晰范围之外，失去了原有实体形态的天空、大地、水面等，由于其色调单一，都可视之为"空白"。空白没有具体的形象，空白是一条无形的纽带，使画面内各个实体元素之间联结为一个有信息意义的整体。如图15-34，两幅画面中的天空就是处于背景位置上的空白，它们起着为画面疏通透气和连接实体景物（楼宇、大地、人物）的作用。如果一个画面中没有空白，填满了主体、陪体和环境元素，会显得杂乱无章，从而削弱了画面实体信息的传播效果。

图15-34　电视画面中空白的作用

　　具体来说，空白在电视画面的构图中主要有下列功能：

一、空白是画面空间分配的重要手段

　　在画面构图时，一般讲究疏密有致，即"疏可走马，密不透风"。实体要素往往是画面中的密，空白则构成画面中的疏。过密，会使画面过于集中而有堵塞感，会影响主体的表现以及画面合理构成。过疏，则会使画面过于松散、不集中，而有凌乱之感。画面中空白元素的合理配置，会使画面精炼、通透，突出主体，让观众有更多的信息想象余地，取得画面构图的和谐统一。图15-35采用俯拍角度将地平线安置于画面上方边缘,大面积水面空白使画面优雅悦目。

图 15-35　空白使画面疏密有致

二、空白是构成画面影调、色调的重要因素

一般来说,空白处于电视画面中的背景位置,空白部分的光线、颜色构成和分布在很大程度上决定了整个画面的影调和色调。在表现恐怖、凝重、罪恶、紧张等气氛时,空白部分一般会选择较暗的光线和色彩;而在表现欢快、轻松等情绪时,空白部分一般都会选择亮的影调和明快的色彩。中央电视台在报道首都某年春节的喜庆气氛时,就着力反映夜色中的彩灯美景,夜空(空白)的深色调将主体建筑物衬托得美轮美奂(图 15-36)。总之,通过在画面中运用空白元素,使之与主体等实体元素构成或对比或和谐的关系,共同构成画面的影调和色调,是电视制作者大有可为的创造空间。

三、空白使画面简练

电视画面构成中空白元素的运用,能使画面看起来简洁、流畅。这是因为实体元素的减少,会使画面一目了然,有空灵之气。空白的这种功能在处理电视画面的转场时也非常有价值。美国国家地理频道的一个电视节目在描写动物们争夺生存场地时,就是运用空白来连接两类动物的出场与进场。图 15-37 画面中即将走出画面的猴子,身后已经留出大片空白,猴子出画后,保持原景物连续 5 秒钟的空镜头,为下一动物(主体)出场(即是转场)做好了空间准备,有效地控

图 15-36 空白衬托画面影调

制了画面节奏。这里,逆光剪影拍摄所形成的空白就屏蔽了画面中的一些无关紧要的背景环境,使它们从画面中消失,突出了画面中的主体元素。

图 15-37 空白使画面简洁

四、空白可以营造意境

处理好电视画面中空白与实体景物的面积比例关系,是画面布局的重要方式。一般来说,如果画面中空白面积大,实体对象面积小,画面就趋于抒情写意(如图 15-38);如果画面中实体对象面积大,空白面积小,画面就趋于写实(如图 15-39)。画面中的空白不是真空和死白,而是意蕴生发的空间。"画留三分白,生气随之发"讲的就是这个道理。茫茫江水中的一叶扁舟,无垠沙漠中的骆驼队,蔚蓝天空上的一行大雁等能营造出意境深远效果,其原因就是在画面构成中保留了大量的空白,给观众留下了能够自由飞翔的想象空间,耐人寻味。

图 15-38　空白面积大的画面

图 15-39　空白面积小的画面

五、空白给物体带来动向、动势,使画面充满可感情绪

　　无论是电视还是绘画、摄影照片,其呈现形式都是被四边形所框限而产生的"画面"。如何在有限的画面空间里表现无限的视域,这就需要为画面中运动的物体留出趋向性空间,以满足观众(读者)心理视像的欲求。例如篝火上方需要大片的火苗上升空间,奔跑需要开阔的前进方向;而当表现主体人物愁苦悲伤时,就应尽量缩小画面空白,以制造压抑沉重的情绪效果。画面中的空白可以为

图 15-40　在主体运动的前方留有空白

图 15-41　在人物视线前方留有空白

画面中主体人物的运动预留空间。一般来说,画面中人物开始运动的位置应该是画面的三分之一处。在电视体育新闻报道中,特别是长跑、短跑等方向性比较强的项目中,如果不给选手运动的前方预留出一段空间,就难以表现出运动的动势(图 15-40)。也就是说,我们要注意"人有向背、物有朝揖",在处理有方向性的物体时,在其前方应留出较多的空白,如在人的视线前方留较多的空白(图 15-41),物体入射光线的方向留较多的空白,等等。总之,在画面构图时,要注意主体的方位与朝向,注意空白位置、面积的处理,以避免"闭门思过"式的构图失误。

思考与练习

1. 结合片例阐述"主体是表达画面内容的主要对象,也是画面构成的重点"。

2. 结合片例阐述陪体的构图意义。

3. 如何拍摄富于诗情画意的前景?

4. 结合片例阐述背景突出主体的图底功能。

5. 举例阐述后景元素如何转换成画面主体。

6. 以某一电视新闻镜头为例,阐述"空白"的传播价值。

第十六章　电视新闻画面构成的三大角度

所谓角度,指记者在事发现场为新闻事实获取有效影像图景立足点的总称,角度涵括画面生成的方向、距离、高度三大要素。在电视新闻的影像图景中,其画面构成,都是通过拍摄角度的选择来实现的。选择拍摄角度来安排构图,是影像物化的起点与终点。拍摄者从不同的方向、距离、高度取景,可以使画面中的主体、陪体和环境背景的关系发生变化而产生不同的意蕴效果。

第一节　电视画面角度构成的美学基点

作为视觉传播产品,美学当是画面构成的首要基点。电视画面构图的目的就是要从人的生理和心理需求出发,使观众在收视中获得审美享受。

一、视觉的美学框架——黄金分割

审美认知并非人们认知中的先天成分,它是客观事物的运行规律、秩序在人类的长期实践中以及认知在人脑中逐渐内化积累的结果。一方面主体"顺应"客体秩序,将客体"内化"为主体的审美图式;另一方面主体又以既得的图式去"同化"更多的客体。视觉的美学构成也是如此。它是人们在认知和审美活动中所获得并逐渐积累起来的相对稳定的概念、范畴体系的总和及其表征方式,在人们的审美过程中,视觉的美学构成发挥着主体(记者)对客体信息进行接受、整理、加工、改造、制作的能动创造性作用,而黄金分割作为视觉的美学框架,被认为是一切造型艺术的不二法则。

1. 何谓黄金分割

黄金分割,亦称"黄金律""黄金段"。即把整体分成两部分,使其中较大部分与整体部分的比值等于较小部分与较大部分的比值,其比值约为 1∶0.618,这样的分割称为"黄金分割"。

朱光潜说:"'黄金分割'是最美的形体,因为它能表现'寓变化于整齐'这个基本原则,太整齐的形体往往流于呆板单调,变化太多的形体又往往流于散漫杂乱。整齐所以见纪律,变化所以激起新奇的兴趣,二者须能互相调和,'黄金分割'一方面是整齐的,因为两对边是相等的;一方面它又有变化,因为相邻两边有长短的分别。长边比短边较长的形体很多,而'黄金分割'的长边却长到恰到好处,无太过不及的毛病,所以最能引起美感。它是有纪律的,所以注意力不浪费;同时它又有变化,所以兴趣不致停滞。"①

黄金分割的发现最早可追溯到古希腊的毕达哥拉斯学派。该学派从数学原则出发,在五角星中发现了黄金分割的数理关系,并以此来解释按这种关系创造的建筑、雕塑等艺术形式美的原因,同时也最早提出最美的线形为长宽成黄金分割比例的矩形。文艺复兴时期的艺术家企图利用数学和几何学的成就找到艺术形式中最美的比例,于是注意到了黄金分割在艺术中的意义。19世纪德国学者蔡辛深入研究黄金分割原理,认为黄金分割无论在艺术、还是在自然中都是形成美的最佳比例关系。德国近代实验美学家费希纳曾根据黄金分割原理作心理学实验,发现在用于实验的几何图形中,最易被人接受的比例关系与黄金分割十分接近。

图 16-1　符合黄金分割的脸庞

现代研究证明,人体构成也有不少符合黄金分割比例的部位:若以人的脸庞为一个长方形,其双眼和嘴巴两条横线处于黄金分割线上(图 16-1),即脸庞构成的长方形的纵向约 1/3 处,那他就会显得均称、漂亮。有鉴于此,我们可以认为,黄金分割能成为审美主体和审美对象的联结因素,是其与人类长期实践活动形成的生理—心理构成协调的结果。

2. 黄金分割在电视画面构图里的意义

在视觉注意的范围内,被注意力指向和集中的少数对象,能获得清晰、完整、深刻的反映,这个区域叫做注意中心;而另外一些事物,则处于注意中心的周围,反映得模糊不清,但不是完全没有反映,这个区域叫做注意边缘。注意中心和注

① 朱光潜:《文艺心理学》,上海文艺出版社 1982 年版,第 305 页。

意边缘都在注意范围之内。电视是在固定的画幅内表现物体。生活中物体的形状,只有在电视画面上占有一定的位置,并和画框的各边线形成某种对应关系才能引起视觉的注意。构图最重要的是决定被摄体在画面上的形状,以及它们各自在画面中所占的面积大小和位置。电视画面构图就是按照人们视觉注意的规律,将主体安排在观众视线最易集中的画面部位,而黄金分割律给我们确定电视画面的注意中心提供了一个坐标。

电视屏幕这个长方形的平面是由两对互相平行的边线构成的。这四条边线并不是静止线段,而是四条具有张力的线,它们对画面会产生作用力。实践表明,在4∶3的电视屏幕方框中,运用"黄金分割"原理,可以得到四个视知觉强点(图16-2),这四个点以A点的诱发力最强,依次B、C、D各点都有相应强度的诱发力。在这四个点上,都可以获得犄角之势,对画面各部分作出照应。这些点都临近黄金分割点的边缘,容易获得开拓与均衡的视觉效果。有人认为,幅面的正中心(画幅中央)是画幅中最端正的部位,它最宜集中观众注意力,也易于形成对称结构。不过,实际上人用双眼观看对象时,很难从正中顾及两翼,只有倚居一隅才能轻松地纵览全局。同理,我们还可以在这个方框中分割出四块不同的"优势注意"区域(图16-3),其中最强优势区域在左上方,依次是右上、左下、右下。也有一些人认为,人类在感知外部视觉材料时,对不同位置上的材料的感知是有区别的,那些处在视域右方的物体,总是更容易被感知。虽然目前没有定论,但根据以上规律,在处理构图时,将主体尽可能安排在视知觉强点和注意优势区域,可以获得最佳视觉冲击力。这一规律对于电视画面不论是静态构图,还是抓取活动对象进行动态构图,都有很高的指导价值。

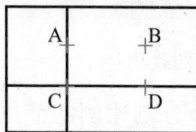

A	B
C	D

图 16-2　四个视知觉强点
注意力转换次序(由 A-D)

33%	28%
23%	16%

图 16-3　画面视觉区域的
视觉强度比例分配

在电视画面的静态构图中,常见的运用"黄金分割"的例子有:

(1)人物在画面的空间位置,如新闻播音员出镜。新闻播音员出镜除了播报少量口播新闻外,更多时候是播报新闻导语。我们会有这种体验,无论是坐在电视机屏幕的哪一侧(当然不能坐在背面),都能感到播音员的眼睛望着自己。这是因为他们的眼睛处在视觉强点上,能够造成与观众"面对面"的交流感。还有人物出镜的肢体比例,新闻播音员的半身画面,其头颈部和其余部分的比例就是"黄金比例"的关系。另外,注意中心的原理告诉我们,播音员出镜时处于接近黄金分割的左垂直线或右垂直线上,使右上、左上方的黄金视点成为整个画面中最突出的部位,视觉效果更佳。另一侧空出的位置,配上与新闻内容相关的画面,我们将其称为"导语画面"。导语画面直观地提示了新闻内容,在形式上则平衡了画面构图,播音员与导语画面的组合运用,是当今电视新闻节目的普遍做法。播音员端坐画面中央盲区位置时,其视觉冲击力不如在两侧强,显得平和、宁静,相对而言,这是播送严肃新闻内容的重要位置。图 16-4—图 16-9 集合了当代国(境)内外主流电视台的播音员出镜画面,值得读者学习借鉴。

图 16-4　美国有线电视新闻网的
播音员画面(正中)

图 16-5　香港翡翠台的播音员画面(左侧)

图 16-6　美国有线新闻网的播音
员画面(右侧)

图 16-7　台湾无线卫星电视台的播音
员画面(左侧)

图 16-8　英国广播公司的播音员画面(右侧)

图 16-9　中央电视台的播音员画面(正中)

（2）地平线、天际线、水平线分割画面的位置。电视画面经常有表现环境的远景和大全景，如海天一色、无边的草原……这些镜头亦可反映人物的情感和生存环境。地面和天空的交界处或水面与天空的接壤处，会有一条平直的线条，这就是地平线。地平线在画面中所处的位置，会明显影响构图的基本形式（图 16-10、图 16-11）。地平线应处理在画幅的黄金分割的水平线上，已经成为毋庸置疑的定论。如果地平线在画面中央，就很容易在视觉上把画面割裂为上下两个部分，破坏构图的完整性，垂直线条的处理亦是如此。当然，如果表现地面景物及其水中的倒影，地平线则可以安排在画面中央。

图 16-10　地平线在画面上方 1/3 处，前景开阔　　图 16-11　地平线在画面下方 1/3 处，背景开阔

在电视画面的动态构图中，也同样适用"黄金分割"的原则。我们知道，对视觉而言，活动的物体比静止状态的物体更易引起人们的注意。如果视觉强点上是静止的物体，而将活动的物体安排在非黄金分割线上，就会导致互相干扰，观众的注意力或是涣散、或是混乱。所以，不是有意营造特殊效果的话，活动物体应处在优势区域，以维持观众的视觉注意力。

二、电视画面视觉美学的形式选择

所谓视觉美学的形式选择，是人们在长期的审美实践中对构成可视形象的各因素进行有效取舍后积淀的具备可供审美的规律性的属性，这些属性符合人类的生理—心理构成特质，对人眼的形式选择和集中具有定势效果。

1. 视觉美学形式选择的学理依据

人类在实际生活中不仅认识和创造美的形式，而且也感受着形式美。这种感官的物象化和被摄对象的物象化是视觉美学活动发生的前提和根据。如我们前文提到的线条，运用自下而上的垂直线条，如利用大树或高耸雄伟的建筑物，给人以庄严、高大、昂扬、岿然不动、严肃、端庄之感,有代表尊严、永恒、权力等的意味;运用自上而下的垂直线条,则造成深不可测、飞流直下之势;而水平线条引导我们的目光向左右两边延拓,形成宽广开阔的气势,可以表示大海的平静、大地的无垠和天空的寂静与辽阔,常给人以平静和安宁的感觉。

当然,对电视画面的构图来说,探求的不仅仅是线条的处理法则,它是主体、陪体、背景、前景、光线、线条、影调、色彩和空白诸多形式因素有规律的组合。这些在长期社会劳动实践和审美实践中形成的组合规律,能通过生理机能引起人的情感活动,是电视画面美学的习惯性选择。

2. 视觉美学形式选择的多样性

电视画面视觉美学的多样性,是指把现实多维(立体)世界的人与物,塑造成为二维画面美的构成对象。所谓"角度变,画面美丑则变",说的是现实生活中的人与物都是以立体的情状存在的。以同一个人为例,摄像机镜头高、低、俯、仰、正、侧、远、近八个角度,就有八种"美"与八种"丑"的影像呈现(还未加入光与色的元素),这便是"视觉美学多样性"的具象诠释。

由于连续性的构图特点,电视画面结构不能着眼于单个画面,而要通盘考虑构图美学角度变化的逻辑规律,寻找被摄对象的"数值的和谐"。

产生于公元前 6 世纪末的毕达哥拉斯学派发现了"美就是数的和谐"的规律,发现了可用"数"来概括长短、大小、比例、平衡、对称的和谐性,基于此,毕达哥拉斯学派最早发现了"黄金分割"规律,而获得关于比例的形式美的规律。[①]先哲们的研究成果告诉我们:多样统一、变化和谐、讲求节奏可谓电视画面构图的总体规律,平衡、对比、比例、参差等则是具体运用的法则。

三、电视画面构图的和谐法则

1. 平衡和谐法则

平衡,原指衡器两端承受的重量相等,引申为在数量上或质量上均等或大致均等。在电视画面构图里,平衡主要指构图诸因素的排列组合能给人带来视觉上和心理上统一均等的感觉。如果不是为了刻意制造某种特殊气氛,电视画面应该遵从平衡法则。平衡包括对称性平衡和非对称性平衡。

对称性平衡,是事物中相同或相似形式因素之间的组合关系所构成的绝对均衡,在形式上有左右对称、上下对称、两侧对称、辐射对称等。在电视画面中,

---

① 毕达哥拉斯学派提出了"美就是数的和谐"的原则,认为"一切立体图形中最美的是球形,一切平面图形中最美的是圆形。"此段论述见北京大学哲学系外国哲学史教研室编译、商务印书馆 1982 年出版的《古希腊罗马哲学》,第 36 页。

如果通过直线把画面空间分为两个相同的部分,则处于对称关系的物体不仅量质相同,而且与分割线的距离也相等。对称形式因其差异较小,一般缺少活力,但宜于表现静态,使人感到整齐、稳重和沉静。在拍摄政治性会议、会见的场合时经常使用对称平衡的构图(图16-12),这样的构图可使场面均衡稳定,主客双方地位对等,观众可以集中注意力凝听会议内容,不受其他因素干扰。

图16-12　对称的构图显得会场气氛庄重

非对称平衡,其原理类似于力学中的力矩平衡。假设分割画面的直线依然存在,非对称平衡的构图于直线两边在明暗、大小、形状、布局等方面有着很大的差异(图16-13)。现实生活中,人即使只通过视觉感受色彩或形体,也能根据一定的心理经验获得重量感,这种现象反映到电视画面构图中,就使人有可能对画面中不同造型的对象形成不同的轻重感觉。一般来说,较大的物体、较浓的色彩(或冷色调)、较暗的光线给人重的感觉;较小的形体、较淡的色彩(或暖色调)、较亮的光线给人轻的感觉。为了获得平衡,按照力矩平衡原理,较重的物体应比较轻的物体靠近支点,较浓的色彩(或冷色调)、较暗的光线应放在注意力中心的偏远处,或是增加另一端较小形体的数目。如图16-13,从非对称平衡角度看,体积大的天安门和体积小的纪念碑是不均衡的,纪念碑靠近镜头,由于近大远小的视距原理,两者得以均衡。浅色的前景纪念碑与黄红深色调的主体天安门城楼构成对比关系。

2. 对比和谐法则

又叫"对照法则",其特征是使具有明显差异、矛盾和对立的双方,在一定条件下统一为一个整体,形成相辅相成的呼应关系。在电视画面构图里,对比的形式有形体大小、色彩浓淡、光线明暗、空间虚实、线条曲直、形态动静、节奏快慢等。这种利用差异进行对比的构图,目的是突出被表现事物的本质特征,以加强

图 16-13　非对称平衡的构图

某种艺术效果和艺术感染力。例如,如果你想把一个建筑物拍摄得雄伟、壮丽、庄严,画面就应该包括能够衬托这些特点的元素,如楼宇的鲜明轮廓,挺拔的树木,天边的云彩等,它们都构成了一定的形状、线条、立体感和质感,由于彼此和谐一致并形成了对比,从而烘托了气氛。另一方面,假如你的目的是要表现对某一物体的不满或鄙视,那么,就不宜使用横平竖直这种稳定的对比,而应当使用不规则的斜线条和杂乱形状的对比。

　　3. 比例和谐法则

　　比例实质上是指对象形式与人有关的心理经验形成的一定对应关系,源出于数学。当一种艺术形式因内部的某种数理关系与人在长期实践中接触这些数理关系而形成的快适心理经验相契合时,这种艺术形式可称为符合比例的形式。艺术中的比例关系不像数学比例那样确定和机械,它往往是围绕一定数理关系上下波动,随人的不同心理经验而变化。不同时代、社会的人的心理经验不同,往往会有不同比例标准。电视画面构图公认的形式比例关系,是著名的“黄金分割律”,前文已经介绍,不再赘述。在电视画面构图里,运用比例法则的地方很多,如主体与环境之间的比例。主体与背景相比,所占画面面积比例小,能展示较为开阔的意境,画面写意性强;比例大,则着重展示主体自身的特征。例如,当一个人置身于莽莽沙漠中,人在画面中所占的面积越小,越会显得沙漠广阔无垠、个人渺小无力。再如图 16-14,船只小与大的平衡,形成好似称重物与秤砣的平衡关系。

　　4. 参差和谐法则

　　在电视画面构图里,参差和谐指事物形式因素部分与部分之间既变化又有秩

图 16-14 比例和谐法则图例

序的组合关系,它的特点是有齐有乱,齐中见乱,乱中见整,形成不齐之齐,无秩序之秩序。参差一般通过事物外在形式因素如物象的大小、高低、隐现、有无,位置的远近、上下、纵横,色彩的浓淡、明暗、冷暖等无周期性的对比、变化表现出来,如人群的高矮、建筑群的错落等(图 16-15)。参差不是杂乱,它是在交错变化中按照一定的章法使画面主次分明、错落有致,以形式的参差表现整体的内在和谐统一。

图 16-15 参差和谐法则图例

5. 主次和谐法则

又称"主从""宾主""偏全"法则,指事物各形式因素之间,主体与陪体、整体与局部的呼应组合关系,体现了形式美"多样统一"的和谐规律。在电视画面构图里,主次法则要求各部分之间的关系不能是同等的,其中必须有主要部分和次要部分。主要部分有一种内在的统领性,往往影响次要部分的有无取舍。这种根据主体需要而设置的次要部分,可多方面衬托主体特征,使画面富于变化。

次要部分具有一种内在的趋向性,这种趋向性使画面显出一种内在的凝聚力,它通过层层递进使主体在多样丰富的形式中得到淋漓尽致的表现。主次法则是为了把画面的各个部分联结为一个有机体并和周围的环境分离开来,通过光线的强弱、影调的明暗来突出主体。在大景别多元素画面中,突出主体除了通过位置方法外,还可以通过面积突出,即哪个物体在画面的面积最大,它就突出;通过光线突出,即在最亮的光线下的物体就最突出;通过色彩突出,即色彩与众不同的物体就最突出;通过线条突出,即处于线条的顶端的物体就最突出;通过角度突出,即处于正面角度的物体最突出。

　　6. 整齐和谐法则

　　整齐与参差相对,一般指事物形式中多个相同或相似部分之间重复的对等或对称。其基本美学特性是能造成一种特定的气氛,给人稳定、庄重、威武、有气魄、有力量的感觉。在电视画面构图里,我们常常可以看到,把许多大体相同的对象作一种线形的排列,往往比一个对象单独存在时更能使人产生美感。最有说服力的例子莫过于阅兵、军训一类的镜头:整齐划一的方阵、迎风飘展的彩旗,相同的方形、明亮的色彩、饱满的画面,给人以力量与威严的感觉(图16-16)。

图 16-16　整齐和谐法则图例

　　7. 呼应和谐法则

　　呼应指景物之间的相互联系,是使画面统一的一种构图方法。它可以利用光、影、色调、实体、虚体及大小各异的对象的相互关系,使画面整体布局达到含蓄、均衡、统一的效果。在安排画面构图时,使人物与景物、光与影、虚与实之间相互呼应,形成画面内部的有机联系。这种联系既表达出一定的含义,也有助于体现画面的整体性。我们常常见到这样的画面,一个人在与他人对话,另一个人不在画内,那必定有他的声音和画中人物呼应。图16-17的镜头中虽然只有小孩子的特写,但通过他的眼神、脸部表情,表明他正在与画面外的主持人对话。

图 16-17 呼应和谐法则图例

8. 集合和谐法则

集合是指依据物体的空间定向、趋势以及人物的视向、动态、表情或景物的明暗、线条构成、色彩关系等,使画面有机结合成一个整体,有突出主体,加强主题表现的作用。和谐的方法有:利用相对方向和动作构成呼应关系;利用线条走向和趋势构成相同指向关系;利用影调构成大面积亮中的暗或大面积暗中的亮,加之色彩配置,使观众视线集中到主体或趣味点上。如在拍摄会议新闻时,可以利用人物的视向集合,先拍一个会场画面交代环境全景,画内的人物目光都朝向同一个方向,这样就使画面组成了一个整体。再如图 16-18 也是一个成功运用集合和谐法则的范例,前景中的水面、路桥、管道形成引导性线条,将观众的注意力引向画面中上 1/3 处的主体。

图 16-18 集合和谐法则图例

第二节　电视画面的拍摄距离

拍摄距离的变化会影响到被摄对象在电视画面中的大小。有两种情况可以实现拍摄距离的变化：一种是摄像机和被摄对象的实际距离，另一种是摄像机镜头的焦距变化（变焦推拉）。虽然用这两种方法得到的画面在景深、视角、透视感等效果方面有所不同，但其实质都是距离的变化。这种距离的变化所带来的被摄对象在画面中呈现的范围的变化，称之为景别变化。景别包括远景、全景、中景、近景、特写。

景别的选择是电视画面制作者对画面叙述方式和故事构成方式的总体考虑，它是创作人员思维活动的直接表现。运用景别的目的，首先，是为了让人们看个究竟，正如我们的实际观察一样，要看事物的细节就凑近观察，要看事物的全貌则退而审视，景别的这种功能主要是描述性的；其次，采用不同的景别，还能创造出各种心理效果，特别是两极景别——全景（远景）和特写，往往能造成某种突出的心理效果。下面分别简述各景别的相关内容。

一、远景画面，空间环境的生动描摹

远景又称大全景（图 16-19），是表现广阔场面的画面景别，它是从远离被摄体的视点上拍摄，包括极大的景物范围。可以用远景画面来表现地理环境，自然风貌，事物的规模、数量、气氛、气势以及大的活动场面。远景画面主要重视空间环境的构成。

图 16-19　远景画面

　　远景画面注重对景物和事件的宏观表现,其主要任务是提供广阔的视觉空间和表现景物的宏观形象,讲究"远取其势,大处着眼",在选择远景画面时,要注意提炼具有表现力和概括力的形象。

　　远景画面表现空间范围大,拍摄主体在画面中所占面积比较小,而空白往往占据较大的面积,因此,它可以寓情于景,表达一种自然含蓄的美感,或表达深远的意境,引发观众的联想。

　　在拍摄远景画面时,要注意调动多种手段来表现空间深度和立体效果,通过深远的景物和开阔的视野将观众的视线引向远方。同时,要尽量避免景物的庞杂和凌乱,要寻找一个对象作为画面构图的支点。由于远景画面包含人物、事物、环境等诸多要素,因此一定要给足屏幕时间,否则,观众难以在很短的时间内看清和理解画面内容,达不到预定的传播效果。

　　早期的电视理论认为电视画面不适宜用远景来表现,理由很简单:看不清。然而,随着摄制、播放、收看设备的数字高清化,远景的屏幕效果已经大为改善。

二、全景画面,重在表现被摄对象的整体轮廓

　　全景是表现成年人的全身范围或建筑物全貌的画面景别(图16-20),它所包含的景物范围要比远景小,有明显的内容中心和构成主体,一般比较重视被摄对象的视觉轮廓和形状。

图16-20　全景画面

　　全景可以表现被摄对象的全貌,可以交代人物之间的关系,还可以交代一定的环境。全景使观众对被摄对象有一个比较完整的认识,其表现效果比剪辑合

成的形象更具有真实感,全景画面所具有的这种能够无间隔地直接再现场景全貌的特点,使它在纪实性电视节目中被广泛应用。

全景在一个叙述性段落中是不可少的景别,有人又称全景为"定位性镜头",即指其可以为故事情节确定情境。全景的这种环境介绍功能使观众在欣赏节目时,可以对镜头中发生的事、出现的人进行"定位",让观众知道人物是谁,他们在什么地方活动,以及人物与环境之间的关系。因此,很多情况下,当一个场景开始时,会用全景镜头对该场景进行设定。

全景所表现的范围比较广,它集纳了众多的构图元素,故电视制作者在拍摄全景景别时,必须注意各种构图元素之间的搭配和协调,注意空间深度的表现以及被摄主体的轮廓和线条,重视环境的渲染和烘托。在拍摄全景画面时,画面中的前景和背景的选择也非常重要,选择好前景可以加强画面的空间纵深感,选择好背景可以衬托、突出画面中的被摄主体。

三、中景画面,注重描述人物与事物的相互关系

中景是表现成年人膝盖以上的部分或场景局部的画面景别(图 16-21)。中景可以表现人物与人物之间、人物与事物之间的相互关系,可以表现被摄人物的动作、姿势。它的优势在于,既可以充分展现人物之间的相互交流,而不致过细;又可以表现一定的环境气氛,并排除不必要的背景环境。在实际操作中,我们可以在一个远景镜头交代环境后,紧接着一个中景镜头展开叙述,或者在一个特写镜头之后,来一个中景镜头,重新确认人物的活动位置和空间关系。

图 16-21　中景画面

　　由于在电视画面中,人物之间的交流和运动状态在不断变化,使得画面中的构图也不断变化,这要求电视制作者必须随时审视被摄对象的动作和表情变化,始终将动作的中心点处理在画面的中心位置。

四、近景画面,凸显人物与事物的情状细节

　　近景是表现成年人腰部以上的部分或物体局部的画面景别(图16-22)。它常用来表现物体的细节和人物的面部特征及表情。近景使观众可以逼近被摄对象作仔细的观察,可以展示人物的心理活动、细微动作,使观众产生一种交流感,从而取得较好的视觉效果。

图 16-22　近景画面

　　近景画面的拍摄过程中,一定要注意"近取其神""近取其质",在拍摄物体时,要注意物体纹理、质地的表现,在拍摄人物时,则要注意人的眼神光和手势的处理。近景拍摄应以抓拍为主,任何干扰被摄对象的摆拍,都会显得虚假不自然。

五、特写画面,人或物的细节选择与放大

　　特写是表现成年人肩部以上的部分或物体细部的画面景别(图16-23)。特写还包括一部分近景。运用长焦距镜头或运用短焦距镜头靠近拍摄,都可以获得特写画面。

　　特写的功能主要是选择与放大。所谓选择,是将人或物从周围环境中强调出来,即"从整体中抽出细节";所谓放大,是让观众逼近画面对象,窥察细微表

图 16-23　特写画面

情或是细部特征。特写的这两大功能,扩大了人们对生活的观察视角。匈牙利电影理论家巴拉兹是这样评价"特写"功能的:它不仅带给我们新的题材……还给我们揭示了我们自以为早已熟悉的生活中的潜在基因。我们对生活全貌认识模糊不清,这主要是因为我们的感觉迟钝、眼力短浅和观察不深。我们只是滑行在生活的表层。摄影机已经为我们揭示出作为一切重大事件产生根源的各个重要问题的内核:因为最重大的事件只不过是各个微小因素运动的最后结合。一连串特写可以使我们看到一个整体变成各个个体的那一刹那间"。①

　　特写的类别可以分为:人物活动背景中的自然环境或生活环境的细部特写、人物动作细节特写、人物躯体细部特写、人物面部表情或面部细节特写,其中细部特写又称为大特写(图 16-24)。这些不同内容的特写,作用都是通过细节去揭示人物的内心活动,去发掘事物的本质。在拍摄特写画面时,构图必须饱满流畅,剔除一切多余的画面元素;还要严格控制好画面的曝光量,对于明暗差别比较大的物体最好用手动光圈进行曝光,而不能完全依赖于摄像机的自动光圈系统。此外,当要表现的场景空间比较复杂时,应避免特写表现空间时的不明确性,否则会使观众对物体所处环境不得其解,产生空间混乱感。

　　电视画面中的景别是检验拍摄者思路是否清晰、表现意图是否明确的重要尺度和标志。

---

　　①　[匈]贝拉·巴拉兹:《电影美学》,何力译,中国电影出版社 1986 年版,第 39 页。

图 16-24　大特写画面

第三节　电视画面的拍摄方向

拍摄方向是摄像机镜头与被摄主体在水平面上的相对位置,是拍摄角度在水平方向上的变化。拍摄方向的变化,可以影响到电视画面中的形象特征和意境。根据拍摄角度的变化,可将拍摄方向分为正面角度、侧面角度、背面角度、斜侧角度、反拍角度等几种。

一、正面角度,呈现被摄对象正面形貌

正面角度,是指摄像机处于被摄体的正面方向的角度。正面角度最能够表现被摄对象的外部特征,把被摄对象的正面全貌呈现在观众面前。生活经验告诉我们,如果要清楚地观察一个物体,最好的办法就是与之进行面对面的"视觉接触"。电视画面拍摄的正面角度正是要达到这种一览无遗的视觉效果。

正面角度的画面可以充分展示被摄对象的横向线条,产生对称、均衡、平稳、庄重的效果。比如报道会议新闻时,从会场正中央拍摄主席台就可营造庄严的气氛。

运用正面角度拍摄人物,有利于展示人物的面部表情、神态,有利于展示人物身体正面的动作和体态,如果加上平角度和近景景别的配合,则可以表现人物与观众面对面交流的感觉,使人物和观众之间产生一种参与感和亲切感,一般电视节目播音员、主持人出现在屏幕上时都是这样处理的。运用正面角度拍摄物体如建筑时,可以产生平静和谐的视觉效果,可以突出建筑物的宏伟气势。例如

拍摄天安门、人民大会堂、人民英雄纪念碑时,多使用正面拍摄的角度(图6-25)。

图 16-25　正面角度拍摄的画面

正面角度拍摄的不足之处是,由于它突出横向线条,这些线条与画幅边缘平行,使得画面缺少纵向的透视变化,没有构图的动势方向,因而缺乏空间深度,如果画面布局不合理的话,就有可能使被摄对象显得主次不分,平淡而无生气。

二、侧面角度,表现被摄对象行动的方向、方位

侧面角度,是指摄像机处于被摄体的正侧方向,与被摄体正侧面成90度的拍摄角度。这个角度主要用来表现被摄对象的侧面特征,勾画被摄对象侧面轮廓形状。侧面角度具有很强的表现力,这从我国的民间艺术皮影戏中就可见一斑,皮影戏主要是通过侧面角度的造型来表现戏剧情节的。

侧面角度可以比较清楚地交代被摄对象的方向、方位(图16-26)。这是因为,运用侧面角度拍摄,被摄对象的视线方向位于画面的一侧或在画面之外,从而具有明确的方向性。在拍摄乒乓球、羽毛球、网球等双方参加的体育赛事时,可以用侧面角度交代双方的位置关系。

侧面角度还可以用来表现人物或事物的动势。对于那些运动着的拍摄对象,用侧面角度拍摄,不仅可以表现其富有特征的侧面线条,还可以表现其运动的美感和气势。比如,经常用侧面角度来拍摄呼啸而过的火车、汽车等具有非常明显动势的对象,可造成强烈的震撼力。

侧面角度可以用来表现被摄人物之间的情感交流,可以交代清楚人物之间的关系与肢体动作(图16-27)。在访谈节目中,除了用正面角度来表现访谈人物外,也经常用侧面角度来拍摄面对面交流的主持人和嘉宾,以形成一种交流的

气氛,增强节目的交互性。

　　侧面角度的不足之处同样是不利于展现立体空间。

图 16-26　侧面角度拍摄的画面　　　　图 16-27　侧面角度拍摄的画面

三、背面角度,牵引观众解读画内意蕴

　　背面角度,是指摄像机处于被摄体的背面方向的角度。背面角度使电视画面所表现的视向与观众的视向一致,使观众产生与被摄对象同一视线的主观效果。背面角度是一种较少采用的角度,但是处理得好的话,这个角度常常可以收到意想不到的效果。

　　背面角度将被摄对象和他们所关注的事物放在同一个画面上,往往带给观众一种强烈的参与感,其视像效应是引导观众透过主体的背影探究画面深层的内涵。近年来,许多纪实性电视节目采用这个角度进行跟踪式采访,即跟在被摄对象的背后进行拍摄,这样,被摄对象面对什么,观众也同样面对什么,从而使观众产生一种心理认同感,具有很强的现场纪实效果(图 16-28、图 16-29)。

图 16-28　背面角度拍摄的画面　　　　图 16-29　背面角度拍摄的画面

　　背面角度具有一定的悬念,这是因为观众看不到画面中被摄对象的面部表情,具有一种不确定性,观众往往想知道其正面的情况,这样观众的好奇心和想象力就被调动起来了,电视画面制作者可以利用这种期盼的心理来设计矛盾冲突和推进故事情节的发展。用背面角度表现人物时,人物正面的面部表情不为观众所见,观众能看到的是被摄对象的姿态和动作,这成为画面的主要形象语言。因此在拍摄背面角度时,要注意着重刻画人物的动作、轮廓,提炼出具有表现力的线条。

　　背面角度还是人物活动"转场"的重要手法。如图 16-30,上一镜头(左)背面角度的人物向画外走出去,下一镜头(右)正面角度的人物则由画外走进来。

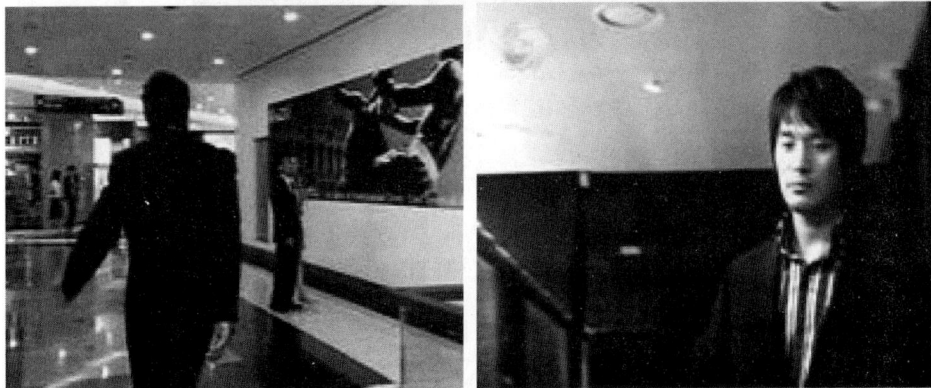

图 16-30　用背面角度转场

四、斜侧角度,营造空间透视的 3D 视野

　　斜侧角度,是指摄像机处于被摄对象除正面、正侧面、背面以外的任意一个水平方向的拍摄角度。它是介于正面角度、背面角度和侧面角度之间的角度,所以兼有这三种角度之长,使所表现的物体形象具有丰富的变化。斜侧角度有利于表现画面的空间透视感和物体的立体感,它能使被摄体本身的横线在画面上表现为与画面边框相交的斜线,形成近大远小和线条汇聚等效果。

　　斜侧角度可以分清画面中人物的主次关系,用以突出需要着重表现的人物或事物(图 16-31)。电视新闻节目中,记者出镜头采访新闻人物时,常常运用斜侧角度拍摄画面,采访者位于前景,新闻人物位于中景稍后,把观众的注意力自然而然地吸引到新闻人物的身上。

　　斜侧角度拍摄可以使画面显得生动、活泼、并富有变化。事实上,拍摄人物时,斜侧角度是一种很常用且有很好表现力的角度,因为它可以避免正面角度拍摄人物面部时的某些缺陷,调整人物脸部的轮廓形象,达到美化面部的目的。

图 16-31　斜侧角度拍摄的画面

　　斜侧角度还可以很好地表现被摄对象的动感。运用斜侧角度拍摄,被摄对象总是处于正面角度和侧面角度之间的变化状态,从而形成一种向这两个方向运动的内在张力。这是单纯的正面角度和侧面角度无法达到的效果。

五、反拍角度,人物交谈的经典轮回

　　反拍角度,是指处于前一个镜头拍摄方向的反面或反侧面的拍摄角度,即前一镜头从正面拍摄,后一镜头从反面或反侧面拍摄,也称为反打镜头(图 16-32)。反侧拍摄人物,几乎是背影,面部看见较少,这两个角度的交替使用,可以有效地调节画面的视觉效果。

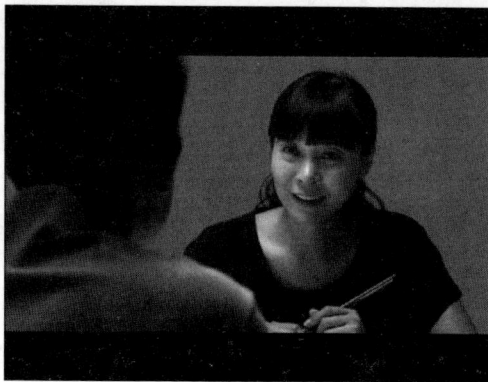

图 16-32　过肩反打镜头

　　反拍角度还可以使观众看到环境的完整性,有助于表现主体对象的多个方

面和立体感,在一组镜头中还可以起到对比、暗示、强调和渲染的作用。

必须注意的是,反拍角度是越过主要人物活动的中心"轴线"来拍摄的,使用不当会导致人物关系错乱和方向不清。如图 16-33,画面越过人物的轴线,方向关系反转,中间要有过渡画面才可上下相接。

图 16-33　越轴的画面

第四节　电视画面的拍摄高度

电视画面的拍摄高度是指摄像机机位与被摄主体在垂直平面上的相对位置或相对高度。拍摄高度的选择在电视画面的摄制中也至关重要,它可以影响到画面中的地平线的高低、景物的远近观感等。根据拍摄角度的变化,可将拍摄高度分成平角度、仰角度、俯角度、顶角度四种。这四个拍摄高度各有不同的造型特点和感情色彩。

一、平角度,亲和宁静的叙述基点

平角度是指摄像机机位与被摄对象处在同一水平线上的拍摄角度。平角度拍摄的视觉效果与我们日常生活中观察事物的情况很相似,合乎人们平常的观察视点和视觉习惯。它所拍摄的画面在构成、透视、景物大小、对比度等方面与人眼观察所得大致相同,使人感到平等、客观、公正、冷静,给人以亲切感,可以用来表现人物的交流和内心活动。平角度是电视画面摄制中最为常用的拍摄高度,中外电视新闻播音员的镜头无一不是使用平角度(图 16-34)。

拍摄平角度画面时,要重视对地平线这个构图因素的处理。通常情况下,我们要避免画面中的地平线平均分割电视画面,导致整个画面构图呆板、单调。为了避免地平线分割画面,我们可以处理好前景,增强画面的透视效果;也可以利用山峦、树木、弯曲的小道等高低不平的构图元素来分散观众的注意力。不过，在某些情况下，如拍摄各种倒影，地平线的这种分割作用则可以收到画面上下对称的视觉效果。

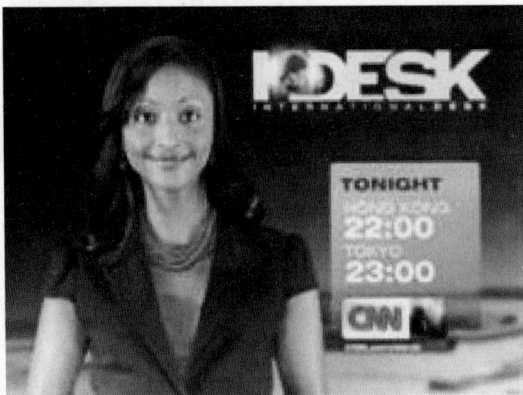

图 16-34 平角度拍摄的画面

二、仰角度，崇高伟岸的颂扬视角

仰角度是指摄像机机位低于被摄对象水平线的拍摄角度。由于镜头低于被摄对象，产生从下往上、从低到高的视觉效果。

图 16-35 仰角度拍摄的画面

仰角度拍摄时，摄像机在被摄对象的水平线以下，低于被摄对象向上拍摄，画内地平线明显下降，甚至落在画幅之外，从而可以突出画面中的主体，将次要的物体、背景降于画面的下部，使画面显得抒情、写意。拍摄人物时，产生崇高伟岸之感，还可使近景人物显得略为丰满；拍摄建筑物则可产生巍峨、雄伟的气势（图 16-35）。

仰角画面中的跳跃、腾空等动作，比实际感觉要更具夸张效果，具有很强的视觉冲击力。比如电视体育节目中,用仰角度拍摄撑竿跳高运动,运动员一跃而起的动作给观众的视觉感受要比实际观察的感受强烈得多。

用仰角度拍摄,画面中竖线条有向上方透视集中的趋势,产生上升感觉,但用中、近景拍摄时,若角度过仰,则易产生变形。所以在运用仰角度的时候,一定要根据具体的内容掌握好分寸,不能一味追求仰角画面所带来的赞颂、敬仰、伟大的感情色彩而无节制地加以滥用,那样可能达不到预期的效果。仰角度拍摄还可以形成上下景物的对比、联系,可以深化主题。

三、俯角度,居高临下的包容视野

俯角度是指摄像机镜头高于被摄对象水平线的拍摄角度(图16-36)。

俯角度拍摄使画内地平线明显升高,甚至落在幅外,有利于交代画内景物的层次、数量及分布情况,可以展现出完整的画面布局,显得宽广,气势宏伟(图16-36)。画面中竖向线条有向下透视集中的趋势,用广角镜头俯拍高大建筑物时,建筑物顶部与地面景色能够形成远近景强烈的透视对比,有"配景缩小"的效果。用稍俯的角度拍摄人物时,因线条向下透视的缘故,可以使之显得清秀。拍摄环境与人的关系时,俯角度可以造成孤单、渺小、茫然、压抑的心理效应。

图16-36　俯角度拍摄的画面

四、顶角度,一览众山的极目远眺

顶角度是指摄像机镜头近似于与地面垂直,从被摄体上方自上而下进行拍摄的角度,地平线落在画幅外。这种角度由于改变了我们正常观察事物的视角,画面构图有较大特殊性,所以在电视画面的创作中运用不多。不过,顶角度运用得好,也可以取得很好的画面效果。

　　运用顶角度进行拍摄,可以使观众感受到被摄对象在大小、高低、上下等方面的对比,形成一种居高临下的心理优越感。这种被摄对象的大小对比,还可以造成物体影像的夸张和变形,获得某种奇特的效果。比如,在楼顶上、飞机上用顶角镜头向下拍摄城市的摩天大楼,可以使摩天大楼形成一种平时体验不到的视觉冲击(图16-37)。如果所要表现的被摄对象本身具有优美的图案或造型,这时顶角度拍摄可以表现和强调这种美感,强调被摄对象之间的相互关系。如我们可以运用顶角度来拍摄花样游泳、舞蹈、大型团体操等造型美感非常强的场景。

图 16-37　顶角度拍摄的画面

思考与练习

　　1. 广角镜头与特写镜头画面对接会产生什么视觉效果?

　　2. 为什么拍摄儿童头像时使用正面角度会取得较好的效果?

　　3. 仰角镜头拍摄的画面为何会有颂扬意味?

　　4. 统计一集电视剧的镜头角度,并做出角度优劣的分析。

第十七章　世界电视采访与制作的经典范本《开拍了》①

> 英国广播公司(BBC)1984年发行的电视节目制作基础教材《开拍了》,是一部承接了百年电影前辈的摄影精要,开拓了全球电视节目制作典范的技术大全。从培育第一代电视节目制作人直至媒体大融合,《开拍了》指明了影视生产应当遵循的基础方法与守则。根据上述认识,我们从《开拍了》一书中引用改编有关户外运动摄像的经典样式介绍给大家。

第一节　《开拍了》图片版

一、《开拍了》为世界电视节目制作树立规范

技术的变革给电视制作手段带来多样化要求,英国广播公司的节目制作人哈里斯·华兹就是在电视技术变革的关口为世界电视制作建树规范的开拓者。

哈里斯·华兹1963年毕业于英国剑桥大学,所学专业是文学与经济学,毕业后就职于英国广播公司,担任广播节目编导。1965年,随着电视传播渐行普及,哈里斯·华兹从广播转入电视,出任英国广播公司的电视节目制作人。

基于广播经历的积累,哈里斯·华兹在电视节目制作方面热衷于时事和纪录片的拍摄,他曾担任英国广播公司电视部的著名栏目《气象万千》(*Panorama*)、《未来世界》(*Tomorrow*)、《地平线上》(*Horizon*)制片人。他还为英国的一些私营电视公司和联邦德国ARD电视网制作电视节目。

哈里斯·华兹的广播、电视制作成果影响甚大,他曾在马来西亚任教广播电视节目制作,曾在尼日利亚、利比亚、新加坡等国家从事电视节目制作与教学,这些丰富的经历,为他后来著述经典电视节目制作教材《开拍了》铺垫了厚实的理论基础。

1982年哈里斯·华兹积18年电视节目制作的精华,撰写了《节目制作人员

---

① 本章整理于英国广播公司的电视精典教材《开拍了》,第二节文字版系从第一节电视版本整理而来,与中国广播电视出版社2006年出版的《开拍啦》并无关联。

手册》,该书出版后受到广泛欢迎,诸多电视台、节目制作公司及相关培训班都引以为基础教材。

　　20世纪80年代正是电视技术成熟,电视传播急速发展而电视节目制作人才匮乏的年代,1984年英国广播公司请哈里斯·华兹改编《节目制作人员手册》改名为《开拍了》,同时制作了同名电视教学片《开拍了》。这个电视教学片虽然发行于1984年,但它涵括了采访过程中所须用到的永不过时的基础技法,几十年来它培养了世界各国一代又一代电视制作人,堪称电视采访方法的经典。

二、《开拍了》室内采访摄像的经典样式

　　电视采访场合虽多,但采访摄像的方法大同小异,这里从《开拍了》中选择典型采访片断,改编为图文组合的方式介绍给大家。在此过程中会涉及之前章节讲到的各种构图技巧。

　　本示范文本的文字稿本基本援引原文(译文),图像因多次转录、采集,影像锐度略有衰退,图片中的说明文字为本书作者添加,阅读时关注其节目制作思路、过程、样式即可。

　　为清晰、准确显示摄像机与被摄对象的关系,《开拍了》的示范镜头大部分是在制图网格环境下用垂直俯视的角度拍摄,画面布局一目了然,实拍效果画面则用小图叠放在大画面的一角。由于该电视教材是用多个镜头诠释一个概念,研读下列图文时可进行镜头运动联想。

案例视频
请扫描二维码

　　1.《开拍了》单机采访的经典思路与方法(图17-1—图17-19)

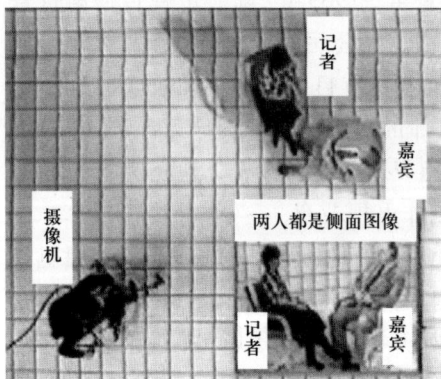

图17-1　假如你是单机采访,一般就用摄像机指向记者和被采访人,可是这样的布局总是拍到侧面头像,记者和被采访嘉宾都是侧面。

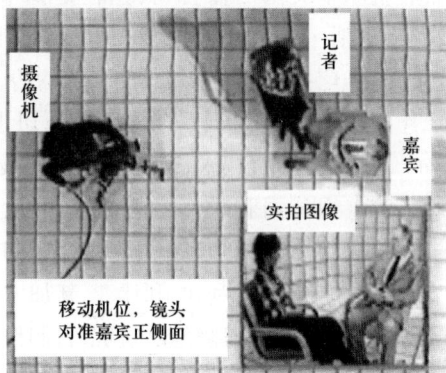

图17-2　侧面像时间稍长就会令人讨厌,观众希望自己是参加采访的一员,而不是无关者,如果你把机位转过去一点,拍到了嘉宾的脸部,那样效果就会好得多了。

图 17-3　要拍到两只眼睛,因为眼睛是和其他人建立联系最直接有效的。可是你无法做到又能拍到嘉宾的一双眼睛,又能拍到记者,除非是侧面像,否则在一个画面是不可能拍到两个人相互看着的图像的,要不就得通过镜子来拍。

图 17-4　处理这个问题的方法是以嘉宾为主来拍摄,暂时不拍采访的记者。当然,记者还是要在画面外离嘉宾最近的地方,甚至就坐在嘉宾对面(不入画面),以便交流、提示采访内容。

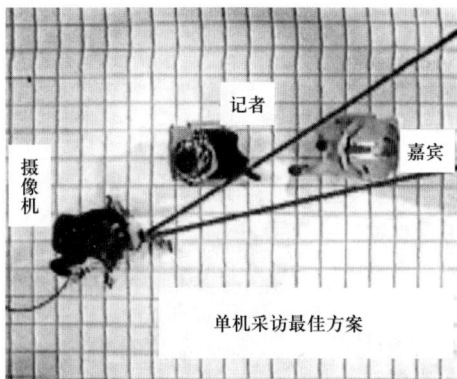

图 17-5　首先把嘉宾放在一个背景前,然后由于人们谈话时自然地要相互对着讲,所以把记者安置在摄像机的一侧。记者在摄像机前侧,这是单机采访的关键,这样就给了摄像机也就是给了观众最好的位置,这是单机采访的最佳方案。

图 17-6　把摄像机放在这个位置上,你可以拍到嘉宾从全景到特写的所有镜头。中景可以用来介绍这位被采访的嘉宾,这样的镜头中还可以看到一些环境。

图 17-7　如果把镜头再拉出来,还可以拍记者过肩的镜头,嘉宾则正好面对摄像机,这样的镜头常用来作为采访的开始镜头。

图 17-8　把镜头推上去,去掉记者,可以拍嘉宾的近景,这是标准的采访镜头,足以表现眼神细节,但是又不要太近而显得强加于人。

图 17-9　特写则是表现内心情绪的最佳景别。

图 17-10　大特写就更加表现神态和内在的感情。从这个拍摄点可以拍到这么多镜头,不必移动机器。

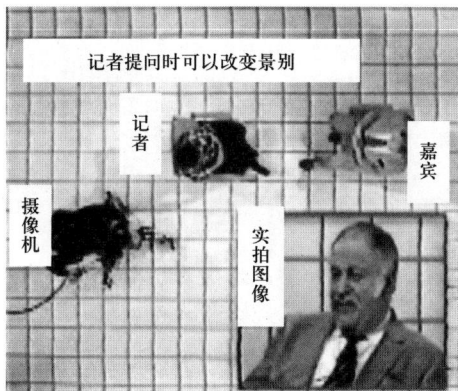

图 17-11 如果你让摄像师在提问题的时候改变景别，那么你以后的剪辑就方便多了。

图 17-12 当嘉宾说话的时候变动景别，比如你把镜头拉出来了，就给人一个印象，你对他的讲话没有兴趣。

图 17-13 在回答问题的时候把镜头推上去也显得过火，没有必要，尤其是当谈话比较轻松随意的时候。实际上拍谈话时应尽量少用推拉镜头，如果推拉结束时，景别正好合适你剪辑的要求，那你算是走运了。

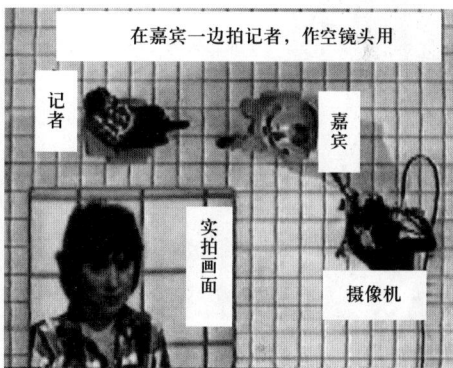

图 17-14 拍摄完后大都会再编辑加工，你需要有一些空镜头。最普通的空镜头就是把机位调过去放在嘉宾的那一头，这样拍记者，记者应该面向右看，以便和嘉宾面向左看相呼应。

图 17-15　如果你把两个镜头来回切换，观众就会知道他们两人是在谈话。

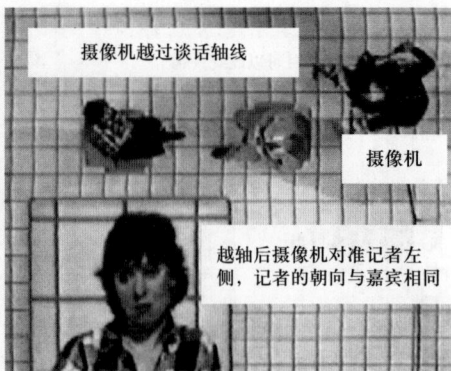

图 17-16　如果机位放到嘉宾的另一侧，就造成了跳轴，这样采访的记者将和嘉宾面向同一个方向看。

图 17-17　如果把机位放在靠嘉宾的正确的一边，就可以拍到记者各种各样的反应镜头。记者只要听就可以了，可以动一动，不要做大动作，否则显得太过分了。当然，一点不动也显得做作。

图 17-18　让记者重复提几个采访中的关键问题，这是很有用的。有的时候移动机位来拍反应镜头可能挺费时间，也许地方狭小，没法移动，也许还得重新布灯。

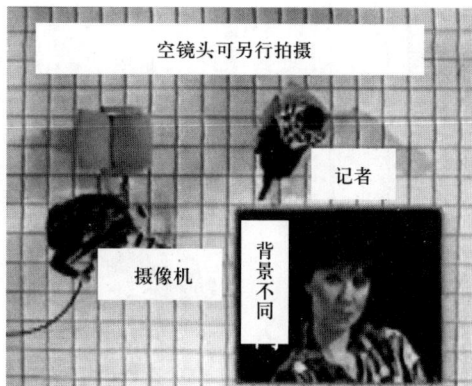

图 17-19　这时候可以借一个角度来拍摄,只要嘉宾面向一方,记者面向另一方,而记者后面的背景与嘉宾有所不同就行了。因为观众从来没有到现场看记者实际背后是怎样的背景,观众也就不会发现你的提问镜头、反应镜头并未同步录制。

单机采访是我国地方电视台在节目制作过程中的主要方式,制作人员只要遵循"六注意"操作就可获得满意的效果。

（1）找好机位角度,要拍到嘉宾的双眼;

（2）防背景杂乱、防光线杂乱;

（3）拍好采访开始的双人过肩镜头;

（4）拍好嘉宾的多景别镜头,以近景为主;

（5）反应镜头、提问镜头可另行拍摄;

（6）拍摄提问与反应镜头时防止越轴。

2.《开拍了》双机采访的思路与方法（图 17-20—图 17-29）

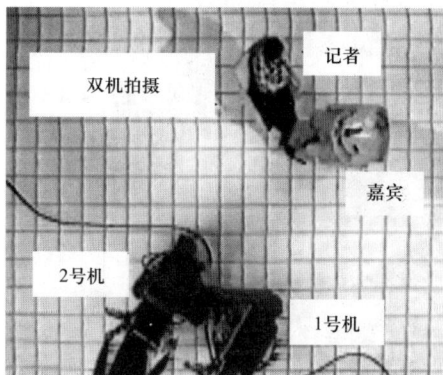

图 17-20　采访时如果有两台摄像机那就容易多了。

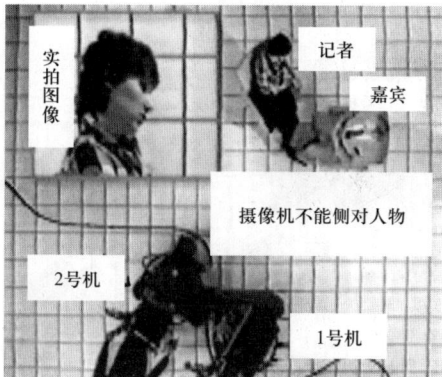

图 17-21　但是不能把两台机器都对着记者和嘉宾。

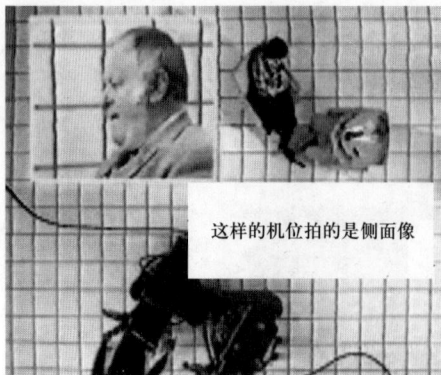

图 17-22　这样的话又只能拍到正侧面的人像了。

图 17-23　要拍到正侧脸部，就得两个机位分开，交叉拍摄，这是双机拍摄的最佳方案。

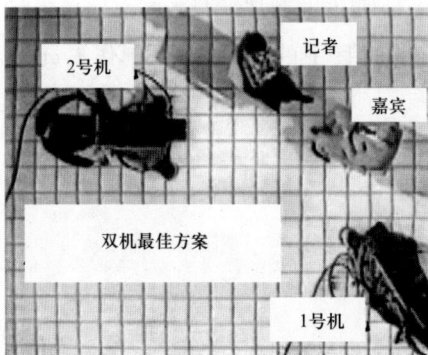

图 17-24　记者和嘉宾的座位布置成一个随意的角度，或是面对面谈都可以。

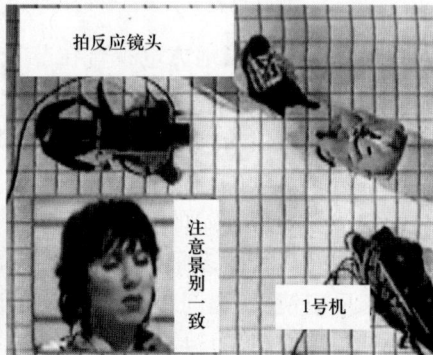

图 17-25　这样交叉拍摄时反应镜头就不成问题了。

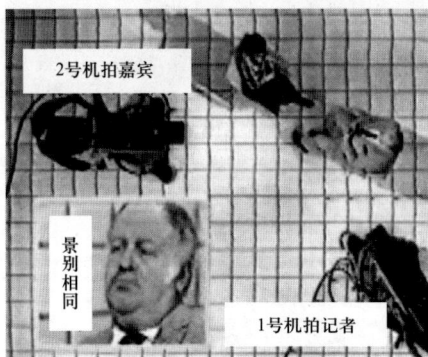

图 17-26　景别要一致，这点很重要。

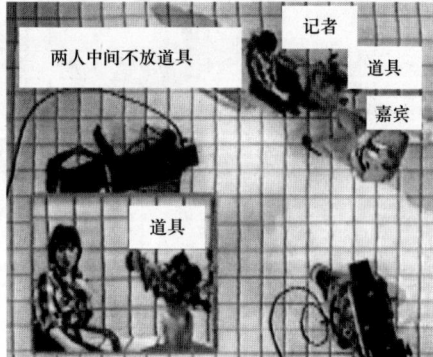

图 17-27　交叉拍摄时要注意别在谈话的两人中间放上道具。

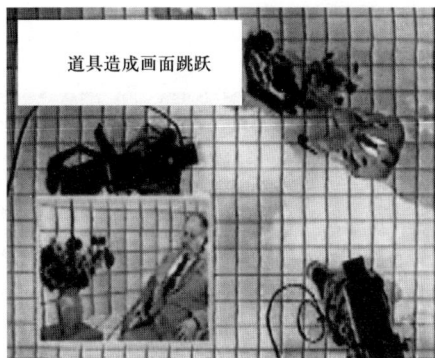

图 17-28 要是景别稍大一点,这个道具在记者和嘉宾的镜头中都会出现,可是却在相反的位置上,对切的时候就造成了跳跃。

图 17-29 引人注目的东西不放在两人中间,而放在一侧,这样就可以避免镜头切换带来的跳跃了。

双机拍摄的基本要求实际上包括了单机拍摄的全部内容,在节目拍摄过程中注意综合镜头的静态性构图和动态性构图原理,协调灵活运用。

三、《开拍了》户外摄像采访的经典样式

1.《开拍了》行进采访的思路与方法(图 17-30—图 17-37)

图 17-30 全景,是行进采访的起始画面。用前景来交代环境,也可用作空镜头、介绍镜头。

图 17-31 中景,采访谈话的主要画面。摄像机位与被摄对象的距离要适当,让谈话人可以走一段距离。

图 17-32　动态画面体现出节目的真实性。摄像师在适当时机停下来让谈话人穿过摄像机，以表现动态。

图 17-33　角度可舒缓节目节奏。摄像师必须随着谈话的人一起移动，跟在背后可以过渡。

图 17-34　侧面摄像要防止人物重叠。侧面移动摄像也是一个动态十足的角度，但时间不宜过长。

图 17-35　要给他们一定的行走空间。谈话的人不能放到画面的边上去，否则像是在边沿碰撞。

图 17-36　谈话行走要提醒谈话人保持匀速。从正前方拍最好也始终拍两个人。

图 17-37　行走中的站立可改变节目节奏。老是边走边说，太长了也令人讨厌，最好是找个地方站住聊聊。

2.《开拍了》驾车采访的思路与方法（图 17-38—图 17-43）

图 17-38　车上谈话，增加运动感。开车谈话效果尚佳，可以说明关于某人的许多问题。

图 17-39　这种画面可以作空镜头用。从车后座拍前面的两人时间不能太长，因为拍不到主角的脸部。

图 17-40 这是在后座拍到的记者镜头。记者可以帮个忙,坐得稍侧一些,这是一个很好的反应镜头。

图 17-41 近距广角拍摄,防止人物变形,摄像师最好的位置是坐在前排,这可以拍到嘉宾的侧面头像。

图 17-42 这类镜头可改变画面节奏。从座位处低角度仰拍可能也有用,这么拍要注意避开阳光。

图 17-43 运动摄像要有静止的收尾画面。要仔细选择道路和避开强光位置。

从《开拍了》这个案例中我们不难领悟摄像机在运动中拍摄的要义,即注意起幅和落幅画面的平稳与完整,《开拍了》的案例画面为我们提供了具体的规范参照。在实际的电视摄像中,为了表现主体的运动过程,摄像机并不是单一形式的运动,而是综合多变的,即推、拉、摇、移等镜头穿插使用。但是不能一味地利用镜头运动(变焦推拉)替代摄像机运动(运动推拉),它们各自产生的影像背景的包容量和清晰度是不一样的。图 17-44、图 17-45 中主体面积相仿,图 17-44 是摄像机运动,广角镜头视角未变,背景清晰,可看到 6 辆车;图 17-45 是镜头运动,推至长焦,镜头视角变小,景深缩小,背景因此模糊,隐约可见 3 辆车。处理画面各构图元素的清晰程度与模糊程度,需要摄像者纯熟掌握各种运动变化技巧。运动摄像过程中尽可能让被摄对象运动,摄像机多拍固定画面为好,过多的推拉摇移易使观众眼花缭乱,推拉摇移过滥将伤及节目的制作质量。

图 17-44　摄像机运动推拉　　　　　图 17-45　镜头变焦推拉

总之在镜头综合运动中,景别、角度等诸造型手段都不是孤立地出现和发生作用的,而是共同为构图服务,当改变景别时,要做到目的清楚,推拉心中有数,停得果断。跟随运动时,要始终将动体保持在相对稳定的景别之中,也就是说,镜头运动应力求平稳,每次转换与人物动作方向一致;机位变化时注意焦点的变化,始终将主体形象处理在景深范围之内。

第二节　《开拍了》文字版

一、电视采访的基本工具:摄像机

1. 摄像机与人眼的比较

人眼就如摄像机,瞳孔就像是摄像机的光圈,但通过摄像机表现出来的图像和人眼看到的是不一样的。

（1）摄像机与人眼的区别

① 人眼可自动调节光线,但摄像机不能。摄像机是机械设备,没有大脑,在明暗对比过强时不能用自动调光,只能用手动才可调到一个适中的光度。专业人士喜欢用手动曝光拍摄。

② 镜头在明暗反差弱的环境中辨别物体的能力差,容易丢失影像与细节。光线明暗区别不是太明显时,摄像机会看不清细节;在镜头中,若暗处的东西不动,观众是不会看见的,因为在镜头中暗处的东西较模糊。

③ 演员从走进屋拿东西到骑摩托车离开,全过程只有 32 秒,但观众感觉好

像有好几分钟长。屏幕的物理时间使观众往往感觉比实际生活中的时间长,这便是屏幕时间对观众心理时间的放大。

④ 在不平的路面,因摄像机通过固定的框架去拍景物,取景框的垂直边线和水平边线与景物形成对比、参照关系,取景框稍有歪斜,画面中的水平线就必然失衡,所以镜头显得很不稳,不断晃动,加上光线的明暗变化,给人感觉像晕车。镜头视角越小(如特写),晃动越明显。

(2) 摄像机比眼睛优越之处

① 摄像机不移动位置就可以拍到多种距离的影像,能从一些特别的镜头(如特写)中取得特别的效果;

② 能用一组镜头来表现一个主题;

③ 能改变物体运动的速度,如定格、倒退、快慢动作等的应用;

④ 画面可使人产生联想(蒙太奇效应);

⑤ 可表现出肉眼不可能看到的情景;

(3) 摄像机不如肉眼之处

① 不能适应明暗对比强烈的光线;

② 动作的实际时间显得拖拉(这是实际操作问题,而从学术上来说这是镜头对时间的放大作用);

③ 运动时聚焦比较困难;

④ 对颤动过于敏感;

⑤ 必须有意识地导演镜头,才能让观众知道看什么(这就是对镜头画面的选择意识)。

2. 镜头光圈的基本构成与功能

(1) 变焦镜头

指焦距可变化的镜头,其中广角是其最大视角。用广角拍摄时被摄景物容易变形。

一般而言,人类双眼的视角为 180 度(即双目朝前加上余光),一个人可以看到很广的范围。但摄像机(标准镜头)却和单眼不转动一样,视角只有 50 度,所以拍摄时要运用不同视角的镜头对被摄物有所选择,不同规格的变焦镜头可实现"你到底想让观众看什么,不想让观众看什么"。

(2) 光圈

光圈的作用体现在两个方面:控制进光量和调节景深。

① 光圈系数越小,曝光量越大。曝光不足或曝光过度,景物层次都会丢失。镜头的光圈一般同时具有手动和自动的功能。

② 景深是指镜头对焦处(即被拍摄的主要对象)前后所能成像清晰的范围。

光圈小,对应的景深大;光圈大,对应的景深小。全景深=前景深+后景深。

（3）镜头光圈与画面质量的关系

①照相和摄像的基本功能是选择,只有选择才有好的镜头产生;

②人眼的选择功能要靠摄像机的剪切功能来加强;

③推焦、拉焦——电视剧经常用(2个人讲话时用);

④太多的推移是不好的。推移的目的是为选择而不是为运动,所以不要盲目推移。

⑤光线的变化与光圈有关,与速度有关,与景深有关——当外界为模糊的灰景时,可用电子技术加亮,把模糊度减小。

⑥注意在选择后将镜头推上去。在几乎没有光线的情况下,可加光线,让对象清晰。

⑦灰镜又叫 ND,加灰镜可减弱进入摄像机的光线强度,是准确曝光、保证画质的重要附加镜。

（4）镜头光圈应用小结

①人眼视角是摄像机标准变焦镜头的大约3倍(但因摄像机的变焦一般是10倍,所以广角和长焦两端是不确定的)。

②你给观众看什么,观众便只能看什么(镜头的选择性)。

③摄像机可隐藏一些东西。

④加倍装置使视角的角度缩小一半,望远增加一倍。

⑤变焦镜头推到尽头时,其景深非常有限,在整个可变焦距的范围当中,视角角度都是缩小一半。而拍摄运动推镜头时,应先调焦后运动,就是先推上去调好焦距,拉回来以后,再推上去。

⑥不要过多利用推拉。

⑦光圈是用来控制进光量的。

⑧光圈开得越大,景深越短,清晰范围越小,景深会受到限制。(现代摄像机在低照度下仍能工作,是因其都使用昂贵的 CCD 偶合材料,其体积越大,表现度越分明)。

⑨光线很暗时可用增益(提升曝光度后,画面颗粒变粗,画质变差)。

3. 摄像机镜头控制

镜头运动要注意运动方向,不要随便滥用推拉摇移。即使使用推拉摇移也要有一定目的。

（1）摇:指摄像机机位不动的摇动,分为左右摇、上下摇。

（2）移:指摄像机边移动边拍摄,分为左移、右移。机位沿一定路线移动,主要靠推车和轨道实现。机位移动,景深不变,视角不变,焦距不变,背景运动,但依旧清晰。

摇、移可以提高观众的注意力、新鲜感。注意：变焦和移机产生的背景内容不一样，所表达的人物和背景的关系也不一样，人物和时空的关系也就不一样。

（3）推：摄像机不动，镜头不断向主体推近移动，视角变短，焦距变小，景深变小，背景模糊。

（4）拉：摄像机不动，镜头从主体局部向后拉开，视角变大，焦距变大，景深变大，背景清楚。

一般让被拍的对象做动作要比摄像机做推拉摇移效果好得多。

（5）升降：又称抬起、压下。

（6）变焦推拉和变焦是不同的，变焦只选择画面的某一部分；

4. 摄像采访的跳轴应用

案例视频
请扫描二维码

在电视画面中，被摄主体的方向不是由主体本身的方向决定的，而是由摄像机的拍摄方向决定的。摄像机的位置对画面中物体的运动方向起着决定性的作用。

（1）变轴、越轴后物体运动方向就反了，关键是保持摄像机和运动物体在运动线上的一致。任何越轴所拍的镜头，都会破坏画面空间统一感，造成视觉方向的错误。但若让观众看到摄像机整个转轴的过程也可直接越轴。

（2）若把两台摄像机放在两头，跳轴便更明显了。在物体运动时，摄像机若不断跳轴，会让观众无所适从，使画面效果显得很滑稽。解决办法如下：

① 让人物朝同一方向走动，若开始时是由右向左运动，便应始终由右向左运动。若人物谈话轴和走路轴的路线不同，则把两个人拍在一个镜头中，不要分开，以避免关系轴线、走路轴线冲突。

② 此时，应尽可能把摄像机放在人物正前面拍，或以背面拍；从背面拍效果很好，但要注意大的景物，否则会不耐看或让人摸不着头脑。

（3）改变轴线的常用方法：

① 插入中性方向镜头；

② 插入与运动主体有关的事物的局部镜头或反应镜头；

③ 插入运动中人物的主观镜头；

④ 借助景别的改变合理越轴；

⑤ 利用主体自身的运动改变轴线。

跳轴会使观众对方向迷惑不解，所以要保持人物朝同一方向运动。除非人物当着观众的面转过去，运动才不会显得太突兀，因而应事先计划好，避免复杂的轴线变化。

二、电视采访的计划安排

"计划安排"有两层含义：宏观含义主要指主题策划，微观含义指具体的节目如何实现较好的拍摄步骤、路线及观赏效果。

1. 案例中隐藏的败笔

这是一个报道某刷子工厂一工人退休，厂长专门为他举行退休仪式的采访报道。镜头从工厂的高大烟囱摇下拉开介绍厂区环境，再进入车间的欢送仪式，因实地拍摄的计划安排失当而败笔连连：

镜头一：没用三脚架，烟囱歪歪扭扭。

镜头二：焦距调整困难。

镜头三：车间噪音影响拍摄效果。

镜头四：事件的要素没交代清楚（如送刷子给工人时没交代刷子的细节，如名称、作用等）。

2. 采访的计划安排

（1）经理从电梯走出，在桌前站住，群众站在左边，礼物放在桌面，制订好计划后就知道在什么地方设置摄像机了。在实际采访前要知道主宾的位置，别怕事前向采访方提出改善拍摄的要求。

（2）三脚架问题：摄像机的框框是四条边的，拿不稳镜头画面会很难看。除非是突发新闻，否则一定要用三脚架，画面要稳效果才能出来。

（3）拍摄过程面临的问题：摄像机架在正对车间窗户的地方，逆光造成镜头"吃光"。

（4）车间的噪音要事先联系处理。

（5）可以增加灯光补充照明的不足，录音话筒的位置同样不可忽视。

（6）交代故事背景（开场镜头介绍环境）：烟囱、升降、拉远、摇下、拉开、横摇、推上去，过程太冗长了。应把摇下和拉出合成一句话：下摇、拉。镜头运动要流畅，要节约时间。镜头运动应有明确的目的。

3. 规整实例，制定正确的拍摄过程

（1）弄清厂长和退休工人从什么门进去（如从电梯中走出）、仪式在什么地方进行，众人的位置也应弄清楚。因拍摄过程不能打断，所以事先了解清楚很重要。

（2）过程中人们的反应也应弄清楚：如这时群众会呼喊，而主宾是一个性格内向的人，多数时候不会说话等。拍摄前提出要求，事先拍反应镜头、空镜头、鼓掌镜头以备编辑时使用（本书作者注：事前鼓掌就是摆拍，该片作者阿里斯·华兹对摆拍与报道的理解有瑕疵。要把计划安排与摆拍区别开来）。弄清楚后，摄像机便应放在窗前,这是最佳位置。这时可要求主管把仪式地点适当前移,方便放置摄像机;摄像机若必须放在窗对面,则应把桌子放在电梯门附近,避免吃光。只要要求不过分,被采访单位一般都会较好地配合。应事先了解环境,若噪音很大,应事先处理。群众的镜头杂乱一点也没关系,因为出现的镜头比较少,时间比较短。

（3）画面语言要精练。烟囱摇下后拉出来再摇上去,时间太长,如果摇下再拉出会好一些,但还不够,如把三个镜头合成一起就流畅得多,还能为下个镜头铺垫。较好的拍摄范例是:从烟囱一直摇下,同时推上,再切换到具体的公告板。

（4）电视采访计划安排小结

计划安排是为了保证节目的成功。

① 应事先了解事件的过程和地点,不要粗枝大叶。对整个场面的光线、地点、人物等要掌握好、调度好,把握拍摄的主动权;若有必要,可要求对方做适当改动,以方便拍摄。

② 预先想想声音的问题。

③ 应计划好什么时候拍一些空镜头,可多拍一些空镜头来备用(但新闻应同步拍摄,而不应预拍)。

④ 预想到的要计划好,这样才能更好地应付突发事件。

三、电视采访的编辑

这是一个工厂为了提高生产力,每天上班前让工人做十分钟运动的报道。这个版本是按照事件发展的时间顺序来编辑的,在一个工厂的场景镜头之后,从该工厂的老板怎么想到办这个厂、工厂的效益情况讲起,然后讲到他们如何想到用做早操的方法来提高工人的工作效率,在这个过程中出现的画面一直是工人们在做早操,然后才接上工人们对这一做法的评价。

一连串工人的讲话,用张三、李四等的发言将做运动的效果串起来,这种形式依然值得提倡。

1. 电视编辑的基础认识

（1）拍片子时应有意识地去选择镜头,让每个镜头都有其意义,好的片子,没有不必要的停顿和镜头来浪费观众的时间。

（2）编辑的任务首先是把结构完善起来,然后再注意细节。

（3）不必要的情节和镜头应用剪切的方法将其减少或删除,但对人物的采访镜头不应剪得太急促,应留点时间给观众适应新闻人物的口音。

（4）(注意)采访时要拍好起始镜头,把涉及的主要环境、人物、地点等用镜头简要带过。播报新闻先从环境和人物切进去,然后再叙述事件(与报纸新闻的倒金字塔结构类似）。起始镜头用不了什么时间,但可使新闻更引人入胜。可利用画面与画面的相似镜头做衔接。

（5）对人物采访录音有一种很实用的编辑方法:先确立一个模式（即话语主题）,再用一些画面插进去。但应先把录音中的停顿等冗余信息切掉。

（6）对于同期声,恰当的做法是让新闻人物的画面和声音同步出现,只有声音和画面合二为一时,新闻的真实性才能得到保证。

2. 电视采访编辑的三个叙述步骤

（1）确立叙述模式,包括声音和画面在内的两种语言模式。

（2）确定印证素材,确立好叙述模式后,尽快找出主题,并确定什么时候用画面来证实新闻的真实性,什么时候用语言来证实新闻的可信性。

（3）确定编辑模型,用几个声画有机组合来完成模式的整合。

3. 工前操报道同题实例分析一

（1）采访车间主任的镜头长达 1 分 16 秒,其中很多是停顿、犹豫和充满口语化的镜头;新闻采访的一大忌便是让新闻人物滔滔不绝地去讲,其缺点是节奏缓慢,语言啰唆,口头语太多。由于有画面分解理解的难度,所以电视新闻的播报速度应比广播播音稍快。

（2）使用新闻人物的录音应注意三点:要用,少用,用好。

（3）由于原文录音显得很啰唆,而且接用剪辑后的镜头配录音,又因景别不同,画面跳动大,而显得很突兀（在电视剧和电影中忌讳景别和人物画面的跳动,但对电视报道可两极镜头对接）。最好的解决方法是用其他艺术镜头配上剪辑好的新闻人物的现场录音（即把录音编好后,再用镜头盖上去）。这样既不突兀又有表现力。

（4）画面编辑时应用相似点来连接镜头;在两个新闻人物之间的剪接中,应尽量用手、脚、相似的器物来过渡。

4. 工前操报道同题实例分析二

这是关于同一个报道的另一段较好的编辑范例。

（1）这个版本的时间、空间节奏有很大的跳跃性,一开始就展示出工人们做早操的画面,并用"是业余艺术家吗？还是在教演奏？也许是上健美课吧。"的旁白来引起悬念。

（2）在简单介绍工厂的情况后,就开始让单个的工人谈他们对做早操的看法。最后是通过一问一答来结束的,旁白提出问题:"那么,这个体育锻炼最后是不是真的使生产增长了呢？"用对生产科长的采访作为结尾。

两相比较,第一个版本比较呆板;第二个版本则曲折跌宕,有悬念,有问答,层次清晰,更有节奏感。毫无疑问,如果让观众选择的话,他们会喜欢看第二个版本。相同题材的不同编辑产品,体现出的是编辑思路的不同和编辑水平的差异。

5. 电视采访编辑小结

(1) 首先要把结构建好(包括新闻主题和话语模式),然后再注意细节(即哪些地方出同期声等)。

(2) 尽可能筛减采访的素材。

(3) 采访中的信息往往可用解说词更好地表达出来。

(4) 镜头节奏要尽可能快一些,并让人感兴趣,说话吞吞吐吐的采访素材要大刀阔斧地删掉(即啰唆的话语应尽可能删掉,尽量用话外音补上,再用镜头贴上去)。

(5) 镜头衔接时尽量用相同的景别和动作来衔接。

(6) 灵活考虑问题,充分运用素材。

四、电视节目制作的基本技巧:切与化

1. 电视节目制作的"切"

如果你想向某人展示某物体的时候,比如说电话,切到特写的时间就很重要。当你指向物体的时候,切换的时间应该是手指向电话的那一刻。

(1) 如果在手指之前就切,会使观众迷惑不解,因为这两个镜头之间是没有配合的。

(2) 晚切换比早切换更别扭,同样也是观众期待什么的问题。如果手指指向电话号码盘,观众会期待马上切换,因为观众想看到号码盘的细节。

(3) 上面讲的是在指示的动作过程中切到特写。切早了或切晚了都很别扭,因为切换不在动作发生的同时。但实际上切换并不只是在指示的动作过程中才可以应用,切换还可以用在看的动作过程中。比如我朝电话看,这就是切换的良好时机。

(4) 最后,还有一种切换的良好时机,就是当表演者谈到一个新的话题的时候,比如我在泛泛地讲通信问题,然后我说:就拿电话来说吧。这时候切换是适时的,尽管我没有看没有指,切换也是适时的。看与指是切换的可见信号,此外还有语言信号,当我讲到一个新话题"电话"的时候,观众想看到一部电话。

(5) 这样的切换之所以合适,还有另外一个原因,即在切换之前,你在看着我,电话机不在镜头里。如果电话在镜头里,我不看不指的话,那么切换是不合适的,即使是讲到一个新的题目。你能看到电话就在我身旁,而我讲到它时却不去看它,这对我来说是不自然的,因而切换也是不自然的。这归根结底,是观众想要看到什么的问题。如果电话就在我身旁,当我讲到它时,观众就要求我看

它。

（6）"切"的要点。"切"在指示的动作期间,不在之前也不在之后;"切"在看的动作期间,因为观众想要看到特写;如果物体不在表演者的身旁,那么就没有必要让表演者看或指向物体,只要话题一转,作为切换的语言信号就可以了。

2. 电视节目制作的"化"

"化"取决于情节的需要,比如脸转换为电话,或电话转变为脸。化要特别小心,只有很少几种情况需要用到化。遇到疑问,宁可用切而不用化。比如我转身向某个地方走去,只要在动作过程中切过去就可以了,如果用化就会很怪。同样,刚才那个镜头,在下列两种情况下用到化是可以的。

（1）当我要回过去看前面的镜头,或者当我从过去回到现在,用化是可行的。化是用来表示进入过去或将来的常规手法,也就是说,可以用来表示时间的迁移。

（2）化的另一种用途,是在下一个镜头的平均亮度有明显区别时。在这种情况下,用切会使人讨厌,因为迫使观众的眼睛去适应突然的亮度变化;如果用化,就可以帮助观众的眼睛逐渐适应,这种效果就比较好。

刚才讲的是化的两种规则,其实不论是切还是化,主要是依据观众所期待的以及拍摄者想取得的艺术效果来判断。请记住,观众的期待,不仅来自这个节目的切换点的全部镜头,而且也来自他们通常看电视时所习惯了的东西。也就是说,以上这些规则,也是因时而异,因地制宜。

思考与练习

1. 为何《开拍了》设计的内容30多年后还依然实用?经典之处何在?

2. 仔细体会《开拍了》的要点。

参 考 文 献

1. 马歇尔·麦克卢汉：《理解媒介——论人延伸》，何道宽译，商务印书馆 2000 年版。

2. 雷蒙·威廉姆斯：《电视：科技与文化形式》，冯建三译，台湾远流出版社 1991 年版。

3. 安德鲁·古德温、加里·惠内尔编著：《电视的真相》，魏礼庆等译，中央编译出版社 2001 年版。

4. 米歇尔：《图像理论》，陈永国等译，北京大学出版社 2006 年版。

5. 马克斯韦尔·麦库姆斯：《议程设置 大众媒介与舆论》，郭镇之等译，北京大学出版社 2008 年版。

6. 李普曼：《舆论学》，林珊译，华夏出版社 1989 年版。

7. 斯蒂夫·琼斯主编：《新媒体百科全书》，熊澄宇等译，清华大学出版社 2007 年版。

8. 李春霞：《调幅广播的发展方向》，《西部广播电视》，2004 年第 6 期。

9. 杜军：《浅谈数字音频广播 DAB》，《山东商业职业技术学院学报》，2009 年 2 月第 9 卷第 1 期。

10. 鲍于常、陈庆新：《高清晰度电视的制式之争》，《电声技术》，1997 年第 2 期。

11. 徐正先：《浅谈数字电视优点、标准及其测量》，《视听界》，2008 年第 5 期。

12. 刘长伟：《数字付费电视的核心竞争力》，《声屏世界》，2007 年第 9 期下半月。

13. 蒋华权、刘笋萌、高蓉：《IPTV、数字电视、网络电视区别谈》，《卫星电视与宽带多媒体》，2009 年第 9 期。

14. 张昆：《简明世界新闻通史》，武汉大学出版社 1994 年版。

15. 王纬主编：《镜头里的第四势力（美国电视新闻节目）》，北京广播学院出版社 2000 年版。

16. 杨延宁、张威虎、董小友、曹刚：《立体电视技术进展》，《中国有线电视》，2004 年第 21 期。

17. 张允若：《外国广播电视体制类型的比较》，《中国广播电视学刊》，1999 年第 6 期。

18. 钟新：《英国电视新闻现状与分析》，《中国记者》，2001 年第 11 期。

19. 钟剑茜：《美国三大电视网新闻观衍变探析》，《当代传播》，2004 年第 5 期。

20. 当代中国丛书《当代中国的广播电视》，中国社会科学出版社 1987 年版。

21. 辜晓进：《美国传媒体制》，南方日报出版社 2006 年版。

22. 刘付成：《中国广电传媒体制创新》，南方日报出版社 2007 年版。

23. 菲利普·帕特森等：《媒介伦理学》，李青藜译，中国人民大学出版社 2006 年版。

24. 康德：《实践理性批判》，邓晓芒等译，人民出版社 2003 年版。

25. 黄瑚：《新闻法规与新闻职业道德》，四川人民出版社 1998 年版。

26. 克利福德·G.克里斯蒂安等：《媒体伦理学 案例与道德论据》，张晓辉等译，华夏出版社 2000 年版。

27. 尼古拉斯·布宁、余纪元编著：《西方哲学英汉对照词典》，人民出版社 2001 年版。

28. 丹尼斯·麦奎尔：《受众分析》，刘燕南等译，中国人民大学出版社 2006 年版。

29. 约翰·费斯克编著：《关键概念 传播与文化研究词典》，李彬译注，新华出版社 2004 年版。

30. 张开平、苗澍、郭亚强、袁丽萍：《网民媒介公信力评价研究》，人民网-传媒频道，2008 年 12 月 15 日。

31. 威尔伯·施拉姆、威廉·波特：《传播学概论》，陈亮等译，新华出版社 1984 年版。

32. 李岩：《广播学导论》（第二版），浙江大学出版社 2005 年版。

33. 徐宝璜：《新闻学》，中国人民大学出版社 1994 年版。

34. 黄旦：《中国新闻传播的历史建构——对三个新闻定义的解读》，《新闻与传播研究》，2003 年第 1 期。

35. 《陆定一新闻文选》，新华出版社 1987 年版。

36. 范长江：《通讯与论文》，新闻出版社 1981 年版。

37. 陈力丹、周俊：《试论"传媒假事件"》，《北京大学学报》（哲学社会科学版），2006 年第 6 期。

38. Daniel Boorstin. The Images：A Guide to Pseudo-Evens in America. New York：Atheneum.

39. 阿恩海姆：《视觉心理学》，滕守尧译，中国社会科学出版社 1986 年版。

40. 阿恩海姆：《艺术与视知觉》，滕守尧译，中国社会科学出版社 1984 年版。

41. 刘建明：《基础舆论学》，中国人民大学出版社 1989 年版。

42. 波利亚科夫编：《结构-符号学文艺学》，佟景韩译，文化艺术出版社 1994 年版。

43. 李岩：《"部落鼓"的永久魅力——论麦克卢汉的广播观念》，《中国广播》2004 年 12 期。

44. 梅尔文·门彻：《新闻报道与写作》，展江主译，华夏出版社 2003 年版。

45. 凯利·莱特尔等：《全能记者必备》，宋铁军译，中国人民大学出版社 2005 年版。

46. 罗兰·巴尔特：《符号学原理》，李幼蒸译，生活·读书·新知三联书店 1999 年版。

47. E.卡西尔：《人论》，甘阳译，上海译文出版社 1985 年版。

48. 俞建章、叶舒宪：《符号：语言与艺术》，上海人民出版社 1988 年版。

49. 黄匡宇：《电视新闻学》，华东师范大学出版社 1990 年版。

50. 张骏德：《现代广播电视新闻学》，四川人民出版社 1995 年版。

51. 张骏德：《当代广播电视新闻学》，复旦大学出版社 2001 年版。

52. 李元授、白丁：《新闻语言学》，新华出版社 2001 年版。

53. 《新闻广播电视研究》，1986 年第 2 期。

54. 陆晔：《对电视新闻价值实现的再认识》，《新闻与传播研究》，1996 年第 1 期。

55. 黄匡宇:《论新闻照片的屏幕价值》,《江西大学学报》,1987 年第 2 期。

56. 阿恩海姆:《符号心理学》,滕守尧译,五洲出版社 1986 年版。

57. 黄匡宇:《形式是金,电视语言模型的寻找》,《现代传播》,2005 年第 2 期。

58. 西格蒙德·弗洛伊德:《性学三论——爱情心理学》,林克明译,太白文艺出版社 2004 年版。

59. 蒋孔阳、朱立元主编:《西方美学通史》,上海文艺出版社 1999 年版。

60. 格林·阿尔金:《电视音响操作》,熊国新译,中国电影出版社 1986 年版。

61. 王德春、吴本虎、王德林:《神经语言学》,上海外语教育出版社 1997 年版。

62. 索绪尔:《普通语言学教程》,高名凯译,商务印书馆 1982 年版。

63. 《爱森斯坦文集》,莫斯科出版社 1980 年版。

64. 《电影艺术》,1981 年第 3 期。

65. 欧文·拉兹洛:《系统、结构和经验》,李创同译,上海译文出版社 1987 年版。

66. 贝塔朗非:《普通系统论的历史和现状》,佚名译,《科学学译文集》,科学出版社 1981 年版。

67. 詹姆斯·史提夫:《说服传播》,蔡幸佑等译,台湾文轩书社 1996 年版。

68. 居延安:《公共关系学导论》,上海人民出版社 1988 年版。

69. 郑贞鸣:《新闻采访的理论与实际》,台湾商务印书馆 1992 年版。

70. 谢章富:《电视节目设计研究》,台湾艺专广播电视学会 1994 年版。

71. 《世界广播电视参考》,1995 年第 8 期。

72. 孙玉胜:《十年》,生活·读书·新知三联书店 2003 年版。

73. K.T.斯托曼:《心理学》,张燕云译,辽宁人民出版社 1986 年版。

74. 黄匡宇:《理论电视新闻学》,中山大学出版社 2000 年第二次印刷版。

75. 黄匡宇:《当代电视摄影制作教程》,复旦大学出版社 2005 年版。

76. 黄匡宇:《当代电视新闻学》,复旦大学出版社 2010 年版。

77. 黄匡宇、黄雅堃:《当代电视新闻语言学》,中国社会科学出版社 2011 年版。

78. 黄匡宇:《当代电视摄影制作观念与方法》,复旦大学出版社 2010 年版。

79. 黄匡宇编著:《广播电视学概论》(第五版),暨南大学出版社 2017 年版。

80. 人民网、新华网、百度、360 等网络资料。

原 版 后 记

《广播电视新闻学》从筹划、前期准备到动手写作持续了近两年时间,在这个酷热的夏天终于完稿。

本书作者李岩(浙江大学人文学院新闻与传播学系教授)与黄匡宇(暨南大学新闻系副教授)根据自己十几年教学与实践之经验,广泛吸纳中外广播电视研究之成果和新的思维方法,融入本书的写作之中,力求形成有新视野和新思维、理论与实践相融合的书稿。

本书共分 3 编 11 章,黄匡宇、张联承担第 1、2、9、10、11 章的写作;李岩承担第 3、4、5、6、7、8 章的写作,并承担了全书统划与最后的修正工作。由于本书是由两所高校教师合作完成的,故在体例与篇章结构等方面存在一定的差异,但是,这并不影响本书的完整性。在统一的前提下,显示出区别恰恰也成为本书的特点之一。同时,这种合作也排除了门户之见,有利于广集言路,博采众长。

本书完稿后,由北京广播学院曹璐教授主审全部文稿。曹璐教授以她从事广播电视教学几十年积累之丰富经验和理论研究之深厚功底,对书稿从结构到表述甚至用词等方面都进行了严格的审定,提出许多富有见地的意见。

书稿完成后,得到李寿福教授、刘树田教授认真而全面的审读,他们以睿智和严谨的治学态度指出了书稿中的不当之处,并对书稿的进一步完善提出了宝贵的建议。

本书作者根据三位专家的意见对书稿进行反复的修订,最终将此书呈现给读者,请读者批评。

本书最后的修订工作是在香港浸会大学完成的。浸会大学传理学院院长朱立教授为最后阶段的工作提供了必要的条件并给予时间上的支持,在此,表示衷心的谢意。

向所有给予本书写作以支持和帮助的人致谢。

李 岩

2000 年 9 月 21 日于香港九龙塘香港浸会大学逸夫楼

第二版后记

《广播电视新闻学》2002 年第一次印刷出版到今天已经过了 8 个年头。在第一版后记中我曾经这样说:"本书是由两所高校教师合作完成的,故在体例与篇章结构等方面存在一定的差异,但是,这并不影响本书的完整性。在统一的前提下,显示出区别恰恰也成为本书的特点之一。同时,这种合作也排除了门户之见,有利于广集言路,博采众长。"将这句话引用于此,是在告诉读者,这依然是第二版的特点之所在。

其实做到这一点实属不易。我与黄匡宇教授相识大约是 13 年前,那是在西安参加中国广播电视学会举办的年会。黄教授当时已经赫赫有名,他既有在媒介工作的丰富经验,又是在学府著书立说的人,这样的人才当时的确为数寥寥。能够与黄教授合作完成这本书自然是我的荣幸了。13 年间,我与黄教授只见过一次面。不过,对于黄教授的研究成果我一直是关注的。

2008 年底,高等教育出版社武黎编辑与我谈起修订书稿的事情,我一再推脱。原因很多,手头杂事繁忙,不知道黄教授是否愿意,与黄教授多年没有联系了等等。武黎说联系黄教授的事情由她来做,她说《广播电视新闻学》销售不错,需要有新版本了。我理解她的意思,应该本着对读者负责的态度重新撰写这本书了,这不是个人愿意不愿意的事情。

书稿的完成要再三感谢武黎编辑。我与武黎编辑多次在不同的会议上相遇,她总是委婉地说起书稿新版的事情,并且积极地做了很多协调工作。她的认真执着和她的笑给我留下深刻的印象,敲出这几个字后,这些也历历在目了。

新版书稿共有 13 章,其中上编(广播电视概述)中第一、第三、第四、第五共四章,下编 1(广播新闻实务)中第七、第八、第九共三章由李岩执笔。李岩承担最后的统稿任务。

上编(广播电视概述)第二章由华南理工大学的黄匡宇提供初稿,华南理工大学新闻与传播学院的陈瑶、王杰补充撰写,黄匡宇最后修改定稿。上编第六章和下编 2(电视新闻实务)中第十、第十一、第十二、第十三共四章由黄匡宇执笔。本书作者署名先后以姓氏笔画多寡为序。

今天终于可以写后记了,也长舒了一口气。

黄教授在最近的电邮中说,广州今天 26 度,正是秋高气爽时节,欢迎你们这个时节来广东玩儿。杭州这几天开始阴雨绵绵,气温不断下降,我坐在书房要开空调取暖。武黎在北京更是冰天雪地了。很羡慕广州的 26 度天气,不过,经过大家的努力,书稿终于完成了,在我们的心里有了气爽的感觉,也是温温暖暖的。

我们真是应该找个时间聚一聚了。

李岩于浙江大学

2009 年 11 月 29 日

第三版后记

《广播电视新闻学》第二版出版于 2009 年，第三版修订启动于 2018 年。岁月如梭，从第二版到这一版已经过了 9 个年头。9 年间，互联网发展的紧锣密鼓对所有传统媒介提出挑战，也创造了机遇。传统大众传播媒介积极应对，形成互联网+广播电视等媒介样态。置身于这些样态中，广播电视不断探索新的发展路径，也呈现出新的面貌。这些变化对于广播电视新闻学教材的修订也提出新要求。

教材第三版在内容方面主要有三个看点：

一是在广播电视新闻学相关理论方面增加了内容，例如关于职业道德伦理的论述。二是增加了新媒体与广播电视融合的内容，主要是在节目制作方面灌入新媒体的思维。三是对广播电视新闻发展史略部分作了大幅度调整，突出了广播电视技术的发展与应用，从工具介绍的角度，引导读者了解电子技术的发展对广播电视新闻业务的助力与制约。此外，电视新闻理论业务部分，作者以文图并重的方式谋篇布局，提供了全新文本。

行驶在互联网"高速路"上的广播电视媒介，必须寻找新的与互联网的结合点，这个结合点对广播电视提出全新的要求，对此广播电视要设计新的传播路径。但是，广播电视自己的优势仍在，互联网无法替代。广播电视要与时俱进，也要保持自己的特色。从内容传播看，过去的广播电视积累的经验同样弥足珍贵。因此，本次修订，继续保留了广播电视新闻近 30 年的经典案例，这种保留使读者不仅了解广播电视新闻的功能，也掌握广播电视新闻制作的精髓。

新版书稿共有 17 章，分上、中、下三编。上编"广播电视概述"1—7 章，中编"广播新闻理论与实务"8—10 章，下编"电视新闻理论与实务"11—17 章。其中，黄匡宇撰写第 1 章、第 3—4 章、第 7 章、第 11—17 章；李岩撰写第 2 章、第 5—6 章、第 8—10 章。

本书作者署名以姓氏笔画多寡为序。

最后，感谢赵愫简编辑在这一版修订中的辛勤工作。

李岩

2018 年元月 26 日于浙江大学

郑重声明

高等教育出版社依法对本书享有专有出版权。任何未经许可的复制、销售行为均违反《中华人民共和国著作权法》，其行为人将承担相应的民事责任和行政责任；构成犯罪的，将被依法追究刑事责任。为了维护市场秩序，保护读者的合法权益，避免读者误用盗版书造成不良后果，我社将配合行政执法部门和司法机关对违法犯罪的单位和个人进行严厉打击。社会各界人士如发现上述侵权行为，希望及时举报，我社将奖励举报有功人员。

反盗版举报电话　　（010）58581999　58582371

反盗版举报邮箱　　dd@hep.com.cn

通信地址　北京市西城区德外大街4号

　　　　　　　高等教育出版社法律事务部

邮政编码　　100120